周紹賢民國前3年～民國83年（西元1908~1994）

民國35年（西元1946年）

民國44年（西元1955年）

民國35年（西元1946年）

民國46年（西元1957年）
生日照

民國47年（西元1958年）
於台北植物園

民國36年（西元1947年）

民國40年（西元1951年）

民國52年（西元1963年）於台北植物園

周紹賢民國前3年～民國83年（西元1908～1994）
（民國39～40年西元1950～1951於台南）

周紹賢老師存念

三甲同學同敬贈

鄭同結 莊懷義 林舜乾 曾勇義
王大振 王啟耀 楊清郎 曾錦忍
黃福源 陳杏 林來法 李福來
寥惠明 陳基涯 刘啓分 謝崑山
黃耀堂 陳水道 莊聰明 王孟武
蕭煋耀 羅進興 莊夢雄 高登得
李明東 李進德 林子宏 林耀乾
李秋遠 黃清旺 黃森榮 陳榮良
黃登舜 曾東仁 周春華 謝雨農
陳益財 黃富山 梁德泰 謝仙配
林滿榮 王家馨 陳益來 劉清泉
梁金龍 林傳裕 陳耀昆 謝清蕃
陳榮煉 林仙化 陳鍾銘 陳子龍
黃清雨 蔡永樟 李清吉
游庚戌 郭錦池
梁叔桐

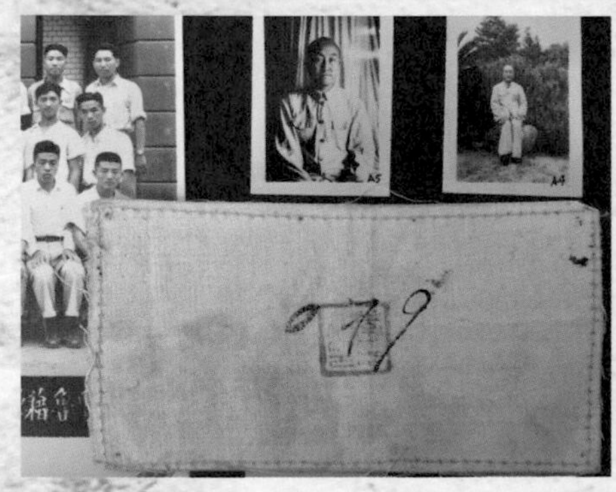

台北建國中學夜間部兼課，與長孫女於建國中學教師宿舍

台北基督書院兼課

輔仁大學哲學系博士班客座教授

國立政治大學哲學系教授

周紹賢、周復漢父子合影

民國51年（西元1962年）於台北植物園

民國58年（西元1969年）於台北植物園

生日全家福　民國68年農曆四月十日（西元1979年）於桃園高中教師宿舍

生日全家福　民國69年農曆四月十日（西元1980年）於台北建國中學教師宿舍

生日全家福　民國73年農曆四月十日（西元1984年）於桃園住所

民國55年正月十六日，周教授在曲儉緒先生與孫啓璟女士的婚禮中擔任主婚人，代表男方的家長。女方主婚人孫啓瑞先生（左一）為孫女士之兄長

曲儉緒先生與周紹賢教授

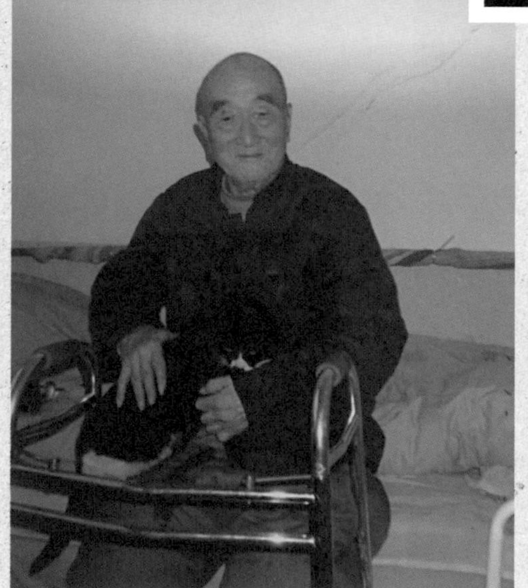

落葉歸根　民國七十六年（西元1987年）藉由曲儉緒先生的幫忙，首次經香港返回故鄉山東海陽縣魯家夼村，後居住於女兒家／山東徐家店

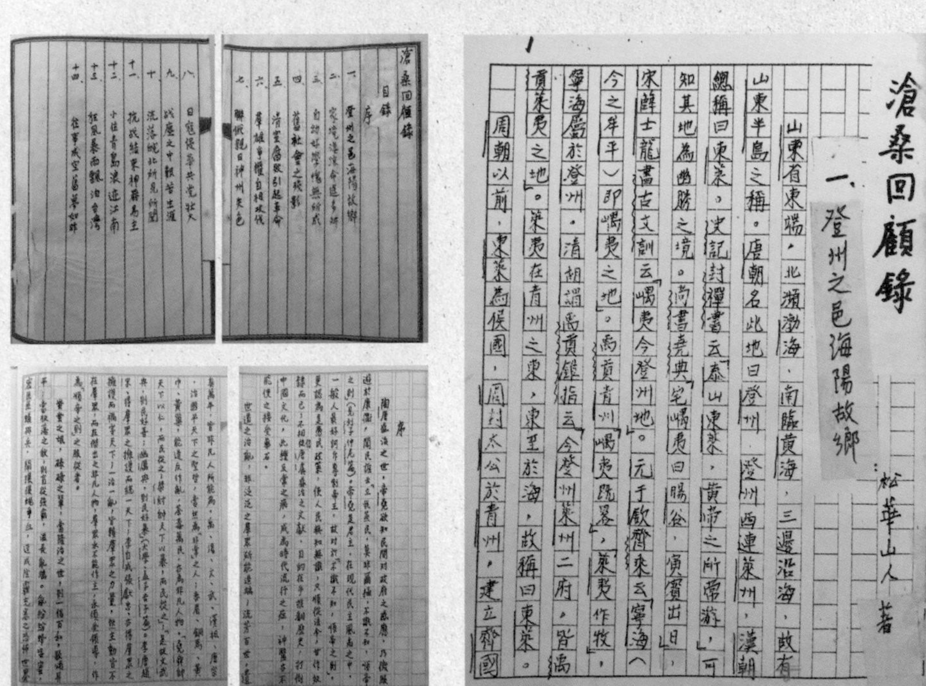

滄桑回顧錄

一、登州之邑海陽故鄉

松華山人 著

山東省東端，北瀕渤海，南臨黃海，三邊沿海，故有山東半島之稱。唐朝名此地曰登州，登州西連萊州，漢朝總稱曰東萊。史記封禪書云「泰山東萊，黃帝之所常游」，可知其地為幽勝之境。尚書堯典「宅嵎夷曰暘谷，寅賓出日」，宋薛士龍書古文訓云「嵎夷今登州地」。元于欽齊乘云「寧海（今之牟平）即嵎夷之地」。禹貢青州「嵎夷既略，萊夷作牧」，寧海屬於登州。清胡渭禹貢錐指云「今登州萊州二府，皆禹貢萊夷之地」。萊夷在青州之東，東至於海，故稱曰東萊。周朝以前，東萊為侯國，周封太公於青州，建立齊國

庚午春日書／時年八十三歲
民國七十九年春（1990年）
自山東海陽回台灣桃園小住。

真如金鐸鏗鏘响
善有聖賢警世箴
美意採詩敷雅化
文苑妙義感人深

辛丑稿／春日植物園雜吟
民國五十年春（1961）於台灣台北南海路植物園。

今朝多少踏青人，春色滿園物候新，誰把好花隨意摘?亂紅殘紫委埃塵。池邊柳色染衣襟，獨自徘徊慰素心，莫向青叢深處去，情人蜜語在花陰。天桃穠李門芳菲，獨立花壇看蝶飛，烟靄沉沉天欲雨，鳥聲散亂送人歸。東風淡蕩雨濛濛，幾片飛花落粉紅，桃頰柳眉齊灑淚，繁華轉眼即成空。蛙噪梟嘷各有威，群蠅亦欲貼天飛，佛頭點糞多狂妄，眾口鑠金無是非，狗盜雞鳴皆得意，顏貧夷節反遭譏，諸妖喧鬧倫常滅，因此危機遍四圍。

周紹賢往來書信－熊十力老師自北京大學來函
民國三十六年（西元1947年）於山東青島出版嘯閒詩集

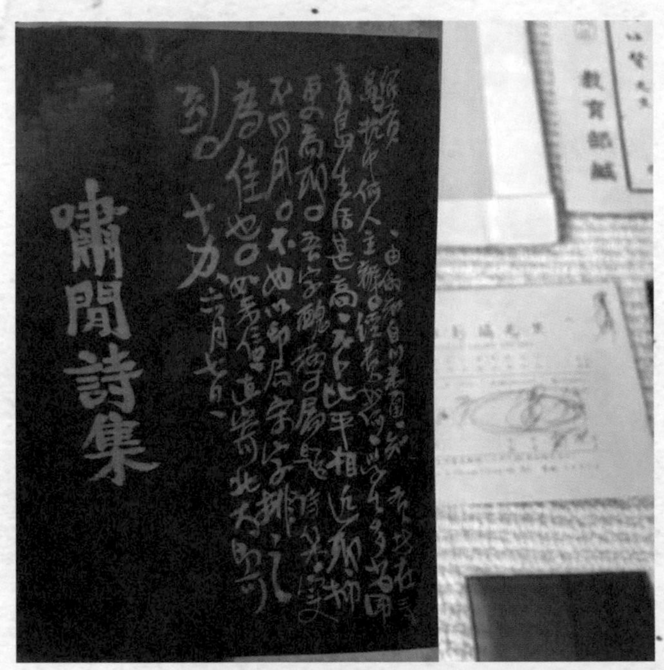

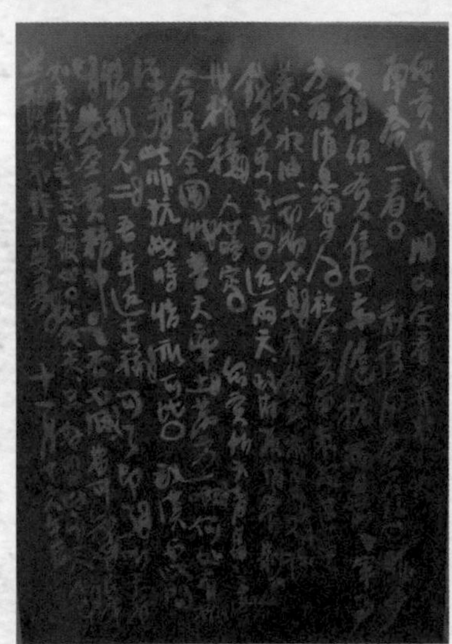

由熊十力老師毛筆寫書名，照片是照相館的檔案存檔負片

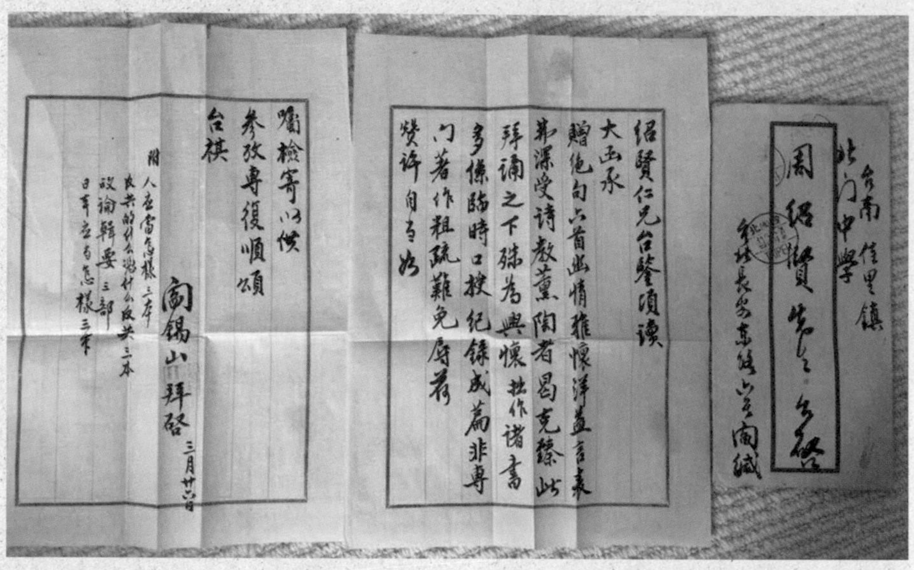

紹賢仁兄台鑒頃讀
大函承
贈絕句六首幽情雅懷洋溢言表
非深受詩教薰陶者曷克臻此
拜誦之下殊為興懷拙作諸書
多係臨時口授紀錄成篇非專
門著作粗疏難免辱荷
贊許自當如
囑檢寄以供
參攷專復順頌
台祺
閻錫山拜啓 三月廿六日

附 人生當怎樣三本
反共的什麼？為什麼反共三本
政論輯要三部
日本應當怎樣三本

台南 佳里鎮 北門中學
周紹賢先生 台啓
臺北長安東路二段 閻緘

臺中市立初級家事職業學校聘約 三十八學年聘字第貳肆號

茲敦聘 周紹賢 先生為本校 專任教員 訂聘約如左

一、擔任職務 專任教員
二、擔任學科 國文科
三、每週教學時間 十八小時
四、每月薪額 依照教育廳核定
五、聘約期間 自民國三十八年八月一日起至三十九年七月三十一日止
六、受聘人每日在校七小時以上
七、受聘人須遵守教育法令及本校一切章則並服從校長指導

中華民國三十八年七月三十一日
臺中市立初級家事職業學校校長 朱阿貴

臺中市立家事職業學校教職員離職證明書 校字第一二八號

職別	國文教員		
姓名	周紹賢	性別	男
籍貫	山東省海陽縣	年齡	肆拾肆歲
任職日期	任職卅八年八月一日 離職卅九年七月卅一日		
離職原因	辭職		

中華民國四十年四月七日
校長 朱阿貴

周復漢民國17年～民國73年（西元1928~1984）
（來台前山東煙台聯中流亡時期照片）

35.6

36-11

36年元旦青島海濱公園

青島中山公園

青島棧橋

周復漢山東煙台聯中流亡路線圖，和在湖南藍田鎮收到由山東青島寄來的最後一封信

爸爸的流亡行程

- 山東省青島市
- 上海市
- 長安鎮
- 杭州
- 金華市
- 宜春市
- 向塘鎮
- 樟樹市
- 新榆市
- 蘆溪縣
- 株州市
- 萍鄉市
- 湘潭市
- 三甲鄉
- 長沙市
- 婁底市
- 潭市鎮
- 衡陽市
- 廣州市
- 澎湖漁翁島
- 高雄市
- 台中市
- 前新竹師範(現國立新竹教育大學)
- 新竹市立南寮國小
- 中興法商學院(現今國立台北大學)
- 桃園高中
- 山東省海陽市(原海陽縣)

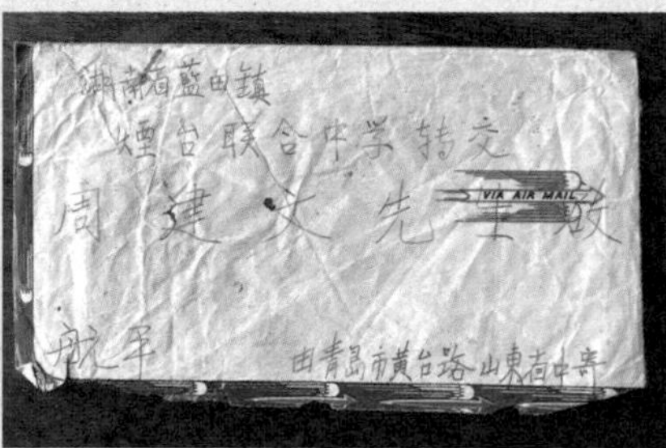

1946年用英仁德有限公司James McMullan & Co., Ltd空白信紙手工縫製的小冊子來寫詩，封面的手繪輪船是用鋼筆畫的

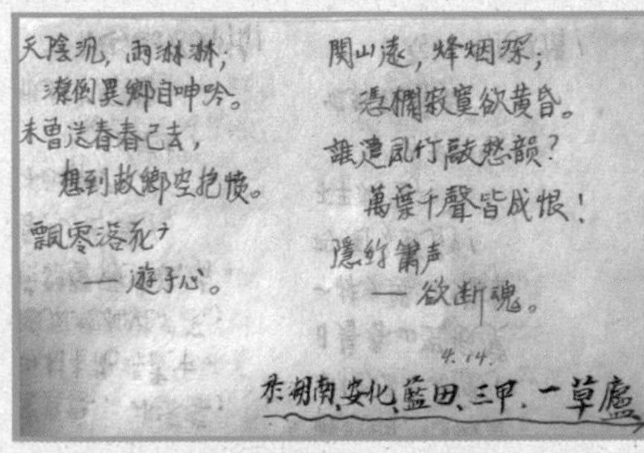

江南吟

雲悠悠，水淙淙；
山村半掩綠叢中。
微風吻柳花兒笑；
燕語鶯歌曲調清。
春色方正濃！
"不如歸去"！
"不如歸去"！
恨杜宇聲聲，
——引起遊子思鄉情！
輕輕烟，微微風；
小橋流水晚霞紅。
日暮春山空寂寞，
一抹夕陽在塔峯。
四圍多寂靜！
不平則鳴！
不平則鳴！
恨蛙鼓聲声
——引起壯士憤世情！

天空白雲湧浮，
江水滔滔東流；
前面是艱險的道路
——漫漫——
沒有盡頭！
擋不住的年華如水流，
逝去的青春永不回頭；
往事忽忽若夢，
昔日歡笑已杳；
只添些舊恨新愁！
恨望雲天憂患遍神州，
幾年漂泊何日是盡頭？
烽煙熊熊，
離恨悠悠；
恨到幾時方罷休？
恨到幾時方罷休？
幾年漂泊何日是盡頭？
May. 16. 1949

仰天長嘯

春夜遲遲，
歸夢遙遙；
戶外風微雨蕭蕭。
枯眼孤灯下，
淚如潮；
世事茫茫，
人海喧囂；
滿懷的苦衷有誰知曉？
無巢的小鳥，
迷途的羔羊；
誰憐你哭斷了肝腸；
亂世的悽痛，
世態的炎涼；
豈不懷想可愛的故鄉？
豈不悲憫親愛的爹娘？

周復漢山東煙台聯中流亡時期的日記本
（封面、內頁及部分日記手稿）

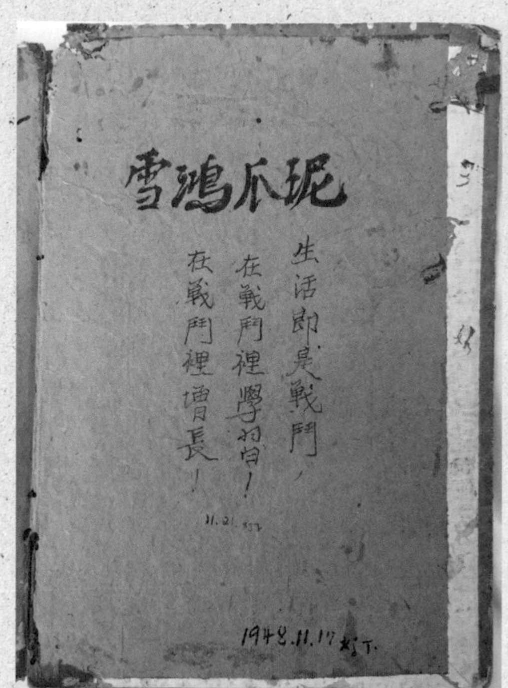

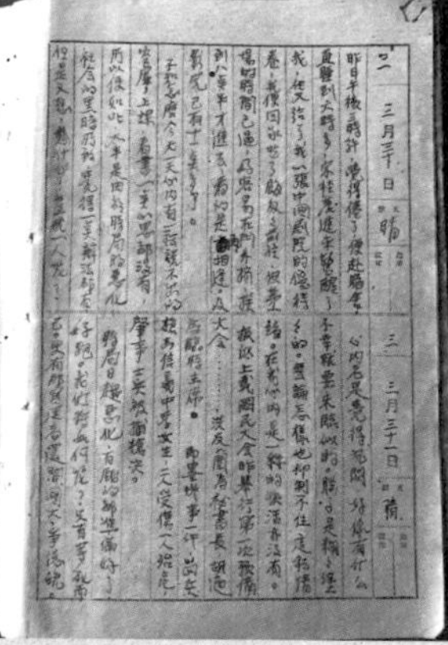

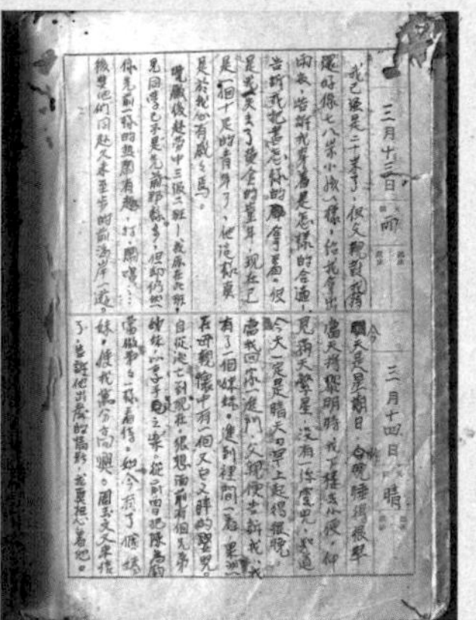

周復漢民國17年～民國73年（西元1928～1984）
（遷台後學生、軍校時期，與好友韓光瑚、丁守國合照）

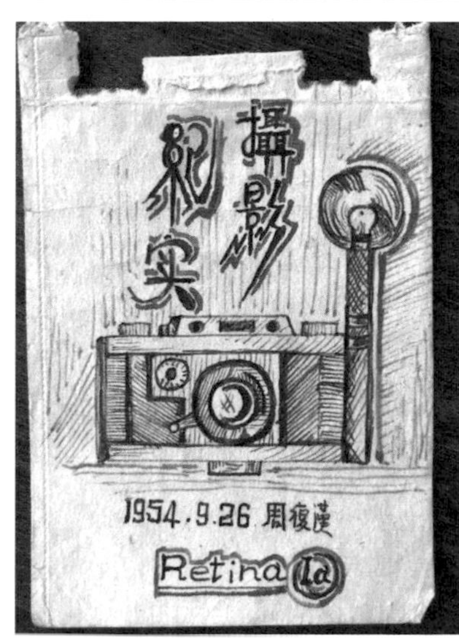

任教於省桃（現桃園市立桃園高級中等學校）期間（民國45年～73年），結婚，
在職進修完成台北中興法商學院（現國立中興大學）學士學位，育有三女一子

滄桑回顧錄

附周復漢流亡日記

周紹賢 著

序

陶唐盛治之世，帝堯欲知民間對政府之感應，乃微服遊於康衢，聞民謠云「立我蒸民，莫匪爾極，不識不知，順帝之則」（見列子仲尼篇）。帝堯是君主，在現代民主風尚之中，一般人最好訶斥專制帝王，故對於「不識不知，順帝之則」，更認為是愚民政策，使人民無知無識，只順從法令，甘作奴隸而已；不相信唐虞盛治之文獻，目的在乎推翻歷史，打倒中國文化，此種反常之病，成為時代流行之症，神醫亦不能使之接受藥石。

世道之治亂，非泛泛之群眾所能造端；流芳百世，遺臭萬年，皆非凡人所能為。禹、湯、文、武、漢祖、唐宗，治國平天下之聖哲，當然為「非常」之人；赤眉、銅馬、黃巾、黃巢，能造反作亂，荼毒萬民，亦為非凡人物。「堯舜帥天下以仁，而民從之；桀紂帥天下以暴，而民從之」；「是故文武興，則民好善；幽厲興，則民好暴」（大學、孟子告子篇）。李、唐趙、宋，得群眾之擁護而統一天下；李自成、張獻忠亦得群眾之擁護而禍害天下；一治一亂，皆賴群眾之力量，然主動均不在群眾，而在傑出之非凡人物，群眾永不能作主，永須受領導，作為「順帝之則」之服從者。

蚩蚩之氓，碌碌之輩，當隆治之世，則一倡百和，歌頌昇平；當板蕩之秋，則盲從強霸，滋長亂端。亂紛紛蜂唼蜜，密匝匝蟻排兵，鬧攘攘蠅爭血，造成陰霾充塞之恐怖世界，良莠混合，玉石俱焚，強梁者亦互相吞噬，先後消滅；次第興亡，輪迴不已，無數群眾，本為弱者，「元首明哉，股肱良哉，庶事康哉」！（尚書益稷），若得「順帝之則」，亦為幸矣！

龍爭虎鬥是英雄，「英雄造時勢」，莽新、曹魏皆為英雄所造溷亂之世，群眾之命運，被英雄捲入時勢之中，隨波逐流，而不能自主。清末以來英雄輩出，鬥法逞強，勇於內鬨，紛歧錯雜，無奇不有。風動草偃，庶人雖多，只有服從。你強我勝，此起彼落，造成空前之浩劫，陷人民於泥犁之中，仍須頌邦家之進步，時代之偉大。

我生不辰，加上命途多舛，七十餘年以來，屢經劇變，在憂患困迫之中，世間不幸之事皆落於我身，自服命運艱苦，故人皆求福，己獨苟活，順乎自然，聽造物之安排而已。往事雲煙，歷歷如昨，獨坐沉寂，一幕一幕，湧上心頭，乃援筆錄之。災劫餘生，辛酸滿腹，命當如此，無所怨尤，乃將此非常時代、身世之遭遇、及時事之見聞，據實述出，無褒貶之權，無虛構之事；楚蕘凡夫胸襟狹隘，粗率之談，有識者見之，笑為「齊東野人之語」而已。

目次

滄桑回顧錄

一、登州之邑 海陽故鄉

山東省東端，北瀕渤海，南臨黃海，三邊沿海，故有山東半島之稱。唐朝名此地曰登州，登州西連萊州，漢朝總稱曰東萊。史記封禪書云「泰山東萊，黃帝之所常游」可知其地為幽勝之境。尚書堯典「宅嵎夷曰暘谷，寅賓出日」，宋薛士龍書古文訓云「嵎夷今登州地」。元于欽齊乘云「寧海（今之牟平）即嵎夷之地」。禹貢青州「嵎夷既略」，「萊夷作牧」，寧海屬於登州。清胡謂禹貢錐指云「今登州萊州二府，皆禹貢萊夷之地」。萊夷在青州之東，東至於海，故稱曰東萊。

周朝以來，東萊為侯國，周封太公於青州，建立齊國，史記齊世家云：太公至國，「萊侯來伐，與之爭於營丘」。左傳宣公七年，齊惠公伐萊；襄公六年，齊靈公滅萊；自此東萊為齊地。

漢設東萊郡，於嵎夷立牟平縣，呂后六年，封齊悼惠王之子興居於牟平，為東牟侯（悼惠王名肥，高帝子），今牟平城外有曰東牟平郡，即侯府所在。唐時置登州府，府治設於牟平，後徙於蓬萊，金時置寧海州，州治在牟平，牟平遂亦稱為寧海，明清仍之。登州所屬：蓬萊、黃縣、棲霞、招遠、文登、榮成、福山、萊陽、海陽、寧海等十縣（民國寧海復改稱牟平縣）。登州西接萊州境之膠河，故亦稱膠東。

登州群山起伏，奇峰岧嶢，有成山、崑崳、岠嵎、萊山、艾山、鋸齒、招虎等名山，青巒碧岫，聳峙天衢；奧區洞府，秘藏雲際；海中有長山、劉公、田橫、鼉磯、沙門、高峰、大竹、小竹、崆峒諸島，周圍羅列，自成海國。

登州東鄙之尖端伸入海中，名曰之罘島，舊屬福山縣，今屬煙台市，登之罘山，三面觀海，波浪瀲灩，淼無際涯；雲光霞彩，詭奇萬狀；足以引人之遐思，啟人之妙悟。更有奇者，自蓬萊城北望大海，春夏之交，有海市出現；當夫晨暉矇矓，霧氣穩靜，氤氳迴合，浮光迷離，訝宇宙之渾淪，忽水陸之不分，無邊之大海，變為蒼茫之桑田，忽見高山突出，忽見叢林橫遮，忽見樓閣崢嶸，忽見城市繁華，忽見人馬奔馳，忽見烟村隱約，霞光五彩，雲氣千里，然可望而不可即。恍疑別有乾坤，相信真有仙境。及夫旭日高顯，陽光亦盛，遂烟消霧散，盡化烏有，滄海現其真容，天地景象如故，父老曰「此即所謂海市也，惟登州有之」。蓬萊地勢特殊，前代當地宿儒曲音美曾有解說。謂海市為環境掩映，曙光曲折，山河射影。其出現須春夏之交，須適當之氣候，須適當之天氣，故或數年不見，或一年數見。

海上雲霞，光怪綺麗，變幻無窮，已足啟人之玄想；而海市在濤光波影之中呈現奇觀，望之顯然，近之則無，如鏡花水月，不可探索，遂引人作神像縹渺之想，山海經海內北經云「列姑射山在海河洲中，蓬萊山在海中，大人之市在海中」。列子黃帝篇云「列姑射山在海河洲中，山上有神人焉」。此海皆指登州之渤海而言。黃河由齊北入渤海，遙望海市山川景物，與陸地相似，故稱之曰海河洲，然其處為人迹所不能至，故以為有神人居之；大人市即海市，大人指神人而言。列子湯問篇云：渤海之東，有大壑焉，八紘九野之水，天漢之流，莫不注之，而無增無減焉，「其中有五山焉，一曰岱輿，二曰員嶠，三曰方壺，四曰瀛洲，五曰蓬萊。山上臺閣皆金玉，鳥獸皆純縞，珠玕之樹叢生。華實皆有滋味，食之不老不死，所居之人皆仙聖」。山海經蓬萊山郭璞注云「山上有神人，宮室皆以金玉為之，鳥獸皆白，望之如雲，在渤海中也」。上舉山海經、列子所述渤海之內蓬萊仙山，金玉臺閣，鳥獸純白，望之如雲，皆就海市之景象而言，意想其為神仙境界，必有靈藥，食之可以不老不死。

渤海灣北為燕國南為齊地——登、萊二州。如上所述，既以為渤海中有蓬萊仙山、有神人、有不死之藥，因此有人造神仙之說，自謂曾得仙人之術，此即所謂海上方士，方士以齊人為最多，燕次之。戰國之世其說漸盛，齊威王、燕昭王皆遣使入海求仙。（見史記封禪書）。秦始皇聽燕方士盧生之言，求不死之藥；聽齊方士徐市（即徐福）之言，謂「海中有三神仙，名曰蓬萊、方文、瀛洲，仙人居之」。遂遣人入海尋仙人安期生、羨門等，未得。曾三次至渤海，登成山（在榮城縣）、之罘山（在福山縣），訪仙人，探海中仙境，皆無所穫（見史記秦始皇紀）。漢武帝尤信神仙之說，曾七次至登州祭成山，登之罘，訪求神仙，而竟杳然（見史記武帝紀），蓬萊仙山，本為海市幻景。鼉磯、大竹群島之海域，海市最盛，群島對南，海濱之岸埠。方士謂：每於此處，望見蓬萊仙山在雲海縹緲之間，漢武帝乃於此處築城，名曰蓬萊城，即今之蓬萊縣城，城北有蓬萊閣，閣上望海市為蓬萊八景之一。蘇軾於元豐八年為登州太守，十月蒞任，十一月調職還京，曾登蓬萊閣，觀賞海景，惜乎時在冬日，未得見海市也。

上述東萊、登州，海市蜃樓，烟霞奇異之域，自古傳為神仙之境，史記云：東萊為「黃帝之所常游，與群仙會，黃帝且戰且學仙」。神仙之說，其初只重長生不死之術，秦皇、漢武竭誠尋求，雖無所得，而神仙故事，仍為民間所崇信。及至東漢，神仙家與陰陽家依託於道家而成立道教，遂演變其說，謂仙道不重在軀體不死，而重在少私寡欲，養性修真，鍊精化氣，形滅神存，神乃真我。脫殼而去，飄然無累，此名曰「尸解」，即封禪書所謂「形解銷化」，歸真成仙，逍遙乎塵世之外，故俗人不得見。學道修行，功德圓滿始能成仙，神仙家演出勸善警世之宗教力量，在人群中建立信仰，在人文中有其地位，此與秦漢方士所說之神仙不同。

如上所述，登州可謂早期神仙思想之根據地，歷代傳說之神仙之史蹟頗多。三齊略記，東萊野史等書，所載甚詳，例如舉世皆知東漢之麻姑仙女，修道於牟平之崑崳山，嘗謂王方平曰「曾見東海三為桑田，向到蓬萊見水淺於往昔，豈江復變於陵陸乎」？「世事滄桑」之語，即由此而來。麻姑洞、麻姑仙塚，至今猶在，故崑崳山又名姑餘山；顏真卿曾撰麻姑仙壇碑述其異事。道家之真人，即道教之神仙，方士盧生謂始皇曰「真人者，入水不濡，入火不熱，陵雲氣與天地長久」（始皇紀）。金、元時，道教北宗有七真人，馬鈺、孫不二、譚處端、郝大通、王處一（牟平人）、丘處機（棲霞人）皆登州人，劉處玄（萊州掖縣人）。丘處機（號長春），聲譽最高。時天下大亂，宋室南渡，長春到處傳教解救人群思想之痛苦，曾應金世宗之聘，至汴京講道。當元兵逞強西征之時，長春跋涉萬里西至大雪山，度化成吉思汗，備受禮遇，尊稱曰丘神仙而不名。及隨元軍東還，成吉思汗下詔凡僧道出家人皆歸丘神仙統轄，儼然為天下教主，丘神仙既化服成吉思汗殺掠之心，當金、元混戰黃河南北之時，人民罹俘戮，無所逃命，蒙丘神仙之營救，瀕死而得更生者數萬人，新舊元史列傳，詳載其事。

以上所敘登州方外之文獻，為一般人所不注意者，故特述之。至若賢士名宦代有其人，例如孔門大賢申棖寓居東萊，迄今文登有其墓及其後裔；與孟子相辯之淳于髡，黃縣人，博學、善辭令，為齊國之能臣。自漢以下良臣名將，文人高士，多不勝舉，載諸史冊，茲不備述。

海陽縣，南邊瀕海，縣城在海濱望石山前，城之南門即臨海灘，灘涯礁石參差，橫約一里，縱直而南，綿更於海之深處，固大船不能來泊。初明時設海防，於此駐兵，建立大嵩衛，因衛北十餘里外之嵩山而命名。清雍正十三年，劃萊陽東境及牟平西南境之地，兩地合一，成立海陽縣，即以大嵩衛城為海陽縣城。

海陽城南為大海，無鄉村；東西北三大鄉區，東西區較為富庶；北區群山重嶺，梯田較多，平地只佔十分之二三。距城百里有孤立之高山曰林寺山，山北十里外有市鎮曰郭城集，為五代時所立之廓定縣城，不久合併於萊陽，遂改名郭城。郭城西南三十里外，漢時設觀陽縣，光武時為膠東侯賈復之封邑，其城在觀山之陽，唐時合併於昌陽（五代後唐昌陽改為萊陽），觀陽城名曰廢城，民國以來名曰發城。郭城北十里外，青陽河畔有青陽縣城，唐宋併於昌陽，其城址即今之古現村，村西五里外有村曰魯家夼（音曠，字書無此字，登州凡兩山之間寬敞之地，其村莊多以夼為名）。

東村七里外洽河村為牟平境，村北十里外出水崖村為棲霞境，村西三十里外察河鎮為萊陽境。此村原為魯姓之居，故名魯家夼。相傳金朝初年有魯姓在此，招兵養馬，謀起義援宋，不幸失敗。余童年常聽村老談「萬馬魯家」之故事。魯姓滅後，我周姓來居於此，族人繁衍，形成東西二村。

余世居西村，而今西村二百餘戶，清初自古現村遷來之于姓，今有二十餘戶，東村周姓百餘戶，孫姓三十餘戶，徐姓十餘戶，兩村皆以農為業，經商者約二十餘家，亦兼營農業。村西之土山，名養馬山降，山之東坡下為草木蕃茂之幽谷，名養馬溝，為當年魯氏養馬之處。村之東南有獨立之高山，名曰圍子山降，坡勢峻陡，山腰而上，有石砌之圍牆，高五六尺，環繞山巔，為當年魯氏備戰之所，山無蹊徑，不易攀登，如自山巔向下拋礌石，則人馬不敢近山麓。清時洪、楊之亂，每有警報，村人輒奔入圍中避難。

村南之松華山，林巒田疇，三分之一為余先人之遺產。山上有玉皇廟，係昔年將東南嶺之天皇廟移建於此。道光年間周仁純於玉皇廟之西側建立佛蒽龕，余幼年每遊於此，必讀其碑文「蓋聞周昭王時，西域生神人曰佛，至漢明帝遣使至天竺得其書及沙門以來，而法始流中國焉……」。末署後學歲進士李甘棠敬撰。嗣後東側又建一神龕，內祀唐孫思邈——醫藥之神，元劉猛將軍（本名承忠）——滅蝗之神。各山多松樹柞樹，村邊則多楊樹柳樹，桃、杏、柿、栗、棠梨、核桃等果樹，散布於山麓田畔。村之南澗名曰鉛線，此處有鉛礦，雖未開採，而鉛石多現於地面。

村內大街中段，有較高而整齊之廳舍，門面北向，為我之祖宅，光緒三十四年，夏曆四月十日辰時，余出生於此。

二、家境淒涼 命途多舛

余先世自何年何地遷居於此？不可詳考。村東石門口北崖之周氏老塋，諸多磚墳，圓直形而上端微尖，遙望之如小塔，高約五六尺不等，有因年久而傾頹，只存碎磚殘蹟者。墓面皆嵌方尺之石碣，而字迹模糊，不可識辨；有一較為完整之墓，碣文之末，有洪武元年數字，尚可略認，其餘年代之遠，皆無可考。

自古民生以務農為本，士人讀書，志之所向，科甲功名而外，「用之則行，舍之則藏」，得孔、顏之樂趣，不戚戚於貧賤，不汲汲於富貴，立身行道，作人群之表率，為大眾所共仰，故士人列於四民之首（見公羊傳成公元年），讀書明理為社會所重；是以農工商各行業之子弟，在可能範圍之內，皆必入學讀書。科舉得志，在乎天才。不可強求，鄉村住宅門聯，每好用「耕讀繼世，忠厚傳家」之句，即無力入學讀書者，亦以忠厚傳家為榮。道德為天爵，富貴為人爵，天爵為貴，有人爵而無天爵，則人皆賤之；故乞丐興學之武訓，舉出敬之，欺君竊權之袁大總統，在今日看來似不為過，而在道德方面言之，則為碩奸大惡；此中國傳統之文化思想。

我先人商業傳家，而在地方有「書香門第」之稱，十世祖自富，九世祖應濂，八世祖志英，志英之弟鳴歧，年十四考取秀才第一名廩膳生，時為崇貞末年。在此應述一段反清復明之事實，因正史所載太簡，吾鄉當年即為此案兵燹之區，余童年聽父老談其事甚詳，茲述其事之起端，以補史書之闕：吾村之北三十里外，有大山曰鋸齒牙，屬棲霞縣地，三峰峻嶒，俗稱曰大牙、二牙、三牙，二牙最高，三牙陡險，幾乎無人攀登，大牙之巔有玉皇廟，全為石料構成，無半片土木，廟內神像五座，亦為石刻。三牙前懷有寺曰佛陀庵，俗稱虎頭庵，榛栗繁生，林泉優美。山麓四周陵谷，皆有小村落，山之西坡下有一小市鎮曰唐家泊，明末有于七者，鎮中之富家子，體貌雄偉，有大力士之稱，自幼好習武術弓馬，崇禎初年應試中選武舉人；設武術館，教授徒弟。時天下方亂，登州多山，散兵游勇，亡命之徒，與群盜聚結，各處為患，登州府尹聞于七之勇名，乃聘之為軍中裨將，從事戡亂，七幸得展其能，致力攻剿，所向無敵，所戰有功，賊勢漸衰；為大亂方殷，鋸齒牙亦被盤據，但對于七仍不敢犯。七亦失勢，對群盜亦懷戒心；盜央七勿相為難，七則約盜勿在牙山十里以內劫掠，遂彼此妥協無事。時為順治五年。

萊陽城東南之寶泉集，距鋸齒牙約百里，每春有盛大之春火會，四方前往拜廟赴會之人甚多。有宋彝秉者萊陽之土豪也（史書作宋一炳，蓋其誣告于七之化名也），橫行鄉里，綽號宋二閻王；于七之弟于八、于九，亦赴寶泉逛會，與宋之嘍囉發生衝突，宋出而干涉被毆受傷，亟圖報復，然不敢與于七動武，遂赴北京誣告于七秘謀反清復明，正聚眾於牙山，擴充勢力。廷遂令山東巡撫究辦，公令傳至登州，令棲霞知縣查報，查牙山群盜非于七所聚，縣吏率役欲搜查于七之家以求證，時七適他往，七之弟于八拒絕搜查且毆辱官差，於是縣吏遂報七有謀反之圖。七知被宋彝秉所誣控，又被縣吏所誣報，皆為其弟所惹之禍，正欲求士紳向官府申訴冤枉，而登州府已遣兵捉拿于七，七無奈，遂糾眾與牙山之盜合夥，登州兵被七迎頭痛擊，狼狽敗逃。時明亡已十餘年，七本無反清之意。今迫不得以，只得隨機應變，挺而走險，遂舉起反清復明之旗，號召人群。七在地方有善譽，頗得眾心，登州各處之山寇皆聞風響應，受七指揮；登州府迭次增兵來剿，皆大敗而回，山東巡撫遂調來沂州軍隊合力攻討，亦遭失敗。

于七之聲勢愈大，清廷震怒，遂派其主力軍東討，大清歷朝實錄、聖祖仁皇帝實錄有云：

> 順治十八年十月二十日，山東巡撫許文秀、沂水總兵官李永盛、登州總兵官范承宗，失察叛賊于七，

提問來京。二十八日命都統濟世哈為鎮東將軍。統領滿漢官兵，征剿山東叛賊于七。

康熙元年五月二十五日，靖東將軍濟世哈蕩平山東賊寇于七，班師。六月十一日，以宋一炳舉首叛賊于七，拜受他喇布勒哈番，給予于七家產。登州各縣，因此案所遭的塗炭，各縣誌皆有記載。清廷派將軍濟世哈征于七，所統滿漢官兵，包括山東全省之精銳部隊，由總督祖澤溥率領。陣亡之軍官士卒頗多，地方官吏如寧海知州劉文淇等，死難者亦甚多。于七牙山之大本營，被圍困擊潰，其副尹應和被擒，餘眾分竄崑崙山、招虎山、鼇山，不久悉被擊散。于七與其徒弟潛入嶗山，化妝為道士，匿跡山林，壽至八十餘歲，臨終在上清宮，使吐其實。

于七反清一案，雙方傷亡無算，株連之人尤多，史書記載而外，如小學家牟庭相（棲霞人著有方雅行於世），所撰之牟氏家傳，述其祖先被此案所牽，繫於囹圄，幾致於死。康熙時歲貢蒲松齡（山東淄川人），述此案牽連殺戮之多，藉鬼怪故事寫入聊齋志異中：「于七一案連坐被誅者，棲霞萊陽兩縣最多，一日俘數百人，盡戮於演武場中（濟南城中），碧血滿地，白骨撐天」（公孫九娘），「于七之亂，殺人如麻」（野狗子），當時屈死之人不可計數。文學家宋琬（萊陽人，順治進士，曾任四川按察使）。被其族人誣告與于七相通，妻子一迸被逮下獄，總督祖澤溥審宋，白其冤，祖亦獲罪，幸康熙帝明察，申訴刑部所判不當，宋得釋，祖亦無罪（清史家，祖傳內，備述其事）。

土豪宋彝秉，為報私仇而誣告于七，清廷竟受其蒙蔽，鑄成大錯，演出殺人如麻之戰禍，株連無辜，奸惡反而得受重賞。余童年每聽父老談起此事，皆嘆于七之冤枉，罵宋二閻王之罪惡。于七既反清而被剿家滅門，清史當然定以叛賊之名，而民間談說其事，皆讚嘆于七之英武驍勇，為曠代稀有之俊傑，故終能衝出滿漢大軍之天羅地網而不辱其身。對此案所受之兵禍，痛恨清兵殺掠之慘，對于七皆無怨言。明室既亡，清兵平闖賊之亂，定京師。理政安民，百姓並無反清復明之念，社會倫理，風教禮俗，新朝代仍然照舊維持，民生既得安定，於願已足；政權易主，人民不願過問，亦無力過問，亦不必過問。于七雖落造反之名，而民間對其名並無惡感，雖受清兵之禍，而以禍起有因，故事過之後亦無宿願。民間歌謠云「楸樹開花白哇哇（鄉人呼梓樹曰楸樹，哇哇形容白色潔淨繁密），于七作反鋸齒牙，大清的兵馬齊來到，一去嶗山莫回家呀」。此歌在民國初年，尚流行於村姑兒童之口中；民謠皆為民情自然之流露，無關於字義之推敲，如「作反」「大清」，皆為當時通行之語，並無褒貶之意；但歌詞之餘韻，可以體會到清室兵馬雖多，對于七亦無能如何，七隱嶗山，安然渡過一生。

吾鄉距于七之村不過三十里，故所受之禍甚烈，此時余八世叔祖鳴岐公新婚，未彌月，夫人被清兵擄去，數日後釋回，鳴岐公心懷不滿，夫人冤屈莫解，遂於村西田畔之栗樹下自縊而死，因即埋葬於此樹下，至今栗樹及孤墓皆在，余童年，每逢清明節，隨族人前往祭掃，長輩必提當年之事。夫人姓蕭，村東十里外，牟平郁都村人，我母每談及此事，輒曰「鳴岐公天才聰敏，十四歲考中秀才第一名，於此而止，一生未能發迹，即因愧對蕭夫人，虧良心，失陰得之故」！民間此種道德觀念，今世已不存在。鳴岐公有文名，弟子多顯貴。

余七世祖銘，字新倉，以商為業，服賈四方，曾歷九省之域，富甲一鄉。嘉慶二年四月下旬，九十一歲，親友祝壽之壽幛壽聯，高貴之緞料，紫金文字，駢體壽序，舉人楊鼐望所撰，楷書工整，民國三十年前，余家未遭赤禍時，尚保存完好，諒早已成灰燼矣。

六世祖萬栗，字穎階，有兩弟，三人各自立產，穎公所立之商號曰復祥，其時青島、烟台為荒僻之漁村，未有海外交通事業，即墨之金家口（即今之金口），為膠東最繁榮之海口商埔埠，亦無國外貿易，復祥即在金口作進出口之交易，出口為紫草、棉花、穀參等物；進口為南方藥材、竹器、糖、茶之類。穎公好游藝，業餘，則陶情於戲劇，作伶人之班主。

高祖廷栝，字嶽登，弱冠，中優等秀才，勵志於科舉，道光十七年，丁酉鄉試，中舉人，八月末旬，病歿於濟南，棲霞李鶴年，與公為莫逆交，此次同赴試，亦中選，自濟南扶公之柩返里。夫人林氏（棲霞蛇窩泊人），葬公禮畢，遂仰藥而卒。公鄉試三場文稿，皆隨行囊而歸，余家未遭赤禍時，尚保存無缺，文題：論語憲問篇「子曰有德者必有言，有言者不必有德」。詩經卷阿「鳳凰鳴矣，于彼高崗；梧桐生矣，于彼朝陽；菶菶萋萋，雝雝喈喈」。禮記學記「宵雅肄三，官其始也」。詩題「寰海鏡清」。策題為禹貢所載山脈河流之問題。此次主考官為江西豫章黃爵滋先生。嶽公之弟廷閒，字岸登，經商，兼精醫術，常設藥施義診，為貧人療病。

曾祖中樞，未滿十歲，父母雙亡，賴岸登公撫養成人。中樞公號駿聲，精醫學，三十餘歲始中秀才。於鄰村為塾師，兼收醫學弟子。事叔父以孝聞，誼行載諸縣誌。夫人姜氏（萊陽城東後店村，歲貢本道公之女），生我祖仁涵公，未周年，夫人病歿，繼夫人孫氏（棲霞桃村鎮人），年餘亦歿；又繼取夫人林氏（棲霞荊子埠村人），生我叔祖仁波公。

我祖在鄉村為塾師，曾在村東北三十里外牟平之埠後村，及村北二十里外棲霞之北院佛寺設教，年未四十而歿。祖母林氏，棲霞荊子埠村人，生我伯父方增，我父方權，叔方芹，及姑母一人適郭城西山東村，姑丈劉福昌，表兄殿元字魁亭，民國二年山東省立濟南中學畢業。

我父經商業，好文學，我母朱夫人（村北三十里外棲霞草舖村人），生我大姐，次有我兄延祜，及次姐與我。民國元年大姐于歸牟平西留疃李旭卿，我父以偏枯病，不幸於此年逝世。

我母持家教子，惜我兄怠惰乖張，違逆母訓，時常勃谿爭吵，舉家為之不安，致使我二姐投繯而死，時年十九歲；我母痛心，為之結「陰魂親」與牟平阜埠山前村姜姓子合葬，以慰幽靈。「陰魂親」即「冥婚」，如有女未嫁而死，男未取而死者，不必生前有婚約，雙方父母為了男婚女嫁之願，便為之辦理冥婚，舉行儀式，依禮合葬，從此兩家之誼，與子女生時之姻親關係無異。

按冥婚自古有之，周禮地官媒氏「禁遷葬者與嫁殤者」，殤，即殀亡者，嫁殤者即冥婚，古時雖有禁令，然人情世俗，仍未禁絕；漢相府小史夏堪碑「聘謝氏並靈合柩」。三國志卷二十，曹操之愛子曹沖傳「為聘甄氏女與合葬」。隋尉大將軍吳國公第三女十八歲殀亡，其墓誌云「雖在幽媾，婚歸於李氏，共室無異，同穴在斯」。舊唐書八十六懿德太子傳「中宗即位，追贈太子，謚曰懿德，陪葬乾陵，仍為聘國子監丞裴粹亡女，為冥婚，與之合葬」。又舊唐書九十二蕭至忠傳「韋庶人又為亡弟贈汝南王洵，與至忠亡女為冥婚合葬。及韋氏敗，至忠發墓，持女柩歸」。此事並見舊唐書一百八十七崔無詖傳。冥婚為古傳之禮俗，自漢而後，王室官家猶舉行之，自然流行於民間。

自此家中充滿愁悶氣氛，因而我母之胃病愈嚴重，我在幼童時期，即鬱鬱寡歡。十四歲被兄所迫離家到棲霞桃村集作商店學徒，本非所願，又以初踏社會，見世道日下，人事煩惱，乃欲出家，皈依佛門，我母苦苦勸留，又不忍使母傷心，乃不顧兄之阻攔，決心立志讀書。

我父生前為我兄訂婚（徐家店王姓女），已於民國八年完婚生女、子。此時我母時常患病，恐一旦捨我而去，無人照顧，乃聘年長於我者之舊家女為偶（村南三十里，現子口村，姜公汝楫之四女，長我六歲），於民國十三年八月迎娶，時我十七歲。

社會傳統以家人和樂，五世同堂為榮，家庭有故，兄弟始分業，各自營生。我兄未經母親同意，便與我分家，動產素在其掌握之中，為其所擅有，只將田地山林平分與我，我不與之計較。我母不離故宅，兄乃遷入新宅，將故宅歸我，母親由我夫婦事奉；生活所需兩家供奉，彼亦拒絕，仍然惹老母氣忿悲憾；我仰事俯畜無困難，每勸母不必對彼有所索求，免得被冒犯而傷心；母心雖可稍慰，然卒以鬱憤致疾而終，壽六十有九春秋，時在民國二十四年夏曆六月二十九日。比年來，余隨梁漱溟先生從事鄉村建設，此時正在濟寧石橋區任鄉校校長（即區長），又值黃河水災，晝夜忙於公務，距家千數百里，未能遵禮奔喪，此時我長子建文，年方八歲，次子崇文五歲。遙想素日我母病在牀蓐，惟有我妻兒侍奉在側，而今遭此大故，亦惟有其母子三人相對而泣，家中悲淒之況，不忍思及，復睹水區災民，更加憂傷，只得強抑悲慟，戮力職責，奮勉於當前之急務，藉以慰心。

自此而後，歷任曲阜城區、利津城區、棲霞四區各鄉校校長，以誠治事，未曾隕越。不幸七七事變，我之命運隨國難而更加惡劣，烽火瀰漫華北，山東淪陷，守軍南撤，官吏潛逃，人民只待浩劫來臨；余乃還鄉組織游擊隊，一面維持治安，一面狙擊敵寇，此中之艱苦，非可言喻。二十七年冬，率隊攻打威海衛之敵，十一月二十九日激戰於威海四區之向陽山，雙方傷亡俱眾，余亦身受重創，而氣未稍餒。據敵方報載：此役其今村大佐被我軍擊斃。

敵機到處轟炸，人命朝不保夕；二十八年四月，我三子三軒尚未滿周歲，其母即在寇警恐怖之中患急病而亡，三軒由族兄延海撫養。我乃取繼室于佩卿（前白水夼村，于蘭公之孫女），家中事無須我慮，每日勞心於軍務。此時共黨亦挾政府之令，在各地成立隊伍，從膠東方面看來，其用心不在抗戰，專於趁機劫奪武器，擴充勢力，釀造地方亂端，於是我陷於無可奈何之中。此時全省各縣皆有地方人組織之抗戰部隊，中央號召抗戰，遠在重慶，而有電信相通，陷區之抗戰部隊，所屬統轄不一，因而派系分岐，各自為謀，共軍積極擴充，時機成熟，遂公然藉口進攻地方部隊，箇箇擊破，兵力寡者即被消滅；我海陽部隊即在此情形之下潰散。

共軍擴展地盤，控制人民，實行其赤化政策，民國三十一年佔據海陽，次年，我家即遭殘害，妻子罹難，惟長子建文逃出，投入萊陽部隊，此時我已南下，在皖北阜陽與張敏之（牟平人時為國立二十二中教務主任），招集山東流亡學生，於河南臨泉縣長官店創辦臨時中學。三十四年春，我又到軍中任職，八月，敵人投降，九月我以軍職差役與尹作翰（字劍秋日照人）首先至徐州；軍政要員隨後而至，一切措施令人失望，乃辭職北上，寓於青島市。山東已在共軍控制之下，家已被毀，還鄉之夢已絕望，又不知建文何在？遂於青島市嶗山中學任教，兼青島公報主筆。取繼室劉蓉芳（海陽城東遲格莊桓臣公之女），建文在軍中得之余之消息，遂來青島市復學。三十六年，青市自由職業團體（新聞、律師、醫，三界）選我為市議員。次年三月蓉芳生一女，名之曰春明，次年四月又生一女，名之曰春玉。

共軍日向青市進逼，其工作人員已潛入市內，肆行活動，向此方各機關人員送恐嚇信，張貼其市長林一山之佈告，對美軍機關挖掘地下道，進行破壞工作，市內憲警莫如之何，種種怪事，令人訝異，此方官界亦被迷惑，自相猜疑，皂白不辨，我亦接到共方之恐嚇信，大意謂「速速改正汝之言論，如執迷不悟，後悔莫及」！不知何故，神差鬼使，此方亦暗中調查我，刺激我；我已家破人亡，而魔鬼仍向我作崇，我遂計畫離開青市。

青市情形既如上述，此方守軍隨時有放棄之現象，山東各中學師生紛紛南下，總以此方可保江南，時山東第一聯合中學校長劉澤民率學生流寓浙江海寧長安鎮，建文與王啟勛等，俱已前往就學。我受台中家事職業學校校長朱阿貴之聘書，目的擬赴台灣，乃將春明母女懇託於桓臣公。

三十八年一月抵上海，時教育部委張敏之為烟台聯合中學校長，師生兩千餘人，已到湖南安化藍田鎮開學；我與張夙有同事之誼，今又懇懇相邀，乃赴往湖南，至杭州，遇山東學生，聞建文已自長安鎮轉往湖南烟台聯中，我乃與王啟勛等前往；至藍田，兩月之後，湖南亦杌隉不安，藍田西銻礦山警衛之槍械已被惡徒劫奪，此地近湘西，亂山巉峻，交通只有東路，鐵路因抗戰而破壞，山路險仄，車馬絕迹，人須步行，通湘潭之水路，帆船亦寥寥無多，一旦有變，交通斷絕，則師生勢必困死於此；乃急速遷校，四月下旬抵衡陽，旋奉命至廣州，記得在廣州渡端陽節。山東各中學合為一體，學生七千餘人，公推張敏之為主事人。

時共軍已渡江南進，內地無安定之區，人多奔向台灣而來，此時入境已有限制，教育部乃與國防部協商，令山東各中學師生集體到澎湖，由防守司令部照顧，不意魔鬼早已來此等候，蠱惑軍政大員，造成「張鄒冤案」，張敏之乃健強之國民黨員，歷任中學校長，兼致力於黨務工作；鄒鑑為烟台市黨部書記長，國華中學校長；被揑造罪名，嚴刑拷打，二人以為不如速死為樂，乃不得以而招認；連同五名學生，竟含冤而死於非命。我被連株入獄，受盡一切酷刑，死而復甦者再，但我寧死亦不肯承認魔鬼所加之罪名；我自刀山炮烙之下滾出，不願苟生於此世，乃不憚冒險，揭發魔鬼之陰謀，向最高當局鳴冤。幸得昭雪。從此我仍然濫竽於教育界，自台南北門中學、新竹師範、僑生大學先修班、台北建國中學、東吳大學、師範大學、政治大學、輔仁大學，歲月如流，匆匆三十餘年。

總上所述，余命途多舛，但我知命安命，與世無競，生平不作得意之想，亦無追悔之事，遭遇屯邅，艱苦備嘗，逆來順受，無所怨尤。飄泊來台，渡過生死關後，已萬念俱灰，無所希冀。撫今追惜，未能得道濟世，未能對父母盡孝，未能保護妻子，未能恢復家園，眼前雖有兒孫，亦未能積德裕後，悠悠蒼天，我何人哉！撫首沉思，我今七十四歲，自感壽已多矣，今當垂暮之年，劣運仍不離我，使我雙目昏眊，宇宙為之暗淡，但願惡夢速散，早得解脫也。

三、自幼好學 愧無所成

我五歲喪父，賴母教養，大姐已出嫁，家中我母以下有我兄及次姐與我，全家四人，衣食無虞，兒童不應有何煩惱，然而出人意外，我兄性情乖戾，不順母教，任意滋事，無理爭吵，舉家為之不安；我次姐被其虐待，自縊而死，我母之胃病，因而日益嚴重，家中一團愁悶，故我自童年即無快樂生活。

鄉村自然優美之環境，春風吹來，迎春花先開，東野墦間，一片金黃；繼之杏蕾丹紅，柳條嫩碧，交相映輝；雨絲煙縷，藹氣籠罩田疇；鶯聲嚦嚦與農歌相和，夏日麥浪連阡，黃雲盈畝，蟬琴鳴於綠樹，蛙鼓噪於青溪。暑雨頻降，草木蕃茂；朝虹晚霞，山光生彩；晚餐後，老幼聚坐街頭，聽瞽人「說書」，唱「鼓兒詞」，夜深始散。秋色清華，秋露如珠，豆花簇簇，田隴飄香；滿山柿葉，紫紅如春。黃昏後，月出東山，皎光如晝，草蟲爭鳴，清音入耳；螢光閃爍，傍人而飛，群童戲鬧街巷，至深夜，母親出而呼喚，始歸。冬日白雪紛紛，山野如玉，百卉俱痱，惟翠柏蒼松，姿顏不改。此時農事閒暇，村人三五蹲坐街巷，向陽取暖，或口啣煙斗，相話家常；或就地畫棋盤，競賽石子棋；或述地方先賢之善行；或說「長毛造反」（捻匪）、及「反日本鬼」（甲午戰爭）等等故事，群童繞圍聽之不厭。東疃孫家之花園，皆有童友邀引相伴為樂，此皆兒時流連之處。

一年之間，四季佳節，童年最感有趣。除夕及元旦，除舊歲迎新年，家家門面張貼橘紅色有金星斑點之門聯，門楣上貼一對方形福字，每家舉行祭祖先、祭天地之禮；三五家用蓆製成高約六七尺之神棚，內供「天地三界十方萬靈真宰之位」，除夕祭祖之後，夜分，於元旦子時，各陳祭物於神棚前，禮拜祈福，名曰「發子」，言新年於元旦子時開始發福也。徹夜各處爆竹之聲不絕。天明，晚輩為同族長輩拜年，長輩設酒款待，贈兒童以糖果之類。元旦之後，到親戚家拜年，先到外祖家，次姑母，次岳父，次姐妹，兒童跟隨，親戚長輩贈以「壓歲錢」，俗名「壓腰錢」。

親戚拜年，禮相往來之後，各村乃「辦秧歌」，又曰「辦耍會」，少年男子數十人，化妝成舞隊，或故事中之男女角色，鑼鼓喧天，領隊者手托香盤，率隊到各鄰村，向村中之公共宗廟焚香致敬，因各鄰村皆有親友關係，此表示為團體拜年，禮畢，則表現秧歌舞唱。演唱畢，如近午餐或晚餐之時，則村戶競來分請各隊員至家中，具酒食款待，誠敬備至。龍燈、舞獅，不單調舉行，必附有幾齣故事腳色，如「唐僧取經」、「青蛇白蛇鬧許宣」等等；亦或有「方相」舞隊，戴各假面具，扮裝各形人物，此與秧歌隊不同，此照例須帶各種燈籠於夜間表演；此亦為鄰村團體拜年之意，不停步作演唱，只在大街慢步行走作各種舞蹈，村人以茶點食品招待。此種耍會與秧割隊，為晝夜兩種娛樂，不必二者兼辦，無論晝夜、團體拜年，只有一次即可，此項娛樂，七八里以內之鄰村，互相往來，直至元宵節以後始休。各家祖先之祭堂，及天地神棚，亦於元宵節後閉幕，於是開始忙農事矣。

門聯：亦曰春聯，亦曰門對。門聯源自桃符板，古人以桃為鬼所畏，見周禮夏官戎右桃茢注，漢書禮樂志謂：有神荼、鬱壘二神，管制惡鬼，因此，民間用桃板繪二神之像，或寫二神之名，分掛門旁，左神荼，右鬱壘，可以禦兇窃祛邪，名曰桃符板（見荊楚歲時記及玉燭寶典）。南北朝興起「宜春帖」，荊楚歲時記云「立春日，寫宜春二字，貼於門楣柱」、「宜春」言新春來到一切皆適宜，皆順利也。唐時「宜春帖」盛行。桃符只是祛邪，而宜春則進而為納祥。蜀檮杌云：蜀主孟愹昶自題桃符板云「新年納餘慶，嘉節號長春」，於此桃符已正式變為門聯，而內容為宜春納祥之意。宋時之「春帖子」，內容多為雅麗之詩詞，歐陽修之內制集，司馬光之文集中，皆載春帖子詞。桃符春帖合而為一，遂形成對聯。蘇軾與朱子皆有對聯妙句傳世。至元明，對聯不限用於迎春貼在門上，可作慶祝、紀念各種應酬之妙文；於是對聯盛行，成為文藝之一體。

福帖：臣民避諱當朝帝王之名字，以示尊敬，非帝王所命也。對當時帝王之名字，定之為帝名專用字，如行文必用其字時，則以他字代替，或將其字減少筆劃，以示與帝名有別；時代改易，則後人不諱前代帝名，其字仍然適用，但宋太祖趙匡胤之名字，當時因諱將「胤」簡寫一劃為「胤」，尚傳至今胤胤通用。清世祖名福臨，自恐臣民諱其名而廢福字，乃宣令勿諱其名，曰「朕不肯使民間缺少福字」，又恐臣屬以為不諱帝名為不敬，礙難遵旨，於是帝以紅紙親書福字分贈於群臣，命於新年張貼於門，以作迎春之禮物，因此福帖遂流行於民間。

秧歌、方相：秧歌乃訝鼓之轉音，亦稱迓鼓，見朱子語類。續墨客揮犀云「王子醇初平熙河，邊陲寧靜，講武之暇，因教軍士為訝鼓隊，數年間盛行於世，其舉動舞裝之狀，與優人之詞，皆子醇所製也」。訝鼓為古時「儺」之遺制。周禮夏官有「方相氏」，其人蒙熊皮，黃金四目，執戈揚盾，率百吏以毆疫。後漢書禮儀志云：以木面獸為儺，即方相之遺製。張衡西京賦「戲豹舞熊，白虎蒼龍」，皆為假頭假形，今之舞龍舞獅，即尤其演變而來。

傍近元宵節，女童有「搬姑姑」之娛樂。「搬」為邀請之意，姑姑為女童所敬之神。舊時，衣服穢塵洗淨加漿，曝曬之後摺疊整齊，擺在方石上，用杵敲捶，使衣上之縐紋伸展光平，無縮蹙之痕跡，以顯美觀。此石光面平滑，長約尺餘，寬不盈尺，名曰砧石，取鍋爐內之燒灰，用水調和成泥濘狀，攤於砧上，厚約一寸，將汲水所用之高形瓦罐按定於砧石正中之灰上，此灰並無粘性，對「姑姑」祈禱之後，個人依次占新年來之休咎，二人用木棍抬瓦罐，如罐與石俱抬起離地，則為吉；如抬罐而石未能隨罐連起，仍在地上未動，則為不吉，據說此時如有人在院外放爆竹，則姑姑即要離去。因此，男童如聞某院正在「搬姑姑」，則三兩人便暗到其院外放爆竹，名曰打姑姑，轟然一聲，女童相驚而笑，出門追罵，亦不怒也，男童已逃，於是再繼續辦理，一切如法完畢之後，就近各鄰家湊集麵菜及各種材料，大家包餃子，煮熟對空致敬，請姑姑來饗，然後大家分食，始結束此場樂事。

按「姑姑」即紫姑神，顯異錄云「紫姑萊陽人，姓何，名媚，字麗卿，壽陽李景納為妾，為大婦曹氏所嫉，正月十五夜，陰殺之於廁間，上帝憫之，命為廁神，故世人以及其日迎祝，以占眾事」。紫姑又作子姑，蘇軾子姑神記謂「子姑何媚，為唐武后時人，知書能文，為伶人婦，壽陽刺史害其夫，納為妾，為其妻所妒，殺於廁間，天使直其冤，使有所職於人間。世所謂子姑神正月十五日，媚其卓然者也」。

正月十五日，曰元宵，又曰上元，又曰燈節。家家用黃豆麵加水調和，軟硬適度，塑造各物，如牛馬犬豕等形狀，簡單形者，只做一圓柱，高約二寸，此為各式燈台，各於頂端捏一圓窪，大如酒杯，注以蠟油，插以燈芯；日初落，即攜圓柱式之燈，及香紙祭物，到祖墦，將圓柱燈一一點亮，每一墓前送一個，拜祭而歸。各戶家中皆點亮各樣燈，分置於室內及庭中，門楣上則懸掛各式彩燈，全村燈月交輝，光明如晝，間有夜間之「耍會」，或本村自辦，或鄰村送來，高蹺（蹻），舞隊，火樹銀花，此起彼落，街巷熱鬧，直至午夜。

燈節：漢武帝祠太一神，自昏至明，燈節遠源於此。元宵觀燈之樂，每見於詩文；如梁簡文帝有列燈賦，陳後主有光璧殿遙吟燈山詩，至唐宋時，上元觀燈已成為例行之樂事，詩文中多述其盛。宋朱弁曲洧舊聞所記甚詳。淵鑑類函云史記曰：漢家已望日祀太一，從昏時到明。今人正月望日，夜遊觀燈，是其遺迹。

禮記月令，仲春之月「擇元日命民社」，擇吉日，命民祭社神。又云「蟄虫咸動」，春氣漸暖，虫類皆開始活動。「花朝」為百花生日，誠齋詩話「東京以二月十二日為花朝」。熙朝樂事「二月十五日為花朝」，翰墨記「洛陽風俗，二月二日為花朝」。吾鄉二月二日祭土地公，即月令祭社之禮。諺語云「二月二龍抬頭」，龍為虫類之王，此日始抬頭活動；家家此日晨起，燃香火，將室內外各處薰烘一遍，名曰「薰虫」，即因「蟄虫咸動」之故。吾鄉炊爨，以草木作燃料，炊後灶內之灰，名曰燒灰，為肥田之用；此日家家於園庭及場圃內，用燒灰隨意撒成各種圖象；蓋即歡迎百花生日之意也。上述三事，吾鄉於二月二日同時行之；自古傳來，沿例而行，鄉人不之其原義也。此日又有「二月二炒蜜豆」之歌謠，將黃豆煮熟，外濡以蜜，再沾以麵粉，使之各粒疏散，不相粘，炒熟，香甜味美，為應酬兒童之小食品。余幼時，曾受鄰家餽贈此物，後來此俗亦消沉。

寒食：荊楚歲時記云「冬至後一百五日，謂之寒食，禁火三日」。禁火則飲食必冷，故曰寒食；又名禁烟節，又曰「斷火日」。吾鄉斷火兩日，其實是白晝禁烟，並未斷火；黎明以柞炭火炊爨，埋之於爐內，終日不滅，仍可煮飯，並未冷食，但禁絕烟火出現而已。古書如琴操所載，及民間傳說，謂：介之推於三月三日焚死於綿山，晉文公哀之，令民間禁火三日，此即寒食節之由來。吾謂：夫晉國之令，安能行於齊魯，遍及華北？此說非也。按周禮秋官司烜氏「仲春以木鐸修火禁於中國」。鳴木鐸，警告眾人禁火三日，使人民有深刻之印象，因此沿成斷火紀念日；民間特傳介之推故事以點綴興趣耳。

寒食後為清明節，杏花初放，草色新青，兒童隨父兄祭掃祖墓，於墳頂上以石塊壓方寸之白紙十張，或二十張，以為清潔之徽號，父兄對墓碑之文字，一一指示，令兒童認識各代祖先之名諱。祭拜禮畢，兒童採得各種野花，滿握歡躍而歸。村邊或巷口，於前二日即架起各式鞦韆，紅男綠女，競賽高低以為樂，歡笑之情，幽意無倦。

穀雨：清明之後為穀雨；民間不注意此節。吾鄉有蝎虫，俗名「蝎子」，尾端有鈎針，刺人放毒，痛疼而腫，名曰被螫，每於夜間沿牆而行，兒童如被其螫，每至竟夜痛哭。俗傳穀雨後，蝎子繁生，村中塾師教學生裁黃紙長約五六寸，寬約三四寸，畫雄雞吃蝎，或壁虎吃蝎，或畫剪刀鉗斷蝎尾，或畫鋼錐刺在蝎腹，並寫幾句詛咒文字，如「穀雨三月中，禁蝎永不生」，或「赫赫洋洋，日出東方，貶蝎千里，永不歸鄉」，並用朱筆在文字旁加圈，以示此乃神明之語，寫畫完成，此名曰「蝎子帖」。寫畫若干張，分贈於鄰家不能寫此帖者。此帖張貼於牆壁，意謂可袪除蝎害。此蓋昔時方術之士所傳以舒暢人心者，只在穀雨節中作一項趣味之點綴而已。記得三十八年四月，余在衡陽見各戶門框貼一黃紙條上寫「黑女出嫁，永不歸鄉」，問之，黑女指螞蟻而言，此乃自古流傳袪除螞蟻之例俗；此與「蝎子帖」之意相似。

端陽節：五月五日，名重五，又名端午，又曰端陽。兒童早與鄰伴相約，天未曙，即三五結伙，到山坡、溪畔，燃起所備之火把，採艾蒿、摠桃枝，就便摘取尚未成熟之碧桃，或田內之豌豆角，裝滿衣袋而歸，此為慣例之事，在此節日，物主亦不怪也，兒童各歸家，將艾蒿桃枝插於門框之上，自感頗有佳趣。晨餐至，有棗粽及煮熟之雞蛋，尚未去殼，自剝而食，為照例有趣之事。

此日天未明，家人即將五色彩線，十餘條合為一股，於嬰孩、兒童之左右手腕，及中指，及左右足踝之上，各結一環，名「長命縷」，俗曰「結祿索」。青年少女用綵綢作各式之小荷包，小玩物，內貯香料，外飾彩絲，巧妙可賞，贈與鄰家或親友之兒童，作佳節佩帶之務；凡此等等趣事，自古傳來，皆見於風土記。門上飾朱索，掛桃枝，為止惡氣（見續漢禮儀志）；採艾或作艾人，艾虎，懸於戶上，以禳毒氣，荊楚歲時記，玉燭寶點皆有記載。風土記云「以菰葉裹黍米，煮爛熟，五月五日及夏至啖之，一名糉，一名角黍。」或以為屈原於五月五日沉江，楚人哀之，乃以蘆葉裹米，纏以綵縷，投江以祭，此即粽子之由來（見續齋諧記）。古人以五月陰氣初生，月令云：是月也「陰陽爭，死生分」，陽氣生物，陰氣殺物，故云相爭；一生一殺，在此分界，後漢董勛問禮俗云「五月俗稱惡月」，故有上述禳惡致祥種種趣事。

七夕：七月七日之夜，曰七夕。續齊諧記、荊楚歲時記，皆述此夕為牛郎織女相會之佳期，此故事，普傳於民間，藉天上神話，演為人間世事，彰善癉惡，情節頗為動人，家喻戶曉，談之不厭。惟所謂婦女陳瓜於庭中，以五綵線穿針，通過者為得巧；故七月七，有七巧節之稱，此一古俗，則吾鄉所未有。吾鄉各戶照例以芝麻油糖調和麵粉，用木刻之小物模，如雙錢、如意、魚、鳥各種物形，將所調之麵料，一撮一撮，按模鑄成各物，炒熟後，用細繩連成串，每串十餘個，名曰巧果，俗稱小果子，用作應酬兒童之禮物。

七月十五日，中元節：家家購買各種瓜果，祭祀祖先。村前有土地祠，南山有玉皇廟、佛廟、藥王廟，東村有龍母廟、關公廟，廟之正堂關公像之旁有對聯「善養吾浩然之氣，不失其赤子之心」，此為集孟子句成對，筆畫工整，為歐體字，村老相傳，此乃吾曾祖所寫。中元節家家皆往各廟焚香叩拜。

中秋節：為農家盛餐之佳節，月餅為此日必備之食品，取其與今夜之月同樣團圓之意。家人賞月清談，直至夜深。諺語云「八月十五雲遮月，正月十五雪打燈」。此日如天陰雨，則新年元宵燈節，亦往往為雨雪天氣，雖不定為必然，而大抵不差；此乃由經驗而形成之古語。

九月九日為重九，九為陽數，故又曰重陽。自東漢費長房教桓景登山避災（見續齊諧記），因傳此日為登高日。農家皆不注意此節。惟有優閒之文人，或村中塾師，三五人相約，攜酒登山，欣賞山菊、紅葉，作為一番遊樂而已。

下元：五雜俎謂：道經以正月望日為上元，七月望日為中元，十月望日為下元。吾鄉不知有下元節。惟十月初一日，祭掃祖墓，如清明節之禮同。

臘八：臘為合祭諸神之名，古在十二月間行之，故稱十二月曰臘月。是月初八日為釋迦佛成道之日，謂之「臘八」，寺院用香穀及果實造粥以供佛，名臘八粥，傳至民間，相沿成俗，不供佛者亦造此粥，大都不悉其原因。周密武林舊事云「寺院及家人，皆有臘八粥」；吾鄉亦然。

祭竈：古有五祀之祭，五祀之說不一，按月令孟冬之月「臘先祖五祀」，此五祀為「門、戶、中霤、竈、行也」。論語八佾篇「與其媚於奧，寧媚於竈」。祭造之禮傳來已古，吾鄉於臘月二十三日晚間祭竈，以麥芽糖（俗名糖瓜）、棗、餃子等為祭品。

跳神：自謂能向鬼神祈求為病人消災，國語楚語云「在男曰覡，在女曰巫」。現社會對鬼神之信仰，已趨淡薄，巫覡已漸絕跡。記得吾鄉有溝兒楊家村有父子二人，尚已此為業，雖為男子，世人不名之為覡，而稱之為姑娘，又稱為「跳神」者。如有病人沉重在床，家人便默禱「懇祈諸神保佑，病如痊癒，則臘月年終，必大設禮堂祭祀朱神」！病人心理亦虔誠抱此希望；既而病果漸癒，至臘月二十三日以後，乃設祭堂，陳祭物，請「姑娘」來「跳神」，皆於夜間舉行。「姑娘」所攜之諸神畫像，一一懸於祭堂，身穿長衫，左手執單面鼓，鼓柄綴有許多鐵環，持鼓柄搖動鐵環作響，右手執有彈性之竹條擊鼓，環與鼓，韻節相諧，口唱請神歌詞，請某神，便先講某神之歷史，而後祈求消災降福。例如其所請之竈神，名張仁房，本為富家，取妻丁香女，嫌其不美，遂遺棄之；繼取李海棠為妻，然而自此家庭敗落困窮，後來悔過，乃迎回丁香女，因而家道復興。全篇唱詞甚長，為一警俗勸善之故事，詞意委婉動人，全為地方土語，男女老幼皆聽之不厭。跳神只有唱詞、行禮，並無跳舞，請諸神來享，禮畢之後，拂曉送神，亦有唱詞行禮。跳神近乎一種娛樂；病癒之人舉家歡樂，村中男女老幼，皆願聽「姑娘」之唱詞，深夜不倦。

趕山會：鄉村演戲酬神，大抵在春日或至四五月間，不一定在山中集會，而名曰趕山會，或曰趕春山，亦曰趕廟會。演戲四日，善男信女，前往拜廟祈福，四方老幼雲集，各種攤販羅列成市，大抵皆為食品及兒童玩具之類。餐館商人，在此會中，生意頗盛，撐起帳幕，或架起席棚，擺開座位，有各種小吃，有美酒佳餚，顧客終日來往不絕。人群一簇一簇，環觀有趣之事，有玩戲法的，有說相聲的，有賣膏藥的，有醉酒相鬧的，有賭博鬥毆的，有拉洋片的（用放大鏡看箱內之各種圖片，有洋人各種故事）；各種趣事，不勝枚舉。只有懂得戲劇之人，在戲台前欣賞忠臣義士各種歷史故事。大多數人，趕廟會之目的不在看戲劇，為湊熱鬧一大娛樂而已。余童年所趕之廟會：有東疃（即本村之東村）之龍母廟、古現村之佛廟（名慧果寺）、姜家村之祝融廟、野夼山之碧霞元君廟，此一廟會之時間在四月，香火最盛。以上四處廟會，每年定期舉行，各處會期四日，學校各放假一日，為兒童所喜歡之假日。

吾鄉乃荒村僻壤，山巒重疊，平地狹小，仄路曲折，絕無車輛；記得幼年，村中有一新發戶建造房屋，自遠村雇來一輛單輪車，搬石築牆，車夫一人雙手推之，所載之石，可代十人扛抬之力，兒童便以為奇，成群結夥，隨此小車往返不厭，空車往石礦時，兒童央求車夫允許坐其車，車上只可坐三四人，競爭之下，捷足先登者以為幸運，及車載石回途便跟隨車後，歡躍而歸，車夫將石卸下之後，又令有兒童競求乘車，以為此乃素所未有之享樂。

農家所飼之家畜，除牛、驢、騾、豕而外，偶然見有遠來之人，騎馬而過，便共相歡呼「快來看馬」，喜為罕見之物。或有丐者，攜帶猿猴，到各戶門前，表演伎倆，兒童亦以為稀罕可樂之事。

冬季農事稍閒，偶或有賣藝者來，演吞刀吐火、空手奪劍、種種武術，兼有魔術；又或有木偶戲，俗名「頭兒戲」，鑼鼓響起，經村長為之籌措報酬，則在村中表演，亦為不常有之一種樂事。木偶戲有大小兩種，小者只一人肩挑兩箱，一切戲具俱在其中，演時用扁擔撐起小戲台，主人在台下幕內，擎出兩三隻木偶，在小戲台作各種動作，幕內打鑼敲鼓，口中代兩偶對話，亦有唱詞，俗名曰「一跟扁擔的戲」。大者，木偶有二尺多高，臺幕亦大，亦名「大頭兒戲」，一人只能執一木偶作表演，木偶之角色：生、旦、淨、末、丑，及各種樂器，與京劇同樣齊備，須有二十人左右始能成班。

兒童在此荒僻鄉村之中，自感為快樂天地，「不見可欲」，無所奢求，不向父母要錢，有錢亦無所用；趕山會，攤販所賣：竹製、木刻、泥塑、陶物、或鐵片所造之響具、或彩紙構成之翻花、風車、各種玩具，皆為當地人就便取材所做成，無舶來品，雖費錢寥寥，但亦由父母主動為之購買。舊禮教第一為不妨害他人，此自祖先代代相傳，庸愚皆知遵守之律，已形成習慣，兒童自幼在此自然規範之中，自由活動，父母不須擔心兒童能有規外行為，引起麻煩，亦不須擔心有浮水滅頂，登山失踪之憂。與今日之兒童相比，真可謂兩種世界，兒童樂園，電動玩具，各種珍奇享受之品，日新月異，極盡誘惑之能事，兒童之欲望逐日增高，貪得苟取之心亦逐日增加；舊禮教已被呼自由之口號之新思想家所打倒，兒童養成任性恣欲之習氣，少年犯罪向成年人看齊，此是今日知識進步、教育普及之新社會。

我生長在舊禮儀教、舊鄉村之中，今已老矣，始終如一，未能接受新風氣之感化，未能變成新時髦人物。回憶以往七十餘年之歲月，只在兒童時期尚稍有樂趣可以回味；以上所述鄉村自然優美之景物，一年四時佳節之情味，鄉土各種閒逸之樂事，而今記憶又回到童年，與同伴相偕，採山花、揀雀菜（暑雨時期，山坡松林荒地上生出一種菌類，狀如木耳，薄而小，名雀菜，可以作包子餡，味鮮美），拾粘莪（蘑姑一類，與雀菜同時同地而生），將山葫椒（山生植物，猶如除虫菊之類，燃之薰蚊虫最有效）。正月春風猶帶寒意，村邊看放風箏者比賽高低；初冬草木黃落，看獵人在南山放鷹捕兔，薄暮歸來。晚餐後，坐階前與同伴相談恐怖故事；雨天農人休閒，北鄰老翁家為相聚談笑之所，或拉胡琴唱京劇，梆子腔，兒童亦來湊熱鬧。回想幼年與同伴作各種活動，各種遊樂之時，歡愉之情，與眾無異，但回到家門，輒憂從中來，不聞我兄爭吵之聲，則見我母勉強支持病體，勞於家務，遂引起我之愁緒，苦悶在心。八歲入塾讀書，每餐時回家，一進二門，在院中便速呼一聲「媽」！聽到母親應聲爽朗，知此時母未患病，便歡躍入室，對母訴說今日所讀之書，及教師所講之話，母親亦喜形於面。若聽到母親應聲低沉，便知此時胃病又發，或是又受到我兄之冒犯，胸中立即湧起愁苦，垂頭含悲，走到匟前，按拊循母病，或慰母不要「生氣」（怒氣），母親食難下嚥，我亦不願進食，只得聽從母訓「吃飯、快上學去」！我童年之生活，就在此鬱鬱寡歡中渡過。

民國四年，我八歲，入村塾讀書，新學堂制度，小學，初級四年，高等三年，但此時新學制，尚未通行於鄉村。吾邑海陽，只有三處縣立高等小學，第一在城內，第二在夏村鎮，第三在距吾村十里之郭城鎮。政令規定兒童必須讀四年小學，故又名「強迫教育」，實際並未強迫；照舊各按家庭狀況，自由就學，不入學，或入學讀一年、二年，便止，各從其願；因無論為農為工，自幼勤習所事即可，未讀書，依然可以為良農良工。至若由讀書充實學問，而成就功名事業者，此必須有其志願有其天才者使能之，無其志無其才者，不必使之為文憑資格而妄費光陰；因此，入高等小學者人數亦不多。然而文風並不低落，不按新學制升學，新學科尚未盛行，而「國學」經、史、子、集，仍有好學之士，在專心潛修。此時革命新青年之思想尚在萌芽中，尚未能拉外勢力，打倒中國文化，國人之自信力尚未搖動，對於「國學」尚未輕棄。新學潮尚未泛濫，「古之學者為己」，學者須先充實自己之知能，而後使能濟世救人，若自己不能解決自己之問題，豈能有助於他人？讀書志在明理，學者仍然抱此傳統思想。

余啟蒙開始，照例先讀宋王應麟之三字經，及梁周興嗣之千字文。三字經每見上半端為圖畫，畫名人故事，如首面為西漢名臣倪寬帶經而鋤；次面為東漢孝子黃香為父扇枕。圖之兩側為四句詩，此詩乃明清天才兒童所作，名曰「神童詩」。例如第一首「少小須勤學，文章可立身，滿朝朱紫貴，盡是讀書人」。第二首「天子重英豪，文章教爾曹，萬般皆下品，惟有讀書高」。此以前科舉時代兒童之心聲，當然與現代兒童之思想不同。自文學革命而後，打倒中國文化，大罵民國以前五千年之歷史為封建，為專制，倫理道德為「吃人禮教」，完全為「儒家之流毒」。故高喊打倒「孔老二」，「打倒孔家店」，「打倒子曰店」，凡中國故有之一切，無一是處；幼稚之神童詩，當然更為可鄙，彼亦不之此詩為兒童作品，為兒童讀物，以舊有語文皆為腐言爛語，以天子即專制帝王，趨向天子所重之事，即為奴隸，現在講平等主義，「惟有讀書高」是腐敗思想，腐敗思想讀書志在作朱衣紫服之貴官，高出眾人，此種反平等思想，必須鏟除。古時天子除暴安良，為社會造福，人民尊之為國家元首，故天子所重，人民順從；天子選賢與能，治理國事，品學兼優者，始為賢能，必須賢而明「學而優」者，方能當選，方可登仕，此種人被大眾視為不平凡而可貴，此種心理，今昔之人，不相差異。

古以德足服眾，才克濟世者為國君，故以君為一國主事之人；今以民為主，謂官員為人民之「公僕」。率領工人作工者，謂之工頭，然則率領公僕為民服務者，當作何稱？無論加之以何種稱號，總不能脫離公僕之義，僕為奴之別稱，既以人民為主而官員為僕，主僕當然有尊卑之別，然則平等之口號如何解說？而今又有「法律之前人人平等」之語，並引舊日之俗語謂：「王子犯法，庶民同罪」，以喻今日法治之公，果其然乎？王子富貴，養尊處優，何須貪贓枉法？即犯法，亦能化有為無，不能顯露，即顯露亦無罪，「太子犯法」，刑其師傅（史記商君列傳），何嘗與民同罪？秦國法家執法嚴明，猶且如此，而況今日？黑暗世界之中，平等口號，只等於流行之歌詞而已。僕人當服從主人，人民為主，官員為僕，主人對僕人不滿意，可以用「美麗島」刑具打罵僕人，「打不還手，罵不還口」，是奴僕對主人當然之態度。

君主時代，一切皆非，而「子曰店」中，「選賢與能」之語，反被今日提出來作動聽之口號；照理說來，今日之縣官，乃人民所選之賢能，賢能當然可貴可尊，故尊之曰「縣長」，不稱曰「縣公僕」，一縣之首長，猶如一校之校長，人民當聽其指導，故縣長對人民講話曰「訓話」，如此又變成奴僕教訓主人；一切顛倒無常，「名不正，言不順」，故有今日之紊亂。然則以神童詩之言為專制時代可鄙之語，試問今日之事實如何？今天為仕者，不必「學而優」，「不學無術」者亦可，只要有手段，有金錢即可，但尚無目不識丁之官員，更可造假文憑，證明自己是讀書之人，最低者，亦讀過小學，不論讀過幾年小學，總是讀過書，然則今日「滿朝朱紫貴」，乃可說「盡是讀書人」。真理永遠打不倒，晚近自命為新思想革命之大人物，其大喊大叫那些高談雄論，皆此類也，直等於雨後蛙鼓，晚間蚊雷，自鳴得意而已。

新學堂制度興，小學誦讀之書有共和國文、修身兩種課本，內容按兒童心理，由識字、造句開始，由淺入深，順序而進，至第八冊，每課為一百至一百四五十字之短文；修身課本，專講人生自幼「修己安人」之一切言行，並舉歷代賢人故事為模範。民國六年，廣東成立軍政府，自此南方興北方分裂對立，小學課程，又有中華國文等課本出現，南北對立，只是政權鬥爭，尚未影響到民間，共和、中華兩種課本，鄉塾隨意採用，無人作任何批評。

我讀四書、千家詩、古歌，口誦心惟熟於胸中，至今不忘；兼聽教師對他班學童講國文、修身，學童同聲朗誦，久之余亦通熟，喜其文句、故事及書中之插圖，乃亦購兩套共和課本，暇時自習，亦能背誦，惟自第六冊至第八冊課文漸長，未能熟讀。

十四歲，被兄所迫，到棲霞桃村鎮，作商店學徒，非所願也，爾時兒童在校所唱之歌詞，有：一、「風車在風前，如蓬轉，春風不停飄，博得兒童歡，兒童兒童！莫以風車隨風轉，好立志，莫變遷」！二、「蕩蕩蕩，浪敲浪，浪花浮，我身如蝶，臂如猿，足如魚，乘長風破萬里浪，非宗慤乎（重複句）」！竊思效宗慤之壯志，必須讀書，今我失學，讀書之志，仍未變遷，當效古人囊螢映雪之苦學，以遂所願。

吾邑及棲霞牟平各縣，貿易商場以煙台市為最繁盛之區，煙台市有兩家報館，一曰之罘日報，乃光緒年間所創，其報頭「之罘日報」四字，乃康有為所書，戊戌變法失敗後，報頭上康之名字被刪去；二曰鐘聲日報，兩家報刊，每日各出一張。商店無書可讀，余工作暇時，以讀報中之文藝為要務。店內有一部西遊記，余曾細讀兩遍，欽仰玄奘取經，歷艱蒙險，終達所願，不但記其故事，其中詩詞、韻語，皆能背誦，更感塵世，確多煩惱，以玄奘大師之聰慧，能絕棄名利，不憚一切險阻，遠赴天竺，探求佛法，則佛門中必為至樂之境，因此，遂萌出家之念，曾自動戒絕葷食，母親以為余因輟學煩悶，而心理反常，乃急令我復學。

十五歲七月，乃復入村塾讀書，教師為古現村于孟銑老先生，係一優等秀才，時年七十餘，按鄉親關係，我稱他為表伯。我前已熟讀四書，今自詩經讀起，先生講解清新，指導作詩作文。每五日一次，文為義、論體，詩為律體，先生批改詳細，余深受啟發之恩。誦讀經書而外，並教讀袁了凡、王鳳洲鋼鑑合編，講說史事，以歷代興亡原因為重心。光陰荏苒，三年之間，夙興夜寐，專心致志，余熟讀五經，通其大義；史書所載歷代興衰，亦記其概要。文章以戰國策、史記、唐宋八大家為規範，依題作文，六七百字，可以自完其說。五言律詩一韻，作十二句。于老先生謂余曰「科舉時代，鄉試、會試，五言律詩以十六句為限。汝之詩文程度，若在昔日，縣試、府試，可中秀才，此余敢斷言者也！而今科舉已廢，又無顯者汲引，只宜在鄉間從事於教學，但必須於縣立師範講習所畢業，方為合格」。老先生之堂兄于孟鍵字保三，為光緒時舉人，曾在河南任河工官員，其長子退思字倬卿為秀才，待人忠厚熱誠，曾認講習所教習，老先生乃介紹我與之相識。民國十四年秋，倬卿導我考入講習所，學科為教育學，兒童管理法、算術、國文、英語、教學實習等科，二年畢業後，我任村塾教員，因素日專心於國學，根基在此，興趣亦在此，對古文願學東萊博義、王荊公及三蘇之文。當時地方之文人，有郭城舉人于廉基字樹人、上山村拔貢劉勃字季安，季安之文頗近呂東萊，文氣充沛，詞句爽利，此二人皆為地方所推崇，故余幼年練習寫作，心竊效之。後來讀飲冰室文集，慕梁任公之文，並惜其變法之失敗，民國十五年秋，冒然修書，自稱私塾弟子，向其請教，並附所撰性善性惡論一文，請其評正，藉以了解自己之程度，任公熱情啟發青年，不久，得其回函，大為嘉許，對文之評語，約四十餘字，大意謂「文思深潛，頗有見地，結構縝密，詞亦流暢可喜！唐皇甫湜曾作此題，可參閱」！遂尋皇甫之文而閱之，彼據上智、中人、下愚，而論性之善惡；

余則謂：孟子「道性善」，乃專指理性而言，人人皆有理性，故謂人人皆可為堯舜，其意在鼓勵人心向善，然孟子並未否定人有惡性。荀子言性惡，乃專指慾性而言，人人皆有慾性，「禹桀所同」，任性而行，便流為惡，意在戒人勿縱慾作惡，然荀子亦未否定人有善性。皇甫謂：孟荀皆大儒，皆教人注重修養，其言論不相衝突。余則謂孟荀之言，一則勉人向善，一則戒人為惡，其義殊途而同歸。得任公書信之鼓勵甚喜，並感自己讀書甚少，更當加勤勉。此時尤好駢文，最愛吳錫麒、夏思沺之律賦，摹擬習作，賞其風雅。

牟平進士楊玉相字子瑜，鳳凰涯村人，余幼年即每聞其詩文名震一方，人樂道之；自以程度尚低，未能遊於其門，彼為咸豐年間二甲進士，曾任吏部主事之職，惟無志於官場，畢生從事於教學，歷任福山各縣山長（等於書院院長），遠方弟子多來受業，秋闈春闈登第者頗多，著有觀我堂全集，其詩文類乎蘇子瞻，余樂讀之；時年已近九十，早已退休在家，其同族有稟生楊占崑，亦有文名，曾於山東法政專門畢業，民國十六年在留疃東北埠後村李姓家中招生講課，余往拜請教，意在求其介紹楊進士品題余之詩文，彼亦怡然承允。楊進士閱余之文，嘆曰「可惜！而今科考已廢，若在昔盛世，秋闈中選無疑」！余對詩文有趣，以讀書為樂，自知無大才，無大志，而且在此南北交鬨之時，余不願涉足於內訌之場，只宜安心在鄉村作塾師，讀書吟詩以自娛。

于洪起字範亭，棲霞清江口村人（又名河北村，在吾村西北四十里外），與吾有表親關係，吾稱之為表兄。範亭為清末秀才，於京師大學堂畢業，工書法，好摹孫過庭之書譜，民國初年為國會議員，夙與國民黨孫總理相識，因反對曹錕賄選，遂南下至廣州於國民黨任職，國民黨政府成立，任監察委員。九一八，東北淪陷後，政府派員調查，由範亭率領。民國二十九年，卒於重慶，國史館為之立傳。自民國六年南北政府雖對立，但爾時尚無後來黨派暗殺之亂，而且範亭永未失書生本色，非一般政客可比，故其由廣東而山東，回家探親，往來自若，無所顧忌。余前於友人處見孫逸仙傳一書，借而閱之。書中附載上李鴻章書，論富強之本，四大要旨，當時讀之，大為感動，甚惜清廷未能採納，並對作者，中心景仰。民國十六年，範亭返家，余往晤談，此時中山全書尚未流傳於北方，範亭贈余三民主義、孫文學說各一冊，皆為秀珍本。余歸而讀之，感孫總理見聞之廣大，理論之弘壯，對於世界列強之實況，及中國今後復興之道，言之痛切；北方當局諸公，有此高論乎？吾未之見也。但爾時，我思想幼稚，見解浮淺，對於書中亦有幾處疑問之點，例如民族主義第二講有云：中國幾千年以來，亡國已有兩次，「一次是元朝，一次是清朝」，此話在清室未倒之前，用於鼓吹革命，可以啟發漢族反清之思想，及民國成立，五族共和，此話如載之於書，將來豈不引起滿蒙二族之異心，甚至可能據為口實，演出各自獨立之企圖；當時余對此問題，有許多想法。再者心理建設舉十事，以作「知難行易」之證，駁斥傅說「非知之艱，行之惟艱」之說，此固為糾正當時一般人之心理，乃有所強調而立言；其實天下有知難行易之事，亦有知易行難之事，傅說之言，為知而不行，說而不作者戒，其說亦係有所為而言，亦自有其理；此類疑點，余自知譾薄，後來請教於範亭，範亭云「所謂兩次亡國，歷史事實，能泯滅乎」？總其所答，言詞甚長，茲不補述。余居窮鄉，孤陋寡聞，只得埋首故紙堆中，研讀經史，發思古之幽情；摹擬詩文，習辭章以為娛；如此自修，歲月如流，數年間，所撰詩賦，輯為一冊，名曰養性草堂詩稿，詩以七言律及絕句為多，賦則效明清之駢律體，散文之作甚少。十六年八月考入山東大學文科，入學之後，以南北戰火正熾，學校惶惶不寧，上課未能就序，學生多散歸，余亦返鄉。

南軍北伐（國民黨之軍隊，當時民間稱為南軍，後曰國軍），民國十七年，北軍山東張宗昌之部隊以敗潰，士卒多逃亡東北，餘者則集股為盜，盤據山林、劫掠鄉民，分贓而後，各奔前程。繼之則有南軍吸引地方之青幫分子，及垂涎官場，急於出頭之小知識份子，授以國民革命軍軍官之名義，於是強索民間之槍械，就地征斂糧餉，如此種種災難，人民痛苦不堪。

民國十八年，國民黨始於各縣成立縣黨部，開辦黨義訓練班，縣政府令各小學教員受黨義訓練。「三民主義」我早已研究，且略有心得，我想黨義訓練班必有專家主講，可以聞所未聞，我乃於本區聯合小學教員三十餘人前往聽講。黨員多係東鄉夏村一帶之人，其中能照三民主義書本，略講大義者，只有二人，一為張建庵，年五十餘歲，二為朱明軒，曾肄業北京大學，年三十餘歲（發城鎮東菜園村人），此二人之態度亦頗敦厚，其餘有中學畢業者，而有名無實，亦有小學畢業及未畢業之小商人，對三民主義，並無認識，皆以為身為黨員自感值得驕傲。吾鄉小侯家村之侯富濤，係蓬萊中學畢業，亦有名無實，自己表示為新人物，吾素與之相識，而不知其為黨員，其時亦傲然立於黨員之列。有我久已聞名之倪魯平者，牟平人，頭腦頗聰敏，曾肄業於上海勞動大學，往年即在鄉間提倡「自由戀愛」，及「打倒舊禮教」等等新革命運動，其言行分明為共產黨員，此時為海陽縣黨部之要員，黨員亦多慕效其行為，我在黨義訓練班聽講月餘，未得增進任何學問，而了解國共兩黨雖云分離，而仍然沆瀣一氣，即此可見一斑。

民國二十年，友人姜銘三（郭城南柳樹村人），為縣立第一小學校長，聘我為教員，此校在海陽城內，其時「故有文化」尚未澈底破產，高級小學學生國文程度，尚能作三四百字之文章（非白話俗語），余之教員生活頗感適意。小小縣城為黨員之天下，黨部懸掛之標語為「黨權高於一切」，「黨外無黨黨內無派」等等語句，其實就此一黨部而言，可謂黨內有黨亦有派，如倪魯平等係共黨，其餘勾心鬥角，顯有派系。一般黨員其對「三民主義」之認識與信仰，尚不及我之程度，而且言論荒妄者有之，破壞社會禮俗鬧笑話者有之，到鄉間挑唆民眾鬥爭者有之。煙台市為新風氣先開之處，暑假余到煙台一遊，詢訪牟平福山等縣，黨部之表現如何；得知每星期一作「紀念週」，每逢各種紀念日，懸掛黨國旗，滿街張貼五彩繽紛之標語，「實行三民主義」，「打倒帝國主義」等等，各地情形大致相似，惟不及海陽、萊陽兩縣怪事之多。九一八事變突起，帝國主義者一舉而奪去東三省，帝國主義不但未被打倒，反而更加兇惡，東北學生紛紛逃進關內到各處求捐渡生，國勢如此，詎不令人悲傷！

民國二十一年，返回故里，到村東北三十里牟平埠西頭小學任教。此年日軍又進攻上海，發動一二八戰役，共軍在贛州組織政府，日本據東北，成立滿州國，國民黨自十四年成立政府即所謂中央，國共合作，有親共者，有反共者，派系相爭，不能合作，外患內亂，日形嚴重，大難將至，預兆已顯。暑假余赴北平一遊，所聞所見，皆感失望，昔顧亭林云「天下興亡，匹夫有責」，但外寇入室，群雄內訌，匹夫能如何哉？自清朝以來，膠東人多往東北謀生，生活順利，則就地立業落戶，商業交易，亦往來繁盛，膠東與東北有關係密切，煙台為赴東北出口之所，東北失陷，人心惶惶。此年伏假，梁漱溟先生在煙台避暑，各界請其演講，有人發問：日本未費吹灰之力，一舉而奪去東三省，東北數十萬大軍，素日糧餉充裕，兵壯馬肥，不戰而退，甘將國土讓與敵人，而國家內部尚正酣於自相打鬥，對外患毫無辦法，中國如何能收復失地？梁先生在此場合，對於內亂問題，不便有所指責，免得群情激動，只強調復興中國文化，文化復興，國人團結，國家強盛，失地自然可以收復。講演完結之後，即有人在報紙駁斥梁先生之話，謂：「中國文化能抵擋日本之槍礮乎？梁氏之言，直等於笑談也」！民國以來，思想錯雜，新革命分子，主張打倒中國文化，唾棄固有的倫理道德，此為最時髦之思想，梁先生所講恰與之相反，遭受駁斥，亦自知為必然之事。

民國二十三年，又到海陽城，任師範講習所教員。劉占鰲夏村區人，係民國大學畢業，其在北京上學時，嘗聽梁漱溟先生講學。此時在城內任第一小學校長，好文學，每與余相談，對於時事之觀感頗相同；彼稱道梁先生為哲學家，為中國文化之護法者，並述梁先生在北京大學講學時與陳獨秀等思想對立，持正義闢邪說之經過。余前年聽梁先生在煙台講「欲復興中國，必須復興中國文化」，心中即崇慕其見解，及讀其東西文化及其哲學，益加敬仰。民國二十年梁先生來山東，在鄒平辦鄉村建設研究院，二十三年夏，在煙台招考第二屆新生，余乃往投考，入院後，聽梁先生講「鄉村建設理論」，即如何復興文化建設農村之宗旨及辦法，並以鄒平為實驗縣，凡農業、經濟、教育、自衛等等，俱有專家講課及指導，作各項實際試辦，日見成功，乃知梁先生並非空談理論者。余以為如此建設工作，如不遭阻礙，通行全國，此即復興國家之基礎，余乃怡然參加此工作。以實驗縣成績顯著，省府又劃濟寧、汶上、曲阜等十縣推展工作，余歷任濟寧石橋區、曲阜城區、鄉校校長（即區長），創辦各項建設事宜，理論與計畫付諸實行，精誠所至，事無不遂，方喜所學，能為實用，不幸七七事變，大亂突至，一切皆成泡影，余之命運亦隨國運而墜於艱險苦難之中矣！

四、舊社會之殘影

何謂人生幸福？天下太平，社會康寧，人人皆得安居樂業，便為人生幸福，古人云「禍福無門，唯人自招」（左傳襄公二十三年），故中國先哲以為人生之重大問題，即在人對人之問題。物質生活無論如何簡陋，人類總可設法生存，甚至唐堯時代有洪水，商湯時代有大旱，天災流行，歷代有之，盛治之世，有備無患；且人類有惻隱之心，患難相恤，總能謀補救之策，共濟時艱。假如人對人發生問題，泯滅理性，互相磨擦，致成仇敵，釀成戰亂，自古及今「伏屍百萬，流血千里」，慘痛之禍，皆人類自造之孽。聖人有見及此，故專於對此問題，勞心焦思，以求解決之道，如此唯一辦法，即啟發人類之理性，使人類互愛互惠，方能共存共榮，造共同之幸福。

人類生命之根本在理性，理性即天賦合於真理之性，聖人所示人生之道，完全由理性開發而出，就人對人之問題而言，順自然之理，由父慈子孝推己及人，由家庭之愛，擴大而為人群之愛，人情相感，構成倫理社會。何謂倫理？可借荀子臣道篇「倫類以為理」一語，以作解釋。倫者，類也，等也；理者，道也，義也。例如：父母為一倫，子女為一倫，父母對子女應盡之理為慈，子女對父母應盡之理為孝，慈父孝子，不僅在家中父子之恩愛而已也，慈父應當崇德廣業，為子女作榜樣；孝子應當立身行道，無忝於父母，此人人皆能作到者也，至若偉人之大孝，造福人群，揚名顯親，則有才能及機會之限制，非人人皆能之事。若夫喪德敗行，辱及身家，甚至碩奸大惡，為邦國之蟊賊，皆不慈不孝之行為也，故諺云「孝為百行之先」。

父子、兄弟、夫婦，為六親，為家庭倫理；君臣、長幼、朋友，為社會倫理。孟子將兄弟歸於長幼倫中，稱為五倫。在唐虞之世，政治教育即以五倫為本；或曰「君臣一倫，而今已不存在」，此言差矣！君為對人之尊稱，並非國家元首之專稱，易家人卦稱父母為家君，國君亦可稱臣曰君，史記申屠嘉傳，文帝令嘉釋鄧通曰「君釋之」；夫稱妻曰君，漢書東方朔傳「歸遺細君」，細君為朔稱其妻；妻稱夫為君，李白長干行「十四為君婦」；弟稱兄曰君，三國志管輅傳，輅之弟辰謂輅曰「大將軍待君厚」；同等地位，凡兄弟朋友之間，均可以君相稱，至今猶然，例如王君、李君，對大眾則稱為諸君。臣為古人相語自謙之稱，非必官員對國君自稱之詞，孟子萬章篇「在國曰市井之臣，在野曰草莽之臣」，漢書高祖紀，高祖為亭長時，呂公謂之曰「臣少好相人」；又高祖為沛公時，謂項羽曰「將軍戰河北，臣戰河南」；古人相語自稱為臣，猶後世自謙曰僕，或「敝人」之詞。君臣之倫，為首長與部屬之義，上自國府下至鄉公所，以及其他各機關、團體，皆有首長與部屬，故工廠有廠長，商業有董事長，即一小商店，僅有主僕二人，亦系君臣之倫，當各盡其義，營業始能發達，彼此兩利；故君臣之倫，永遠存在。夫婦、昆弟、長幼、朋友，及一切相與之人，彼此各有應盡之理，諺云「師徒如父子，朋友如兄弟」，親戚之親戚，亦為親戚，朋友之朋友，亦為朋友；即遠離鄉里，無親朋關係，而長幼有序之倫，敬老慈幼，即可溝通感情，互相親切；同姓相遇，雖素不相識，亦感有三分親近之意，海陽城周姓，與吾族之關係，已不可考，咸豐時有丕福公，係武進士，曾任千總，有軍功，其子錦鵬，與我父相識，我父以其年長，以宗叔稱之，我家距城百餘里，自我父謝世後，雙方音訊久疏，民國十四年，我到城內讀書，往周宅拜訪，時錦鵬早歿，其子寰一，出而應接，時年五十餘歲，為城區區長，爾時我乃一童子，論舊誼，我晚兩輩，寰一有長者風，待我溫厚備至，每逢佳節，必邀我到其商店，參餉客筵，態度之親切，至今不忘。畢業後，我每次進城，輒留我寓其店中，如同家人一般；同姓之誼，世交之誼，大都如此，皆由倫理而構成。如此，家族社會，一切人等，皆有倫理關係，皆以情義相待，互相要好，所有之事，皆可以情義解決，故中國人好講情義、義務、倫理、道德，而不好講法律；蓋道德能包括法律，而法律則不能包括道德。倫理由理性之自然而發，平易近人，而深寓奧義，論淺近，則孝慈齊家，愚夫愚婦亦皆能之，故孟子云「道在爾而求諸遠，事在易而求諸難，人人親其親，長其長，而天下平」（離婁篇），論遠大，則治國平天下，為全人類造福，雖有至高之德能，亦難作到圓滿。故中庸云「及其至也，雖聖人亦有所不能焉」；故以倫理為人生之大道，誠可謂「極高明，而道中庸」（中庸）；中國數千年來，長治久安之幸福，光輝燦爛之文化，皆由倫理社會而生。

不惟年高德劭之人，及高級知識份子，為社會所敬重，晚輩以長者世事經驗多，故承其勸導或警誡，皆能接受。年節之後、元宵節之前，普通人家皆備酒餚讌餐族中及鄰居之長輩，以表敬意；此際為農村最優閒之時，各家亦好於此時置酒，互相邀請，作暢敘之樂，名曰春酒之宴；從無酗酒滋事之人。不喜飲酒者，家中亦必自造佳釀，以備待客之需。生活寬裕之家，友人雖非專誠來訪，偶爾過其門，亦必留住，酒饌款待。吾村之東疃，孫家之小花園，為我童年常往流連之所，直至成年而後，每於暇時，常往舊地重遊，每有詩句以誌感懷；有孫奉先者，年長余十數歲，按鄉黨輩次，稱我「二爺」，於村中任塾師，又為「螳螂拳」師，喜飲酒，天性篤厚，好與余暢談，每相遇於小花園，輒邀我至其家，談敘時久，「二爺，咱喝酒」！於是置酒歡飲，其和善之容，溫暖之情，至今如在目前。親友除正月禮相往來而外，素日雖各忙事實，然情感不疏，如我家田畔杏樹多株，彼家園邊葡萄滿架，至果實成熟之時，則各摘一籃相贈，或命兒童送往，或乘「趕集」之日，於市中相會之所就便遞交，皆為自然之事。

古書記載：昔日純樸之社會，有人御牛車自市鎮回家，路中車後隨一人，身負重物，見車中空空如也，素不相識，未經商請，即跳上車，放下重物，坐在車後部與御車人話寒暄，車主亦未加質問，即相接談，與素相識者一般，古昔人情之淳睦如此，在舊社會殘影中，此情未必尚有。然而行路之人，雖彼此不相識，亦和氣交談，以慰寂寞。在旅店進餐，如同桌或同房間之人，雖素昧生平，亦必互相問候，貴姓？何往？皆客氣相待，臨別、付店費，此曰「我候著吧」！彼曰「我候著吧」！（我付款，我款待你之意），互相禮讓，當然誰也不願無故受人之惠，結果，「那麼各付所費吧」！雖係套話，而此乃人情和諧之現象。而今校中同事，宿舍比鄰，朝夕相見，亦互不相語；甚至因小事而起爭吵，視為敵對，此法治精神新社會之風氣。

以上所述之倫理社會，自民國以來，革故鼎新，已改成新社會，新陳代謝，陳即為舊，故曰舊社會；民國初年，其殘影尚存。就一縣而言，古之為政者，以四境寧靖、雞犬不驚、民生安樂，為第一要務，一切政事，能秉要執本，順理而治，不擾民，民間無事，官府亦無事，此最低限度之政績，昔者宓子賤，不下堂而單父大治；汲黯不出閣，而東海清平；南史顧愷之為山陰令，民不為詐，衙內垂簾，門有瀟閒之景；隨書劉曠為平鄉令，民感其化，囹圄生草，邑無爭訟之人；清官循吏，奉公忠職，不矜功能，先求寡過，歷代官風一轍相傳。

余二十歲以前所睹舊社會之殘影，固無往昔之盛況，而其時中國文化為被打倒，猶可見倫理社會之遺風。民國初年，一切制度雖已改革，而縣府組織，與前代無大更改，縣知事以下，承審員一人，以及其他職員與衙役、巡捕等等，至多不滿二百人，縣府所轄之各區，等於舊社會之鄉社，一社中之人民代表（等於新制度之區長），俗稱「鄉社耆」，耆為尊敬之詞，未必為老人，但三十歲以下之人，經驗尚淺，名望尚不夠，則不得任此職，必須閒達老成，有辦事能力，為大眾所景仰者，此為義務職，必須素日生活優閒，不須操勞家務者，始能勝任，其熱心公益，為地方排難解紛，非求報酬，而自重品譽，以受大眾之尊敬為榮。「鄉社耆」明事達理，其學歷未必曾參加科試，取得何等資格，舊時政府舉地方賢良，予以「鄉飲大賓」，或「鄉飲耆賓」等等頭銜，以加重其身分，此等人物，一社之中當然不只兩三人，總稱為地方士紳，「鄉社耆」只一人，係士紳共舉而出，無競選者，無爭任者，被舉出者，亦不可無故推辭，落為不重視義務之名。「鄉社耆」，為地方自然產生之領導人物，官府無法提名指定，亦無法否定，假如其不能稱職，或作出過失之事，自必引咎而退，不待人群指責罷免，社會有廉恥之風故也。民國初年之區長，即由舊時之「鄉社耆」或同等士紳所任，假如令人民自由投票選舉，其所舉者亦必為此等人。爾時區長無薪俸，若必要時為公事往來縣府，縣府只按實用情形，津貼車馬費而已。亦無區公所，區長家宅之客廳即為辦公處；區長一人擔任全區之公務，並非區長萬能，乃民間倫理之風未泯，舊社會之秩序尚存，地方平靖無事故也。

鄉人禮俗相交，患難相恤，舊社會之風，雖已淡薄，然尚未被鄙棄，故人與人之間，糾紛甚少，偶或發生爭執之事，村長鄉長未能調解，區長或士紳，必能依情順理使雙方各自讓步，所謂「大事化小，小事化無」，不肯積怨結仇；非萬不得以，不肯「打官事」，求法律解決。魯西有俗語云「一輩同學三輩親」，吾鄉有俗語云「一輩官事十輩仇」，（一輩即一世之意，三與十皆為多數之意，非固定之數目字）。民間重視婚喪慶弔之禮，假若周族或同村之中，有彼此因事爭吵而懷怨不相交往者，若此家有婚事或喪事，對方必不肯白眼相視，必然到門按禮慶弔，此方亦按禮接待，藉此可以消夙怨而重歸於好，絕少「賀不上門，死不弔喪」，願永世結仇敵者。舊社會之殘影，仁厚之風，尚未全熄，故民間和平相處，仍有道德保障，相安無事，村中偶有發生爭吵、鬥毆者，兒童便群聚往觀，認為稀罕熱鬧之事，但長輩一來評判調解，雙方便各息怒而退。

「百行孝為先」，並非空喊之口號，已成天經地義，數千年傳統之習慣；冒犯父母者，為大眾所鄙視，此類人少有。吾村三百餘戶人家，忤逆之子不過兩三人，在家庭悖謬，然不敢在社會滋事。或亦有懶惰而不務正業之徒，作投機取巧之事，游食四方，俗名曰「耍末流」，此類人尤為稀少，彼亦自知為大眾所輕視，亦不能作大惡，只不過在一鄉中與三五同類，或趕廟會、或在市鎮，私設賭局，被引入彀者，亦不能受其大害，俗云「跑了和尚，跑不了寺院」，因其有家庭，亦恐惹禍到門也。偶有遠鄉之人，或為行商、或為作各種短工者，亦皆和氣相接，最忌彼此發生衝突。偷盜之事絕少，我九歲時，村中一家雜貨舖，冬夜被小偷挖穿屋牆，入室竊去貨物若干，天明發覺，全村震驚，紛紛聚觀被挖之牆洞；據揣測云：東村九里外竇家疃，臨通煙台之大路，往往有「末流」分子，在該處小飯店內勾留，諒係此輩所為；但失主只怨自己不慎，不願追究；村人咸以為此乃駭人之事，連日相談不絕。強盜之案，尤為罕聞，民國七年，村北十里外長沙堡之大路，有一族客被劫財害命，官方密探，終於緝凶正法，事逾數載，民間猶談說未已。至若民國十年，郭城鎮民與山角村民，在林寺山，雙方為爭邊界，集群械鬥，互有重傷，鬧成連年之訟案，尤為震動全區之大事；在今日看來，乃習常見慣，微不足道之小事而已。

農家男耕女織，生活自然。豬圈雞籠，所養家畜，皆在庭前柵欄之內，不須抵防盜竊。黃昏時，牧人率領牛群回到村邊，敲梆子為號令，各戶之牛皆自行返回主人家院，無有失錯。鄉間小市鎮，聚會食物用品，各種買賣，每五天一次，名曰「趕集」，各村戶或往出售自己之產物，或購買所需之用品；將運載貨物之驢、騾，栓於鎮外之樹林，如同在自家之院內一般，所事完畢，再牽驢騾載物還家，從未有失。

用蠟條（蠟樹之細條）編造兩個大形之簍子，再用兩條粗約一握而有彈性之木棍，長約五尺，屈作弓形，兩弓相並，距離約七八寸，將兩簍嵌於二弓之兩端，兩簍即為裝物品之器，名曰「馱簍」，按置於驢騾之背鞍上，人坐在鞍上兩簍之間，手牽韁繩，指導驢騾之行徑，載運零細物品，皆用馱簍。我兒建文七歲時，其堂兄十歲，兩幼童牽騾載物，到留疃探望其姑母，返回時，二人坐在馱簍中，中途俱睡熟，未指導騾的行徑，騾自知順原路而歸，路徑四處村莊，抵家門二人猶未醒，家人聞騾撞門聲，乃出而喚醒兩兒，卸下馱簍；地方寧靖，騾為畜類，自動走路，亦無人欺其無知，妄有所圖，誰肯作違法之事，自找麻煩？由此小事，可見舊社會秩序之一斑。

山野田疇，禾稼暢茂，人人心中有戒律，以傷害禾稼為最大之忌諱。青菜，大抵各家自種而食，小白菜、芥菜、芸豆、藊豆、黃瓜、矯瓜、蘿蔔、茄子、葱等等，各家皆不缺乏；亦有開菜園，以賣菜為業者，其所種之菜，如芹菜、大白菜、水蘿蔔、茼蒿、芫荽、菠菜、韭、蒜等等，名曰水菜，必須時加灌溉，必須靠近河流，或易於挖井之田，始宜種水菜，甜瓜、西瓜等，此乃一門特別農業，作此專業者甚少，故其產物易於銷售。穀類、豆類、落花生、薯、芋、蔬菜等，豐產在田隴之中，無須看守，不至有損失。桃、杏、梨、柿各種水果，纍纍滿樹，亦不須防人偷竊；偶有兒童來至樹下，擲石子擊果落地，拾取幾枚，速速離去，且行且食，不敢攜回家中，怕父母責問也。

以上略述舊社會之實況，不易發生變故，家給人足，生活安定，父老閒話，談及其所遭逢洪楊與捻匪以及甲午年「反日本鬼」之亂，童子聽之，亦信亦疑，只等於書本中之故事而已。吾村有周延今者，庚子年曾參加「義和團」，失敗後，回家安分為農，村人不岐視，官府亦不追究，蓋盲從「扶清滅洋」之口號，其本心無惡意也。臨村有在旅順、大連，藉日俄勢力牟利者，眾人呼之曰「二鬼子」，以異物視之，此時國人無崇洋之心理，「民族」思想尚未遭破壞也。清末朝廷腐敗，各地多事，一般庸官，既不廉又無能，往往引起人民反抗，茲舉萊陽一事，以為例：

萊陽因咸豐同治年間，二度遭捻匪之害，全縣受饑荒之苦，人民乃自動徵倉穀，儲存城內，以備不虞，歷年增積，後因倉穀易於霉爛，乃變為按穀價繳款，由縣庫儲存，後因人民怠於繳款，遂漸停止，所存之款，無人過問，遂被劣紳勾通貪官所操縱，演成定例。宣統二年春，萊陽饑荒嚴重，城西柏林莊，有曲士文者，在地方頗有聲望，人民咸尊敬之，鄉社長請其領銜請賑，士文乃率全縣鄉社代表，赴縣府請發倉穀放賑，縣官朱槐之無理拒絕，雙方衝突，縣民以倉穀乃人民所儲，縣官無權操縱，乃公推士文澈底追究，朱槐之素與劣紳王景嶽等勾結，士文率飢民到劣紳家搶糧，並焚其居室，朱槐之遂告士文謀反，時長江一帶，有民軍義起，上峯以為士文有革命背景，乃派奎保接朱槐之之職，並派蔡管代騎兵一營，鎮壓萊陽，奎保派縣役率騎兵一連，前往緝捕士文，鄉民一千餘人，與官兵激戰，官兵傷亡殆盡，奎保向上峯豈援，士文集合民眾五萬餘人攻城，省方已將奎保之急電轉報朝廷，朝廷命火速進剿，即派濟南常備軍第五師，由協統李長盛馳援，派參謀李星源與士文談判，士文要求先開倉放賑，並懲辦貪官劣紳，星源則主張先解散民兵，結果，談判決裂，星源被民兵所殺。六月雙方在九里河交戰，民兵之土槍、大刀，難敵官兵之炮火，傷亡慘重，遂潰散，士文逃往安東。民國三年秋，士文由安東返家，以為朝代更易，可以無事，但劣紳王景嶽等不肯罷休，乃聯名報告縣官周大封，謂士文又將煽動滋事，大封乃星夜派差役捕士文到案，即速解到煙台，交鎮守使處理，仍以造反罪定讞，士文不屈，拒絕飲食，從容就刑。

上述之事，俗稱曰「反曲士文」，吾村西距萊陽甚遠，幼年嘗聽村人談曲士文之事。此事如發生在南方，可能被寫革命史者所採錄，謂士文係受革命黨之指揮而起義，若當時死難，則可獲烈士之名；當時未死，則時至民國亦可慶無罪；而士文竟於民國三年，仍被判為造反而處死，世事有幸有不幸，自古如此。

海陽與萊陽為鄰，曲案剛結束，宣統二年五月，海陽又發生類似之事，縣官方奎綽號方大鼻子，加收地方捐稅，引起地方反對，夏村區民公推東南泓村士紳宋憲文赴縣請求緩徵，方奎不准，宋還鄉，地方遂推宋率眾攻城向縣府要求，全縣為之響應，方奎潛逃，各鄉代表數千人，圍城不散，上峯撤換方奎，派新任縣官到縣調解，始告平息。此類不幸之事，亦即不祥之兆，次年，武昌起義，清祚遂告結束。

民國初年，六七十歲之老人，談其所經過洪楊、捻匪、反日本鬼之亂，大抵惟城市要道周近之鄉鎮，受到災害，並未普及各村，每次之亂，猶如一場暴雨，為時短暫，雨過天晴，社會仍歸平靖。自民國十年以後，內亂日烈，散兵游氓，相結為寇，到處為患；民國十一年五月，吾村被土匪綁去三人，贖回二人，另一人失蹤，此後各村時有盜案發生，莠民與賊相通，地方秩序漸亂。民國十六年，敗軍之團長劉筱舟率眾，盤據鋸齒牙山，四出綁架。福山于宗潼先生，係光緒初年進士，宣統年間任成都知府，適逢四川鐵路案發生，與鐵路有關之民集體遊行，與官方對抗，成都罷市，游民乘機暴動，端方入川戡亂，欲發炮轟擊，宗潼認為，此案乃朝廷派員處理不當而引起，人民無辜，勸勿發炮，不許，宗潼乃挺身而出，立於炮口，謂端方曰：「我教民無方，以致有此事端，我認罪，願與民偕亡」！端方知宗潼賢良，乃制止發炮，事過之後，宗潼引咎辭職，川人為之立銅像以作紀念。入民國，當局欲起用宗潼，力辭不就。此時中國文化尚未被打倒，私人教授生徒，讀經書，習詩文之風尚存，宗潼還鄉後，在烟台招生講學；民國十六年，暑期返里，時已年老，匪徒將宗潼縛於躺椅，抬至鋸齒牙山，宗潼家非富，匪乃通知其烟台學生，索銀幣兩千圓，送至牙山，將老師換回；諸生聯合醵金，贖出宗潼，領回烟台供養，恐其家居再遭綁架。舊社會倫理之中，方有此等師生，此等感情，而今已絕不可見矣！自十六七年之後，奇異思想，日益蔓延，人情、倫理，漸被蝕滅，上失道揆，人心思亂，趨向鬥爭之途，於是浩劫來臨，國人陷於泥犁之中矣！

登州民間俗語

1.「**雨打五更頭，行人不須憂**」。五更黎明之前，若忽然降雨，往往天明即止，行人不須擔憂趕路。

2.「**清明斷雪，不斷雪；穀雨斷霜，不斷霜**」。清明穀雨皆在農曆三月，天寒之時，往往清明節屆，尚有雪花飄落；穀雨節屆，晨起尚見白霜。

3.「**二八月，晝夜相平**」。農曆二月與八月，晝夜時間相等。

4.「**六月六，看穀秀**」。六月初六前後，穀穗秀出。

5.「**七月核桃，八月梨，九月柿子亂趕集**」。七八月核桃梨類成熟，九月柿子成熟，到市鎮出賣者甚多，故曰亂趕集。

6.「**桃三杏四，梨五年，憨蛋直下白果園**」。此言新栽之果樹，開始著花結果之年期，白果樹苗生長遲慢，據點須四十年方能長成大樹，豐收果實賣錢，故曰憨愚之人不計收穫，始植此樹。

7.「**人過四十大半輩，人過五十老來催**」。人生七十古來稀；四十歲已過去人生之大半，五十歲則覺時光催人，老境將至。

8.「**八月十五雲遮月，正月十五雪打燈**」。今歲中秋之夜，若天陰，使人不得賞月，則新年元宵之夜，往往天降雪，使「燈節」之樂減色。

9.「**天旱失雨節，人窮失志氣**」。

10.「**老實常常在，剛強惹禍多**」。

11. 「為人不作虧心事，不怕鬼叫門」。

12. 「張三的帽子，給李四戴」。

13. 「魚幫水，水幫魚」。

14. 「魚結（ㄍㄚ）魚，蝦結蝦，蟹子結著他鱉親家」。物以類聚。

15. 「天貓地狗，配合起來是兩口」。狂夫潑婦，姻緣未錯配。

16. 「嫁雞跟雞飛，嫁狗跟狗走」。女子當慎擇配偶，嫁與何人，便當順從何人。

17. 「千金買產，八百買鄰」。鄰居之重要。

18. 「窮兒乍富，挺腰肚」。得意忘形，醜態百出。

19. 「人肌糠如蜜，人飽蜜不甜」。

20. 「禮治君子，法治小人」。君子守禮，小人畏法。

21. 「人隨王法，草隨風」。

22. 「當家纔知柴米貴，養兒纔知父母恩」。

23. 「兒不嫌母醜，狗不嫌家貧」。

24. 「家貧出孝子，國亂顯忠臣」。

25. 「月兒圓圓照九州，也有歡樂也有愁」。

26. 「家有賢妻，男兒不作橫事」。

五、清室腐敗 引起革命

中國先哲順理性之路，開出人生大道世界大同之方針，何謂大同？舉世和平，天下一家之謂大；情理相融，利害均等之謂同；此人類共同之目標，放之四海而皆準，行之萬世而不易者也；人類幸福由此尋求，中國文化由此產生。

春秋「大一統」，即天下為公之義，華夷之分，不以種族為別，而以文野為別；雖屬異族，以其能尊德樂道，即可引為友好；雖係子弟，以其為元惡巨囟，亦當大義滅親。「春秋所惡者，不任德而任力」（繁露竹林篇），故華夏夷狄之別即文明與野蠻之別，而非種族之別，孟子云「舜生於諸馮，東夷之人也，文王生於岐周，西夷之人也」（離婁篇），大舜文王，雖生於夷狄，而能崇德弘道，造福人群，後世尊之為聖人，不以其出生於夷狄而見異。楚君乃鬻熊之後，越君乃大禹之後，與諸夏皆為同族，春秋之初，以其不受王化，與諸夏為敵，故擯之為夷狄之列；其後皆與諸夏會同，國事交涉，一理相通，故春秋以其與諸夏同列而書之。韓愈原道云：孔子作春秋「諸侯用夷禮，則夷之，進於中國，則中國之」，野蠻者，則以夷狄視之；進而為中國文明者，則以與中國平等之地位視之；故華夏夷狄之別，即文明與野蠻之別，非種族之別也。而其溯本探源，各民族，以地區而分，或以生活習慣等等而分，皆不可憑，實質之種性體態，亦難強分。假如說原始本有分別，而自古人口交流，婚姻相通，例如商初匈奴王為夏后氏之苗裔，漢初朝鮮王滿為燕人（見漢書列傳六十四、六十五），以及北魏鮮卑族之拓跋氏宇文氏，皆中原名族之後，漢高帝、文帝，具與匈奴和親，以及各民族相交，自動通婚，尤為必然，各民族之血統，早已混合難分，故而今亞洲人，有概稱為亞細亞人種，或蒙古人種之稱。將來全世界之民族，其血統皆有混合之可能；婚姻相合，無國際民族之限制，二次大戰後，日本寡婦或嫁於黑人，今孔子七十八代孫女嫁於美國人，時人多非議之，男女婚姻自主，理所當然，即孔子在世，亦必不反對，亦無反對之理由，男女種族不同，結成伉儷，自古有之，從無限制，今世尤然，豈能以民族不同，而彼此見異？且如上所述，中國民族，早已混合，不能以地區而分族類，晉末五胡，唐末五代，邊疆民族領袖，進入中原當政，全國人口，尤大相交流，例如廣東台灣之客家人，其先世係於晉末由中原而南遷；萊陽之粘姓，其先世為女真金人，元滅金，逃來台灣，定居於桃園，清初遷往萊陽，今大陸變色，又遷回桃園，諸如此類之例甚多滿清之兵分為八旗，故滿人有旗人之稱，入主中國，漢人有入旗籍者，滿漢之民亦相通婚。漢人有入回教者，回人亦有化入漢族者。佛教、耶教皆自外國傳來，華人自由皈依為教徒；凡此一民族與彼一民族有相交關係，即有互相同化之民。今國家多難，華人競相出國，歸入外籍；尤有甚者，大陸紅衛兵為華人，而假馬列主義，屠殺同族之人，毀壞祖國文化；故而今如論生存團結，不能以民族為界限，應以「春秋」大義，以文明與野蠻為取捨。何謂文明？簡而言之：主持正義者為文明。何謂野蠻？橫行侵略者為野蠻；「大同」思想即為促進人類文明之主動力，必須有廓然大公之胸襟，方能識其真義，空喊口號，何濟於事？

中國五千年歷史事實，上自炎黃唐虞，下至漢唐，聖明之君，皆以正心秉正義，故能治國家而主天下和平；魏晉之君，醉心領袖之慾，以詭謀竊取帝位，開野蠻篡奪之風，華夏混亂，邊疆之族，世所謂外族，乃以武力衝進，據土地立國號，與中原之君作優劣勝負之比賽，石勒稱帝於襄國（今河北邢臺縣），曰「大丈夫行事，當礌礌落落；如日月皎然，終不能如曹孟德司馬仲達父子，欺人孤兒寡婦，以取天下」（晉書後趙），曹操司馬懿如地下有知，聞之，寧不汗顏？自己無禮，莫怪他人無禮，孟子云「人必自侮，然後人侮之，國必自伐，而後人伐之」（離婁篇），自身腐敗，引起外族乘機而來，靖亂安民，有何理由反對？徒執畛域種族之分而反對，反對亦無用。元魏孝文帝，雄才大略，役己利民，朝野規度，斟酌得宜，煥乎其有文章；北周武帝，雄圖遠略，政事惟新，修富國之策，務強兵之實，精誠所至，終成大勳；金世宗明為君之道，上下相安，人稱之為小堯舜；元世祖，知人善任，信用儒術，以夏變夷，平定四方；此皆由古所謂夷狄之區而來，入主中華，其功業之美，南朝、南宋華夏之君，相形之下，只有頹廢敗亡而已。華夷之分，尚可言哉！

明朝末葉，朝廷腐敗，引用闒茸，迫害能臣，流寇蜂起，民生塗炭，闖賊破京師，皇帝自盡；清兵入關平亂，見明室已不能復振，遂取而代之。新舊朝代更易，除如唐虞禮讓而外，大抵皆以武力解決，優勝劣敗，興廢遂定；此不獨明清之交替為然。或謂清兵助明平亂，乃當返回滿州，不應乘機奪取神器，此乃空談而不切實際之論也；夫明清自萬曆四十六年即在遼東相敵戰，清主努爾哈赤被總督袁崇煥擊傷而死，及崇禎誤殺崇煥，自毀萬里長城，清兵犯京師，早有企圖，明之孱弱，寇亂且不能平，闖賊已據京稱帝，明帝已崩，清兵被請入關，闖賊敗走，得此良機，遂據京城，一面迎其主，定都建國，一面繼續平亂。明室諸臣，遂立福王於南京，而奸臣用事，即清廷許其存在，其上下悖戾，亦必分裂潰散，徒使史可法、劉宗周等作殉國之忠臣而已。若按商湯平天下之道「攻昧、取亂」（見尚書仲虺之誥），昧者，其政治黑暗，則攻伐而懲其罪，亂者，其綱紀已失，國內溷亂，則取而代之；於是滿清遂取得明之天下。

清室入主中夏，不但將其所有之滿洲，歸併於中原，而且平定內外蒙古、新疆、青海、西藏，皆以次按郡縣之法，納入治道，安南、暹羅、琉球、朝鮮；依舊為藩屬，幅員之廣，文治武功，學風之盛，直可上追漢唐，宋明豈能相比？假使清室不入主中夏，則滿洲不屬於中夏，可能如朝鮮之獨立，而近世必淪於日本；滿清末葉雖無能，而滿洲未淪於日本，民國當局不能保國土，滿洲終於民國二十年淪於日本，此百口莫辯者也。

清室自鴉片戰爭而後，紀綱不振，外侮日亟，外交節節失敗，輒訂不平等條約，割地賠款，國勢阽危，光緒帝納康梁變法之策，力圖維新，而衰謬讒諛之臣，心懷嫉忌，結黨駁斥，竭力反對，理不能勝，則只有煽惑帝心，以康氏奏疏有云：如不變法，將來「且恐皇上與諸臣，求為長安布衣而不可得」，及「不忍見煤山前事」等語，指為詛咒皇帝，大逆不道，帝曰「非忠肝義膽不顧死生之人，安敢直陳此言乎？」御史文悌上疏謂「康有為開保國會，徒欲保中國不保大清」，帝斥之曰「中國即大清，保中國即保大清，是又何害」？帝問大學士孫家鼐變法如何？答曰「方今外患殷道，誠不可不變法，然臣恐變法後，君權從此替矣」！以帝欲開議院，納民意，故家鼐之言如此，帝曰「吾變法，但欲救民耳，苟能救民，君權之替不替何計焉」！復有直諫者曰「變法必失君權」。帝曰「不變法，吾作亡國之君，要君權何用」？皇帝如此秉公無私，從善如流，故變法數月，政績大有可觀，而那拉太后（西太后）受頑固舊臣之挑唆，奪回政權，廢止新法，殺害變法志士，於是朝政又陷於沉黯墮落之中，而國是益不堪問矣。總上所述，即後來革命之導火線，西太后年老昏憒，被佞臣與閹豎所包圍，仍過其女皇之癮，扼絕清室之命運，光緒帝被幽禁而死，仍以其私心，立三歲之幼童為帝，以便易於捉弄，朝政日益散亂，於是自武昌起義，各省民軍齊起，天下沸騰，清室遂亡。

種族革命？政治革命？—政治修明，四海清平，無須革命，故不能發生革命。清室咸同年間，朝政雖有闕失，紀綱尚未紊亂，此時如有好事之人，興風作浪，亦必失敗；洪秀全屢應科考不第，時西風東漸，已使一般人傾心舉兵起事，以反清恢復漢人之主權為號召，稱帝於南京，縱兵殃民，殺戮無辜，謂詩書經典為妖書，謂科舉登第之士為妖人，焚妖書，殺妖人，編演孔子為上帝判刑之戲劇，與晚近文學革命家「打倒孔老二」同樣仇視中國文化。作惡多端，加以其集團爭權內訌，遂被曾國藩等剿滅。有人稱洪秀全之起事為民族革命，試觀其由傳教開始，及其一切行事，以及在南京帝王夢中之腐敗，安有民族意味？安有革命思想？曾、胡、左、李等讀書人起兵攻之，非攻其反清之口號，乃為其荼毒生靈，破壞中國文化，故起而誅之；日本學者謂：曾國藩平洪楊之亂，非民族戰爭，乃宗教戰爭，可謂恰當之論也。

自甲午戰敗於日本，庚子八國聯軍破北京，喪權辱國，愈顯清廷之無能，而其宗室大臣，亦分離腐化，不能協力於國是；革命志士見其不能禦外侮而新內政，於是孫逸仙之「興中會」、徐錫麟之「光復會」、唐才常之「自立會」，以及「日知會」、「光復公會」等等，應時而興，以「推翻滿清、驅除韃虜」為號召，此可稱為種族革命，然此實因政治腐敗而引起，如在康乾之世，政治修明，國勢強盛，則不能發生此項革命，雖有如台灣之朱一貴，安徽之白蓮教，因對官方不滿，而藉反清復明之辭以起事，終落為造反之名而失敗；即以今日之民主主義而言，明朝不能平亂安民，早已覆亡，而今清朝正當盛時，國泰民安，藉反清復明之辭以滋事，為不明大義，不識大體，即同族之人亦必反對，當然失敗；由此可知，由政治革命乃附帶民族革命，政治無問題，則無民族革命。

凡戰禍皆為殘忍之事，權利鬥爭，新舊朝代交替，大抵皆有戰禍，士卒傷亡，人民塗炭，秦白起坑趙降卒四十萬，項羽坑秦降卒二十餘萬；能說同族相殺不為殘忍，異族侵害方為殘忍乎？

清室頹敗，失卻尊嚴，引起政治革命，倡導革命者，恐人心不二，故提出「非我族類」，及二百六十年前「嘉定三屠，揚州十日」之舊恨，以激勵群心，此在開始革命，清室未倒之時，可以充實反清排滿之革命氣憤，及滿清已倒，提倡五族共和，則不宜重提舊賬，破壞情感，失卻和氣；猶如七七事變，日寇蹂躪中國，其自言在南京屠殺十萬人，結果除當場死者而外，受傷者、因家庭被滅而自殺者、老弱無法生存者、凡此種種繼之而死者，統計死亡二十餘萬人，南京一處如此之慘，其餘廣大地區，被害人數曷可勝計？此種血海深仇，日本戰敗，我方反而寬恕之，不索一切損失之賠償，而且復相親善，成為友邦；然而對滿清則永恨在心，「滿清腐敗」、「打倒滿清」，至今仍流行於一般人之口中，此真可謂「無聊」之至，其實亦無足怪，蓋自革命以來，七十餘年無可自誇之事，只有「打倒滿清」一事耳。

「天下為公」、「世界大同」，觀此標題，一目瞭然而之其本義，一種政策，一種主義，按內容而定標題，標題既定，不可曲解另生別義，致與內容相違，例如：「封建」，封土建國，為古代地方分治之制度，不可解作專制、頑固；「平天下」，使天下太平，不可解作以武力打平天下；如標題與內容不符，則當改變標題。前已述及中國以歷史悠久之大國，自古人口交流，血統混合，種族已融渾而難分，若謂元清當政，在漢人為亡國，則漢人當政，蒙滿若不獨立，亦認為亡國，如此則中國永難統一。若以地區為民族之分界，以滿、蒙、西藏、青海各地之人，皆為異族，則各自獨立，互有隔閡，中華文化所融會之泱泱大國，分崩離析，乃必然之趨勢。清末腐敗之政府被打倒以七十餘年，而一般人仍好罵「滿清腐敗」、「打倒滿清」，以作快心之語，似乎夙怨至今未了，仍執種族之界限以自固，無論作何解釋，亦難化災戾為和祥。成吉思汗紀念大會，政府亦派員參加，有一次大會主席講演謂：如仍持種族分界，以元朝不當入主中原；則各民族即當各自為政。有一次在司法紀念日大會中，法學界耆宿張知本登台講演謂：「凡一種紀念日，皆各有其意義，例如說八月十五殺韃子」，此話剛說出口，蒙古立法委員站起來厲聲質問「你懂得「憲法」否？試問中國是哪一個民族的國家」？張語塞，只得道歉了事。親室禮親王之裔毓鋆來台在某學院任課，見雙十節大會中照例講滿清腐敗，革命成功等語，毓鋆慨然曰「我們大清無能，台灣被日本佔據，你們革命黨有能，收回台灣」，言外之意失去東三省，赤化整個大陸，是誰之罪？以種族口號作團結之標題，而今已引起相反之作用，「台獨」欲聯結台省人為台灣民族；高山族立法委員提出吳鳳為漢人謀利益，與高山族格鬥被殺，漢人尊其賢，為何編入小學課本，教高山族兒童亦尊敬之？蒙古人提出岳飛滿江紅詞「肌餐胡虜肉」、「渴飲匈奴血」，為辱罵蒙古人，不可編入課本教學生誦讀；官方解釋云「此乃罵女真，非罵蒙古」，提此問題為可笑，解釋者尤為可笑！七十年春，滿人已在台成立滿族公會，追尋根源，滿人亦係女真之裔，若滿人及吉林、黑龍江之女真族提出反對，再作何解釋？而主大事者，只相信有武力始有力量，對上述之事以為不足重視，豈知「天下大事，必作於細」（老子語），細微之故，即未來大事之預兆，今日中國之浩劫，其遠因由何而來？

湯武革暴君之命，奠太平之世，故稱曰「革命」；若以暴易暴，以強滅弱，皆不得謂之革命。故李自成推翻明朝，袁世凱之扼絕清室，毛澤東之文化大革命，按「春秋大義」皆不得謂之革命。革前朝腐敗之命，而能興利除弊，建立新朝，「舊染汙俗，咸與惟新」（尚書胤征）方得稱為革命。清朝當隆盛之世，政通人和，朝野相安無事，漢人對明亡之恨，早已淡忘，滿人已與漢族文化融合無間，漢人識大體，同一邦國，不可以種族之見而起分化；假如有人提出「排滿」問題，等於挑撥離間，亦不能成事，今之當局，在未失大陸之時，有百萬大兵維持治安，若喊「打倒滿清」，滿人亦自感清政腐敗，曆數當終，無人敢起反應，亦不能有「台獨」出現；講吳鳳之故事，唱岳飛之滿江紅，皆無如反對。而今在此多難式微之中，仍誇當年之勇，「滿清腐敗」、「打倒滿清」，因此反映出許多「不成問題的問題」，在暗中作祟。

傾覆清室，袁世凱居首功；戊戌政變，挑唆西太后幽禁光緒帝，袁與太監李蓮英，從中為力最大。若太后先死，光緒復位，袁、李必當伏誅，故秘傳光緒係被袁、李按下酖毒而死。溥儀即位，其父攝政王載灃，係光緒之弟，知光緒被幽，袁與其謀，諸王親貴對袁亦懷憎恨，袁自知危險，乃報病辭職（職位軍機大臣），准其回籍養痾。自李鴻章死後，軍政大權均在袁之掌握，諸王大臣庸闇，既疾忌之而不能善用，又放其歸里，是自遺心腹之患也。此時熊成基謀刺貝勒載濤、汪兆銘謀刺攝政王，各處暗殺之風甚烈，親貴大臣，人人自危，怯弱無策，及武昌起義，各省民軍響應，又不得不起用袁世凱出而對抗，袁氏即不被用，亦必唆使舊部與民軍合作以傾清室，今既起用，幸得良機，受權統轄官兵，與民軍開戰，官兵勝民軍而有餘，但清室之無能，弱點盡露，袁氏以為民軍平後，自身不過仍為一大臣而已，於是乃作最大之企圖，一面勒索清室，欺其孤兒寡婦，取得全權，一面挾清室以重，與民軍交換條件；廢除清政府，擁兵施計，取得大總統之地位；嗣以民主共和，不易專政，乃恢復帝制，作洪憲皇帝美夢兩三月，蔡鍔起義，各省響應，乃不得不下台，羞憤而死。其擁兵奪權之手段，為繼起者所師法，但袁氏終非庸流之輩，其自知羞憤，則非一般人所能及。

袁世凱脅迫清室與民軍和談，民軍所許優待清室之條件：皇帝卸政權，不廢尊號；保護清室宗廟、陵寢；歲給清室經費；以頤和園為清帝居室；保護皇族私產……等等；宣統帝接受議和條件之後，遂退位，於是民國開始。

袁世凱死後，在軍方最有根柢者則為國務總理段祺瑞，段與黎大總統不睦，反對國會承認民國三年之臨時約法，雙方意見日深，民國六年三月段被免職，乃至天津招集督學會議，遣兵進逼北京，黎招督軍首領張勳入京調解，張為清室忠臣，見民國以來，各黨個派，權利鬥爭，永無寧日，不若君主為政，上下一統，國家庶可安定，乃入京主持復辟，擁護溥儀即位，各督軍並不反對，清室親貴大臣如不庸弱，起而共圖大事，則舊旅可能復興，而終於委靡不振，坐視張勳失敗；從此皇族在京內之安全亦成問題。民國十三年，直系叛將馮玉祥令部下逼溥儀離京，溥儀乃出居天津。夫清帝退位，有和議之條件，仍居京內，不廢尊號。此時各派員之當事人，只顧互相私鬥，馮之此項無理行為，竟無人起而阻攔，故嗣後孫殿英破壞清帝陵墓盜寶，亦無人追問，是等於民國當局公然違背和約也。

未起革命之時，清室大權在握，而親貴大臣懵懂墮落，坐以待亡，及張勳復辟，有機可圖，亦不敢乘勢而興，及溥儀被逼出京，根據地已失，而民國十七、八年之間，恭親王溥偉在大連聯絡北方散敗之軍官，頒發委任狀，在膠東一帶藉紅槍會烏合之眾，圖謀起事，騷擾民間，被烟台駐軍劉珍年所撲滅，多少愚民枉作犧牲。民國二十一年，日本特務頭土肥原誘溥儀至瀋陽，成立滿洲國，作日本傀儡，先名執政，後稱皇帝，年號康德。革命家視清室為仇敵，驅溥儀出京，使其無處存身，日本扶植之，使其復祖宗之故都而稱帝，溥儀當然感到被日本人利用勝於受革命家之虐待。及大陸赤化後，溥儀被共黨逮到北京，罰以勞役，作公園之園丁，不數年而死，清帝系統，至此乃絕。溥儀三歲登極，三次為帝，皆遭凶險而悲哀下台。昔南朝蕭道成篡宋，逼宋王（順帝）出宮，宋主泣曰「願身後，世世勿復生帝王家」；痛切之感，溥儀當亦如此，然此猶愈於袁世凱所惹惶恐氣憤之痛苦，有帝王嗜好者，只作快心之夢，曷計其他？

六、群雄爭權 自相攻伐

民國以前為君主，君主時期，新舊朝代更替，不一定有戰爭，若有戰爭，雙方兵力決一勝負，優勝劣敗，雨過天晴，仍然國泰民安；人民不關心誰勝誰敗，關心亦無用，新舊當局「好漢做事，好漢當」，不假借民意，把人民拉入漩渦作鬥爭之資本。朝廷選賢與能治理國事，賢能自民間來，以品學博得人群之信仰，當可代表民意，人民不必過問政治，且辦政治，須有專家學識能力，非眾人所能為，眾人各安所業，各善其生，不願作「既不能行、又不受命」之莠氓。

明君皆知愛民，君明臣良，上下一體，造成太平盛世。英明之君，須賴群臣輔治，倫理傳統，維持大體，即平庸之君，苟不妄為，臣下各忠其職，國家安如磐石。自古攘奪政權，必演出流血鬥爭，故君位不可輕易變動，乃人心之公約，輕易變動，則爭之者多，必起戰禍，故覬覦君位，為臣下之大忌。霍光輔幼主，端正明察，天下晏然；諸葛亮輔幼主，鞠躬盡瘁，支撐危局；君雖庸弱，而臣下賢能亦克治國安民。王莽、曹操，欺幼主而奪帝位，引起人心不服，天下大亂，遂以身敗名裂。「時事造英雄」，政綱紊，天下亂，於是有非常之人，出而平亂致治，建立新朝代。

關心國家大事者，為智能之士，然智能之士為少數人，蚩蚩之民，無政治野心，少數人爭奪政權，群眾不與其事，其勝敗決定，為時亦甚暫，勝者主政，仍須以正統倫理安定社會秩序，此中國歷代之常軌，五千年歷史一貫相承，朝野思想一致，故治平之日多，喪亂之日少，與七十年來之民主大不相同。

湯武革命，除暴安良，漢祖、唐宗戡亂致治，以非常之才德，盡為君之職責，乃任務重大，勞苦艱鉅之事，大勳既集，受天下之愛戴；後之有帝王思想者，不務其大德，徒羨其尊榮，視帝位為私產之享受，是猶不悉耕耘之苦，而徒羨豐收之果也；任私心以行事，雖有才智，亦必失敗。

以帝位為私人之享受，則人人皆願作皇帝，故爭之者眾。曹操才智出眾，欲奪帝位，引起群雄之對抗，結果使天下三分，陰謀成空；其子曹丕承其志而篡位，丕傳至其孫髦，司馬昭殺之而奪其位；司馬氏之後，被劉裕奪其位而殺之；劉裕之後，被蕭道成奪其位而廢之；道成之後，被蕭衍奪其位而殺之；蕭衍之後，被陳霸先奪其位而殺之，霸先之後，被楊堅取其位而廢之；楊堅被其子楊廣所弒，又恐其兄楊勇問罪乃殺之而即位。於是天下大亂，唐高祖起義師以平亂，建立唐朝，天下使統一而安。上述自曹氏倡起篡位之風，螳螂捕蟬黃雀在後，遞相篡弒，歷經魏晉南北朝以至於隋，凡三百餘年，爭奪帝位，大抵為權臣勢眾，迫其君退位，未有兵連禍結之事，爭帝位者，不假借名義，民眾亦不與其事，減少戰禍之災難，「誰作皇帝，給誰納糧」，爭權位者，集團相鬥，畢竟為少數人，民眾無力干預，亦不願過問，亦未被拉入圈內作利用之物，故雖有戰爭，而無今日民主時代戰禍之烈。

清室腐敗，國勢衰弱，智能之士，發動革命。人民尚為受虐政之苦，無高瞻遠矚之見，未顧及國家之前途，故對清室無惡感；智能之士，為人民所高看，人民對其革命亦無意見。革命為用武之事，必須賴群眾之力量，群眾中良莠不齊，桀驁之徒，或藉勢妄為，侵害人民，惹起反感。記得革命初起，吾村北八里有小村曰油坊，其村呂姓，有一游氓，人呼之曰小呂，素為眾人所鄙視，而領有革命執照，在鄉間號召眾徒三十餘人，以鳥槍大刀作武器，吾鄉無馬，彼乃強拉農戶之騾子，當作戰馬，率眾南下，直衝入海陽城內，城內素無兵，小呂等乃在大街來往示威一番，迫飯店供給酒食。醉飽之後，自以為攻城得勝，乃北返，到郭城鎮停留，縣吏率兵至，小呂被擒，梟首示眾，眾人稱快；鄰縣亦有類似之事發生。烟台市則有喊革命口號之學生罷課滋事，使人心不安。

順治二年，下令男子薙髮編辮子垂於背，違令者斬。二百六十餘年來，人民已習慣，不以辮子為累，且以為美觀，發動革命者，皆先割除辮子，以示決心，並對大眾演說「割除辮子有許多益處」。都市中每有革命分子，持剪刀，強將路人之辮子剪掉，人民以失去辮子為重要之事，心中恚恨。鄉人工作畢，在街巷談天休息，每有人開玩笑喊聲「割辮子的來了」！眾人為之一驚，兒童嚇得奔跑。民國開始，官方令教育機關勸導人民割辮子，並教兒童唱歌云「我同胞梳辮子幾時起？自滿洲人入中國，把髮剃，嘆二百六十八年裡作奴隸（重複句）」。直至民國六七年，多數人始自動割辮子。當時人民對革命分子所言所行，以為皆反常規，心中畏異。此時全國革命人物，目標皆在推翻滿清，民間不知其有派別，故概稱之曰「革命黨」。

考之辮髮為滿蒙之古俗，其始為鮮卑所傳，南北朝時，拓跋魏皆辮髮，當時南人斥北人曰索虜，謂辮形如索也。金人入主中原，太宗天會七年，下令辮髮，違者處死，惟只限於官吏，人民隨便。及蒙古滅宋，下令凡臣民須一律辮髮。明太祖統一天下，下令嚴禁辮髮椎髻，恢復束髮舊制；自此長城以南束髮，長城以北辮髮。清順治二年六月，下令薙髮編辮，違者殺無赦，對江南執行尤嚴，有「留頭不留髮，留髮不留頭」之詔示（將髮全部束為一握，盤於頭頂，曰束髮。辮髮須自額以下前後剃一匝，再將髮編成辮子，故留髮指髮全部而言，不留髮，指剃去額以下之髮而言）。當時反抗者或者憤而尋死，或遁入深山。後來洪秀全反清，以薙髮編辮之令，為滿清罪狀之一。昔商鞅廢井田而民怨；王莽復井田而民亦怨；清初強迫編辮子而民恨，民國強迫割辮子而民亦恨；民主政治能全從民意乎？

群眾之心理錯雜，見解淺狹，無論好事壞事，只要有人倡導，便有人贊成；故同一件事，有人服從，亦有人反對。大體言之，清末社會秩序尚未亂，人民對朝廷與革命黨，皆感不到有直接關係，誰勝誰敗，於我無干，國家大事，有人傳說，只作閒談而已。民國六年七月，張勳復辟，民間有一般人說「既有前清，必有後清，大清皇帝又要登極了」！爾時鄉間小學教師，有受過師範訓練者稱曰教習，便用新課程教學，亦有仍教詩書，從三字經、百家姓、千字文開始者；此為新舊兩派。舊派聞復辟消息，表示高興；及復辟失敗，新派乃作歌嘲之云「三字經、百家姓、天地玄黃宇宙洪，學而時習之拿來背（背誦），從今後又得三間小屋作朝廷（皇帝），作了朝廷，保住功名（科舉功名），當個禮賓（為喪主司儀），也有人情（禮物），我正在書房胡思亂想，又聽說張勳敗了兵」。此種兩派人相反對，係因其各人當前所事；彼此爭勝，而互相歧視，並非對國家大事計畫不同而生異見。普通人思想，顧不到國家大事，故俗語說「塌了天，有大家」，言天大之事，雖然重要，但我一人擔憂有何用？自命為愛國之時髦人物，權利鬥爭，危害國家，以逞私慾，其思想之惡劣錯雜，無法形容，縱予人民以主人之名，人民能如之何哉？

「三民主義」講民主政治，茲舉民權主義中幾段話，以對照民國以來之民主情形如何？

「今日我們主張民權，是要把政權放在人民掌握之中。凡事都是應該由人民作主的；換句話說，就是用人民來做皇帝」。又謂：人民有權，政府有能，政權屬於人民，治權屬於政府。比阿斗與諸葛亮，阿斗有權，諸葛有能，中國四萬萬人都像阿斗，人人都是有權的（第五講）。此種理想甚好，但七十年來，事實與理想愈遠，無論政府有無諸葛之能，即有其能，而忙於其他問題，亦未現諸葛治蜀之功。

「革命以後，人民得到民權思想，對於堯、舜、禹、湯、文、武，亦不滿意，以為他們都是專制皇帝，雖美亦不足稱。由此便知民權發達了以後，人民便有反抗政府的態度，無論如何良善，皆不滿意。」，「人民有了大權要排斥政府，實在是很容易的，像西蜀的阿斗，要排斥諸葛亮，那還不容易嗎」？（第五講）。明君當政，人民「不識不知，順帝之則」，人民如同嬰兒在搖籃裡，只享受安樂，不必用心於政事，且亦無能管理政事，從政者必須賢能，賢能來自民間，賢能即為民意代表，人民相信賢能，故不反抗政府，歷代盛世，人民與政府之關係如此。民主政治，亦當選賢能以任事，若廣大人群皆干預政治，「公要餛飩婆要麵」，民意錯綜複雜，政府無論如何賢能，難使大家滿意。不滿意，必然起而反抗；於是又產生專制獨裁政府；若說人民不善用民權，係知識程度不夠之故，而貪官污吏，漢奸國賊，皆係有高等程度之人。總之，不論君主民主，只要能治國安民，則謂之善，反之，無論何種名目，皆為不善，故國家大事非英明之傑人不能為。

「兩千多年以前的孔子、孟子，便主張民權，孔子說「大道之行也，天下為公」，便是主張民權的大同世界。又「言必稱堯舜」，就是因為堯舜不是家天下。堯舜的政治，名義上雖然是用君權，實際上行民權，所以孔子總是宗仰他們。孟子說「民為貴，社稷次之，君為輕」……」（第一講）。人民稱君曰天子，抬高其身分，亦即加重其責任，君為一國之長，自認當負全國之重責，如家長負全家之責一般，此自古倫理之常道。君以民為本，視天下為一家，故堯舜「行民權」，而不行私權。明君為政，愛護人民「如保赤子」（尚書康誥），赤子無知寡能，不宜任其所慾，而對其飽煖安全，當負完全責任，赤子失足受傷，保赤子者不能辭其咎。故湯誥曰「爾萬方有罪在予一人，予一人有罪無以爾萬方」。明君嚴以責己，寬以恕人；歷代帝王遇國家有故，每「卜詔罪己」，向國人道歉，承認錯誤，以求改進。新時代人物推翻舊倫理，昏以恕己，苛以責人，功歸於己，禍嫁於人，私意即民意；有民主口號，正可推卸責任，謂官吏為人民公僕，失敗是主人之過。

「民國二年，袁世凱用武力打敗革命黨，便做起皇帝來」。「曹錕、吳佩孚主張武力統一，一定是想做皇帝」（第三講）。「北伐軍進了贛州，陳炯明造反，也是想做皇帝」（第一講）。日本乃皇帝當政，而成為亞洲之強，皇帝亦能治國，但如袁世凱之私心用事，德不足以服眾，則適足以亂國，好事壞事不在名義，而在實際，袁氏帝制失敗後，無人做皇帝，可謂民主，而喪亂益甚，造成浩劫，不但想不到漢唐盛世，且距腐敗滿清之末，亦望塵莫及。

「爭皇帝之戰爭，太平天國便是前車之鑑，洪秀全建都南京，滿清天下，大半歸他所有，但何以終歸失敗？有人說其原因不一」；但是以我的觀察，秀全之所以失敗，最大的原因，是他們到了南京就互相爭皇帝，閉起城來自相殘殺，第一是楊秀清和洪秀全爭權，洪既做了皇帝，楊也想做皇帝，楊的軍隊有六七萬精兵，因為發生爭皇帝的內亂，韋昌輝便殺了楊秀清，消滅了他的軍隊。此後韋也專橫起來，和洪秀全爭權，後來大家把韋昌輝消滅，當時石達開聞南京內亂，便從江西趕進南京，想去排解，也被人猜疑，都說他也想做皇帝，他就逃出，把軍隊帶到四川，不久被清兵消滅。因為洪、楊爭皇帝做，太平天國洪、楊、韋、石，四部基本軍隊完全消滅，所以失敗」。「做皇帝的思想，還沒有化除，所以跟我來做革命黨的人，也有自相殘殺，即此故也。惜乎尚有冥頑不化之人，此亦實在無可如何」！（第一講）。民國以來之內亂，是否與太平天國相似，「冥頑不化之人」、「實在無可如何也」！

素日居高官，享厚祿，受國家之優寵，為萬民所尊崇，遭遇國難則當矢志效命，勿忝所職，為國敵愾，百折不撓，倘不幸而陷於生死關頭，決不肯降志辱身，周孝侯曰「此是吾效節授命之日也」！乃力戰而死（晉書周處傳）。文丞相曰「惟其義盡所以仁至，讀聖賢書，所學何事？而今而後，庶幾無愧」（宋史文天祥傳）。顧亭林曰「士大夫無恥，是謂國恥」（日知錄卷十三），高官大吏，如喪權辱國，即當自裁以謝國人，反而巧辭飾說，推脫罪狀，可謂無恥之至。殺身成仁，捨生取義，不能責之於群眾，如責之於群眾，舊朝代已不能自存，而唆使群眾反對新朝代，與之同歸於盡，此非等於「焦土抗戰」之笑話乎？抗戰時期國軍強領張治中主張「焦土抗戰」，戰不勝敵人，要退出此地，則將人民之房舍財產放火焚燬，人財俱燼，一片焦土，使敵人來無法停留，因而有「長沙大火」之慘劫。

老子云「國家昏亂，有忠臣」，忠臣欲戡亂圖治，以安邦家，鞠躬盡瘁，不濟，則以死繼之，亡國大夫，敗軍之將，未殉於難，亦當遁跡田園，隱姓埋名，豈肯喪節辱身，作張弘範、洪承疇之流。故忠臣保社稷，其意義在禁止野心者覬覦帝位，不使政權輕易轉移，以減少變亂，福惠人群，如為利祿，而隨意投降奪權之人，則奪權者易於成功。後浪催前浪，奪權者繼續不絕，變亂永無已時，此中國傳統思想，所以有忠臣不事二姓之節義。忠臣有關朝代命運，但朝代不能永久不變，前朝之終臣，後朝亦尊重之，以示忠臣各忠其朝，品德正大，萬古流芳；故新舊朝代雖以戰爭決興亡，而新朝對舊朝死節之忠臣，亦敬其人格而保其榮譽，是以元世祖稱文天祥為「真男子」，清高宗謚史可法曰「忠正公」。民國新時代，革命口號：打倒五千年封建，打倒五千年專制，打倒舊禮教，中國自有國以來，無一可取之點，禮教文化要打倒，五千年之一切，皆當打倒，爭權內鬨，引外寇以助凶殺，強敵來臨，伏首投降以稱臣，對外馴如綿羊，對內兇如虎狼，社會革命，家庭革命，文化大革命，無天無法，任性自由，弱肉強食，人獸不分，此之謂大時代。

打倒滿清政府，苟能維持清末之腐敗局面，雖不能有所改進，亦可假辭有所解釋；然而七十年來，內亂不已，外患更甚，國土分裂，不能統一，人民塗炭，死亡無數，既曰民主，則人人皆當負責，皆當慚愧，然而事有主因，「誰生厲階」？後世自有公論。

曹操雖有討董卓、袁術之功，然後來逞機詐以竊權欺世，因致天下分裂，功不敵過，甘作奸雄以沒世。金人擄去徽、欽二宗，立張邦昌為帝，秦檜獨敢抗議，亦被劫去，可謂忠矣。而後來挾金勢力以自重，殺戮功臣，專權誤國，竟為罪大惡極之凶。自古論人以德為本，猛虎之骨，毒蛇之膽，可以製葯，於人類雖有些須之益，而終不能說猛獸毒蛇無害於人，故元惡大憝，禍國殃民，雖有小善，亦不足稱。

打倒舊禮教，一切大翻案，倫理道德為頑固名詞，自由平等為進步思想，人人皆有權做皇帝，皆願做皇帝，誰也管不著誰，只看誰的鬥爭力強。舊禮教說：聖賢不能無過，其所以為聖賢，在其能承認錯誤，改過遷善。大時代之人物則不然，以神聖自居，一切作為是我之自由，誰也不能干涉，誰說我有錯誤，有損我之尊嚴，便是侵犯我，便是我之對敵。一切行為皆有理由可說；於莵因腹內飢餓所以吃人，暴客因金錢缺乏所以劫掠，赤眉欲顯威風，所以血染神州，一切皆為自由，皆有理由。「只許官家放火，不許民間點燈」，因為人民須受官家管，官家做任何事皆有權，當然有權禁止民間點燈，有權使人民馴服，有權迫人民流血鬥爭以取樂，弱小者只有怨上帝不該使之出生於斯世。

何謂軍閥？唐宋以後，稱名族巨室曰閥閱。閥謂門閥，即門第，謂顯貴之家也。軍隊應屬國有，民國以來武人擁兵自衛，爭權鬥勢，不顧國際民生，軍隊成為私家所有之物，故有軍閥之稱，如馮玉祥之舉兵叛其上官而贏得副委員長之名義，張學良放棄領土，讓與敵人，避免戰爭，而贏得國軍副總司令之名義；凡同此例，皆曰軍閥，無分南北，皆有此類人物。軍閥之名，肇自民國，袁世凱為先導，袁為河南項城人，時人稱曰袁項城。我國遼寧、河北、山東等沿海各省，稱曰北洋，稱北洋以南沿海各省曰南洋，自古外患，多在北方，故清朝軍事力量亦重在北方，光緒二十一年，用袁世凱於天津縣小站練新陸軍，袁氏自此殖有軍事根底，進而為軍機大臣，繼而以軍權推翻清室，繼而為民國大總統，有此地位當然有多人擁護，且軍隊將校為其北洋練兵時之舊屬，各部隊發展，成為個人操縱之勢力，後來因有北洋軍閥之稱。

袁氏為有領袖慾之權謀家，戊戌變法，袁氏恐變法成功後，已身落在新派人物之下，乃依附西太后，破壞新政，殺害變法人物。清室腐敗，引起革命，志士之愛國熱誠，發自正義，然亦有隨聲附和者，亦有自私自立，自謀求官者，俗云「牆倒眾人推」，清廷之尊嚴已失，參加革命為新潮流，「打倒滿清」之後，矜功爭權，忘卻革命之初衷，不顧國是矣。

武昌起義之先，孫總理在美，黃興電告請匯款接濟，孫以為不宜輕舉。但勢不可抑，而竟猝發，各省響應，自舉都督，各自為謀，不相統屬，渙散而力弱，一省都督，一月之內有多至五六人者，有先獨立而後取消名義者，例如：山東民軍起，響應革命，推巡撫孫寶琦為都督，宣布獨立，及清廷起用袁世凱為內閣總理大臣，孫寶琦又電奏請罪，取消獨立。袁氏既復出掌兵，各軍多其舊部，皆大喜，勇氣倍增，故馮國璋擊敗民軍，收復漢陽，民軍武昌都督黎元洪電各省乞援，各省多推諉，乃通電與清廷議和，袁氏此時乃興起最大之企圖，令馮國璋停攻武昌，乃一面與民軍勾搭，一面恫嚇清室，終於得遂所願。其實武昌起義，各省響應，大抵只是搖旗吶喊而已，故不出援兵。而發動革命之主要人物亦意見不合，湘軍援武昌，黃興來鄂，有欲推其為都督者，鄂將不可，黎元洪推之為總司令，湘、鄂自此有隙。黃興率湘軍反攻漢口，不勝，漢陽民軍潰敗，黃興東走上海，蘇、浙都督電請各省代表赴滬會議，擬於滬設臨時政府，黎元洪則電請代表蒞武昌開會，湖北代表力持武昌首先起義，當為首都，並推黎元洪為大都督，召各代表於漢口租界開會，議決臨時政府大綱，而黃興在滬，陳其美勸留滬之代表舉黃為大元帥，並推黎元洪為副元帥，湖北代表謂留滬代表無權選舉，黎亦請其取消，以免淆亂耳目。民軍攻佔南京，代表團議決設政府於南京，自認在滬所舉之大元帥副元帥，黃興辭職，代表又改選黎元洪為大元帥，黃興為副元帥，黃辭謝，黎亦不肯就職，適孫總理回國，代表團乃舉孫為臨時大總統。總上所述，可知民軍方面問題複雜，亦不團結，清室之軍政大權全在袁氏掌握之中，倘無自私之野心，仍可擊敗民軍興復清朝。黎元洪見民軍方面情節支離，通電議和，袁之部下暗示將來奉袁氏為總統，而今方可與民軍合作，黃興等許之；如不許，袁氏當然仍站在清室立場攻打民軍，故孫臨時大總統只得辭職。袁氏乃用種種手段迫清帝退位，經過參議員選舉形式，得為大總統，黎元洪為副總統。

袁氏如此而登國家元首之位，當然為人心所不服。其時政黨：一為國民黨，二為共和黨，三為統一共和黨，其他小黨名目尚多。然大權在握，秉國之鈞，易為眾人所趨向，苟能稍戢私心，察納雅言，處事以正，雖各方政客黨派複雜，亦可衛持大局而保其位；然而袁氏不能也。各黨對於政府之組織意見不一，國會議員亦不能盡職（孫總理民權主義第四講稱之曰豬仔議員）。袁氏任用私人以鞏固勢力而又多猜疑，不能以誠相待，袁氏提其舊屬唐紹儀為內閣，議院通過，唐主張責任內閣，袁與之爭職權，遂相忌疑。馮國璋、張勳為袁氏作戰，立有勳勞，而袁氏忌之，密令二人互相監視，二人知而惡之。徐世昌、段祺瑞久為袁之部下，亦與之不協。袁氏奪得清室之大權，藉以取得總統之地位，有此良機，不能利用，私心行事，不能建立鞏固根基，徒欲用計謀以保其權位；以為官祿金錢，便可收買擁護之人，反動派自當屈服。民國二年四月八日國會成立，國民黨領袖宋教仁北上，遇刺而死，時人認為袁之國務總理趙秉鈞所為。繼之又向五國銀行大借款，於是江西都督李烈鈞起而反對，發動二次革命，結果失敗。只謀以勢力馴服全國，問題日繁，隱憂日深，無暇顧及國是，外寇侵來只得忍讓，恐憂患交迫，困頓失勢也。民國三年，日本進兵山東，佔據青島，明年提出「二十一條件」，屈辱中國，令人痛憤，袁氏無奈，只得承認。

政府上下既無體統，各黨派意見紛歧，各省行政長官與各議會亦不合作，蓋以為民主政治，人人平等，故各不相下，一盤散沙，如此民主，前途悲觀。民國四年，袁氏乃謀恢復帝制，大權在握，誰不服從，京中長官多數贊同，乃立用選舉製造民意，各省委託參政院為代表，參政院開會通過贊成帝制，乃上推戴書及各省推戴電文，袁氏故作遜讓，令其另行推選，參政院二次上書，盛稱袁氏功德，並誓隨國體變遷，袁氏乃接受，擬於明年改為洪憲元年，於一月一日登極。民國三年，袁氏提熊希齡為國務總理，熊引梁任公為司法總長。蔡鍔為雲南都督，頗有聲譽，袁氏忌之，召之入京，任為參政。蔡為梁之弟子，師徒二人認為大局已定，自當順時，對袁氏初無反對之意。然袁氏籌安會之要員楊度妒忌梁氏，暗中排斥，袁氏之心腹人雷震春妒忌蔡鍔，暗中挑撥，使袁對蔡懷疑。及決定實行帝制，師徒二人乃謀起兵反對，梁乃發表「異哉所謂國體問題」一文，傳誦一時，言論豈能警醒帝權之夢？及蔡鍔雲南起義，袁氏下令討伐，然素日慣用陰謀，已失將領之信心，馮國璋、張勳，早與之離心，各擁重兵，不肯為之用，其在各省之將領，如廣東龍濟光、四川陳宧，雖忠於袁，而以雲、貴、陝、湘各省，響應起義，亦只得停戰，袁氏呼籲無效，不得以於三月撤銷帝制，失望悲哀，六月六日病死。為國家，為公益，以道義相結，方能患難與共，生死不渝；袁氏叛君賣友取得大權，而不用於治國大計，徒持之以作自私之運動，陰謀譎計，所屬與之離心，表面服從，而內心疾憤，素日假貌尊順，一旦禍發，則真相畢露，避之惟恐不及，此所謂「彼以利合者」，則以利而相棄也（莊子山木篇）。然而袁氏為民國以來時代風氣作先導，為爭奪政權之人物立模範，罔顧國家之利害，叛上奪權，專制獨裁，嫉賢害能，任用諂佞，排除異己，分裂大局，私耗國帑，拉借外債，包辦選舉，製造民意，對內強矯，對外無能。一切條件不允許作皇帝，而竟能作皇帝，俗云「做官一日，勝過為民一世」，進而言之，則「做皇帝一日勝過為天官一世」；袁氏可謂個人得志、成功之偉人，繼起者，尤而效之，如法炮製，大有其人，雖不掛皇帝名號，而亦登九五之尊，往昔無民主口號之時，欲作皇帝者，不過為赤眉、黃巾，公然造反而已；而此則奪得大權，能使人民頌功揚德，一致擁護，高居上位，賜人民以主人之名，自身居於全民所舉之賢能地位，謙稱為人民公僕，主人當供給僕人之一切，國家淪敗，主人負責，僕人無咎，僕人真天之驕子也；此袁項城所倡起之技術。袁氏死後，副總統黎元洪為大總統，馮國璋當選為副總統。

袁項城死後，武人利用時機，造成割據形勢，北方情況惡劣，西南黨爭亦烈。南北要人意見不合，各自為謀，國會議員南下至粵者一百五十餘人，不足法定人數，民國六年八月開會於粵，組織軍政府，舉孫總理為大元帥，陸榮廷、唐繼堯為元帥，討伐馮、段，自此南北兩政府對立，而南方議員軍人，亦各分派系，又取消大元帥制，改總裁制，民國九年，總裁政府亦解體。民國七年，北京政府成立新國會，十年舊國會在廣東舉孫總理為非常大總統。十一年，共產黨正式成立，陳獨秀、李大釗為領袖。十二年，孫總理決定北伐。

共黨得國際共黨第三國際之援助，勢力日盛，在民國六年時，蘇俄十一月革命成功，共黨專政，其宣言對華表示好感，孫總理與蘇俄有電信往來，並接待其專使，民國十二年，又與俄使越飛相見，發表共同宣言，並派員赴俄考察軍事，於是聯俄，迎鮑羅廷為顧問，並容納共產黨員加入國民黨，共黨勢力至此日熾，獎誘農工受其指揮，商人反共設辦商團，與政府相抗。十三年十月，政府逼商團繳械，廣州戰起，工人助政府，商人死者至六千人，焚燬商店二千家，陳炯明所部粵軍不服，欲奪取廣州，楊希閔、劉震寰所部滇、貴軍協助擊敗陳軍。滇、貴軍五、六萬人，遂佔據廣州，六月戰起，滇、貴軍敗退。

初，段棋瑞反直系，醞釀戰爭之際，孫總理與段氏及奉張合作，遣兵北伐，然無效果，十三年直系敗，孫總理應段氏及馮玉祥等之邀北上，次年三月卒於北京，胡漢民代理大元帥，七月成立國民政府於廣州，汪兆銘為主席。居正、鄒魯、張繼等，以反對容共，離粵北上，十一月於北京西山開會，議決開除共產黨員之國民黨籍，此即所謂「西山會議派」。國民政府斥居正等為北上聯段。

十五年一月，開全國代表大會於廣州，只八省代表出席，續聘鮑羅廷為顧問，開除「西山會議派」之黨籍，仍持容共聯俄政策。政府遷至武漢，由蔣總司令率師北伐，十六年進軍至咸寧，汪主席聽鮑羅亭之指揮，牽掣北伐，此即所謂寧漢分裂；旋又復合，繼續北伐。蔣總司令已識破共黨之陰謀，決意清黨，但共黨鄧彥達、譚平山等皆任政府要職，共產黨員已滲入各階層，無法肅清，終為國民黨之心腹大患。

華北與俄國相鄰，俄共革命殺戮殘忍，其難民白俄多奔逃我國，流寓天津、青島各大都市，亦有投軍入張宗昌部隊者，我國旅居俄境之人亦紛紛逃回，北方人深知共黨之毒辣。國共合作，北方人認為國民黨與共產黨為一家人，其一切活動亦無異，北軍有「不問敵不敵，只問共不共」之口號，意謂：敵人可以和談，化而為友，若夫共黨，則絕不可能化而為友。南方既用俄國顧問，與共黨合組政府，則勢難議和，因此，南北之裂痕愈大。

北方軍政要人同床而異夢，紛爭不息，復辟運動已在暗中醞釀。段祺瑞繼袁氏之作風，取得國務大權，拉攏督軍團以挾制黎大總統，欲取而代之，專權無忌，擾亂國會，陰使曹汝霖等勾結日本，欲藉外債以擴充武力，為國會所劾，不得以而去職，時在六年五月，乃唆使督軍團宣告反叛。張勳為督軍團盟主，黎氏召張入京調停，路經天津，向段說復辟之意義，段氏勸其解散國會，推翻大總統，張氏應允，但必須以復辟為條件，段亦應允。六月，張勳進京便解散國會，與大學士劉廷琛進行復辟（張劉皆江西人，素相善），協同馮國璋、陸榮廷等，奏請清帝復位，黎大總統下台，逃往日本使館。於是宣布恢復宣統年號，各省督軍未表反對，惟直隸總督曹錕不兼於職，獨未封段祺瑞，段乃赴馬廠召舊部發電致討，曹錕應之，張勳部隊再徐州，進京所帶兵力有限，六月十二日戰起，張勳失敗後，通電有云「已獲巨罪，人慶大勳，恨當世無直道，怨民國尠公刑」。張勳入京乃黎氏所召，於是段氏攻黎更為有力，黎被迫去職，段得意，重新組閣，推馮國璋為總統。

民國三年，歐戰起，六年德國宣布無限制使用潛水艇，亦即封鎖海航，英、美勸中國參戰，國會通過，八月十四宣布對德宣戰，段氏任參戰督辦，力主其事，在野名流梁任公等，亦皆贊成，此時廣東成立軍政府，孫大元帥，正擬討伐段、馮，故反對參戰歐洲，其言有云：「一天有一位英國領事，到大元帥府來見我，和我商量南方政府加入協商國，出兵到歐洲，我就向那位英國領事說『為什麼要出兵呢？』他說『請你們去打德國，因為德國侵略了中國領土，佔了青島，中國應該去打他，把土地收回來。』我說『青島離廣州還很遠，至於離廣州最近的有香港……我們中國此刻沒有收回領土的力量，如果有了力量，恐怕要先收回英國佔去的領土罷！（民族主義第四講）』」。我國派十萬步兵赴歐參戰，民國七年歐戰結束，德國失敗，我國與英、美同列在勝利立場，段氏之功最大。

段氏藉參加歐戰之名，向日本大借款，擴充武力，與日本訂立中日軍事協定，七年五月，令駐日公使章宗祥在日本簽密約，根據民國四年之二十一條件，承認德國在山東之權利由日本繼承，當時留日學生，曾組織救國團抗議，北京大專學生亦曾向總統請願，要求廢止與日本所定之條約。及至民國八年，巴黎和會，日本公然提出與段所定之條約，要求管理青島、山東一切之權利，英、法、美承認日本之要求，於是北京各大學學生三千餘人，集體於五月四日遊行示威，以為交通總長曹汝霖、幣制局總裁陸宗輿、駐日公使章宗祥為侵日派，助段賣國。赴總統府請願不得，乃湧至曹汝霖宅，奪門而入，曹與章宗祥俱在宅中，曹自窗逃走，章被毆幾死，縱火焚屋，警察趕至，互相衝突，逮捕學生七人，但學生不肯屈服，仍然手持白旗，上寫「還我青島」，口喊「反對政府簽署巴黎和約」！「打倒賣國賊」！「內除國賊外抗強敵」！到處撒傳單、講演，段氏派軍隊鎮壓，無效；此純為愛國赤誠之表現，於是引起全國共鳴，大學以及中小學皆罷課遊行，繼之上海、天津各大都市之商人，亦為聲援學生而罷市，政府乃於六月六日，釋放所捕之學生，免除曹、陸、章三人之職，對德和約，我國代表不接受日本之勒索，拒絕簽字。九月簽字奧約，我國得為國際聯盟會員之一；學生之目的已達，皆安然復課。五四運動，學生所撒之傳單，普及於鄉村。記得有一張大篇幅傳單，畫一大蛇，已將高麗吞在腹內，又張口吐舌欲吞山東，又有一張四言韻語云「小小日本，居心不良，奪我青島，得意洋洋，青島雖小，是我肺臟，山東將亡，山東若亡，華北淪喪……」，全文長有四百餘字。爾時印刷不便，各村校令寫字較工整之學生，每人謄寫三份，廣行宣傳。學生隊又嚴厲宣傳抵制日貨，商電之有日貨者，皆收藏而不出售。此一運動，學生勝利，陳獨秀等見有機可乘，乃利用青年心理之弱點，宣傳唯物思想，倡導階級鬥爭，於是文學革命，家庭革命，社會革命等等破壞工作，開始進行，終於協力幫助共產黨成功，使國家沉於浩劫之中。

袁項城死後，北洋軍分由段祺瑞、馮國璋控制，段任國務總理，並掌陸軍部，段為安徽合肥人，稱為皖系；黎元洪因復辟案，被迫下台，副總統馮國璋代理大總統，馮為直隸河間人，稱為直系；兩派爭權，段之勢力最強，又聚集政客、議員，組織安福俱樂部，操縱國會，又利用參加歐戰名義，向日本借款，充實武力，對馮之壓力愈大，乃發動直皖戰爭（九年七月），段氏戰敗，退隱天津，其「安服系」王揖唐等親日，於七七事變後，偕同齊燮元在北京受日寇利用，組織偽政府，抗戰勝利後，與齊燮元等同以漢奸罪伏法。

馮國璋代理總統任期滿，宣告去職，段、馮不協，北方督軍多為皖系，馮受壓迫，亦不願繼任總統，而皖系操縱國會，當然亦不舉馮繼任；清室明臣徐世昌，與袁項城相善，亦為段之友，七年十月馮去職，國會舉徐為總統。直皖戰爭曹錕戰勝後，地位益高，政客奔走其門。曹為天津人，津、保政客眼光短小，包圍曹錕，與吳意見不合，國人厭惡內戰，亟望統一，十一年，直奉交戰，張作霖敗走出關，直系欲恢復法統，完成統一，請黎元洪復位，召集舊國會，速制憲法。六月徐世昌去職，黎元洪被請復位。既而曹錕謀為總統，暗中與黎為難，勾結議員，贈議員津貼。十二年六月，授意閣員辭職，軍警代表向總統索餉，並有公民團執驅黎旗幟，至黎之私宅喧鬧，軍警不肯彈壓，維持治安之馮玉祥等亦請辭職，黎乃離京赴津，閣員與馮玉祥俱復職，議員不慊於曹氏逼宮者南下，多數為利所動者留京，曹氏賄賂議員每人五千元，亦有公佈證據向法院控告者，十月十日，曹錕就總統之職。

張作霖自戰敗後，積極練兵，直系自戰勝後，派別漸多，十三年，直奉二次戰起，吳佩孚自豫入京，曹錕任為討逆軍總司令，馮玉祥不滿於吳，此次奉命任熱河方面軍事，不肯作戰，密與張作霖妥協，十月中旬，直奉交戰，馮乃倒戈，率兵進京，包圍總統府，拘禁曹錕，迫令停戰，免去吳職，命鹿鐘麟驅溥儀出京，馮之聲勢大振。

吳敗，浮海南下，馮、張合謀，請段祺瑞為臨時執政，但段所屬之根據地已盡失，並無軍力支持，奉軍乘勝，取得直、魯、皖、蘇各省政權，馮玉祥佔據北京一帶，控制察哈爾、熱河等地，十四年，與國民黨顧問鮑羅廷相見，請求接濟，願與俄合作，直奉雙方皆以馮為心腹之患，孫傳芳據上海，通電討奉，奉軍自南撤退。長江一帶，直系仍有勢力，吳佩孚回鄂，稱十四省討賊聯軍總司令，十五年吳遣兵北上，四月包圍執政府，宣布段祺瑞之罪狀，恢復曹錕之自由。直奉合攻馮玉祥，馮乃宣布下野，除消國民軍名義，赴俄遊歷，所部分交部將統率。

吳佩孚入湘，與南軍激戰，孫傳芳聯名擁張作為安國軍總司令，通電「滅絕赤化」，十六年，馮玉祥自俄歸，得俄之接濟，整軍入隴至陝西與南軍合作，南軍聯俄容共，馮亦受俄之扶助，合力北伐，直督褚玉璞，魯督張宗昌組織直魯聯軍南下討赤，於輪船捕獲鮑羅廷夫人等，解送北京，蘇俄提出抗議，由法院釋放。張作霖為安國軍大元帥，嚴禁共黨活動，共黨領袖李大釗避居於俄大使館，張搜查俄使館，捕獲李大釗等，俄員放火圖滅文件，其獲強救而存者，證明蘇俄援助國民黨及國民軍，俄政府提出抗議，北京外交部斥其利用使館宣傳赤化，置之不理，法庭審判李大釗等二十二人，處死刑。國共合作，北軍以國共兩黨為一家人，對其黨員一律看待，故所捕與李大釗同夥中有國民黨領導人路友于等，亦同處死刑。

北軍不合作，依然各自為謀。十五年，南軍北伐，分途前進，迭陷要城，吳佩孚至漢口，守武昌，國民軍唐生智率湘軍攻武漢，並有粵、桂軍作後盾，戰況激烈，而北軍孫傳芳應援遲緩，奉軍亦不馳援，吳之部將劉佐龍在危急中又倒戈投向國民軍，十月吳戰敗於汀泗橋，武昌失守，十六年六月，吳下野入川，賴川督楊森禮待，駐居白帝城，於是直系完全結束。此時只有奉軍為南軍勁敵，馮玉祥為北伐軍第二集團軍司令，力攻奉軍，其他集團軍亦大舉北上，張作霖知不能敵，此時為十七年五月，適日本在濟南製造五三慘案，張乃通電息爭，一致對外，而南軍不之理，日本向張提出警告，張乃退回關外，六月乘專車至瀋陽西皇姑屯，被日人炸傷而死，其子張學良承繼統計東北，服從國民政府，為國府委員，於是北軍完全垮台，國民黨完成統一。北敗南勝，此中馮玉祥為主要人物之一，馮為直系之勇將，倒戈聯俄投南軍，助北伐，擊潰北軍，歸南軍又屢次謀變，終於十九年發動中原大戰擾亂南軍統一。

元滅宋，不泯沒宋朝之賢臣良將；清滅明，不泯沒明朝之忠臣義士；新舊朝代更易，道德人格，天爵之榮，千古不變，如新朝以新朝之人物皆善，則歷史無奸慝；如新朝以舊朝之人物皆非，則歷史無完人；毀譽褒貶，以善惡是非為本，不以親疏好惡為主，此中國文化之正大思想。清朝亡後，革命人物貶曾國藩為漢奸，北軍覆滅，則其人皆為爭權附敵之汪兆銘乎？

北軍將領吳佩孚，系秀才出身，為曹錕部下，其善於用兵，有「小諸葛」之稱，直皖、直奉之戰，曹錕勝利，皆吳氏之功。津系慫恿曹錕爭總統之位，吳反對，大受排斥，吳於洛陽練兵，不與其爭，及賄選成功，曹氏就位，各方紛紛電賀，吳不但不進京祝賀，而竟無所表示，曹之敢爭總統，乃以吳為屏障，吳不表贊成，大損曹之威望，於是曹之秘書乃代吳撰賀電，登於報章，為曹氏飾面，吳見報大怒，馳京質詢，並聲明不承認此電文；雖反對曹氏所為，及曹氏被馮、段所囚，吳不忘舊誼，終於進京援救，使曹氏得脫於難，曹錕使悔受津系政客諂諛之害。吳生平誓行三不主義：一、不做領袖；因為欲做領袖之人頗多，等於欲製造內戰。二、不借外債；因為凡借外人之資助，擴充私人勢力，等於搗亂賣國。三、不住租界；因為租界乃外人強佔中國之土地，作為侵略之基地，貪官污吏，犯法之人，多往租界求外人保護，此乃一大國恥。是以吳氏武漢兵敗，有人勸其循租界撤走，免遭狙擊，吳厲聲曰「我吳佩孚就被他們打死好啦，我決不藉外人庇護」！九一八事變，東北淪陷，吳氏義憤填胸，北上進京，欲團結北方強領抗日，收復失地，而北方將領不能團結，吳氏個人向政府請纓，欲赴東北組軍擊敵，眾人歡慶，北平新聞界曾出號外報導其事，政府不允所請，吳氏高歌岳武穆之滿江紅，嘆息而罷。抗日戰起，二十八年元月十三日，日將土肥原至天津逼吳出山，先派人持函來謁，吳擲函於地，以示決心；土肥原抵北平，逼吳招待記者表明態度，吳謂「日本必先撤兵，而後議和」，日人無奈，遂偽造電報謂吳已允出山，吳聲明否認，並派人南下，闢斥日人之謠言。汪兆銘降日，在南京組織偽政府，而謂與日謀和，專函派人請吳贊成，吳即就其原函封面批回云「汝離重慶，失所憑依，如虎出山入柙，無謀和之價值，果能再回重慶，通電往來可也」。倭寇威脅利誘，漢奸蠱惑勸說，請其東山再起，吳悍然斥之。敵偽時時至其居處騷擾，吳乃買棺一具置於門前，表示不怕死，隨時準備殉難；二十八年十二月，牙疾嚴重，醫生謂須至東交民巷德國醫院施手術，吳曰「東交民巷類似租界，我寧死，也不前往」，最後，漢奸齊燮元假作善意引日本醫生為之治療，吳不接受，強為之施手術，割斷氣管，致之於死，時年六十六歲。中央政府頒令褒揚，國史館立傳。剛正氣節，疾惡黜邪，忠貞愛國，殺身成仁，與文文山前後映輝，豈可以成敗論英雄哉？

以上所述北政府，以下再述南政府。

繼晉而大亂有南北朝，繼清而大亂有南北政府。南北朝以民族之別而相鬩；南北政府之分，其原因不一，最初自表面觀之，為國都之爭，似乎為地域之分，北方主張國都仍在北京，南方主張建都南京；此非重要問題，而爭執劇烈，實際為南北人互不相服，其重點仍是政權之爭，繼之愈演愈烈，乃引外寇以助內亂，北政府向日本大借款，南政府則親日又聯俄；七七變起，行政院長汪兆銘，投降日本，在南京組織偽政府，中國幾乎被日本吞滅，幸世界大戰，日本失敗，而終於被俄國赤化，中國陷於浩劫之中。

初，同盟會員，本與日本接近，故南政府成立，頗得日本之資助，又聯俄容共以行事，共黨在武漢組織工會，幫助工人要求待遇，領導農民運動，破壞農村秩序等工作。其時徐謙為國民黨執行委員，掌握大權，為共產黨所利用，馮玉祥聘之為代表，並隨馮同赴俄合謀，後為廣州，政府任為司法部長。國民黨左右派不能合作，徐與雙方接近，又為馮氏之心腹，大為共產黨張目。共產黨與馮玉祥俱受俄之支持，導致寧漢分裂。蔣總司令雖實行清黨，然汪兆銘等，武漢政府，則仍以共黨可供利用。於是反共派成立南京政府。雖然兩政府旋又復合，然黨中派系甚多，共黨已深入各階層，更為心腹大患，馮玉祥倒戈叛吳，雖暫時附屬北伐軍，然亦為後來之大患。十七年春，蔣總司令率第一集團軍，以馮玉祥為第二集團軍，閻錫山為第三集團軍，白崇禧為第四集團軍，繼續北伐，以次擊敗孫傳芳及直魯聯軍、奉軍，統一大局，北京政府消沒於無形。北伐軍死者五萬餘名，殘傷者萬餘人，合對方死傷者而計之，蓋踰十萬人。

北伐軍稱曰國民革命軍，亦曰國民軍，或曰國軍，政府稱曰國民政府，亦曰國府，或中央，蔣總司令為國府主席，二十一年為軍事委員會委員長，故稱蔣委員長。當局要人派別多，不相協，故屢生事變，汪兆銘於武漢主政，十六年十二月，共產黨於廣州暴動，俄副領事助之，縱火劫掠，廣州繁華之街市焚燬殆盡，旋被國軍剿滅，武漢政府解體，汪乃出國赴法，次年復返。胡漢民為立法院長，對中央亦有意見，政府內部不協，而大局問題尤多，武人喜掌政權，馮玉祥、閻錫山、李宗仁等，雄據一方，各自為政，禍機潛伏，事變之作，方興未艾。

十八年一月，成立國軍編遣委員會，議決裁軍，各軍領袖以軍餉待遇不同，且無裁軍決心，繼之便有反對中央者與擁護中央者相衝突，戰事互相穿插陸續不絕，武漢政治分會，亦違抗中央，自採軍事行動，馮玉祥亦有異動，其軍隊破壞交通，將領電詆中央，中央討伐，馮乃下野，至山西依附閻錫山，禍亂在暗中醞釀。三月中央召集第三次代表大會，代表多係指定，黨部有反對者，汪兆銘等亦宣言不承認，從之者以反對腐化分子為號召，故有「改組派」之稱，改組派與非改組派互相忌嫉暗殺。張發奎奉命自鄂移防，電請中央取消大會議決案，並擊敗接防軍，由湘入粵，桂系應之，與中央軍激戰；馮軍在豫，亦與中央軍激戰。唐生智助北伐軍有功，此時在鄭州獨立；石友三於浦口作亂。十月蘇俄在黑龍江發動海拉爾戰爭，我方韓光第旅長壯烈殉職，中央不能應援，張學良遂向俄乞和。

十九年二月，閻錫山電蔣，稱以禮讓為國，約之一同下野，李宗仁等，推閻為全國陸海空總司令，馮玉祥、張學良副之，張氏主和，閻氏就職對中央備戰，中央執行委員不慊於蔣者，多與之合作，五月戰起，李宗仁攻陷長沙，魯、豫、皖皆有激烈戰事，死傷甚重，此時汪兆銘至北京，成立擴大會議，另組政府，張學良有大軍，十八日通電，表示擁護中央，派兵入關，馮之部將韓復榘、石友三效馮之伎倆，倒戈響應張學良，閻、馮遂失敗，此名中原大戰，俗稱「閻馮倒蔣」。

共黨已深入各階層，不張聲色，祕密活動，其加入國民黨者，名義為國民黨員，而實際為共產黨工作，挑唆鬥爭，製造糾紛，其手法新奇，中下級國民黨員，亦多墜其術中，而以為此乃青年勇氣，革新運動。共黨乘內戰紛亂之機，收繳散兵及民間自衛槍械，暗中組織武力，日漸強壯，擾亂贛、鄂、湘、皖，中央征剿，共軍避免主力戰，征剿亦無大效。中央籌開國民會議，廣東又起變化，陳濟棠在廣東令組政府，改組派亦與合作，並派陳友仁東渡日本謀妥協，石友三在河北舉兵。九月廣東出兵，已入湘，戰事將起，中央軍忙於應變，忽然九一八事變發生，日軍佔據瀋陽，內戰始緩和。

共黨潛伏在國民黨員之中，到處滋事破壞，必欲使國家大亂，彼始可乘機發展，張學良既擁護中央，黨務已推行至東三省，黨員每好張貼標語，作宣傳工作，北方對日本之侵略，恨之入骨，民眾見黨員所張貼之標語「打倒日本帝國主義」，皆感怡快，認為而今國民黨當政，打倒日寇，吾人今後可不受其侵害矣。日兵至山海關，見此標語，哂曰「你們打不倒也」！不貼此種標語，當然日本亦要行其侵華政策，共產黨員認為其所製此項標語，可以觸日寇之怒，加以廣東政府派陳友仁勾通日本，日本必然積極與國民黨為敵。日寇見中國內亂不息，久思佔據華北，故迭次在東北製造案件，二十年六月，在吉林造出萬寶山慘案，九月十八日進據瀋陽，張學良不抵抗，率大軍奔入關內，日本遂吞併東三省，次年成立滿州國。

二十一年一月二十八日，日艦砲轟南京，發動淞滬戰爭，為我第十九路軍蔡廷楷所痛擊，日未得逞。內亂依然不止，廣東內訌。行政院長汪兆銘與張學良發生爭論，魯、蜀、黔皆有軍事行動。

二十二年，日軍攻山海關，何柱國旅長與敵激戰，無援而退，何有詩云「西風揮淚下榆關」。日軍又攻佔熱河，進至河北邊界喜峯口，我二十九軍宋哲元將軍以大刀隊夜襲敵軍，殲滅日軍兩聯隊，虜獲武器甚多，大獲勝利，此為轟動當時的喜峯口大戰，日軍在承德（熱河省會）開追悼陣亡將士會，自認為侵華以來之重大失敗。但中國內亂不息，終不能戰勝敵人，日軍進逼平津，華北已全在日寇控制之中，此後事件迭次發生，全靠二十九軍宋哲元、張自忠、秦德純等與敵人周旋，成立「冀察政務委員會」，與日方辦交涉，一面聽命中央在冀察推行政務，一面儘量避免與日衝突，所以用親日派王揖唐等作委員以便應付日本，宋哲元為委員長，若與日本衝突發生戰事，有罪；若屈服於日本，一任其要脅，則落為漢奸，亦有罪；此真萬難之事，宋等在憂患中受煎熬，但無法制止敵人之野心，終於發生蘆溝橋事變。敵寇已侵入國內，但內亂仍然不息，二十二年，共軍在湘、鄂、皖戰敗逃竄，又於四川佔據城邑，李濟琛、陳銘樞等在閩成立人民政府。二十四年，日本欲迫冀、魯、晉、察、綏五省脫離中央，名曰華北五省自治，個省長官不怕其威脅，毅然抗拒。然而日人竟利用殷汝耕成立冀東偽政府。二十五年，日軍唆使蒙古偽軍犯綏遠。兩廣組織獨立軍委會，此名兩廣事變。十二月，西安事變。所有內亂變故，雖各有其理由，但總之為當其事者，不顧國家大體，由於私心用事而演成。二十六年，七七事變發生，抗戰開始。

總上所述，民國以來，多少豪傑偉人，權利鬥爭，製造戰禍，拉攏外敵以助內亂，七十年來，無日或寧，為空前未有之大難時代，孟子云「國必自伐而後人伐之」（離婁篇），自相魚肉，招引外寇，親日聯俄，舉火自焚，一則幾亡於倭寇，再則終被俄共所赤化，人命如草芥，血染大地，茫茫神州，變為屠場，令人不能不作漢唐舊夢，人民尚能恢復君主專制時代之幸福乎？

餘言

由理性人情，形成文化，中國文化以倫理為本位，國家元首，以身率正，百官服從，治國安邦，雖遇衰世，政權轉變，新舊交替，發生戰事，但廣大人群不被捲入漩渦，故戰禍縮小，時間縮短，雨過天情，仍然安居樂業，人民未失自由，亦無不平等之現象；故人民不反對偉人做皇帝，亦不願過問政治，因為辦政治須專門人才，非普通大眾所能為，各部門有各部門之專家，法官非體育家所能為，軍官非藝術家所能為。無論君主民主，人民皆不反對，只要能保國安民即可。清末以來，西方民主、自由、平等之口號，傳入中國，走火入魔，人人皆是主人，人人平等，誰也不讓誰，誰也不服從誰，權利鬥爭自由，引賊入門自由，製造內亂自由，強者勝，弱者敗，將人民捲入漩渦。戰爭雙方所消滅者為人力物力，人力物力皆出自人民，戎首罪魁無所損傷，其失敗者不過下野出國而已，人民為賭注，為犧牲品，內亂外患，七十年來落到今日之地步。

中國數千年君主政治，並不亞於今日之民主政治。君主民主名目雖異，而其實則一。國家混亂，生命尚且難保，豈遑「觀劇喝采」？故袁項城作總統也好，張勳復辟也好，南北政府，南勝也好，北勝也好，只要能秉公為國，國泰民安，人民皆擁護，何人當權，人民無意見；彼夫德不足以服眾，才不足以濟世，而徒爭權釀亂者，人民當然反對，但反對亦無如之何。眾人所歸服者為賢能，賢能不分南北，林文忠公為南人，而南北皆欽崇，袁項城為北人，而南北皆鄙之。王道不離乎人情，人情必歸於道德，將來必有才德兼備非常之人，剛正英武，始能除暴安良，復興華夏。

清朝衰敗，中國受列強之侵侮，失去國際地位，孟子云「有不虞之譽」（離婁篇），例如有一小偷，深夜入人家院行竊，見廚房火光熊熊，不敢停足，恐人發覺，自身落為放火犯，乃急出，離去現場，路經警察所，就便報告「我適路經某處，見住戶院內失火」，警方認為此人頗有公益熱誠，遂錄為「好人好事」，而獎勵之，本來不作好事，未意料得此美譽，此即「不虞之譽」。民國一般要人，大抵勇於私鬥而怯於外敵，段祺瑞力主參加歐戰，即獲「有不虞之譽」。我國畏英、美，亦畏德、奧，如不參戰，保守中立，及大戰結束，果能中立乎？英、美與日本為參戰協約國，日本於歐戰初起，即進兵山東擊退德兵佔據青島，我如不參戰，英、美定能助日本接收德國在中國之權利，甚至可能演出瓜分中國之禍害，我既參戰，得與英、美戰勝國同列，得為國際聯盟會員國，拒絕日本無理之要脅，爭取國際地位，此為民國七十年中唯一敢出國應戰，唯一敢抗拒外侮之勝利戰，此北京政府之功也。

堂堂大國，不能自強，依附外邦以求庇護，已足可恥，若國內政局分裂，不能作和平解決以保大體，而借外債求外力以助內亂，親日聯俄，引賊入門，終被賊寇造成大劫，毀壞國家。講民族主義，當革滿清之命，聯俄投日不違民族主義乎？俗云「只因一子錯，滿盤都是空」，赤禍之烈慘絕人寰，是誰作俑？此百口莫辯也！任何高明策略，任何愛國理論，至此落空，所謂「一失足成千古恨」，雖悔難追也。

諺云「好的開始，是成功的一半」，有善始，為必有善終，而況無善始，豈能有善終？民國開始，神姦竊位當權之伎倆，為繼起者所效尤，反道敗德，邦家分崩，已現大亂將至之兆，梁巨川先生（漱溟先生之父），悲觀慨憤，於民國七年農曆十月，在北平投淨業湖自殺，其遺言有云：「諸君試想今日局勢，因何故而敗壞至於此極？正由朝三暮四，反覆無常，既賣舊君，復賣良友，又賣主帥，背棄平時之要約，假託愛國之美名，受金錢收買，受私人唆使，買刺客以壞長城，因各人而破大局，轉移無定，面目靦然，由此推行，勢將全國人不知信義為何物，無一毫擁護公理之心，則人既不成為人，國焉能成為國」（桂林梁先生遺書）。

革命為除舊創新之大業，除舊即破壞工作，猶如拆除腐敗之舊屋，創建良好之新室，革命七十年來，永在破壞之中，舊屋既已拆除，不但未能創建新室，而且陷人民於狂風暴雨之中，洪水橫流，死亡無救，孫總理痛切言之云「破壞之後，國是更因之以日非也，夫去一滿清之專制，轉生出無數強盜之專制，其為毒之烈，較前尤甚，於是而民愈不聊生矣」！（心理建設自序）。

民國七十餘年，歲月在戰塵昏茫之中，內亂外患，災情嚴重而複雜，總之「魔鬼鬥法，人民遭殃」，一切慘狀，言之痛心，筆不勝書，最後悲歌一曲，以吐鬱氣：「峯巒如聚，波濤如怒，山河表裏潼關路。

望西都，意踟躕，傷心秦漢經行處，宮闕萬間都作了土，興，百姓苦，亡，百姓苦」！（山坡羊調，元張養浩潼關懷古）

七、聯俄親日 神州失色

人有善性，亦有惡性，何謂善？何謂惡？荀子性惡篇所定善惡標準，謂「正理平治」為善，「偏險悖亂」為惡；人皆有此性，善性強者為善人，惡性強者為惡人。堯舜亦有慾性，有慾性即能作惡，然而其善性強，不肯作惡，故為賢君；桀紂亦有理性，有理性即能作善，然而其惡性強，不肯作善，故為暴君。「堯舜之民可比屋而封，桀紂之民可比屋而誅」（論衡率性篇），非堯舜之民無惡性，桀紂之民無善性，蓋「堯舜帥天下以仁而民從之，桀紂帥天下以暴而民從之」也（大學）。故軍閥當權而幫會盛，日寇侵入而漢奸興，共黨主政而民間自相鬥爭，茫茫人群，碌碌者眾，非有大仁大智之人作領導，不能振綱紀而達昇平。

言論是一事，行為又是一事，民國開始之人物，言論堂皇而行為悖謬，袁項城奉清室之命，攻打民軍，意在立大功，為大臣，既而又反清助民軍革命，意在作大總統，既而以民主制度不便專權，乃又反民主而作皇帝。段祺瑞與黎大總統爭權，乃慫恿張勳復辟，推翻黎元洪，既而以復辟，不但未得封侯，反而不及作國務總理，可與大總統分庭抗禮，遂興師擊敗張勳。汪兆銘受俄共之指揮，後又作日寇之傀儡，毛澤東用鬥爭政策，塗炭生靈，諸如此類，皆高張愛國愛民之旗幟，作自私自利之勾當，造禍國殃民之大孽，而各有其自白之理由，故其主義、言論，直等於助其私人成功之宣傳品而已。

少數知識份子，有政治興趣，多數群眾，只要生活安定，便感自足。如將群眾拉入政治圈內，以為民主即人民主持政治，引發人民之政治嗜好，則皆從己所欲，各有政見；大旱三年，總有人希望今天萬不可下雨，因為我要有事，雨天不能辦；明日復明日，皆有人向上帝如此要求，但亦有人作相反之要求，各業各界，各有種種慾望要求，如此蟬噪蛙鳴，亂紛紛各爭所欲，上帝亦無法使人人如意。共圖善舉群眾不易齊心，爭取私利群眾最易同心，故唆使工人罷工，組織農民協會抗拒租稅，皆由民主口號中產生，結果群眾幫助人民政府，人民公社成功，而人民陷於水深火熱之中，新思想所造成之新朝代如此實現。

共產思想，起初自北方開展，其領袖陳獨秀、李大釗，皆在北京大學任教，對學生宣傳其主義，然無政治力量支持，不易發生重大作用，及民國六年，南北政局分裂，南政府聯俄容共，共黨取得政治地位，其勢力始日形蓬勃，加入者漸多，散布於各階層，施展其工作。五四運動，學生勝利，陳獨秀等見學生之力量可以利用，乃自號新青年派，捉住青年心理之弱點，巧言誘惑，倡其所謂新文化運動，以打倒中國文化為號召，謂：欲使中國強盛，非將中國文化「連根拔掉」不可，非「全盤西化」不可。非共產黨員如胡適等，亦同其主張，與陳獨秀合作，大罵中國文化為封建專制之產物，無一可取之點，道德倫理為「吃人理教」，忠臣孝子為可恥之名，忠臣為帝王之奴才，與帝王同樣可恨；父母生子女，乃自然之事，何恩何德？為何定要以孝道作賠償？夫倡婦隨，尊敬長上，皆為不平等之事，「男女有別」為不自由之規定；陳、胡在其所辦的新青年雜誌一唱一和，大發其言論，使青年讀之入迷，陳云「封建頑固思想，不許男女自由交際，西洋人以性欲交媾為神聖之事，而中國則以為此乃醜事，不可告人，甚至夫婦交媾亦怕人看見，此種不良習慣應當改革，若自古男女解放，愛情性交行之於大庭廣眾之間，沿傳至今，亦必行之於大庭廣眾之間，則男女性欲便無不自由之痛苦」。總之中國傳統之倫理道德，皆為封建枷鎖，皆當打倒。因此引導家庭革命，父子兄弟，互相敵對；社會革命，階級鬥爭；男女亂愛，隨便結合，隨便離婚。能厲行此種思想，始可謂有革命性之新青年。

胡適謂中國之文化禮教為「儒家之流毒」，等於穢塵垃圾，罵之曰「孔塵」，穢塵當掃除，故主張

「打倒孔家店」、「打倒孔老二」，其言有云：「何以那種種吃人的禮教制度都不掛別的招牌，偏愛掛孔老先生的招牌呢？正因為二千年吃人的禮教法制，都掛著孔丘的招牌，無論是老牌、是冒牌不能不拿下來，槌碎、燒丟！我給各位少年介紹這位「四川省隻手打孔家店」的老英雄－吳又陵先生」！（吳虞文集序）。

「打倒孔家店」，燒去招牌，假日當時他握有政權，他一定要學秦皇之「焚書」，國民黨之要人也助之吶喊，謂「線裝書當抛在廁所裏」。雖未焚書，而打倒文化之效力，比焚書更厲害，秦皇焚書，八年之後，漢滅秦，文教復興，而胡、陳所領導之文學革命，則斬斷中國文學之生命，足將中國文化「連根拔掉」。革除中國文學之命，為新青年最樂服從之事，因革命廢除五千年之文教典籍，則青年人不必讀書，胡氏謂讀詩書為「費不必要之腦筋」，取消文學，代之以白話，人人皆能說話，皆人人皆為文人，一律平等，胡云：

「西洋各國多是語文一致，只有落伍的中國硬要弄得語文分歧，使青年受說不出的痛苦，大家如肯抛棄古董文字來用白話作文，那思想就解放了，人人都可以做文豪了，什麼孔老二和孔老二的奴才所做的東西，一概交付博物院收藏……」。（新青年雜誌）。

革除文學之命，陳有三大主義，胡有八不主義，皆積極廢除文言，謂文言難而白話易，難者少數人能之，為貴族文學，應當打倒，易者人人能之，為大眾文學。用字音記錄語言，便為文章，「不避俗字俗語，話怎麼說就怎麼寫」（八不主義之語），故人人皆可為文學家；其主張一一實現，其革命今已成功，五千年之文化典籍，今已乏人能懂，乏人學習文詞，已達到語文不分之程度，人人能說話，說話就是文章，人人都為「文豪」，故自小學以至大學，語言一致，亦即文學一致，一律平等，皆為大眾文學，文學革命已大成功。

文學革命最終之目的，在打倒中國文化，因為傳統之文教典籍，內容為中國文化，道德倫理，必須「抛之於廁所裏，打倒中國所謂聖人孔老二，使青年對固有之一切生鄙棄之心，方能接受新革命思想，鼓吹家庭革命，父子鬥爭，兄妹結婚，朋友共妻，婦人「打倒親夫」（某處婦女會有此標語），部屬倒戈叛上，實踐此種種不平凡之行為，方為革命，方為思想解放，方可謂新青年，故文學革命即後來毛澤東「文化大革命」之先聲」。

發動文學革命之時期，李大釗在北京任教，兼圖書館主任，據說毛澤東即在此時經胡適之引薦為李之屬員，毛得共黨要人之提拔，大有作為，後來得登共黨王位。當時陳、胡等之新思想喧囂頗盛，北政府不甚注意，因新思想界為知識份子，准其言論自由，而其所說中國落伍，當效法外國，亦非惡意，雖有狂妄之論，然無政治力量支持，亦不能為患。青年人好新奇，更喜打倒禮教，解放思想，故對倫理道德已懷鄙棄之觀念。利用學生五四運動之聲勢，辱罵中國文化，如有人不服，便為其革命對象，故學界人士，大都以輕薄視之，只有感嘆！惟梁漱溟先生公然而出，作相反之論，梁先生之父巨川公見民國以來，世道人心日壞，憂憤而投水自殺。梁先生對中國文化、儒家哲學，有真切之認識，深徹之研究，此時在北大講課，與陳、胡分庭抗辯，陳、胡謂：打倒中國文化，全盤西化，中國始能強；梁先生則謂中國近世衰微，非文化不良，乃文化衰落之故，中西歷史背景不同，中國倫理思想，天下為公，乃人類進化至善之目標，不肯於自身發自強之力，而效顰外人，必然勞而無功，故欲復興中國，必須復興中國文化，打倒自己之文化，國家便不能自立。梁先生當時著有東西文化及其哲學，說明東西文化之根本異點，人生哲學之路逕，及吾人今後當自立自強之人生態度。雙方辯論轟動一時，老子云「信言不美，美言不信」，深明文化要義，針對中國問題，梁先生所發之平實言論，終不若陳、胡之革命弘論，足以吸引青年，震驚當世。

文學革命附帶馬克斯思想，在各校吸引青年，但爾時社會秩序尚未大亂，人心尚未緊張惶恐，及南政府聯俄容共，國共合作，共黨之破壞工作，自南向北擴張，北軍反共，故共黨在北方尚未顯露其爪牙，及國軍北進，共黨之恐怖氣氛亦隨之而北上，於是社會震盪，人心恐慌，有識者知大亂將至，災劫難逃，故國學家王國維先生，在北京，於十六年陰曆五月三日，投昆明池而自殺，其遺書有云「五十之年，只欠一死，經此世變，義無再辱」，深知將來倫理文化必被毀滅，自身不願偷生受辱，只得與文化共命而同盡。憂世而死，亦足悲矣！延至後來「文化大革命」受辱而死者，尤足痛矣！

北軍雖反共，然勾心鬥角，各自為謀，最後或潰散，或歸附南軍，與北京政府在十七年，一切名分俱告結束；所歷十數年中，只是徵稅養兵，各保勢力，卻未刮竊巨款，以備兵敗之後，出洋入外國籍作富翁；亦未利用任何「主義」、「思想」，作民眾運動製造糾紛，破壞倫理秩序；故失敗之後，雲飛霧散，未遺德澤於民心，亦未遺後患於民間。惟遺歌詞二首，傳誦於學校，然北政府既亡，數年之後，亦不流行；其一為國歌，即虞舜之卿雲歌「卿雲爛兮，糺縵縵兮，日月光華，旦復旦兮！（重句）」。其二為軍歌「黃族應享黃海權，亞人應種亞洲田，青年青年！切莫同宗自相殘，坐教歐美看先鞭，不怕死，不愛錢，丈夫決不受人憐，洪水縱滔天，隻手挽狂瀾，方不負石盤鐵硯，後哲前賢！」（相傳此詞為吳佩孚所作）。

南方軍政派系尤多，國民黨左右派不能合作，共黨積極活動，上海等處已現嚴重，蔣總司令北伐至咸寧，主張解除俄顧問鮑羅廷之職，改變容共政策，汪兆銘反對，因此寧漢分裂，分為武漢政府與南京政府，汪兆銘主持武漢政府，仍與陳獨秀發表國共合作之宣言，繼之廣州共黨暴動，南京政府遂與蘇聯絕交，共黨勢力日熾，已顯然與國民黨為敵，十七年，武漢政府與南京政府合一，然為時已晚，共黨已蔓延各處，不可遏止。北政府結束，南政府主國政，稱曰國府，亦曰中央政府，軍隊曰國軍，亦曰中央軍。

人民對北軍無好感，亦無惡感。南軍北伐致勝，政工人員宣傳之功甚大，貼標語、撒宣傳單，使人民歡迎，使對方軍心搖動，每不戰而屈敵人之兵；故始終注重宣傳力量。北軍失敗，忽視宣傳力量，亦原因之一。十七年，南軍進山東，膠東民間盛傳「南軍來了不納糧」之語，據說：南軍免除人民之捐稅負擔云云。南軍在膠東成立新兵三團，就地取材，委田益三（萊陽人）為第一團團長，孫仲明為第二團團長，王華亭（海陽徐家店人）為第三團團長，令其各自招兵，各自籌辦武器；孫仲明未能成事，田益三招兵四百餘名，撐起國民革命軍之旗幟，到處收沒民間之槍械，口稱是南軍；迫人民供給一切軍需，有槍之戶如不繳械，則剿家搜取，於是民間恐怖。吾村有槍之戶，驚懼逃往烟台，田兵來剿，未獲，乃警告村民限期繳槍，不然，將火焚全村。我認為革命軍必不如此無理，此種行為，或許其長官不知，爾時我二十一歲，心理幼稚，以為向其長官說明，槍戶遠逃，火燒全村，亦不能得槍，村民無辜，請其原諒；乃至其部隊所在棲霞蜇窩泊，面見田益三，說幾句恭維之語，又說明來意，時已黃昏，田云：待向部下查問此事，明日答覆，我乃到一飯店寄宿，店內住有田之士卒一班人，我在一房間，反覆不能入寐，深夜屢聞店門外之守卒向往來行人要「口令」之聲。黎明有激烈雷聲自西北傳來，疑是炮聲，隨之一陣急雨，雨止天曉，忽聞連續槍聲自北射來，有一卒飛奔來至店內，喊曰「來水子啦」！（寇匪密語稱官兵曰水子，我乃知此班人，係綠林出身）。班頭曰「你莫釘嗎」？（未還擊嗎）？答曰「釘不住」！於是眾卒競逃；我不敢留於店內，此地無親友，恐被誤以為與田同夥，此時槍聲已密，街衢流彈亂鳴，不敢由街逃跑，乃越店家東牆；跳過數家屋，經過一處豬圈，其豬驚嚎，有少女出而喊曰「你莫惹豬叫」！我父久病在床，害怕」！我在急慌之中，目不暇顧，只稱抱歉！仍然向東踰橫垣爬屋而奔，奔出鎮外，一片墓地，有碑碣樹木可坐障蔽，此時田之嘍囉，亦多逃來墓地，向對方還擊，余不敢在此停留，乃向南馳奔，子彈乃飛鳴於身邊，彎腰而跑，步不能速，兩腿骨軟，匍匐前進，及槍聲遠，但聞子彈射到前方樹林，有散亂剝啄之音，脫險尋路至蔡河鎮，此日為端陽節，乃至飯館沽酒餚，舉杯暢飲，醺然返家，待其再來索槍，再想對策。田部之行為，等於寇匪，棲霞古鎮都村牟氏，為一方之大地主，恐及於難，乃先發以制之，此次田部在蜇窩泊被擊，即牟氏之自衛隊所為，田部自此落威，不久內訌，田被殺，餘眾鳥獸散。

王亭華，家貧，性豪爽端正，好武術，徐家店鎮商家組織保衛團，華亭為團長，十六年，散兵多來膠東山林為寇，華亭追蹤迫其繳械，所獲頗多，寇不敢犯，一方賴之以安。此次受委組軍，時陳調元為魯主席，華亭之軍編於師長施中誠部屬，華亭任團長，後陳遷安徽主席，華亭隨之至皖。

俗語云「大亂住鄉，小亂住城」，小亂謂有小數寇盜，劫掠民間，城市有官兵保衛，寇盜不敢犯，故鄉間富人，多往城內避難；大亂則兩軍戰鬥，皆以城市為爭奪目標，故城市之人多疏散於鄉間。民國十六、七年，膠東城市與鄉村，皆無寧處；忽有軍隊佔據此城，忽又來另一軍隊攻取此城。十七年夏，劉珍年佔據烟台、牟平、福山等處，不久，張宗昌、褚玉璞率兵衝入烟台市，張攻牟平，褚攻福山，褚敗被禽遇害，張在牟平亦潰敗。

共黨已滲入各階層，其宣誓脫離共黨而為國民黨員者，亦仍忠於共黨工作，故其隨北伐軍充當政工人員，多作怪事以損害軍譽。在十五年，北伐軍未達北方時，報紙每日刊載南軍之動態，有云：南軍在某處，紀念雙十節，令民戶人掛紅燈，以示慶祝，有一貧苦老翁，家中無紅紙，乃用黃紙製燈籠，在燭光照射中黃色甚淡，政工員乃向老翁問罪「爾何故用白色紙作燈籠？用意不吉，分明表示不歡迎國軍」！乃用刀割下老翁一隻耳朵，即用此耳垂濡血以染燈籠，使之有紅色，以示懲戒；諸如此類之事頗多，當時民間見報導此類消息，多以為如「小說」一般，未必屬實。及至十八年各縣黨務公開，所作奇怪之事，令人驚愕，始信往日所聞之消息非假。但就海陽縣而言，國民黨員多出自城東夏村、司馬兩區，十八年春，在鄉間集合，此時城內已無軍隊，黨員們糾集土砲鳥槍，到城東門外，向城內亂射一陣，方始進城，城中人不知何故，皆驚惶閉戶，以為土匪至矣！及縣黨部成立，黨部委員如倪魯平等，言行乖戾，自表非凡，與之接談者，背後目之曰新革命人物，亦即認定其為新青年分子，及抗戰軍起，中央又與共黨合作，倪等始公然歸於共黨集團。十八年，倪等任海陽縣黨部委員之時，一般國民黨員亦以倪為出色人物，羨其奇異之言行。任性自由，最易誘惑青年，崇尚作怪，例如其口號「打倒封建禮教」，破除倫理風俗，倡導男女自由戀愛，但民間對此行為，認為不可，黨員乃起領導作用以示範，黨員張某，本已取妻生子，而引誘其胞兄之義女媾成戀愛，母親罵其亂倫，彼乃毅然革家庭之命，與前妻離婚，以遂其願，但其前妻與其母，婆媳素日相處和諧，前妻如不離去，則新妻不能得家產，乃向縣府控訴前妻不孝，破壞家庭等罪，意在驅之離家，其妻之兄，雖非黨員，而為知識分子，出而代妹抗告，並引其妹婆媳二人到法庭作證辯訴，張某乃落為誤告而失敗。

黨部又有「打倒土豪劣紳」之口號，以地方舊日有聲望之人物，為對象，司馬區區長陳錫周，係秀才出身，為人頗廉正，老而家居，某委員與之有睚眥之怨，夜間率五、六人破門而入，將陳翁捆綁，剝去衣裳，用細繩栓縛其生殖器，牽到山谷，用石塊擲擊，如打蛇一般，活活打死；此類之事不勝枚舉。後來抗戰時期，共黨佔據海陽，其所派縣長張某（海陽城東鄉人），繼續前人之所為而更加嚴厲，留格區舊區長高述唐，年高老成，為地方人所敬，張某定以「劣紳」之罪，用鍘刀剁下頭顱，梟首示眾，此為新革命一貫之作為。

在十八、九年時，新革命已有大規模之行動。每對一般民眾演講，有殺富濟貧，平均財產等等口號，引起一般人之傾向，乃組織團體，名曰「農民協會」，嗾使人民提出舊恨夙怨，自相鬥爭，社會日趨惡化，因此，引起一般反對者，亦組織團體與之對抗，於是紅槍會、大刀會乃起；宋泗坤，海陽司馬區人，為紅槍會之領袖，屢次擊敗農民協會，雙方皆有傷亡，黨部向軍方報告謂亂民暴動，鄰縣亦有相似之事件發生，故各縣皆有紅槍會，屢次在牟平、招遠各縣，與官兵交戰，紅槍會終究敵不過官兵，最後被烟台駐軍劉珍年剿平。宋泗坤敗亡後，黨部乃調查農民協會之死亡者，就地徵款，撫卹其家屬。黨員欲求「大學文憑」者，亦從中醵資，赴北平私立大學混資格。

為將新思想打入民間，各縣皆有新革命運動，茲再舉萊陽以為例，萊陽黨部最注重「拉廟」工作，意在打倒宗教信仰，掃除封建遺迹。全縣境內，所有大小廟宇，一律搗毀，所有僧道尼姑，一律逼之還俗，「掃地出門」，任其自生自滅。民家桌几上如有供奉偶像，亦必搜取而粉碎之，謂此為破除迷信之運動。萊陽城東門名望石門，因城東有山曰望石山，山形奇妙，為整個一大巨石突起於平地，周圍二里餘，高約四百仞，山為純石，不生草木，遙望之如大蟾蜍，昂首北望而蹲坐，頷下為河灣，深不見底，身後斜坡，至山麓為平地，由此登山，有牌樓，橫額四大字曰「望石遊春」，相傳為唐褚遂良所書。望石廟建於蟾蜍之頭頂，坐北向南，廟院約四方丈，有唐時碑碣記述望石神之故事，有古柏一株，為數百年物，有小平房三間，內寓一道士，山上無水，須至山下取泉水，烹茶款待遊客。蟾蜍首所向處，河灣北岸，有村曰廟後村，山前叢樹田園，景物幽美；此山為萊陽八大景之一，春日有廟會，遊人最多。余路經其處，曾三次登臨，最後一次見廟內神像被毀，土木狼藉滿地，道士已不之去向，門牆破落，真乃大煞風景，昔日清淨幽雅之地，今為破爛不堪之場矣！

尚書畢命「旌別淑慝，表厥宅里」，古時旌表善人之居室門第，以彰其德，皇帝如經過善人之村閭，必憑軾致敬，故武王「式商容之閭」，以示尊賢（尚書武成）。明、清對於功臣名賢義士烈女，由公家撥款，於其縣城或鄉里，樹立牌樓（俗名牌坊），以作永久之紀念。俗話盛傳：萊陽城有著名之牌坊「七十二座」。最大者如明朝張夢鯉等之牌坊，高達四丈；萊陽東南與海陽交境，有山曰正山，其山之礦石，色純白，澤潤如玉，因兩縣臨近此山之民，多來採石，每起糾紛，道光年間，官方乃封閉石礦，禁止隨便開採。萊陽城之牌坊，皆用正山石構成，坊面刻雕文字、文物、圖畫，玲瓏剔透，細緻精巧，台灣廟宇之龍柱，不能與比。黨務人員謂此乃封建遺物，盡行拆毀，而且砸成碎石塊，拋棄於野外；名人之後裔牌坊之主人，不敢干涉，因黨人革命，權高一切也。同時黨人亦有所建設，於萊陽西門外，建立「五三慘案紀念碑」，矗立於路之中心，使行人至此，受到阻攔，不得不注目此碑，其用意謂：可以啟發路人之愛國心云。

略舉以上之事，可見革命基層工作之一班。因為新革命工作，非平常人所能為，故普通黨員在其中，自感無其勇氣，只是循規蹈矩，作例行之事，或脫離黨務，另謀職業。

打倒禮教，解放思想，一切自由，不受任何拘束，新革命思想，青年最樂接受。新革命思想，由最高學府宣傳廣播，加以國共合作，政治力量之支持，故蓬勃蔓延，當局雖有人反共，然已無法弭止。馬克斯謂「宗教是老百姓的鴉片烟」，凡祭祀、祈禱，皆有宗教意味。新青年敬畏外國人，未敢拆教堂毀耶穌，以中國故有之廟宇皆須拆除，山西太原青年，組織拆除偶像大隊，積極此項運動；青年運動不一致，其他地區亦有不注重拆廟工作者。十八年，中央明令廢止祀孔典禮，新青年主張「打倒孔家店」，當然要拆除孔廟，雖有公民集體請求政府制止拆毀孔廟，亦無效果，例如安徽霍邱縣公民李灼華等，呈南京大學院院長蔡元培電云「縣府助惡，拆毀孔廟，三電省府，未奉明示」，省府不理人民，大學院（即教育部）又豈能理民事？雖非新青年之同夥，而當局要人之主張，亦有在無意之中幫助新青年「打倒孔家店」者，例如：孔子之後裔，世居曲阜，自漢朝名義為侯，唐朝為公，宋朝封為衍聖公，世襲此號，民國雖廢其稱號，而其祖傳之家產，當然仍為其所有。民國十八年，孔子之七十七代孫德成方十歲，國府委員蔡元培主張沒收孔氏之林廟、祀田、書籍、器物、各種產業，如此處分孔子之後人，顯然公民資格亦被除消；其此種主張，當場自有其理由，如此而言，天下任何事，無不各有理由，強盜為何劫掠？因為需要金錢；少年為何組織「強暴團」？因為性慾衝動；（七十一年二月十八日中央報載：青年學生組織「暴力集團，以大專及高中女生為目標，混入各院校，施行強暴，南部發生事件最多）。為何不收沒別家之產業，而只收沒孔氏之產業，因為蔡氏之政見如此。此事引起北平、南昌、大原各處總商會等各團體，通電聲援，孔家之產業，仍當為孔氏所有；蔡氏之主張乃作罷。後來共黨當政，此類主張始實行。總之新革命思想，興到意隨，自由行事，無所顧忌，只有對外寇強敵不敢不講理。

太平天國，當日號稱民族革命，而卻焚燒詩書，編演「上帝叛孔子罪」之戲劇，曾、胡、左、李，練兵擊之，而非因其反對滿清，乃因其破壞中國文化之故。山東省第二師範，設立於曲阜，校址與孔廟僅一巷之隔，其校長宋還吾，雖非共黨人物，而該校學生團體，則為新青年之大本營。十八年六月八日，舉行游藝會，表演「孔子見南子」之戲劇，扮裝孔子為小丑角色，南子為花旦淫婦，孔子往見，子路反對，孔子罵曰「小由啊！小由啊！」（子路名由），劇情醜態百出，極盡侮辱孔子之能事，孔氏族人嗔怒，提起訴訟，法院不受理。進士孔祥霖年七十餘，為此事氣憤而死；孔府之外親田慕周（河南人）係日本帝國大學法學博士請國際法庭解釋此事是否犯法？大法官答覆：「侮辱他人之祖先，是違法行為」，田乃助孔氏再起訴，最後判決，宋還吾受撤職處分。孔廟中之漢碑、古蹟，多遭損壞，牆壁被亂加污塗，畫男女生殖器，並題云「共同奮鬥」！以及種種低劣漫畫，使中外遊人來此參觀者，得以領略新青年之文化工作。及至後來文化大革命，澈底破壞孔廟，將孔子之像，碎為齋粉，散亂於地上，「打倒孔老二」之主張，始告成功。古人亦有「拉廟」之舉，唐狄仁傑巡撫江南，奏毀吳、楚淫祠千七百餘所，夏禹、泰伯、伍員、吳季子之廟，准予保存；宋胡穎經略廣東，毀偶像而殺妖蛇，杖惡僧以戒愚俗，所遇淫祠則焚之。古人為破除邪說而拉廟，新青年則為打倒文化而拉廟。

北京政府於十七年垮台，武漢政府與南京政府合成中央政府，雖然合一，實同床而異夢，黨內有左右派，派內亦有分歧，大事不能合作，所興所革，每為不必要之事，例如廢除「承祧」法，及規定女子承繼財產權等等，本來無事，此兩項法令，增多事故，引起爭端；或者以在新思想中「承祧」乃封建時代宗法社會之遺制，應當廢除；然祭祀祖先及宗親會之組織，亦由宗法社會「親親」之義而來，如不打倒中國文化，何必禁止人民「奉先思孝」，及「同宗聯誼」之思想？至若女子承繼財產，古無規定亦無否定，有習慣之法，當承繼，自然承繼，倫理社會，公道自在人心，機械規定，徒滋弊端；古云「國將亡，必多制」（左傳昭公六年），「法令滋彰」（老子五十七章），是為政之大忌也。

總覽民國以來，初四年承滿清之末運，大局尚完整統一，自袁項城弄私權，毀公法，於五年開始，大局分裂，民主之口號落空，民主「是用人民來做皇帝」，「中國四萬萬人，都像阿斗，人人都是有權的」（民權主義第五章）；袁氏有權作皇帝，人人皆有權作皇帝，只看力量如何，自身之力量不足，於是親日借債，聯俄容共，以致外患日偪，內亂愈甚，初則南北分裂，繼之南方亦分裂，國共合作分裂，黨中派系分裂，軍隊派系分裂，共黨勢力逐漸擴大，成為爭皇帝之主力。

北軍反共，南軍雖亦有反共派，而以打倒北軍為至要，及北軍既倒，共軍積極與中央為敵，其他軍隊如馮玉祥等亦反覆無常，各處戰事不息，汪兆銘領導黨員成立改組派，又於北平另組政府，內亂未已，忽然日本佔據東三省，自此華北全在日寇宰制之中。總覽民國史，自初五年以後，大局分裂，未曾統一。直至三十八年，除外蒙被蘇俄佔據外，共黨統一大陸，故因其統戰有術，而亦賴其他助力促成之也；新思想家，藉文學革命製造新青年，打倒中國文化，此為開始之助力；南政府聯俄容共，使共黨得擴展軍政勢力，此為決定成功之助力。春秋「大一統」，義在天下和平，安定民生，試問而今大陸統一，民生如何？文化為人類合理生活之表現，野蠻鬥爭，弱肉強食，便無文化。而今倫理社會已被新思想摧毀，中國文化已被打倒，人類能永遠迷於物欲思想，野蠻鬥爭之中乎？

八、日寇親華 共黨壯大

自民國五年大局分裂，內鬨不已，日本亟思乘火打劫，而且南北皆有親日之政客被其利用，時機成熟，日本遂發動九一八事變，一舉而佔據東三省。十七年北政府垮台後，軍隊尚有兩大勢力：一曰張學良之東北軍，二曰馮玉祥之西北軍，皆先後接受中央名義，馮任行政院副院長，兼軍政部長，張學良任國府委員。十八年，中央舉行編遣會議，馮所領第二集團軍部隊較多，裁併亦較多，馮乃離南京回河南，積極整訓部隊，於十九年春，對抗中央，發動中原大戰，韓復榘倒戈，馮大敗。馮雖反覆無常，而西北軍多忠勇良強，如宋哲元（山東樂陵人）、張自忠（山東臨青人）、孫連仲（河北固安人），皆為抗戰建大功之名將。

馮玉祥發動中原大戰失敗後，中央任命張學良為全國陸海空軍副總司令，負責整理北方八省之部隊，然則張學良所統轄可能有百萬大軍，而九一八事變，日軍進入瀋陽，竟毫未抵抗，將東三省讓與日本，此真可怪之事也。是否以為能戰勝敵人，始可抗戰，若敵勢強大，則不可冒險，待將來力量充實，再與之戰；敵人所想恰好相同，就在你力量未充實之時，積極進攻，待你力量充實之後，則不敢進攻矣！是以得寸進尺，占據東三省，成立滿洲國，遂即攻占熱河，順利得手，遂即進攻華北；占據華北，遂即進攻華南，成立北京、南京偽政府，利用漢奸「以華制華」，劫掠物資，「以戰養戰」，一切陰謀，得心應手，如此我之力量未能充實，而敵寇之勢力日益壯大；為避免戰爭，東北淪陷，退於華北，華北淪陷，退於華南，眼看倭寇蹂躪全國，內賊乘機熾盛，大禍蔓延，至此尚有退避之地乎？

忍辱讓敵，為避免犧牲，此乃善意；投降附敵，欲圖緩和暴力，亦是善意，皆有可據之理由，此真不可思議者也。力量不及敵人，必不能戰勝敵人乎？昆陽之戰，光武以三千兵，擊敗莽兵四十二萬；赤壁之戰，周瑜以三萬兵，擊敗曹兵八十萬；史書所載，此例甚多，就當前之事而言，九一八事變，第二十九軍宋哲元在喜峯口，能大敗日軍，挫其兇鋒；一二八淞滬之戰，第十九路軍陳銘樞、蔡廷楷將軍，亦能擊退敵寇，保護上海；七七事變後，張自忠將軍、孫仲連將軍亦能在魯南會戰，擊潰敵寇板垣師團，獲得台兒莊大捷，我方之武器不及敵方之精銳，我軍亦能擊敗之，而況敵方人力不及我之雄厚，我何懼之？試問日本有幾個板垣師團？一旅興夏，三戶亡秦，事在人為，大仁大智之人，始能救亡圖存，轉危為安也。記得在淪陷區發動抗日游擊隊時，一般人謂余曰「官兵皆敗而南退，而汝集合缺武器，無訓練之群眾，敢抗強寇，真可謂以卵敵石也」！又有一般人謂余曰「強寇橫來，順之猶恐其兇性發作，若與之相抗，促其惱怒，豈非自取災禍」？此乃普通人之意見，彼夫佩虎符，坐皋比者，統領大軍，身為上將，敵寇來侵，而竟託辭力量不足，不戰而退，使敵人不費吹灰之力，佔據東北大好河山。然則此種不戰將軍，長敗將軍，只是擁兵自衛而已。「困獸猶鬥」（左傳宣公十二年），而況人乎？凡是如只以目前之利害為判斷，每得相反之結果，老子云「禍兮福所倚，福兮禍所伏」（五十八章），故處事當「惟義所在」（孟子離婁篇），以義制事，但求心安理得，禍福置之度外，常人凡事只顧利害，然亦有正氣凜然，「寧為玉碎，不為瓦全」者（北齊書元景安傳），故淪陷區，百端艱險，而民間組織游擊隊，抗戰到底。民國二十四年，「山東建設研究院」，舉行雙十節紀念，有青年學生登台演講，大斥東北軍不戰而退之罪，言未畢，忽又一青年，怒氣登台，厲聲反駁：「我們東北軍無罪！我們是服從中央命令，令我們打，我們就打，令我們退，我們就退」！兩人爭辯，幾乎動武，會場人勸解，將兩造拉開，始罷。

若滿清皇族，自動回歸東北，有力復興，擁護溥儀稱帝，成立滿洲國，與民國當局對立，黨人必興問罪之師，而今日本佔據東北，以溥儀為招牌，成立滿洲國，當局不敢干涉，只有退讓，但日本不以為足，遂又攻打上海，遭十九路軍抵抗而敗退。二十二年二月，攻佔熱河，追擊守軍至河北境喜峯口，與二十九軍相遇，宋將軍令張自忠、馮治安兩師長，夜間出擊，殲滅日軍兩聯，騎兵一大隊，斬獲甚重，敵軍之攻勢頓挫；當時各報章雜誌，俱登載喜峯口大戰勝利之消息及照片。日本仍不罷休，二十二年五月，日本又脅迫我訂「塘沽協定」，限制我駐軍之地，逼我軍撤退，由察哈爾延慶至河北昌平及寧河、蘆台一帶之西南地區。二十三年夏，日軍自熱河向察哈爾之張家口作試探性之進攻，張自忠將軍在東楂子猛烈迎擊，敵受重創，用二十餘輛汽車載運其傷亡官兵而去。日本野心不死，二十四年，扶植殷汝耕（福建人）成立「冀東自治政府」，脫離中央，以謀取平、津，控制華北。

日本佔據東三省及熱河，華北已陷於風雨飄搖中，宋哲元將軍雖能戰，但易難獨當日本人之大軍，日本駐北平之華北特務機關長土肥原賢二往來東北與平、津間，推行侵華工作。二十四年六月，日軍尉官二人乘車至張家口，經張北縣，二十九軍崗兵檢查入境護照，日軍未帶護照，並不受檢查，乃將其帶到司令部扣押，土肥原認為有辱皇軍，乃向我方提出抗議，此即所謂「張北事件」；此時適逢行政院長汪兆銘令軍委會北平分會委員長何應欽接受日本之要求，與日本駐天津軍司令梅津美治郎訂「何、梅協定」，內容：撤退河北境內國民黨部，並撤于學忠、黃杰、關麟徵等軍移駐河北省外。汪為應付「張北事件」，又撤宋哲元察省主席職務，令秦德純（山東沂水人）代理，宋暫赴天津，秦亦未就職，土肥原見報載：秦代察省主席，乃向秦作交涉，秦言「我非主席，不能談交涉問題」！土肥原因秦為二十九軍副軍長，乃談「張北事件」，謂「希望二十九軍不要駐在張北以北地區；希望國民黨、藍衣社，不要在察省活動」，秦答「張北以北乃中華國土，軍隊有自由駐紮權，察省政府機關並無藍衣社」。土肥原以強硬口氣云「你知外交後盾是什麼」？秦憤然厲聲曰「那就由你們派兵進占我們的察哈爾！二十九軍就是剩一兵一卒也要拼戰到底」！秦怒不可遏，捲起衣袖，要想揍他，又想揍了他，無法善後，乃極力忍耐，不禁心中一熱，當場吐出血來，倒在沙發上；土肥原見秦已不能談話，遂去。

二十四年七月，蔣委員長在廬山，召秦德純指示機宜，以我之國防建設未完成，不能與日本全面作戰，命宋哲元完全負北方責任，務必忍辱負重，保持領土主權之完整。自此命宋哲元為北平綏靖公署主任，兼冀察政務委員會委員長，秦德純為察哈爾省主席，後又調任北平市長，兼冀察政務委員。日本要使華北特殊化，迫河北、山東、山西、綏遠、察哈爾五省自治，脫離中央，以便與東北同受日本統治。土肥原千方百計，向宋哲元、秦德純尋釁刁難，軍人亦時常藉故找麻煩；一面威脅，一面利誘，宋、秦此時受熬煎之痛苦可知，若屈服，則喪權辱國，落為漢奸下場，若應付不善，戰禍爆發，又須負失敗之罪；日寇之逼迫日亟，宋不得以託病暫回故里，由秦代理周旋，以拖延時間。此際土肥原乃向山東省主席韓復榘（和北霸縣人）進逼，詐稱河北已允諾日本之安排，獨立自治，今當要求山東作同樣之承諾，乃出其所定之條款，要韓簽字，韓答以待請中央核示後，始能決定，土肥原限期答覆；韓集合部屬，商討對策，皆相對憂嘆，半籌莫展，土肥原再三催偪，韓困頓無奈；時梁漱溟先生在山東辦「鄉村建設研究院」，韓乃問計於梁，梁曰「汝為當事人，是謀非吾所能及也，如何設法不墜其圈套？萬一決裂，對戰事作何策劃？此皆在汝胸中自當有數」；韓曰「我毫無辦法，只有與之拚命」；梁曰「有此決心，便是一種辦法，我所推測，在最近二年中，日本不能發動大戰，如迫不得已，以強硬態度拒絕之，土肥原知汝有十萬大軍，亦不能用武力逼汝簽字」；韓聽從梁言，以未奉中央核示為辭，委婉應付，土肥原下最後通諜謂韓曰「今日決定簽字，不能再延」！韓曰「中央尚未來電指示，我不能決定」！土曰「你不決定，要起國際交涉」，韓曰「國際交涉，要用武力，要來打我」？土曰「大有可能」！韓厲聲曰「我不怕！我拚了命，死後，你們把山東白白拿了去，我也不管，我在未死之前，決不把山東白送與你們」！土肥原見韓不受威脅，乃轉變語氣說「天皇給我的任務，我不能完成，就是你作阻攔，我無法復命，只好在你這裡自殺了」！乃掏出手槍，韓躍身向前奪取手槍，拍案斥之曰「你今天來，是要刺殺我也」！「左右，把他拉出去」！於是衛兵二人乃將土肥原拉到門外，送進其所乘之車內，隨後派員將手槍送還土肥原。已與土肥原決裂，雖然梁先生說：最近日本不能發動大戰，但韓此時已不敢確信，乃集合其全體軍官，下令準備作戰，十萬大軍布置於膠濟路及青島、周村、濟南，此三都市為日僑聚居之處，夜間戒嚴，謂保護市民安全，戰事不起則已，戰事若起，先將其僑民集中一處，作前敵之第一道防線，國際公法不能阻止日軍之狂暴，亦不能保護狂暴之僑民。韓準備應戰，一切安排妥當，監視日僑，實行戒嚴，各處情形緊張，而日軍方面則寂無反應，嗣後，氣氛漸趨緩和。一月之後，據報有日本兵在黃河鐵橋（齊河縣）演習打靶，韓向日使館質詢，日方答云「無其事」，韓曰「然則乃土匪冒充日兵，我要剿滅之」！及派兵前往，日兵已離去，自此，山東暫得一時平靖。

日本見華北特殊化已不可能，乃改變方式，仍在北平提出無理要求，向「冀察政委會」為難，其所要求者，例如：冀察二省、平津二市，重要行政人員任免，須日方同意；日本在華北駐兵不受限制；等等，我方由秦得純負交涉責任，在此種情況之中，其苦惱可知，日本威脅利誘，秦不為動，只委婉應付，以呈報中央核定為辭，以拖延時間，日本不能久耐，終於發動蘆溝橋事變。當二十二年熱河失守後，中央曾派黃杰、關麟徵兩師兵防守古北口（河北北邊），二十四年秋，奉令南調。日本積極侵華北，以二十九軍為大敵，軍長宋哲元受命負華北完全責任，兼任北平綏靖主任，及冀察政委會委員長，身負三要職，在此險惡之境，所有冀察二省、平津二市之政務，以及區內之軍隊，統歸宋指揮，此時無人爭其職位，行政長官則由二十九軍長官兼任，該軍共有四個師，師長馮治安兼和北省主席，劉汝明兼任察省主席，張自忠兼任天津市長，副軍長秦德純兼任北平市長。二十四年冬北平愛國青年各大學學生痛恨日寇之暴橫，奮起要求政府抗日，六七千人舉行示威遊行，幸秦德純設法處理，未與日軍發生慘案。二十五年冬，日軍與二十九軍在豐台即曾起衝突，雙方互有傷亡。次年七月七日，日軍不通知當地駐軍，在蘆溝橋演習，當地駐軍二十九軍吉星文團長知為故意挑戰，乃向其射擊，由此導火線，戰事乃起，二十九軍在宛平、豐台、廊房等處與敵激戰，雙方皆傷亡甚重。日本調來大批陸空援軍，及精銳武器，向南苑進攻，我方孤軍，寡不敵眾，傷亡慘重，副軍長佟麟閣、師長趙登禹（山東荷澤人）均壯烈殉職，在南苑受訓之大學畢業生千餘人，亦多犧牲。苦戰二十餘日，中央令宋哲元移駐保定，坐鎮指揮；為避免北京城捲入戰火，由張自忠駐京，應付敵人。宋將「冀察政委會」、「綏靖主任」、北平市長等職，皆付張自忠代理；秦德純與張臨別時，張含淚曰「君與宋先生成了民族英雄，我恐怕成了漢奸了」。日軍進入北平，張苦於周旋，一般人誤會其屈服於敵，惡言痛詆，張在敵寇鎮壓之下，已無計可施，乃祕密逃出北京。

七七事變，戰事既起，自十一月上海、太原、南京、青島、濟南相繼淪陷，全面抗戰開始。二十七年春，中央將二十九軍擴編為七十七、五十九兩軍，任張自忠為五十九軍軍長，此時日寇板垣師團圍擊龐炳勳軍於臨沂，張率軍馳援，鏖戰七晝夜，敵敗北竄，我軍得移師南向，奠定台兒莊大捷之準備。三月魯南會戰，孫仲連、于學忠（山東蓬萊人）等軍，在台兒莊擊滅日本板垣師團，我軍大勝，此後徐州會戰，武漢會戰，張自忠皆建偉功，時人稱張將軍為民族英雄，中央任為三十三集團軍總司令。二十八年三月，鄂西鍾祥戰役，敵以三個師團犯隨棗，張將軍率軍截擊，斬獲無算，敵潰而竄，是為鄂北大捷。二十九年夏，敵以重兵犯襄樊，張將軍力主堅守襄河，率輕兵渡河截擊，出發前，貽書副總司令馮治安，略謂「因為戰區全面戰局關係及本身之責任，均須過河與敵一拼，決於今晚往襄河東岸進發，無論勝敗，一定求良心得到安慰，以後公私均得請我弟負責，由現在起，以後或暫別，或永離，不得而知」。五月十日衝擊敵主力軍，激戰連日，殲滅盈野；十六日，敵援繼增，將軍陷於重圍，往返衝殺十餘次，部眾死傷殆盡，將軍身已受傷六處，從兵欲拉之退走，將軍不肯，厲聲曰「此吾成仁之日也」，竟力戰殉職。（以上所述，係秦德純與吾面談之事實）。七七變後，十一月中央遷都重慶，十二月日本利用王揖唐、齊燮元等成立北平偽政府，次年十二月，汪兆銘奔南京投敵，成立南京偽政府，南北偽政府皆組織偽軍，在其勢力所及之內，成立偽縣政府，以便宰制人民，敵寇鐵蹄幾遍全國。

當日廣東軍政府聯俄容共，不惟北方軍政府反對，反對者頗多，在野名流如梁任公、曾琦等，俱竭力反對，曾氏自定年譜有云：「是年冬（十三年），孫中山先生北上過滬，予曾謁之於莫利愛路，勸其終止聯俄容共，中山固執己見，予亦當人不讓，辯論久之，不歡而散。先是予在法發現共產黨之陰謀，載於一九二三年共產黨第二次全國代大會議決案。曾以語王寵惠、蔡元培、鄭毓秀等，囑其轉告中山，王等皆不以為意。適謝持之婿曹任遠，由德返國過法，予乃囑其歸告謝持，謝持聞而大憤，遂邀張繼赴粵告密，不意反遭中山申斥」。

當民國九年，直皖戰爭，段祺瑞失敗後，曹錕於十二年賄選成功，段與張作霖即約廣州軍政府共倒曹、吳。此時蘇俄陰謀，欲致孫總理於莫斯科，號令國民黨；並謂以全力輔助孫總理經營中國，孫總理受鮑羅廷之勸說，本擬前往（劉成禺先總理舊德錄所言甚詳）。此時正駐韶關督師北伐，與段祺瑞、張作霖相呼應，段邀孫總理北上共謀國是，孫北上至天津，便訪張作霖，張言「孫先生！我係粗人，今坦白言之，我是捧人的，我今天能捧姓段的，就可捧姓孫的，惟我只反對共產黨，如共產實行，雖流血所不辭」！然段派聞此言頗不懌，因此影響孫、段之合作；張又曾對汪兆銘曰「北京各國公使，都不贊成孫先生，大概因為孫先生聯俄容共的緣故，你可否請孫先生放棄他聯俄容共的主張？我張作霖包管叫個國公使，都要和孫先生要好的」（見張作霖之代表葉遐菴（恭綽）年譜）。

曾琦自訂年譜曰「是年七月（十四年），國民黨蔣中正率兵北伐，先擊敗吳佩孚軍，後擊敗孫傳芳軍，俄人鮑羅廷與加倫皆參與其間。國共兩黨聯合行動，勢如破竹。惟既得武漢，共產黨欲效列寧十月革命之故事，取國民黨而代之，國共暗鬥乃開始焉」。

國共合作，共黨假國民黨之名義，一面擴充勢力，一面製造事端，破壞國民黨，更欲招引外患，犧牲中國，以作世界革命之初步，例如：十六年三月，北伐軍程潛所指揮第二、六兩軍進入南京時，發生武裝暴徒襲擊外國領事館及金陵大學，又劫掠財務，及姦淫外籍婦女，駐泊下關之英美軍艦，即砲轟南京城，士兵及民眾死傷甚多，此為二、六兩軍政治部主任，共黨李富春、林祖涵，故意製造之「南京事件」。此後發生寧漢分裂，南京政府雖舉行清黨運動，然共黨已深入各階層，在各處發表，已有軍事力量，二十一年，於贛州、瑞金成立「蘇維埃政府」，主席張聞天，工農紅軍八萬餘人，總司令為朱德，中央軍五次包剿，共軍西竄，分路轉入黔、川、西康、甘肅、陝北等處。

中共統戰運動——二十四年八月，共軍在四川兩河口、毛兒蓋會議，因意見不合，發生內訌，毛澤東與張國燾分裂。此時第三國際招開第七次大會於莫斯科，中共出席代表陳紹禹，根據國際指示，自莫斯科以中共名義發出「八一宣言」，提出「抗日統一人民戰線」，自是中共即發動「統戰運動」，要求組織所謂「全國人民聯合國防政府」，此時共黨既分裂，國軍追剿又急，共黨乃提出國共合作抗日之口號，目的在緩和國軍之衝擊，故此際中共軍事委員會主席，周恩來，出現於香港，要求國民黨「實行聯俄聯共一致抗日」，修書於中央要人二陳，由諶小岑（湖南安化人，曾任國民黨中央黨部工人部指導主任）。曾養甫（廣東平遠人，曾任國民黨中委鐵道部次長），二人之關係之轉達，二陳接周函報告最高當局，於是國共商談開始，亦即中共「抗日統一戰線」之開始。

當年廣東政府聯俄容共，鑄成大錯，使共黨勢力蔓延全國，戰禍不息，外患又來；而今日寇進攻又急，共黨既表誠意，要國共聯合一致對外，在此情形之下，中央當然願接受其誠意；即不接受，而抗日戰起，共黨必然乘機而出，攻擊中央，如此，則中央在雙重戰敵之中，如何支持？中央接受其輸誠，恰中其統戰技術。古人云「兵不厭詐」（韓非子難一篇），兩敵相對，當然不擇手段以求勝利，此即鬼谷子所傳「縱橫捭闔」之術。七七變起，共黨發佈「國共合作宣言」，並聲明取消暴動政策及赤化運動，取消蘇維埃政府名義及紅軍番號。中央乃於八月收編陝北共軍為國民革命軍第八路軍，以朱德為總指揮，彭德懷副之（二十七年改八路軍為十八集團軍），開赴晉北歸閻錫山指揮；又收編江南各地殘餘共軍，成立心編第四軍，以葉挺、項英為正副軍長，歸顧祝同指揮。自此共黨逐步施展其陰謀。

二十六年九月，日軍攻武漢，戰局緊張，周恩來自延安攜毛澤東函至武漢，晉謁當局，重述其合作抗日之諾言，以釋當局之疑心，以進行其故定之計畫。當二十六年秋，八路軍由陝北開發赴晉時，毛澤東對軍幹部作具體之指示云：「中日之戰，是本黨發展的絕好機會，我們決定的政策，百分之七十發展自己，百分之二十作為妥協（指對付國民黨），百分之十對日作戰。為使我們的同志明瞭其工作任務，即使在和總部聯絡斷絕的時候，仍能向共同目標努力起見，我樂於為同志們指出下述的政策，可分為三個階段來實施：第一、妥協階段，在此階段中，應藉自我犧牲，表面上表示服從國民政府，並奉行三民主義，但事實上只是掩護本黨的生存發展。第二、競爭階段，以二三年工夫，建立本黨的政治與武力基礎，並繼續發展至能與國民政府抗衡而破壞之為止，同時極力消滅國民黨在黃河以北的勢力。第三、進攻階段，在此階段中，深入華中地區，建立根據地，割斷中央軍在各地區的交通，使他們失去聯繫，直至反攻力量已準備成熟，然後從國民黨手中奪取領導地位」。（見郭華倫中共史論）

共黨實行毛之此項策略，八路軍入山西後，即擴展地盤，成立晉、冀、察軍區，繼之進入冀、魯、豫平原，到處攻擊地方抗戰部隊，攻擊冀、魯省府。二十八年以後，共黨態度益形惡化，要求擴編軍隊，中央允准，遂又公然反抗中央。三十年一月，新四軍在皖南叛亂，自此國共又開始分裂，雖屢次商談，而共黨逐步苛求，皆無結果。共黨逐步進行其奪權策略，其政策雖云「百分之十對日作戰」，然在膠東游擊區看來，其軍力百分之百用在打擊抗戰部隊。中央軍自此一面防共，一面抗日，共軍勢力遂蓬勃壯大。「抗戰開始，共軍侷處陝北，僅有殘部約三萬人，不及國軍百分之一，到了民國三十四年，共軍部隊，已經超過三十萬，地方部隊及民兵為數更多，加起來，已超過國軍百分之十，其所以發展得如此迅速，完全是因為：一面在戰爭期間收繳地方槍枝；一面乘國軍與敵軍激戰之時，抄襲國軍側背，以補充勢力」（秦德純海澨談往）。共軍武力既超過國軍，養精蓄銳，專攻國軍，國軍久勞戰役，將帥心理墮落，不相團結，於是被共軍各各擊破，順手奪去抗戰勝利之果。

膠東游擊區之情況

忠勇能戰之二十九軍，保衛華北，對抗武器精銳之日軍，而且敵眾我寡，七七事變，傷亡頗重，平、津淪陷，敵軍乘勢南下，山東主席韓復榘迎戰，敗於寧陽，韓幾乎被俘，乃退守濟南，濟南乃省會，當然敵人必攻。初，當十六年北軍張宗昌失敗後，中央有通緝令，及日本佔據東北，張之部屬在東北組織義勇軍萬餘人抗日，中央乃撤銷張之通緝令。張為山東掖縣人，二十一年秋，張欲回鄉掃墓、探親，先至濟南，韓復榘歡迎接待，而陰受唆使，將張刺死於車站。而今日寇帶領東北偽軍向濟南進攻，張之長子張濟洛，任偽軍旅長，聲言「我不當漢奸，我是要報殺父之仇，要活捉韓復榘」！韓退出濟南，駐守泰安，敵軍又攻泰安，韓乃退於魯南，在緊急之中與部屬商談決策，有王參謀謂韓曰「主席是願成功？是願成仁？二者不可兼得，今敵寇陸空兵勢之強銳，冀、魯皆必淪陷，願成仁，則不惜犧牲，與守土共存亡；南京已陷，國府遷渝，巴蜀險阻，易守難攻，如願成功，則宜率軍入川，此乃抗戰最後之據點，最後無論勝敗，只要主席之軍隊存在，地位當然無虞」！韓沉思片刻，決定走成功之路。爾時四川南北不和，南部劉文輝為主，北部劉湘為主，韓乃商得劉湘之同意，決定入川；時山東屬第五戰區，戰區總司令李宗仁，令韓堅守山東，不可離職，韓不聽命，謂「全面抗戰，人不分男女老幼，地不分東西南北，中央既撤離南京，魯軍豈能保住山東」？乃於二十七年初夏，率軍南下，李宗仁在武漢，以開會名義，紿韓至會場，由軍法總監判罪，殺之。宋哲元、韓復榘、石友三，皆為馮玉祥之部將，十九年，閻、馮聯軍反蔣，正當戰事激烈之時，韓與石忽然倒戈，閻馮失敗，馮既恨韓在心；七七變起，蔣委員長領導全國抗戰，以馮玉祥為副委員長，馮欲聯絡舊部再造自己之勢力，宋與韓皆對之冷淡而無反應，詣石友三之軍部夜間遇刺，未中，不敢勾留，速回中央。又，二十一年，兩廣事變，據說韓曾暗中響應李宗仁，及事起之後，韓乃變掛，亦隨各方電勸李勿犯不韙！李亦銜恨在心；今韓蹈法網，馮與李力主處以極刑，不容寬恕。

山東自二十七年韓復榘十萬大軍南撤，其初日軍只佔據濟南省城及各重要海口、鐵路線各要地，鐵蹄尚未普及各縣，而各縣縣長聞風而逃，只有滋陽縣長周同、利津縣長薛毓華等數名尚未棄職而去，甚者如海陽縣長趙長江竟往青島投敵。敵方聲勢浩大，中央消息已隔絕，南北偽政府、偽軍，皆已行事，人民只得聽天由命，受敵寇之宰制。

只就膠東而言：自二十五年冬始，各縣實行鄉村建設制度，各區成立鄉農學校，推行全區政教。訓練鄉間自衛武力，為鄉村建設四大要項之一，故各區皆有自衛大隊。日寇侵來，官兵南撤，官吏逃走，人民則無處逃避，愛國保家之傳統觀念，尚餘存於民間，前次甲午戰爭，膠東「反日本鬼」之亂，尚有親歷其難之老人，訴說當年之痛史，而今倭寇又來，任其宰割，心所不干，因此，智勇之士遂保持地方自衛之武力，潛伏擴充，準備抗敵，此即民間游擊隊成立之初步。

北方偽軍，自東北淪陷後，早有根底，此時北京偽政府成立，舊軍閥齊燮元等，為偽軍首領，招引舊日之軍人，分頭至各處組織武力，為虎作倀。青島市為陸海空軍事基地，已有偽軍助敵為虐。敵人凶暴，而漢奸助惡，且有一套愛國理論，以自作解釋；民間游擊隊，與敵對抗，直等於以卵撞石耳。各地又有一類，在大眾中較為有知識之分子，尋線索與偽軍拉關係，以謀私利，其本意雖不與游擊隊為敵，而抗日者不得不懷戒心。當時傳說，烟台市之偽軍首長為張宗昌之舊屬方永昌，據說方永昌為人不惡，以為此乃好消息，有與方相識者，欲前往聯絡，意在勸其表面應付日本人，暗中愛護中國人；其實此乃幻想，若有愛國心，則不作偽軍，既作偽軍，縱有愛國心，亦難作愛國事；然方永昌畢竟未至烟台就職，蓋不肯被敵利用也。

各地游擊隊，只在暗中活動，各自作主，在敵勢籠罩之下，無上級指導，無後盾支持，環境恐怖，人心沉悶，二十七年春季，牟平鄉校教練王志善（河南人）聯絡自衛隊攻打牟平城，城內公安局大隊長苗占魁率警兵二百餘人作內應，逮捕偽縣長奪取大批武器，衝出城外，與王志善部合而為一，此為膠東抗戰開始第一次戰役。繼之又有牟平自衛隊，縣大隊長張建勳在山區擊落敵機一架，此兩事振動一方，民兵竟能打擊強敵，於是各縣游擊隊遂公然高舉義旗，齊聲抗敵。又七七變後，敵寇入魯，中等以上之學校皆停頓，平度縣立中學校長張金銘，化裝潛至徐州戰區司令部，游擊司令李明陽委以游擊隊第十六支隊長名義，此時返回膠東，組織隊伍，膠東始有與中央聯絡之線索。繼之中央派沈鴻烈（湖北天門人，前任渤海艦隊司令兼青島市長）為山東省主席，帶領少數隨員，進駐魯南，乃就當前情形，重劃全省行政專區，設立省府行轅四處，分駐東南西北，以統轄各行政區，推行抗戰政令，令各縣成立保安大隊，其實各縣原有自動組織之游擊隊，其人數已超過保安大隊之規定，例如海陽之地方部隊，已有五千人，海陽屬於第七行政區，此時區署在威海衛鄉間，此時敵寇尚未至海陽，士庶歡慶省府及行政區署，皆以恢復，今後有長官領導，乃自動成立「抗日前敵指揮部」，請纓至威海擊敵，二十七年十一月，與敵連次激戰於豹虎山、向陽山，敵方陸空砲火雖猛，但我軍抱「哀兵必勝」之勇氣，每次我作主動，薄暮出擊，乘其不意，速擊速退，多有斬獲，我則損失甚微，惟十一月二十九日拂曉，敵以大批援軍主動擊我，混戰於向陽山，至黃昏，雙方敗退，但敵之傷亡倍於我，並斃其軍官今村大佐，威海市內我之密探，報告敵退後之實況，市民亦傳此消息，敵方之偽報紙亦披露其追悼陣亡官兵種種消息，此為膠東抗戰初期最激烈之戰役，各縣游擊隊聞風振奮，勢力日增，皆敢擊敵，敵方不集合大批力量，不敢出動，游擊隊大有爭取主動之勢。

惜乎！世事多變，上級未能統一指導，後來派系分歧，各游擊隊首長，各自向上級尋人事關係作後台，於是有省府系、戰區系、別動隊系等，亦有士卒不滿千人，不計名義，而屢次擊敵取勝，自由行動，不知其屬於何系？各派系雖同一抗戰目標，而未能聯合一。加以黨務派系，如軍統、政統、復興社、學行社等等，亦入各部隊活動，不相和諧；例如二十八年，魯東行轅事變（在萊陽），萊陽縣長王海如與胡某，殺害行轅主任盧斌及秘書荀猛龍，並殺害地方區隊長劉東陽，此為黨派惡鬥，演成叛亂；海陽出兵討叛，王海如等乃甘作叛軍，長嘯而去；劉東陽為英勇青年，敵寇自青島出動，前隊數次至萊陽水溝頭，劉東陽連次迎擊，敵退敗，而竟捲入黨爭之中，無辜被害，甚可惜也！

膠東共黨亦同時在各地組織武力，其山西大本營於二十九年已派正式部隊如許世友等分組由魯西北進入，趁敵寇出動之時，擾亂抗戰部隊，例如三十年聊城專員范築先部隊被日寇消滅，共黨即在其中作祟，其口號則服從中央抗日。省主席沈鴻烈無基本軍隊力量，山東已成敵偽與共軍交加之區，省府所能直接指揮者，有吳文化等之保安旅（吳前為韓復榘之手旅長，忠勇善戰），然力量有限，不能支援全省，其他各系之部隊，每遇戰事，互不相顧。聊城戰役，沈主席電中央蔣委員長：「日寇肆虐，國軍南退，六區范專員築先，獨留河北，外禦強敵，內緝匪盜，剿撫兼施，屏障一方，厥功甚偉。其子少廷，八一三圍攻濟南時，晏城一役殉職；此次敵人大舉侵聊，該專員指揮若定，早抱不成功便成仁之決心，激戰三日，成績卓著，殊堪嘉尚，卒以寡不敵眾，城陷殞命，鄭縣長、林局長相繼殉職，滿門忠烈，為國捐軀，懇祈鈞座加以撫卹，以彰忠烈而慰幽靈，臨電涕泣，不知所云」。敵方勢力強，抗戰部隊不統一，共軍已顯然為患，情形日益惡化，沈屢次遇險，幾乎自殺，不得已遂潛回重慶。魯蘇戰區總司令于學忠（蓬萊人），駐魯南，兵數不滿萬人，負兩省重大任務，沈去後，于遣牟平珩為魯主席，戰火遍地，物資缺乏，加以三十一、二年魯南大旱，軍隊以樹葉與粟米合餐充饑，人人皆面帶菜色，抗戰之艱苦可知。

共軍盛起

中央既容許共黨參加抗戰行列，共黨遂派其幹員至膠東領導起事，其黨員昔日在各地以國民黨名義，暗中活動者，至此亦揭開面目，歸其集團，初在牟平崑崳山一代，招兵聚眾，搜取民間槍枝，成立部隊，與各縣抗日游擊隊，同時並興。眾人皆以為國共合作，一致對外確為事實，而且共黨在各縣與游擊隊相會時，必呼三大口號「一、我們只有一個敵人——日本！二、我們只有一個政府——中央政府！三、我們只有一個領袖——蔣委員長！」眾人皆以為而今國難當頭，其口號必非假意；但其實際行動，則確遵毛澤東之指示，專於乘機發展力量，擴展地盤，惟毛所定「百分之十對日作戰」，共黨在膠東並未遵行，其對付敵人，只是逃避危險，避免衝突。游擊隊約會聯合擊敵，共黨亦派員參加開會，及分配任務，彼此謙稱：目前無力參戰。若敵寇大舉挑戰，游擊隊臨時化整為零，彼則乘機奪取游擊隊之槍枝及物資；游擊隊若向其質詢，彼則堅不承認，又被其三大口號所阻擋，不便與之衝突。共軍集團，吸引青年男女參加，組織宣傳隊、歌舞隊、戲劇隊等等，在民間活動，用種種方法與民眾接近，故其初至之處，民眾無惡感。有抗戰之名義。而無作戰之險事。故其團體易於擴充。

共黨在膠東，初以八路軍名義組織軍隊，故人民稱其團體分子曰「八路」，及至二十八年其膠東軍隊漸壯大，其番號曰「聯三軍」，乃開始製造事端，假藉理由，公然攻打游擊隊，首先消滅力量較弱之部隊，對於一時尚不能消滅之者，則用挑撥離間種種方法，使之互相疑忌，而後則滲入一方面，假意交好，再藉故攻擊另一方面，使之不相援助。例如膠東起初著名之游擊隊，有丁綍庭、苗占魁、安廷賡、秦毓堂、王興仁、趙保原等部，共軍喊口號「打倒秦王趙，扶起丁安苗」，假意與丁安苗交好，使之不得援助秦王趙，秦王趙失敗後，再圖丁安苗。姜黎川之部隊較為強大，屢敗敵寇，共軍忌之，特別與之交好，有時姜與敵戰，遺失馬匹軍器等物，共軍得之，如數送交姜部，故當時有人疑惑共軍為何不侵犯姜部？及其勢力壯大，時機成熟，始開始攻擊姜部，姜部始知其以前之交好是詐欺手段，偽軍之旗幟有「和平反共救中國」之字樣，秦毓堂被共軍擊敗後，即率殘部與偽軍合作。及至三十二年，膠東抗戰部隊，只有姜離川與趙保原兩部，日間敵寇出動，應戰竟日，共軍則乘機夜間來攻，在雙重敵人打擊之下，其艱苦可知，苦撐至三十四年，日寇投降後，中央軍陳金城司令來魯，駐濰縣，指揮剿共，姜趙及張天佑之部隊，始被共軍消滅。共軍在膠東攻打抗戰部隊，善用人海戰術。在所佔據之區內，將群眾分類組成隊伍，如老人隊、婦女隊、兒童團等等，壯丁隊負衝鋒任務，拆下民家之門板，或收集桌子等物，上面鋪以棉被能多量吸水之物，槍彈不易射入，四人撐此防禦工具，掩護一人持槍衝鋒前進，又將所攻部隊士兵之親屬戚友，挾於陣前，偪之呼名喊話，勸其回家，兒童團婦女隊等，則在外圍唱歌及服一切勞役，包圍之部隊如有千人，則人海必在萬人以上，被擊之軍隊，在人海圍困之中，無法還擊，故共軍戰必勝，攻必克。

膠東自三十二年，牟平、福山、文登、榮城、海陽、棲霞、招遠、蓬萊、黃縣，盡為共軍所據，在各縣實行其主義與政策，既首先利用各地莠民擾亂地方，使人民恐怖，再則誘導人民互相尋仇，助之「清算」、拷打、暗殺，使受其唆使者負罪在身，如俗語所說「死逼梁山」，不得不加入其夥，繼之發動人民自相鬥爭，凡士族世家，以及其所定之罪名「資產階級」（自小康家庭以上之戶）、「惡霸」（在群眾中有聲望、有影響力者）、「反革命者」（不與其同流之智識分子）等等，皆為被鬥爭之對象，初步唆使農工毀其家分其產，再則製造罪狀，肆行流血鬥爭，用種種慘刑：灌涼水、灌草灰、灌便溺、火焚、活埋、亂棍打死、開膛剖心等等，令人意想不到之毒刑致人於死，在地方較有地位者，如舊日之鄉區長，或公教人員，其在共黨初至之時，不被利用者，皆不能免。海陽在十八年黨務公開時，國共之黨員不分，組織「農民協會」，發動「民眾運動」，在城東鄉即曾發生流血鬥爭；及三十一年後，血案普及各處，例如海陽留格區老區長高述堂，被鍘刀斷頭，牟平留疃鎮舊鎮長李懋卿被活埋等等，此類慘案，不勝其數。

人民恐懼，小康之家，或自動勸子弟「參軍」，為共軍服兵役，以為可免鬥爭，其實分等按次鬥爭，最後俱不能免。雖係平庸農戶，若不積極服從，則拆散其家庭，使其父子夫婦各居一方不得同居一村。鰥寡孤獨，皆逼其有配偶，使年輕少婦與六十歲以上之老翁同居，五六十歲之老婦與二三十歲之壯丁同居；抗戰人員之家屬受迫害，更為必然之事，其政策之各種辦法，因地而異，各處不盡同，以上所述乃海陽、牟平一帶之實況。

海陽部隊之始末

膠東自二十六年，縣轄各區實行鄉農學校制度，推行政教。七七變後，敵寇進入山東，大軍南撤，縣官逃走，縣政失主。爾時我在七霞第四區（任柳鎮）任鄉校長，乃招集鄉長會議，由各鄉維持地方秩序，將一切交代清楚，亦謝職歸里。因為縣政失主，鄉校長（區長）以無法推展區政。

海陽全縣共分六區，我家世居郭城鎮魯家夼（ㄎㄨㄤˇ聲）村。四五兩區相鄰，岡陵起伏，平原地少，山路崎嶇，車輛絕迹；大戰不易進入此地。寇氛日熾，大難當前，余家居苦悶，乃尋本區當事人，及退武軍人，勸其加強地方自衛力量，維持社會秩序，以防莠徒乘隙作亂。此時漢奸已開始自都市向鄉間活動，共黨已在牟平崑崳山，聚集群眾。姜仞九，五區秋口村人，曾於十七年與王華亭在徐家店組織隊伍，響應北伐軍，後在陳調元軍中任團長，此時已還鄉，在發城鎮開設公濟商號營業，余以其曾任軍職，明軍事，乃往見之，談及時局，彼謂「全省軍政官員，俱已逃走，將土地人民讓與敵人，吾儕平民，只得聽天由命」！余曰「若敵寇尚未來，社會已亂，君之商號亦不能保，不若整理地方武力，姑且維持治安，為目前之急務，君明軍事，四五兩區，崇山峻嶺，地方險要，若充實武力，聯合一致，可以防奸細動亂，敵人盤據都市，亦難輕易來犯，在此無可奈何之秋，任何人皆無善策，但不能坐以待斃，雖然風聲鶴唳，朝不保夕，只得稱持一時算一時，掙扎一日算一日」，仞九以余言為然，乃推出舊區長為主事人，我二人聯合兩區，從中籌劃，幫辦一切，恢復各村保甲制度，以防奸細，此時都市機關及中等以上之學校，俱已停頓，凡還鄉之青年學生，公教人員，俱聯結一體，分擔各種事務，以待大難來臨。五區區長王儀亭，夙為地方所擁護，仞九負責訓練隊伍。四區老區長于卓卿於最近逝世，區內公務，各由適當之人擔任，部隊由舊區隊長于國瑛負責。世俗之情，大抵參與某事，希應重要分明，作重要角色，往往因而發生分岐；故余不居任何名義，只作聯合兩區團結之中間人。兩區合作融洽，部隊日益充實。

北京、南京偽政府以次成立，中央消息隔絕，漢奸說客，已到各處拉攏地方勢力，講其愛國理論，大意謂「官軍已南遁，北方已亡於日本，吾人不願作亡國奴，但無力對抗，只有姑且假意順服，作消極之抵抗，使其不知不覺墜於我之術中。公然抗日者，必歸失敗。諺云「好漢不吃眼前虧」，我們的辦法，是「教武裝同志少流血，教民眾少犧牲」；由我們的作法，抗日始能勝利」。此類說客曾到發城對仞九講其理論，仞九婉言應付，送其出境。後來專員公署頒令海陽成立保安大隊，全縣統一，有漢奸說客張荐卿等六人到三區夏村鎮拉攏區隊，被區長王濟占捕送縣城保安大隊，日寇自青島派專差送信至大隊部要脅釋放張等，我方不理，解送專署法辦；敵寇乃派飛機轟炸縣城。

十七年黨務公開時，藉國民黨之職，辦共產黨之事，有倪魯平等，歷年在各處製造事件，二十三年在青島作案被捕，七七變後，被釋放，回牟平，到崑崳山，為其集團之重要分子，一日到郭城來見我，我知其來歷，我不談時事，彼則大發其理論，並誇蘇俄今日富強之勢，我不與之辯，以免發生無謂之惡感；他說「假如現在有十萬人無飯吃，你認為蔣某有辦法？是梁某有辦法？是毛某有辦法？」我說「都無辦法，因為依理而言，他們家中不可能屯積十萬人的食糧」！我不涉入他講話的圈子。最後，他說「你們這一區之地，成立部隊，聽說是抗日，我願和你談談」！我說「豈能談到抗日，只是目前維持地方秩序而已」！他見我對他不感興趣，時已正午，留他午餐之後，他乃離去。

以上略舉兩例，可知偽軍與共黨，皆有上級指導，在各處積極活動，而抗戰方面，雖知有中央為主，而天南地北，音訊杳然。旋聞本縣第一區東村鎮區隊之槍械，被共軍奪去。各地漸有動亂之象，第六區公所及區隊駐行村鎮，西南大路通青島，敵寇可能隨時來犯，該區槍械在本區為最多，其當事人李見吾在十數年前曾任本縣民團大隊長，與萊陽蓋子政相識，蓋此時任青島偽政府參議，謠傳有人建議與蓋聯繫，以策地方之安全。寇燄熾盛，人心失主，到處有恐怖之流。二十七年春，忽聞牟平區隊長王志善，攻打牟平城戰勝敵人，於是人心為之一振；不久主席沈鴻烈至魯南，宣布抗戰政策。海陽屬第七行政區，當敵寇初進威海時，市公安局長鄭維屏（河北人），率隊退於鄉間，此亦難得者也，因此，省府委鄭為第七區行政專員。國家民族思想，自在人心，並非憑宣傳而有，此時各縣抗戰人員踴躍而起，各縣奉令成立保安大隊，一般人之心理，凡參加某事，皆欲居重要職位，海陽四五兩區之部隊，在本縣為最強者，姜仞九為五區隊長，于國瑛為四區隊長，六區李見吾，當年主持海陽民團，在地方頗有聲勢，該區與敵據點（萊陽穴房莊）相近，大有威脅，當空氣沉悶之時，該區曾有流言，欲向偽方尋線索，以謀安全。該區又有新起之人物與李爭權，李若失勢，該區易起變化，於全縣之大局有關。四五兩區部隊雖強，我主張推舉李為縣保安大隊長，以維持局面。李本有夙望，兼以四五區兩區隊長在區長會議中提議，李被推為縣大隊長，李欣然就職，全縣區隊團結一致。

此時敵寇尚未到海陽，威海衛早被敵方陸海空軍佔據，時時向外侵展，專員公署在威海鄉間，鄭專員以海陽部隊較為健強，兩度電李大隊長派遣隊伍到威海助防，李以其第六區，西臨敵人之據點，亦須設防，調遣他區之隊伍亦感困難；乃以本縣沿海之區延袤二百餘里，部隊不敷支配為辭，難以應命。我則認為專員領導，威海及各縣抗戰，若能集中力量，敵人蠢動，則合力攻之，必克奏效；若專員之令不能通行，各縣自保其境，不相聯絡，敵人不來則已，來則我力孤單，亦難抗禦。應當遵令派隊前往助防，各縣服從上級，上級可以統一各縣之力量。本縣可於各區隊中抽調若干人數，合組集團，到前線可以鍛鍊作戰經驗，可以考驗我全縣抗戰之意志。仞九贊成我之意見，乃於縣大隊會議中提出此案，通過抽調各區隊之精銳武裝共三千人，組成「海陽縣抗日前敵大隊」，此要真到戰場與敵相拼，率隊者之名義曰「前敵指揮」，此一職務，無人希求，李大隊長謂「仞九曾任正規軍團長，當推仞九為指揮」！各區皆無異議。我本來未任何等名義，但此事之促成，皆知為四五兩區之主動，我為四區人，於是共推我輔仞九，主辦指揮部之事，名曰秘書，此缺亦無人希求，我不能推辭。

二十七年十一月初，整隊出發，路經牟平、文登，沿途父老歡迎，皆以海陽民兵，能出征威海抗戰，為各縣所之事。隊伍直達威海第四區，駐小黃村一帶，與專員公署相距五里，遂即展開軍事行動，巡察各處之地勢，此地群山羅列，松林茂密，十里外有通往威海市之大路，敵車時出揚威。仞九編小組突擊隊，開始襲敵，某夜於威海市區架出敵寇哨兵兩名，尤其供辭，得知敵之最近活動情形，次日敵兩輛兵車出巡，我突擊隊於林中衝出，以手榴彈轟毀其車，斃敵十餘名。十一月二十六日，我軍誘敵至豹虎山，周旋挑戰竟日，據山下村民言，敵強迫村人自山谷運出其死卒二十餘，我方亡二人，傷三人。敵自青島運來大批援兵，二十八日夜半，六路出動，向我防地進攻，仞九率隊應戰，天曉時，敵我混戰於向陽山，雙方肉搏，短兵相接，敵之飛機大砲已無用，血戰至中午，不幸仞九陣亡，我亦身受重傷，右腿骨折。戰至薄暮，我軍衝向山下集合，敵亦向市區退敗。此役我陣亡八十三人，受傷者七十六人。據我之密探，及偽報所載，敵之傷亡加倍於我，其中有高麗人，其今村大佐亦陣亡。此為膠東抗戰最初之激烈戰役。專員備棺裝殮陣亡者，送歸海陽，此時社會尚未紊亂，目睹八十三具柩車，列成一行，人情激動，沿途村民焚香迎祭，充滿悲哀情緒。及後來，抗戰進入高潮，加以共黨變亂，殺人盈野，就地掩埋，野犬裂屍，到處危險，人命如草芥，後死者豈能如初期陣亡者，有親友弔祭如禮安葬。

海陽軍隊此一戰役，雖受重創，而敵寇受創尤重，自此抗戰游擊隊，聲勢大振。海陽部隊返回地方，各區為傷亡者辦理善後，輿論紛紜，有怨言謂「敵寇之兇猛，飛機大砲之強烈，官兵且不敢當，以民兵土槍，出擊強敵，豈非不自量力，甘願送死？死亡之人，家有父母妻子，如何補救」？仞九已死，我受重傷，怨言入耳，安然受之。鄭專員以海陽部隊之勇，雖敗猶勝，乃整編，名曰「第七行政區保安第一旅」，鄭專員兼旅長，團長及一切官佐，由各區負責人選任，省保安司令部電委我為本旅政治部主任，我以腿傷力辭未准，二十八年三月，扶杖勉強出而從事。三民主義青年團山東支團部委我為海陽分團部主任，余以懲於海陽以前黨員之雜亂，行為之荒妄，不敢擔任此職，但上級用意在簡化機關，人事單純，集中力量，由政治部兼辦團務，故余兩辭未准，只得勉為其難。

海陽部隊之聲譽，雖顯於一時，而戰事日趨緊張，敵寇出動頻繁，動輒數萬，席捲掃蕩，共軍又趁火打劫，大局漸亂，各地抗戰部隊分派系，不相團結，一切進入艱苦階段，專員公署之命令已行不通，海陽部隊發生分裂，自六區開始，新起人物紀受之（暨南大學畢業），與李見吾爭權，該區部隊為第二團，紀曲得團長名義，引姜黎川部隊入境，李因紀故反對姜。有秦毓堂者，本為韓復榘之部屬，二十七年春帶領士卒千人，自魯西來牟平，自稱司令；第四區于國瑛（保安旅參謀），與秦有舊交，欲迎秦之部隊至海陽；海陽部隊保安旅之名義，已無形消滅，我乃向省保安司令部報告實況，主席沈鴻烈兼青島市長，委我為青島市政府辦事處秘書，我乃至萊陽就此職。

三十年春，共軍攻入四五兩區，海陽部隊分散。第六區部隊，李、紀二人相爭，皆不能統御，舊區長車某以為被共黨統治，尚不如被偽軍統治，該區部隊遂繳械於偽軍，該區既受敵偽管轄，共軍不敢犯，紀受之乃失勢流浪。惟二區高星遠與四區張希英率士卒，投歸趙保原，編為兩營，趙之番號為陸軍二十一師，駐萊陽，與敵軍共軍晝夜輪戰，苦撐至三十六年，中央派陳金城司令指揮，終被共軍消滅，陳率所轄部隊投共，趙則壯烈殉職。

結語

中國古昔民族有華夷之別；華夏民族開化最早，道德倫理，社會文明，稱野蠻民族曰夷狄。野蠻而化歸文明，則可和睦相處，融協無間，禮俗相交，因緣互結，泯滅起初對立之分介，故先哲有天下一家、世界大同之思想。華夷之別，只是文野之分，化野蠻為文明，由近而遠，漸次相融，形成中華民族，領域之大，人口之多，文化統一，迄於近代，已無血統地區之別。文明者，天下為公，主持正義；野蠻者，徒恃武力，橫行侵略；文明與野蠻，永為對敵，國家民族團結，方能抗禦侵略，保障民生。國家民族思想，由共同生活、自然傳統而來，非關國民知識程度之高低；相反者，危害國家，破壞民族思想，乃高等知識分子所領導，碌碌人群，傾向權勢，盲從而已。

「倭子上岸」一語，自明朝流行於民間，形容倭寇沿海登岸，殺掠之兇猛。自甲午戰爭以來，倭寇之侵略，日加嚴重，民國以來，見中國內訌不息，竟欲吞滅中國，奪去東三省，佔據華北，遂即進攻華南，抗戰救亡，當為國人之共同心志，故北方官兵南退，而志士在民間發動抗戰游擊隊，風起雲湧，群眾響應，然而南北高級人物，認賊作父，組織偽政府，破壞抗戰，誘惑人民投降，於是社會大眾之國家民族思想，為之消散，碌碌人群，隨風轉向，屈服於威脅，此烏足怪！可怪者，高級知識人物，身居高位，而竟為私人之企圖，出賣國家民族，甘作敵人之奴隸，此何心哉？倘非敵人自尋敗亡，侵及美國，則中國已不國矣！

回思七七變起，余正當壯年，與姜仞九發動抗敵游擊隊，只憑義憤，不計利害，赴威海攻打敵寇，壯一方抗戰之聲勢，仞九殉難，我受重傷，皆無所憾。不幸內亂多端，狂風暴雨，雜沓而來，我掙扎殘軀，周旋於抗戰陣地，烽火連天，備歷艱辛，八年歲月，苦受煎熬。及抗戰結束，戰禍尤熾，我家破人亡，無處容身，飄泊海外，忽忽已至暮年，而今回首前塵，一切皆空，歷歷惡夢，如在目前，我之人生，實不如草木之無知無憂也！

九、戰塵之中 艱苦生涯

七七事變後，青島遂即淪陷，市政府解散，市長沈鴻烈於二十八年任山東主席，仍兼青島市長，二十九年秋，成立青島市政府辦事處，丁某任處長，不久，姜可訓繼任，我任秘書。因青島市敵寇駐有陸海空重兵，膠東半島、蓬萊、福山等十縣，已盡為共軍所據，惟趙保原部隊在萊陽，尚能保全縣境，故青島辦事處設於萊陽南區之濯村，南路百餘里，直達青島鄉區，於是與青島地方人士朱乃洪等，共同進行抗戰事宜，招集市外鄉區青年壯丁六百餘人，成立保安大隊，沈市長派前海軍上尉孫廷鏞（榮城人）為大隊長，董壽章、于永芳、高芳先等任中隊長。分組到市內各處游擊，奪獲敵人之武器，因而一年之間，大隊擴充至一千餘人。

青島在膠縣東南境，為一巨大海港，風景之美，氣候之佳，有東方瑞士之稱，被敵寇佔為陸海空軍基地。鄉區勞山，奇峯嵯峨，林泉優美，自古傳說：有九宮八觀七十二座名庵，此處為道教聖地，惟山之東麓有華嚴寺，為僧人之居，山前坡下，有海印寺，乃明朝佛教四大師之一憨山法師所修建。勞山名勝頗多，為遊覽佳境，敵人盤據於此，連同鄰縣即墨各區，密設據點，防禦頗嚴，共軍未敢踏進一步。

市區以北，勞山之東，勞山之西，共劃八區，各鄉區公所及學校，雖被敵偽統治，不得不懸掛偽招牌，而民心有國家觀念，擁護抗戰，故我方人員，得以散布各處，乘機襲敵，炸毀敵兵之巡邏車，炸毀其碉堡，奪取其崗兵之槍枝，到市內張貼抗戰之佈告，撒放傳單，曾於風雨之夜潛入市內東鎮，包圍敵兵據點奪取槍械，曾到海濱逼偽鹽警繳械，並驅迫其官佐兵夫二十餘名到濯村受訓五日，釋放；曾將偽市長趙祺之親人及偽商會長藍荊山綁架至山區，曉以大義，勸其回市內協助抗戰工作。敵寇設華北第二大監獄於鄉區李村，專於囚禁抗戰人員，吾友談明華、王文坦等，在市內任偵察敵情工作，被漢奸所陷，亦被捕在內，敵兵監守雖嚴，但終被我方運用計謀，夜間突擊，打破監牢，救出談、王等三十餘人。種種工作方術，變幻多端，敵人不能防。

北方偽軍，多係北方人，調查其大小頭目之家鄉住所，暗中送信，予以警告，若助敵為虐，將禍及親族，故偽軍不敢肆無忌憚。市內警察皆係舊日之原班，多為當地人，與我方多相識，故我方潛入市內，一切活動，彼不敢故意干涉。偽軍及警察，稱我保安大隊曰勞山軍。敵人每次受我打擊，輒出動大軍反攻，然山嶺峻險，車不能上，馬不能登，我軍散藏於高峯深澗叢林之內，「只在此山中，雲深不知處」，敵人亦無可如何。當時我想，以此為例，敵人「以華制華，以戰養戰」之毒計，必歸失敗。我方正式軍隊，別有計畫，知難而退；但地方人民則不然，敵寇打到頭上來，無處逃避，只要有人作領導，便不怕艱難，與敵周旋，敵人之礮火，勝不過吾人堅毅不撓之精神。

三十年十二月，日軍偷襲美國珍珠港，美軍損失甚巨，於是太平洋戰事爆發，世界大戰以起，日寇在華北更加狂暴。趙保原在萊陽，受日寇與共軍雙重勁敵之夾攻，晝夜不寧。三十一年四月，共軍用人海戰術攻濯村，時有省保安旅隋永謂一團兵駐此，青島保安隊只有一中隊百餘人，在此供辦事處之差遣，夜半共軍攻進圍子內，我與衛兵突圍衝鋒而出，姜可訓及其他人員，潛伏於民戶。此時萊陽城內及穴房莊等處，雖皆為敵寇所據，然偽軍不敢輕易進入趙部防區；共軍雖未停留於濯村，然自此散布其便衣在五里以外之村莊活動，隨時可能襲擊濯村。

以前與威海敵寇在向陽山之戰，我右腿受重傷，未能復原，遇到戰況，行動不便，於是三十一年夏，我乃卸職，赴勞山華嚴寺，意欲在此休息，寺在山麓高峯之下，佛殿群廊，有藏經閣，內存乾隆時所刻大藏經，全部完整，澗泉清流，積水成池，池內金魚浮泳，大者長可六七寸，蒼松翠竹，綠蔭茂密，花木應時而開，經年芬芳，風景之美，富有詩意。然而大亂之世，深山禪林，亦非淨土，僧人苦於應付，我深受刺激，乃離此而赴即墨三區栲栳島。即墨全縣已被敵人統治，我方即墨中學，在栲栳島祕密開辦，友人毛儀亭任校長，我受聘為國文教員，此處尚有小學一處，被偽政府管轄，敵人來此巡邏，小學無須驚恐；而我方中學，每聞敵偽向此而來，不得不疏散逃避。三十二年九月敵人來此，殺害村民數人，綁去中學教員一人，學校已不能在此存立。友人李柏寒利津人，清華大學畢業，為人正直慨爽，在省保安第一旅任職，該旅被共軍擊潰，柏寒奔往濟南，其叔父李玉璞，任濟南偽市長，柏寒化裝為商人，往來於濟南、青島，仍不灰抗戰之志。此時敵偽據守北阜陽，惟有地方部隊：如趙保原、張天佐、張鏡月、王金祥等，在雙重敵人攻擊之中，艱苦奮鬥。我掙扎殘軀，無處容身。十一月中旬，柏寒來栲栳，謂余曰「國立二十二中學，設在阜陽，友人張敏之任教務主任，省府收容南下流亡學生，籌辦山東臨時中學，以敏之為校長，正以缺教員為憂，何不前往」？柏寒啟發我之動機，又助我以路費，於是我乃準備南下，交通路線盡在敵偽掌管之中，南下必須由膠濟路轉津浦路，乘車之人，每因受檢查被懷疑而遭殺害，我將詩稿日記寄藏於公平山下北里村友人家中，片紙集字未敢攜帶；十二月二十一日啟程，乘車坐船，十餘日抵阜陽，定居後，追述途中經歷，作南遊途中略記，附錄於後。

南遊途中略記

自七七事變後，余參加抗戰，六七年來，奔波於烽烟礮火之間，然未遠離魯東原籍也。三十二年，因病，脫離部隊，於即墨中學授課，及秋，敵寇大舉擾即墨，共軍亦乘機侵偪，境遇惡化，中學解散，而余孑然一身，自三年前體已殘矣，家已毀矣，淪落窮途，而無所依歸矣。素性剛直，發誓不寓淪陷之區，年來魯省府遷駐阜陽，故阜陽為魯人流浪聚會之所，於是余亦舉意欲往矣。

近來阜陽設立山東臨時中學，即墨中學既停頓，諸生紛紛前往轉學，多有要余攜之偕行者，余曰：「交通路線為敵所據，於惡寇爪牙之下經過，豈余所能為力者？且年前有南去之學生，數人相伴，被敵查悉扣留，可不以為戒乎？同行至多不宜過三人，須膽大心細，處處謹慎也」！諸生從吾言，各自整裝籌備起程。余與藍生相偕，於十二月二十一日，自拷栳島啟程，擬於金口-敵區，乘汽車以至膠濟路，藍生年未弱冠，少不更事，一切俱須余為之料理，渺然此生，周旋於敵焰之中，行動言語無時不惴惴也。

年來敵以汽油缺乏，汽車不能按日通行，且車數少，乘客多，購票不易，登車不易，坐車又不易，余與藍生於金口候車兩日，亟費周折，始買得票攀上車，此車係載貨、載煤炭之車，半截車箱，旁無遮攔，敵偽為多賣票多賺錢起見，橫打橫罵，迫諸客向車中儘量擁擠，人數既多，皆互相擁抱，直立於車上，身不能轉，手不能動，靠車箱之外邊者，或頭斜於外，或臂傾於外，眾人立體之面積，已大於車箱容量之面積，車一開行，顛簸周轉，惟聽車中嘆者、喊者、哭者，此曰擠傷余腿矣，彼曰余將墜於車下矣，車前寬敞處有押車之倭兵七八名，諸客擁軋，痛呼聲急，或偶然傾身稍一近之，則橫施打罵。行至某村之寨門內，車一斜轉，一乘客之頭部擠於牆，竟將耳殼磨去，血流沾衣，倭兵則拍掌而大笑。數日前余曾聞有客自車上墜仆於地而斃者，耳殼磨掉，不為罕事。余以殘軀，所受揉壓之苦，尤痛不可耐，車聲嗚嗚，只覺步步危險，如乘虎背而履薄冰也。噫！敵勢之下，處處皆伏殺機，彼夫以車載牛馬者，尚容其自由臥立，不相侵礙，樊以繩檻，防其傾墜，敵寇對中國人，牛馬不如也。

汽車行至即墨之周砭，此村亦係敵據點，村外立一偽兵，對押車之倭兵致敬，行撫槍禮，突然「走火」，一彈飛鳴，倭兵怒，齊罵痛打，褫奪其槍，並逮之登車，意在解到上級懲辦，偽軍官懇懇為之求恕，無效，面色倉皇對偽兵曰：「走火不過一小過耳，帶往上級講理便又何懼」？諒爾此言倭兵未甚懂也，若其懂也，則爾亦不敢出此言矣，認賊作父，而與賊父理論，甚矣其愚也。

汽車行至即墨城，停站一時，客有下車者，車中遂稍微寬適，復開行，經過城南之村，車行稍緩，見有七八偽軍騎馬自車旁迎頭而來，中有一著官佐服裝者，分明是數年前余任保安旅政治部主任時，被充團部副官之馬某，此時余舉木瞥見之，彼亦注目於我，余急轉而他顧，剎那間各自南北，相去遠矣。行不數里，復至一處敵人據點，紅瓦碉堡，白堊圍牆，車復停，此時夕陽西沉，冷風襲人，待時既久，乘客亦不敢問其端倪，既而有大門走出三四倭子，有著軍服者，有著花呢大氅者，偕一年傍二十之中國時髦女子，姿態苗條，頗有妍容，一童子相貌亦殊不陋，呼女為姊，一年約六十歲之男子，身體肥胖，紅黑大面，面目可憎，聞其言語，之為女之父，並帶有許多行李及麥麵數袋，一齊擁擠上車，乘客知其為附依倭子威勢者，皆斂容讓避，表示卑怯，車中纔以次坐定，復有一倭子似偽軍官者，自大門出，手持點食一包，送於女懷，老男子在旁謂女曰：「謝謝隊長」！女遂輕啟朱唇浪聲依其父言而道謝，開車而行復彼此搖手示別，路上女與同行之倭子，漫轉秋波，笑語殷殷，互相鬥趣，然其以手錶答，言語不甚相通之意，已顯然可見。老男子在旁，則作莊重態度，時時向女吐述愛護之語，此不言而喻，知其以女為奇貨而獻媚於倭子以漁利者，或其以倭子將永跋扈於中國，而於女嫁依之為終身之福亦未可知。噫！敗類之自尋玷污，尚堪言哉。

抵城陽，下汽車，至火車站近處一小旅館暫住，據店童云：購西行之車票，尚須一小時，余遂與藍生盥面飲茶，並買燒餅以充飢，適一少年軍人自門外入，身著黃色服裝，帽證為青天白日，惟其外緣附襯一縷紅邊，進門問余自何處來，且問往即墨行路，有險阻否？余答之，聞其語音知其為即墨人，既而彼自述籍貫，並言其在偽之第三方面軍任排長，現請假回家省親，又信口流露詬詈日本之語，稱道中國抗戰之勝事，此旅館之後院，寓有倭子之女眷，前門大街又時有敵偽來往，余聞其言心中惶然，而彼則侃侃而談無所顧忌也。余遂急託故辭別之，與藍生攜行李同赴車站。

時已黃昏，車站售票矣，聞此趟車不能直達濟南，須至高密下車稍待，始能接換自青島往濟南之快車，余與藍生不欲在此久候，只得購票上車，抵高密，既而登快車，人數亦頗擁擠，記得往年此三等車每行座不過四人，每一車箱不過百人，而此則敵人為漁利起見，人數加倍，最先登車者，可佔得座位，其次則墊行李坐於車之地板，再其次則負行李而直立車中，余與藍生立足處亦甚窒窄，幸而每經一站，必有下車者，空隙稍寬，始得放下行裝，略一憩息。車內汽管熱度較高，乘客又多，空氣燥悶，余衣雖薄，汗已遍體，客有同情者，微開車窗，窗外冷風含雪花習習而入，甚覺涼爽，然倭警見之則必干涉，以防車內燈光外洩也。一車男女夾雜，人聲紛紜，秩序異常紊亂，有一三十餘歲男子，面色蒼白，眼角發赤，顯有目疾，與其對坐之客，喃喃而談，意頗自得，聞其言語知其將赴北平，又似與偽方有識者，與一叟同櫈而坐，櫈短，不便再容人矣。俄而一年二十餘之女子，姿色中等，彩花銀釵，粧飾甚妖，自人群中擁於此男子之身旁，含笑客氣，要求捱坐，顯然係不相識者，男子遂誠懇側身向叟推撞而讓女坐於身右，三人共一短櫈，首肩互併，如相擁抱，倘非女子如斯，吾知此男子必不肯甘受此屈也。車內溫度雖高，然究係寒冬，故皆可忍耐，此女子之意態頗浪漫，鬆開外衣，懷內現雪白之襯衫，乳峯墳起，儼如裸胸，右臂支首拊櫈欄而打盹，此男子則時以兩手自擊拍節朗聲唱京劇，伊啞笨腔，搖首眨眼自覺有味，時而亦合眸假寐，右臂伸入女身後之外衣內，以手貼拊女肋之襯衣上，有時趁車顛動之力，則手即隨之上下，而微撫於乳邊，女子雖覺亦不顧也，不知者見之，以為是其夫婦二人睡中迷離，忘卻在廣眾之間矣。車內行行色色傷風敗俗之態不一而足，敵偽睹之以為開心鬥趣之資，亦不理也。余與藍生既未得坐，一夜未睏，黎明，一客忽捲窗帘，自玻璃向外一望，見車外大雪鋪地，已抵濟南矣。

下車直投數月前友人口頭所介紹之客棧，並友人已先至濟南約余至該棧訪其住所，余進棧房，即說明關係，其棧主態度冷淡，似不樂容留者，只反覆云：「房間客滿」，及詢友人之寓所，伊云：未來。余知其意，以有熟人作介，不便勒索房價茶資，故寧邀他客而不願留余也。余曰：「本棧既不能寓余，但余以某友介紹之關係，對汝絕對信依，請告我以相當之旅館而往寓之」。於是余與藍生遷寓於其所指點之旅舍焉。遷寓之店名朱家店。

須待午後，始有往徐州之火車，余至街上遊眺，回想事變前每來此，遊大明湖，觀趵突泉，任所欲往，而茲則大好風景，淪於虎狼之圍，兇險氣象，山河失色，只得側身歛足，刻刻戒懼，豈遑暢遊興哉。游目街衢，惟見滿牆亡國標語，與倭旗飄揚，所有大廈高門，非敵人之機關，即敵人之學校，敵偽男女學童，衣服整齊，頭戴紅帽，成行結隊，呼口號唱短歌，往來於馬路。汽車嗚嗚，或載寇兵，或載貨糧，馳騁不絕。倭婦倭女三三五五，綵衣粉面，如優伶，如娼妓，或摯倭兒，或負倭雛，著木屐，蹀躞於街巷，俱眉飛色舞，笑談得意。噫！群醜攜家而來，雌雄團圓，霸我都市，吸我脂膏，以育卵，以媾孕，以生崽，以繁殖其種類，真令人睹之切齒也。

徘徊之間，適遇即墨中學學生鄭生，亦將赴阜陽上學者，遂邀之入我寓所，談述一切，鄭生面色敗興，且云：「在此候車已二日矣，購票難，上車尤難，每日乘客麇集如市，於剪票登車之時，不競爭則落伍誤車，競爭則偽警橫施打罵，恆有受傷者，似此情形，令人意氣消喪，只宜回家矣」。余慰之曰：「汝睹此，當知亡國之痛矣，如真亡國其痛苦必更甚於此矣，青年負救國之責，詎可因小顛沛而灰大志耶？且爾若回家，又仍不免經上車之難關，回家後，空費資斧，倘有問者曰：爾何故去而復返？爾將何辭以對？吾為爾計，仍抱定意志南去為是，乘車時，目敏足捷勤避敵偽之惡馁可也，即偶爾遭其笞辱，直以牛觸馬踢視之，何必固引為恥」？鄭生韙余言，遂計畫偕行，並遷就與我同寓，寓內頗狹隘，余三人住於小樓上正中之房間，一舖大床與東一房間相通連，毫無隔閡，床之東首有少年著軍服者三人，及摩登女子一人，共守一堆棉花，齊動手以麻袋收裝，並有一兩捆棉紗，三四束絨襪亦參差於袋內，余窺其隱，知敵人統制貨物，禁止販賣，該等係藉偽軍之勢而私作商販者，故倉皇急切，亦微含謹懼之容，余默囑二生寡言，並勿注目於彼。

午後赴津浦車站購票，人如山擁，購到者僅過半數即截止矣。余未能爭趨於前，只得作罷。回寓所，聞店主云：此趟車既無及矣，若急於行，可乘夜車，購票不必須至車站，尚有日本某機關亦代賣車票，余從其言，至其處，其門面所掛之招牌現已忘其名稱，惟記其字語大意優待行客便利大眾之意，復睹其壁上所張之車價表，知由濟南至徐州須鈔十二圓餘，購票者亦門戶為塞，每日列車，軍車多，糧車，而客車少，此處大量售車票，購票者是否能得而登車，彼不顧也，逾期則作廢，是亦詐財手段之一而已，戶外窗前人口壁立，余仍未能與人相競，乃欲返寓，復遇友人所介紹客棧之棧主，伊稱其夥友與票官相熟，可託為代購，余允之，隨之行，其棧距此甚近，既見其夥友，余表明車價，伊云：「欲速購須增價」。余與藍生各購一票，遂付鈔三十圓，少頃，夥友購票來，口中嗟嗟曰：「若非憑情誼，每票必須十六圓也」，余心中明知其詐，然只得表示謝意。返寓，鄭生自言前日已購票，若今夜乘車則已過期矣，遂偕鄭生復往託該棧夥友代為購之，鄭生自篋中出鈔兩張，每張十圓，棧夥急接入手，鄭生在濟南滯留數日，路費原不甚充足，余以善言向棧夥曰：「此人別家鄉，囊無餘資，希費神少為撙節，俾免困乏，永感不忘」，棧夥冷聲領之，須臾而回，故作難容曰：「此際購票綦難，須少待也」。余出，令鄭生坐待之，既而鄭生持票回寓曰：此票費價十九圓云。噫！世路崎嶇，無錢難行，人情之薄已至此哉！

夜間與藍、鄭二生各自負行李至車站，見站外候車之客如市，皆爭先恐後向棧門內推擁移步，或有三三兩兩徐步試探而進入站房者，則多人從之蜂擁而逐，群集於堦上，惹動偽兵謾罵亂打，或操木棒，或操朴板，或操竹帚，或以粗繩纏作拳形，執其一端而揮動之，可以操縱自如，打遠打近，惟聽乒乓亂響，夾雜罵聲、婦女所抱之嬰兒哭聲，亂紛紛驚人耳目，每次打擊則人如潮湧，復退堦下原處奔避，互相傾軋，失物者、落帽者、吶喊者、面部出血者，略一寂靜，少傾覆然，偽兵忙於打罵，睹此種種現象，仍不禁咥咥而笑，因而愈努力舞其爪牙，博以為樂。噫！敵寇在吾國，殺人放火，掠奪撥削，每日所開火車只忙於載賊兵、運贓物，而少數列車售多數之票，藉以攫利，因之積客愈夥登車愈難，而奸警又助寇為虐，對乘客買票乘車之步驟不予指導，反藉鞭朴之刑以鬥趣，誰能不行路，誰能插翅飛，甚矣中國人之不幸也。彼夫與偽兵有識，或私授以賄者，自可從如入站室靜候，以備車至先登，戴紅帽之搬運夫亦皆與警卒有係者，若肯受其勒索，多資以賂之，亦可僱其向站台搬運行李而隨之入，不然若無金錢又不能咬定牙根以受其凌辱，則將永不能登車，余與二生既無資行賄，只得與眾一致行動，眼光敏捷腳步謹慎以從事，迭經奸警向大眾三四次驅行，幸未辱及吾身，余得經剪票手續而達於登車之處，少傾列車自東來矣，藍、鄭二生亦續至，遂共提攜上車。

此津浦車較膠濟車尤為擁擠，奸警亦更為暴戾，諸客攀車，車門內眾人充塞不能進，奸警則自後搥打擁撞，致使人相踐踏，窒壓於車內，余三人亦參入人叢，直立而不能挪動，車地板上、車椅上、車椅之背欄上、車窗以上之擱板上，或坐或立，或攲或蹲，處處皆有人，倭奴往來巡梭；其經過處以人為路，抓人之首作扶持，踏人之肩作渡橋，若其足未踏穩或手未扶牢，則向人遷怒，隨意批打。著軍裝者向之卑躬，知為其走狗也，冶容妖姬，向之媚笑，知其為玩物也，若此類者可免其蹂躪。

一著軍服之中年男子，竊其裝式，知為偽方之軍佐也，攜一兒童並坐一櫈，似為其子者，倭奴查驗車票以次及之，其二人只一票也，迫之補票，互相爭論，竟不得直，遂如數出款補票，待倭奴離其身旁，乃於背後指而詈罵且曰：「狗輩真當殺者」，夫爾既認敵寇為親善之友邦人矣，又為之作倀矣，何以區區之事而出此言耶？況爾之偷漏車價，又為非禮之事乎？

有二年輕摩登女子，一少年偽兵經其身旁，睹之勾情挨坐，遂開相磕牙，眉笑目語，各盡媚態，喁喁而談，極其甜蜜，少年偽兵言語之表情，似有所自詡者，女子則諂顏逞出相信而親昵之容，嬌聲細語云：「爾之言能有效乎」？少年則表示決定無疑。少頃少年去，二女意態甚自得也，其心中定覺承偽兵之光顧較之眾人受打罵者加一等矣。

在車上提竹籃賣糖果之小販，身穿敵方所規定之短襖，來往於眾人密緻中，雖亦口喊「占光占光」！但其氣燄言語，亦勃勃然帶倭子餘風。眾客滿集如此，而其中吸紙烟者，噴雲吐霧，時刻不暇，無論不吸烟者心中厭煩，即拉火柴落烟灰，亦隨在皆為侵妨別人之舉，甚矣中國人之不爭氣，豈為附敵者而已哉。

淪陷區內，連年受敵寇之掠奪已民窮財盡，大都百端設計，心力俱瘁，以維生活，敵人對於用品統制綦嚴，一般人有作小販者，不顧冒險，以小量物品捆於行李，隨身攜帶來往運販，因而又予敵偽以詐財之機，或勒索重賄，或藉端吞沒，而負販者為圖微利，仍詵詵其多也。車內敵兵隨時檢查，封于非作商販之客人，亦往往打罵及之，或假藉驗看居住證（敵佔之區，對民眾俱發以居住證，證明以作順民，無其證則不准通行或加以拘留）無端尋隙，故意為難，總之被打者俱知為金錢問題，必取資以賄之乃已。一壯年農夫，衣服襤褸，惟所戴之氈帽尚為半新，倭奴自其旁經過，將其帽抓下擲於窗外，隨風而去。又一貧老，被倭奴注目，舉拳向額邊亂打，貧老急拱揖不止，悲聲欲泣口稱無錢，竟痛苦難忍自破衣囊中出鈔五圓與之而後已。有一半老婦人面目膩垢，挾米一小袋，倭奴問其重量若干？婦人曰：「無多，十餘斤耳」。倭奴曰：「一二斤為不多，十餘斤為過多」。遂舉掌向婦人之頰左右批打，婦人泣曰：「我命薄……丈夫死……故親自出門糴糧」。蓋婦人之言無丈夫，意在表其艱苦，而倭奴則誤會其表明無丈夫，為雉鳴求牡之意，遂變轉鬼臉，冷笑酷嘲，表示嫌其骯髒，曰：「咄咄！爾尚欲覓丈夫，誰愛爾耶」？竟迫婦人出鈔十圓始罷。婦人對左右諸客哭泣哀求曰：「余資竭，路遠，不能返家矣」。於是有捐助之者，余當時心中亦甚憫之。少頃至某車站，客人有下車者，車內秩序為之一動，而婦人又坐近一少年絮絮私語，聽其意，知亦係作小販者，且於眾人中，口啣香烟，烟氣薰人，毫不顧忌，恣肆之態可鄙。婦人竟忘其落淚之時；而余前者憐憫之，茲則轉而鄙視之矣。

余與藍生連日在車中，挺身而立，未得一坐，疲乏已極，人叢中稍一寬鬆，藍生竟頹然蹲於人下而睏矣，余欲催之起，又憐其疲倦，聽其自如，又恐被往來之人踹其面，只得凝神看護之，任其少睡須臾，始促之起。行至傍近徐州，天已明矣。自車窗望見有兩輛車箱，毀棄於路旁，有客低聲相語曰：此即半月前被游擊隊所炸毀者也。故時下徐州敵軍盤查行人甚嚴，余聞之，恐與二生並行致敵寇注意。初，藍生之叔父介紹到徐州友人之寓處候車，於是余微聲囑藍、鄭二生偕往，余自獨行，恐自徐州轉隴海路，三人未必不失連係，只得諄諄告其二人應如何如何？不一時抵徐州，各自下車，余亦至友人所介紹之一商店，本意以連經兩晝夜未得眠，身神睏憊，欲在此稍憩明日再行，店主係同鄉海陽人，雖不相識，然余通姓名，彼言曩即聞知，知余為從事抗戰者，亟言徐州戒嚴緊急，所駐之日軍多，各家之房屋隘，不欲余宿其店中之意已形於言，余少坐片刻，飲茶兩杯，遂攜行李至隴海車站，等候購票，徐州為名勝之地，放鶴亭，戲馬台，古蹟頗多，然在敵勢之內，未便遊覽，待將來掃滅敵焰，賦歸北返，自當一一瞻臨，以償所願也。

午後登車，敵寇對旅客施虐的情形，到處相似，日薄暮至商邱，下車寓旅館，有濰縣二客夜間相談，彼亦將於明日赴界首者，余約之偕行，三人共僱架子車兩輛，余方將就寢適一少年自外至，乃特訪濰縣二客者，然其掀簾入，目一注余，即肅然曰：「老師何日至」？余視之似曾相識，未及發問，少年又曰：「余名趙成基，九歲時曾在海陽城小學受業於師者」。余在該小學時間未久，且趙生由兒童而現以成人，十餘年不相見，詎能辨認？談詢一切，知其自去歲來此經商，力要余遷往彼處寓宿，余曰：「明晨即行矣，勿須也」。趙生復與二客互談貿易之事，夜深始散。

次日與二客整車裝，起行，路上三人輪流乘車，此處大風拂拂，塵土飛揚，與魯北相似，當日傍晚宿於宋集，次日至亳縣，於寨外擇一客棧而寓焉，信步遨遊於街上，雖無較大之商店，而貨攤飯館，人聲喧雜，頗不寂寞。亳縣乃商湯建都之地，亦必有古蹟，然亦為敵所盤據，未便勾留也。

離亳縣凡三宿而至界首，路上四次渡河，河之寬者不過半里，行人俱隨意酬船資，余心慈，船夫請益，余必增資俾其滿意，記得經有兩處渡口，船夫格外勒索，不償其願，彼便不開船，適值小雨濛濛，只得尤其所索，以便急行。路上所過小溪，寬不過數尺，一大步不能越過，三四小步可以過之，岸口上擱木板一片，亦有二三土人守其旁，隨時向來往行人索錢。

路上車馬行人絡繹不絕，自山東陷區逃出之青年學生赴後方上學者，三兩結伴時常遇見。有壽光，國某者，在濟南經商，其自在濟南偽中學肄業，茲以後方成立山東中學，救濟失學青年，遂躬攜其子而來送之。其子與吾兒年相若，而余也家在陷區，軒兒被禁錮於家中而不能出，若其出而求學定已入高級中學矣。今見國某克盡其為父之責，愈以引起余之悲戚。噫！余子今生已誤矣，余之過也。

於路旁茶棚內遇一青年兵隸，係泰安人，聞余音，知余為魯人，遂訪魯省現況及路上情形，亟言軍中之苦，並擬請假歸省，窺其意蓋欲歸而不返者。吾魯現於敵寇密集之中，抗戰分子返鄉者，不投降便被殺，則於吾抗戰部隊中臥薪嘗膽亦當甘心也。余遂亟述回家危險之情，並勸其於軍中安心，勿自遺慼，彼亦感吾言而點首稱是。

夜於旅舍與一新聞記者閒談，彼述其家鄉河北之痛苦，吾則述吾家鄉山東之痛苦，俱嘆息不止，除怨恨敵寇，檢討抗戰而外，彼曰：「中央對山東頗好」。余曰：「對河北亦未嘗不好」。彼曰：「中央對山東尚時時想辦法」。余曰：「對河北亦未嘗不想辦法」。彼曰：「對山東尚派遣部隊在邊區游擊」。余曰：「對河北則以距後方較遠，而力莫能及，山東若無根據地，何以出征至河北？同為中國土，中央皆欲收復之，惟目前時機尚未至耳」。二人互相扳談，記者慒然曰：「余亦知其然，不過憂懷鄉土，難禁作無聊之語耳」。欹床猶嘆，夜深始寐。

三十日至界首，隨濉縣二客寓於瑞泰商行，於各街略一蹓遊，各商店貨物雖乏，然一切景象頗有興盛之象。於此勾留二日，余將赴阜陽。與二客徐作舟、郝洪澤作別，同行四五日，風塵共甘苦，臨別亦大有悒悒之情也。

光陰如流，風塵奔波，年歲日長，不知不覺，已至三十三年元旦矣，晨起，僱帆船，渡潁水，往阜陽，船上客人三十餘，多為山東人，有係學生來此轉學者，有係公務員前來受訓者，以魯省府及山東中學俱在阜陽一帶也。余坐於船之頂棚裏，環坐者有清平湯濟川、濟寧陶興業、濱縣王旭東等共七八人，皆在軍政機關，因公赴省府者。互談山東渾亂情形，俱愁現於面，咨嗟不已。

此日行舟，恰值逆風，冷氣衝面砭人肌骨，余以衣薄，有時寒不能支，乃要求船夫揭開下層艙板，伏其中，避寒風，然而如閉於箱中，悶燥不可久耐，只得復出，迭次出入，不覺日暮，自界首至阜陽不過百里，舟人云：「水路至此，行纔過半」，然夜間行舟不便，遂停泊北岸，而岸上之小茅屋，燈火熒熒，僅賣食物而無宿舍，幸此距太和縣城五六里，諸客遂各負行李至太和關投宿，而客棧中俱滿寓公役民夫，盤旋街頭，亟費唇齒始得一小茶館留寓，館內惟一半老婦人及一幼童，草舍三間，素日僅以賣茶水為業，不賣飯亦不宿客，客伴好語要求，始經允納，於街上購食品充飢，以高粱稭鋪地安寢。次晨，共同付與茶錢房資，復乘船行，寒風凜冽，依然冷氣侵人，河路曲曲彎彎，兩岸烟村對列，黃水洶湧，漁舟來往，岸邊可以避風之處，土崖皆有窯洞，洞外以茅草作簷，儼如小屋。漁者懸罾於水，坐屋外，以待魚來投網而捕之。人冷無語，水聲猶寒，行過一渡口，南岸遠處有二人著武裝，大聲高喊，招船夫向之泊岸，蓋亦欲乘舟者，船夫以人已滿天又寒，且行且與之回答，允其由岸邊之小筏追登此船，以此船較大，轉划向南須費時也，武裝者怒聲舉槍示威，船夫懼，急告眾答，客中亦有武裝軍人，起而厲聲叱之曰：「吾儕有要公，急於行也」。答話之間，船漸行漸遠，事遂寢。

午後抵阜陽，寓北關旅館。次日至西關，於國立二十二中學訪友人及同鄉學生，適遇即墨中學學生三人，乃月前來此投考者，據云：與吾同行之藍、鄭二生亦至，余聞之心慰，惟考期已過恐難入班耳。次日余遂往山東中學為該生謀求入校。

山東中學設於臨泉縣之長官店，距阜陽百餘里，余以道路生澀，時刻問路，適遇一推小車者，長官店臨村之人也，遂隨行之，路上談話、休憩，頗不孤寂。所過村庄俱茅屋土牆，古樸簡陋，街塗湫隘，塵埃飛揚，令人不起美感。然平野連阡，漫無際涯，既無山陵崎嶇之地，並拳石亦難尋見，而遠近村落不乏綠竹蒼松，園圃柴籬，井然如畫，亦有足多者。

次日傍午至長官店，友人張君為山東中學校長，相見各話久別之情，並留余於此任課，余亦欣然而允，藍、鄭二生之就學已不成問題矣。

余復往省府所辦之學生接待所，探望舊學生，異鄉相見愈感親熱，諸生皆已考取，靜候編班矣。余心已慰。順便至省府一行，與修杭見面一談，得知鍵浦已來省府幹訓團受訓，遂復往晤鍵浦，扳談一切。復至阜陽取行李回長官店。從此日日按時講課，生活較為有序，然隨時目睹一般活潑青年，輒思及己子困於陷區，誤卻求學年華。噫！連年音信杳茫，而今其生耶？死耶？將來畢竟如何也？世道艱險，令人叵測，不禁悲從中來憂心如焚也。

十、流落皖北 所見所聞

三十三年元月二日抵阜陽，國立二十二中學第二分校，設於阜陽城西關打蛋廠，友人張寶山（字秀峯，文登人），任校長，乃往訪晤，問余南來之意，余曰「欲往重慶」！張曰「中樞在重慶，令人嚮往，若到重慶，耳聞目睹，一切現象，必然敗興，願君留在本校任課，不必徒勞蜀道跋涉之苦」！我答以隨我南來者有藍、鄭兩生，擬入山東臨時中學，我送其入學後，再作決定。山東臨時中學設於臨泉縣長官店，阜陽西百餘里，我送藍、鄭二生到校，甄試，編入高中一年級。校長張敏之謂余曰「本校初創，缺乏教員，君來恰好在此任課」！又因友人宋源溪、于振西等皆於兩月之前，應聘來此，相見甚歡，故我亦駐踪於此；自此每日按時上課，生活暫得安靜。

此時，青年之國家觀念，尚未淡薄，重要城市被敵偽佔據，各級學校雖未停辦，而青年不願受奴化教育，多願逃出陷區，南來就學，敵寇雖阻止，而青年逃出者，絡繹不絕。三十二年，魯省府遷至阜陽，乃設山東臨時中學，收容魯省逃出之學生，然而他省陷區奔來之學生，亦難拒而不納，例如有十歲女生，自北平逃出，來投此校，流亡學生，無不艱苦，學校只得一視同仁，收容入學。省府經費有限，教職員生活費，尚能付出，而學生二千餘人，衣食皆須校方供給，省府接濟不足，學校陷於困境，張敏之乃終日奔波，各方求助，時集團軍湯恩伯司令駐河南，敏之上書求賑，湯司令慨然捐助食糧，並將褪舊之棉軍服贈與學生，當前之困厄得以解決。教職員率學生於荒地種蔬菜，女生則拆洗舊軍服，加工補綴，於是飢寒無虞。當時生活相當艱苦，然而自三十年，日本襲擊珍珠港與香港，英、美已對日宣戰，人心皆能預料日寇必敗；烽烟息滅，山河重光，為期不遠，故生活雖苦，而志氣不餒。

北伐至十七年統一後，北軍尚有兩大勢力，曰東北軍，曰西北軍，中央恐其有異志，仍存防閑之慮。九一八事變，張學良放棄東北根據地，奉命率軍入關，輾轉至陝西，於二十五年發動西安事件後，其主力軍漸歸消滅。西北軍自馮玉祥於十九年發動中原大戰失敗後，所餘軍隊歸順中央，宋哲元部鎮守華北，日寇積極侵略，宋部連年應戰，日寇終於發動七七事變，戰火激烈，宋部艱苦抵抗，台兒莊大捷以至鄂西大戰，張自忠殉難。宋哲元病歿後，西北軍消散絕跡；北軍既已化為烏有，中樞軍事統一，無內顧之憂矣。

于學忠（字孝侯，山東蓬萊人）。其父於清末在東北為軍官，彼自幼隨父習軍事，為人敦厚，有勇有謀，入民國，為東北將領，其軍隊有美譽；二十年，入關後，歷任河北及甘肅省主席，其軍隊番號為五十一軍。抗戰以來，轉戰各地，在石臼所（山東日照地），重創敵寇，台兒莊大捷，亦與有功。二十八年，受命為戰區魯、蘇戰區總司令，駐魯南沂水一代，所轄五十一、五十七兩軍，歷經累次戰爭之餘，此時只有八千人，兼顧魯、蘇兩省，力何能給？三十年，中央第九十二軍李仙洲，為集團軍司令，受入魯之命，派少將林建五（棲霞人）至膠東，宣布消息，謂集團軍有五萬餘人，武器充實。游擊隊聞此消息，皆興奮；而集團軍停留於皖北，李在阜陽成立國立第二十二中學，自任校長，李為山東長清人，軍校畢業，有著作「李仙洲全集」，顯示文武全才。聲言在阜陽作入魯之準備，其部屬傳出，目前不便入魯，因于學忠為魯、蘇戰區總司令，李不願受其調度，而且于之部將牟中珩（黃縣人），為魯省主席，又恐政治方面不能相協，因此遲遲不肯入魯。然而卻在籌辦省府組織及各縣縣長人選，顯然自以兵力超過于部數倍，一旦入魯，牟中珩自必退出主席職位，如此則軍政人事統一，可以方便行事。敵偽盤據重要城市而外，共軍已蔓延全省，李若率軍進入魯境，已為困難，而入魯之後，如何對抗兩大勁敵？蓋不敢設想，故只能作入魯之人事計畫。

三十二年，有人向中樞密告于學忠有附「共」之趨勢，何以證明？于部有旅長萬毅叛而投共；又，中樞派郭某為于部政治部主任，郭某赴中樞受訓，未返于部，而投往延安；又，于部駐魯南，于未能控制共軍，亦未被共軍消滅；據以上三點，以證于有附「共」之趨勢，時白崇禧在中樞任軍令部長，對此密報，半信半疑，乃對于作一試探，令于撤出魯南，移防皖北，于在敵、共環伺之下，撤出魯南，雖非易事，而不能違令，遂遵令行動。敵、共見其動態，雙方截擊，于部傷亡頗重，及抵皖北，駐於阜陽之水寨村，中樞見于服從命令，並未附「共」，魯省府在于軍保護之下，當然亦隨之撤出，於是魯省成為共軍之天下，魯人懷怨，以為中樞放棄魯省；於是中樞又令于學忠返回魯南，于以為此乃有意使其殘餘之軍，被敵、共消滅，再三思忖，不肯使此數千生命，作無謂之犧牲，於是躬赴中樞，自請處分，不肯回隊，中樞以于雖係北軍之餘孽，而為著名之戰將，能識大體，服從中央，於是慰留於中樞，任軍事參議院副院長，其殘餘之軍，仍號五十一軍，軍中推周玉瑛（諸城人）為軍長。三十七年，徐蚌會戰初起，該軍在徐州被共軍消滅，周玉瑛殉職，於是東北軍絕跡。

三十二年，于學忠部已自魯撤出，李仙洲久日準備入魯，至此不得不實行，部隊出發，渡過渦河，共軍即步步監視，並在要道張貼歡迎大軍入魯之標語，激動敵方出兵截擊，李軍一入魯境，敵人便迎頭痛擊，共軍則夜間進攻，終於不能停留，潰敗而退。據李所宣布，部隊傷亡及逃散，人槍損失八千餘，自此不作入魯之想，中樞與魯隔絕，只有地方部隊，魯西張文光等，魯東趙保原、張天佐等，魯北張子良、王金祥等，魯南王洪九等，在雙重勁敵之間，艱苦奮鬥。

湯恩伯為蘇、魯、豫、皖四省邊區總司令，大軍駐河南，司令部設於漯河，此時共軍尚未進入河南境，為防地方匪盜潛動，乃設專於偵緝匪盜之指揮官，以維持治安。韓多峯，山東東平人，曾任山東全省聯莊總會長（地方自衛武力組織），為人剛直有勇，受委為指揮官，帶兵五百，巡靖、豫北一帶，緝拿土匪，就地處決，聲譽顯揚，民間崇敬。臨泉有寨主綽號王四老虎，橫行鄉間，富有財產，腰間佩帶手槍，出寨行動，則有八人攜槍保鏢，欺壓鄉民，曾親手槍殺兩人；其中一人有三子，數年之後，次子大學畢業，思報殺父之仇，乃向韓指揮聲冤，韓調查屬實，乃逮捕老虎歸案，諸多受害人見虎已入籠，紛紛控訴其罪惡。老虎之謀客頗多，聯名上書為之飾辯，並請求保釋，韓不允，又向韓通說，提出報酬條件，謂老虎願捐獻兵餉若干，韓不許，又說願貢獻機槍若干挺，韓仍不許。韓之意志堅決，正調查其一切惡行，定必繩之以法，為地方除害，謀客無奈，乃向湯司令部控韓以濫捕無辜之罪；司令部乃提審此案；韓將老虎罪狀具體呈報，送老虎到案。不久，老虎被釋還鄉，惡焰更兇，揚言「韓某能奈我何？慢慢走著瞧，看看誰勝誰敗」！不久，韓被調為「團管區司令」，卸去指揮之職，老虎大言曰「看看誰的本領大」？

宛西地方自治——河南南陽縣，在周朝為朱侯申國，春秋時為楚國之宛邑，秦漢置南陽郡，漢時郡治設於宛，河南西南新野等地，及湖北北部襄陽等地，皆屬之，明、清設南陽府，府治在宛，即今之南陽縣。宛西自治區，指南陽以西，鎮平、內鄉、淅川三縣而言，後來加入南陽以南之鄧縣。內鄉西北之西峽口，北通晉南河東道之安邑、解州，西北通陝西商州至長安，東南沿淅水通淅川及湖北襄樊至武漢，西峽口鎮富商萃集，清時於此設「巡檢司」以管治，宣統年間有大股土匪圍攻，巡檢顏土璜及士紳張仁澤等，協力防禦，賊未得逞。入民國，各地不寧，內鄉別庭芳（字春齋），於民國六年開始，在內鄉丹水鄉老虎寨，結合群眾擊匪，回車鄉士紳符春軒等見其剛毅勇為，乃請其主持回車保衛團，符又聯合西峽口紳商於民國七年迎別庭芳至西峽口駐防，得殷商富賈之支持，與內鄉全縣各區合作，一面肅清匪盜，一面就教於舉人李鵬程（字芸閣，曾任陽武縣長），秀才劉海芳（字香波，曾任滎陽縣長），以及紳耆張煦堂、于麟閣等，從事地方建設，利用淅水灌田、發電、裝置電燈、設紡織廠、修械所，農工商各業其興。淅川陳舜德（字重華），為淅川師範校長，於民國九年任淅川北二區保衛團團總，與別庭芳聯防，肅清淅北土匪，進而組訓全縣民團。鎮平彭錫田字禹廷，於民國十五年辭百泉村治學院院長之職，回鎮平，任侯治區區長，與別庭芳、陳舜德合作，內鄉、鎮平、淅川三縣聯防，消除匪患，由自衛而村治，促成宛西地方自治，訂有「三自政策」，自衛、自教、自養；人民安居樂業，路不拾遺，夜不閉戶，儼然太平盛世。鄧縣丁叔恆為開封黎明中學教員，於民國二十六年，回鄧縣任區長，加入宛西自治，惜乎！不久，七七變起。

華北淪陷，首都南遷，二十七年，蔣委員長電召別香齋至漢口，委為河南第六區十三縣自衛軍司令，至斯，自衛軍擴充至宛東西南北各縣。全國抗戰，外患內亂交迫，宛西自治區，依然為平安樂土，對抗戰軍事供應，措置裕如。二十八年春，日寇竹村師團攻入新野城，企圖進攻南陽鎮平，鎮平縣長張克明，派精銳民團，赴鄧縣之穰東鎮，以逸待勞，痛挫敵鋒，敵奔向南陽，南陽鎮平民團夾擊之於潦河一帶，敵不支，奔往唐河。

別香齋初因匪亂，於平民中突起，奮勇殺賊，保境安民，並敬老尊賢，積思廣益，完成宛西地方自治，其為人正直廉明，口碑載道。抗戰軍興，受命為十三縣自衛軍司令，責任重大，事故繁多，難能使各方面盡皆如意，某軍人忌之，三十年春，香齋暴卒，地方哀之。宛西自治區，民防鞏固，抗戰初起，河南省府由開封遷至鎮平，三十三年，遷於內鄉。三十四年春，敵寇集數萬兵，盡力攻宛西時，時香齋已歿，地方團隊猶能協助三十一集團軍王仲廉部在內鄉淅川之間，擊敗敵寇，大獲勝利。別香齋以鄉民出身，起而剿匪戡亂，建設地方，以三自政策促成宛西自治，最後為十三縣自衛軍將領，其對人處事及日常生活，始終守持純誠樸實之度。南陽舉人張家謀（字仲孚），為其撰墓誌，稱之為「本色英雄」，非虛譽也。友人淅川張克明（字濬之），歷任修武、柘城、南陽、鎮平等縣縣長，親與宛西自治工作，為我詳言其事，故略記於此。

守軍敗走－三十三年四月，日寇攻河南，五月洛陽陷落，守軍湯司令敗走，豫西、豫北，去歲遭旱災，今夏又遭蝗災，民生困苦，而對守軍視若神明，供給所需，唯命是從，以其負抗敵之責也；守軍不能與人民相協，發生惡感，敵寇來攻，軍隊潰敗，人民惱恨，以為素日供養此輩，尊之為國家干城，今乃畏敵忘風而靡，與蝗虫何異？乃緝捕逃兵以洩憤。自太和界首傳來消息，一日沙河流過二百餘具兵屍，皆非作戰陣亡之卒。軍事大員敗走，默認失敗，地方人士遂提出「豫人治豫」之要求，各處戰事緊張，上峯苦於應付，此項要求，正可為中樞分勞；於是豫人推舉劉懋恩為主席，負全省戰時任務。

在此情況之中，赤軍勢力愈熾，恐怖氣氛，漸至宛北，風聲鶴唳，人心惶惶，三十三年十月，中央號召十萬青年從軍；余以家鄉已失，戰況又如此晦氣，不如從軍去，「死在沙場是善終」，乃赴阜陽到招募機關，經主管人詢問之後，以余右腿曾負重傷，不能奔勞，不能騎馬，謂我體格不合，宜仍從事教育。余返校，仍作教學生涯，戰雲四塞，空氣愁悶，課暇，與同人于振西，藉詩酒以消遣；在此國難當頭之日，心中仍以從征敵愾為快。此時戴笠主持之「魯蘇皖豫黨政總隊」及「中美訓練班」皆設在臨泉，三十四年夏，友人劉君荐我到黨政總隊任教官，講「總理遺教」，兼視察工作，所教學生，及隊員，階級自上尉以下。總隊所屬有學兵一營人，皆自淪陷區逃出之青年，多為逃避敵偽之奴役，而攜帶自家私有之槍枝來投效者。

中樞為聯絡陷區游擊隊，於臨泉設指揮所，稱為「臨泉指揮所」，招納北方在野之軍官，委以少將參議之名分，藉以聯絡游擊隊之任務，此中大部為舊日之北洋軍官。北軍早已崩潰，其不甘寂寞之軍人，或相引投入偽軍。有人揣測，中樞招容此輩軍人，予以職位，或防其有不甘寂寞者，故設此機關以安頓之；此為善舉，指揮所之主任何柱國，為東北軍抗日名將，九一八事變，張學良不戰而退，惟何國柱旅在山海關阻擊日寇，榮名震於當時。

于學忠之殘餘部隊已被改編，其本人在重慶飄然一身任清閒之職，其舊屬牟中珩任山東省主席之名義，而省府在宛北，只有空名，牟之所屬，只有其妻及秘書、勤務兵各一人。何思源菏澤人，夙受中央提拔，自十八年即任山東教育廳長，此時見牟已失勢，乃夤緣自荐，牟被撤，何受命為主席。魯蘇皖豫戰區總司令為皖主席李品仙，魯蘇豫主席皆任副總司令名義，李品仙見牟中珩現況淒涼，仍維持其副總司令之名義，召其到總司令部襄助公務，牟之下場始有著落。不久，何柱國辭臨泉指揮所主任之職，由牟中珩繼任。魯省早已為敵共交加之區，但尚有地方抗戰部隊；何思源既任主席，亟思當入魯履行職務，於是乃偕一僕人化裝為行商，二人各負行囊，手持雨傘，步行入魯，其勇氣可嘉。時為三十四年七月。

三十四年八月六日，美軍以第一枚原子彈投於日本廣島，九日已第二枚原子彈頭於長崎。十日，日本向中、美、英請求投降。中央命陳大慶率美式裝備之大軍，自臨泉入魯，共軍雖盤據山東，然無新武器，陳大慶軍入魯，定必如摧枯拉朽，所向無敵，然而日寇在中國之咆哮兇猛，遽然宣布投降，似乎令人難以置信，而且其主戰之東條英機，誓死不肯投降，萬一其中有詐，乘我意外，而作最後困獸之鬥，豈可不慮？一般人有如此想法，於是大員與正式部隊，暫不先發。臨泉指揮所少將參議尹作翰（日照人，字劍秋），在北洋軍時代，尹曾駐防於徐州，因此，乃加以指揮官名義，命其率黨政總隊之五百學兵作前頭部隊，再派黨政總隊山東大隊隨同北上，山東大隊之隊長郭某，係中央陸軍大學畢業，官級少將，與陳大慶為學友，據說此時郭某不在臨泉，總隊部乃派我為山東大隊秘書，暫代大隊長，率隊員五十人，隨尹指揮官同時出發。

中秋節前一日，至商丘，停留兩日，此處為敵偽重要據點；乃訪問當地受塗炭之情形，得知漢奸鄭繼成在此橫行，殘害抗日志士及良民，人民恨之切齒，鄭於二十一年秋，在濟南受韓復榘之購買刺殺張宗昌，張爾時正主持其部屬孟某在東北組織抗日義勇軍，聲勢復顯，韓不得不假意逮捕鄭繼成，以掩飾自己，鄭被捕，省市黨部俱發言援鄭，謂「鄭之叔父昔日為張之屬員，被殺；張為軍閥，死有餘辜，鄭為孝子，為叔報仇，義勇可嘉，應恕赦之」。韓乃藉此為由，而釋放鄭。其實此時張以抗日名分出現，中央聞其事，宿怨已消，往事不咎，張忽遇害，知者惜之。詎料鄭乃被僱之兇手，最後竟以漢奸現其真相。敵未投降之前，黨政方面在商丘設一貿易行，掩護抗戰人士，作南北來往之交通站，頗稱便利。惟與日本交流之貨物，舶來者，多為男女襪子及化粧品之類，而輸出者則為土產之牛皮及芒硝之類，可供軍事之用，此則得不償失也。

九月初旬至徐州，數日後，尹指揮又奉命到開封巡走一番，意在對敵人表示受降之大員不久即將來臨。

徐州及今之銅山縣城，我率隊員駐於城南門內馬市街旅館，等候命令，數日後，大軍至徐州，黨政總隊副總隊長管相齊（天津人），亦隨軍而來，各部人員忙於接收敵偽物資及敵偽商店、樓房、甚至女人，管某接收城外東北方三大烟筒之麵粉廠，隊員問我為何不參加接收，我以代理職務，聽候命令為辭。適大隊長郭某亦來徐州，我乃辭謝代理之職，命我以大隊秘書名義，帶隊準備入魯，郭某則與總隊長暫駐徐州。敵寇投降，漢奸逃走，敵方之倉庫軍需品，俱有人接管，惟戰馬成群，無人接收，飢餓潰散，逃於野田，蹂躪農作物，人民無處控訴。

汪偽政府當日劃淮陽、海州、徐州一帶為「淮海省」，郝鵬舉為省長，駐徐州，郝無虐政而得民心；徐州古蹟頗多，如西楚故宮、戲馬臺、放鶴亭、快哉亭等，歷經戰亂，多已殘壞，經郝加以修飾，煥然一新，足徵其非貪鄙之流；闖王部下有李巖，太平軍中有石達開，天生雋才，遭遇乖戾，淪於歧途，亦可慨也。郝有兵數千人，投降後，中央已郝尚可用，乃准其帶軍聽命；此時徐州之西，三十里外，已有共軍，遂令郝率軍前往防禦。

中央軍為新式裝備，日寇所遺之武器已落伍，不被重視，故遭盜賣，為共軍所用。入魯之大軍，停留於徐州，蓋以此地尚為平靖，若入魯定必與共軍決鬥，而且在此接收之事務，尚未作妥當之處理。軍隊駐於城外四圍，列車滿載各種械彈，停於軌道之上。一日令我集合隊員登車，等候開車北上，我心中興奮，尋思還鄉之夢，在車內兩晝夜，靜候開拔消息，而竟杳然，各車箱人員陸續下車返回城內，據說開拔日期未定。我與隊員亦返回原住之旅館。敵寇投降，豫皖邊區烽烟息滅，臨泉指揮所已無存在之必要，戰區司令李品仙，乃將臨泉指揮所改為徐州指揮所，仍以牟中珩為主任。九月中旬，牟至徐州，軍隊清街歡迎，報紙登載其事；三日後，報紙又聲明否認牟來徐州蒞職之事。牟之秘書劉漢民對余述其原委云「北上之大軍主管要牟電請中央留大軍鎮守徐州，暫緩入魯。」牟云「中央命大軍入魯為機要大事，我不敢忽視命令而作無理之請求」。反覆討論，牟竟不允，主管不怡而去。次日主管又往見牟，提出前案，牟仍不允。主管曰「隨汝而來者只有隨員五人，徐州有何軍隊歸汝指揮」？牟曰「有郝鵬舉之軍隊歸我指揮」；主管曰「郝不過數千人，豈能守此南北要衝？若請准大軍駐此，則大軍當然在汝指揮之下」。牟堅持不敢牽涉入魯之命令。主管忿然而去；聲言「大軍駐此，他人如來接管徐州，須以武力交涉」。因此，報界乃發表否認牟為徐州指揮官之新聞，李品仙聞此消息，以為入魯之大軍不當停滯於徐州，而且為何必須以武力接管徐州？乃率騎兵兩千，速赴徐州，聲言來接徐州之防務，大軍聞訊，乃向北進一步，移出徐州十里外。李品仙至徐州，適逢雙十節，乃在南門外郊場開紀念大會，對群眾講演而去。

大軍循津浦路向北移動，此時共軍則向南阻止，夜間驅使民眾破壞鐵路，將砧木搬除，民間並不歡迎共軍，白晝又將砧木送於鐵路旁，以便大軍北上，十月下旬，余隨前頭部隊至臨城站，臨城以北之路亦被破壞，砧木被焚，沿路之電杆亦被毀，交通斷絕，入魯之軍，遂被阻於臨城之南，臨城在滕縣南境，此時滕縣有日軍兩萬，正待政府至滕縣繳械，大軍傳信令其勿繳械於共軍，願發給三個月之軍餉，央其暫守滕縣。日軍答以「共軍亦屬中國政府，彼來受降，不能拒絕，守滕之責，不敢從命」。駐滕之日軍武器，竟被共軍所得。共軍已潛至臨城周圍，由臨城至徐州之火車時被阻斷，臨城已在危急之中。

若大軍北上，不在徐州滯留，定可風馳電掣直衝入魯，而乃趑阻不進，曠時幾兩個月，予共軍以部署對抗之時機，及其爭取主動，而大軍被膠纏，陷於恐怖之中，入魯已絕望矣。如上所述，事事乖舛，一切現象令人失望，我以一介庸夫，人微言輕，棉薄之力已無所用，乃返徐州向郭大隊長辭卻職務。指揮官尹劍秋，對此一切怪現象，亦大灰心，其指揮官之職，乃於敵寇初降時，作大軍抵徐州之先鋒，暫為臨時之用，並無其他任務，於是尹亦辭卻職務。我二人擬由海路回青島，乃乘隴海陸車，抵連雲港候船。港口南岸為雲臺山，山腰至山麓，青舍紅樓，街道整潔為一小市鎮，家家庭前有蒼松，階下有流泉，余曾有詩記其盛。

當時入魯之大軍雖失敗，余以為中央軍頗多，且有種種優越條件，必不至為共軍所敗，最低限度國共再和談，亦不能讓共黨赤化全國，故余與尹劍秋決定回青島，欲還鄉歸隱田園以終身。十二月中旬，由連雲港乘船抵青島。

附：皖北日記殘稿

十月一日（舊曆八月十五日）　天氣：陰雨

今日為中秋節，憶去歲今日，余正在栲栳島，遇敵難，掙扎脫險之時，而今復漂泊於皖北矣，光陰如流，人生如夢，愁苦生涯，年復一年，隻身流浪，去家愈遠，噫！「每逢佳節倍思鄉」，不之何日得賦歸也。六七日來，秋雨連綿，滿街泥濘纏足，當此美節又值星期，不得出門一散鬱懷，遂酌酒半醉，閉戶而臥。晚間陰天昏暗，不見月光，古人云：「一生幾見月當頭」。蕭條客館，中秋良夜，淒寂無趣，天并此明月而吝之矣，只得孤榻早眠而已。

十月二、三日　天氣：陰

本校以國難其間，一年定為三個學期，今日第二學期期考開始。今日接潘表弟來信，告之桂軒在萊陽之現況。學生蕭秉一，平原人，年十四，為該班之優秀生，月前考取海軍生，將赴渝，臨行到余室依依告別，今午接其自南陽來函，告余已度過偽區而於平安之路矣。晚間復降雨，閉戶於燈下閱批諸生之試卷。三日天氣半晴——此日忙於閱卷。

十月四日　天氣：晴

棲霞學生劉子忠對余言：趁此假期，明日將起身回家一行，余囑其回路經萊陽將軒兒領來，軒兒今春自家奔於萊陽，窮孩子時運不佳。余在萊陽時，伊未能出，及伊來到萊陽，而余又來皖北矣。余在此已數次託人領其前來，而竟未能辦到，余深知其現處之境內，南來非易，與余遠隔，又難能顧及，然其教養之責，余應負起，其年齒日長，青年失學，余甚傷之，餘生平凡事多乖舛，每次以此託人，雖知無把握，然切身之事憂思難忘，無奈中，亦只得盡人事聽天命而已。

十月五日　天氣：晴

鍵浦考入警官學校，起身赴渝，路經長官店，午後來見余，余深知其路費艱窘，然無力資助，只得搜集貧囊，罄所有以與之。

十月六日　天氣：半晴

是非之差，僅絲毫之間耳，差之一絲則謬之千里矣。何以辨是非？曰：審其義與不義而已，何為義？曰：凡人之所為，其動機善者為義，反之則為不義，不義即為「非」。執此以衡是非，千古之公理也。天下事務絕對盡善盡美者橫寡，如轟炸敵區，而敵區亦有良民，販賣鴉片而鴉片可供醫療，且往往動機善者反得惡果，動機惡者反得善果，而聖人絕不以所得結果之善惡而評騭是非，語云：「有心為善雖善不賞，無心為惡雖惡不罰」。語似迂拘，然實判斷是非之嚴律也。王莽、曹操得為一代帝王，以才能而論，王莽勝於平帝，曹操勝於獻帝，何以正史不列之於正統而罵莽、曹者迄今不絕乎？以其動機不在乎國計民生，而在乎私人之富貴也。不思者必曰：是固執帝王傳統之見也，國家為中國人之國家，掌治權者何必分定家世與姓氏乎？若元、清入主中國，又將奈何，豈能泯滅其歷史乎？曰：是不然，奸慝與異族統治，是大不幸事，雖不能泯滅其歷史，然正義所在與良心所趨，究不能崇戴之。故莽、曹之時，漢有一息尚存，即不肯尊篡竊者為正統，元、清之時，直至宋、明餘脉盡絕，不得已始為之改年易代，史官為名正義順而如此修史，君子以好善惡惡而如此立論，推其義深有至理在焉。夫異族掌國，亡國之痛固不待言，而權奸奪位，激起義憤，釀亂禍國，其罪惡實難容恕，而況其動機出於非義乎。故論是非必須以動機之善惡為斷，不能以結果之善惡為斷，取舍必須以是非為準，不能以利害為準。試再觀今之為攘奪政權而破壞抗戰者，殃民害國與敵寇同其惡，不尤昭昭在目前乎？

十月十日　天氣：細雨

今日為雙十節，即所謂國慶日也，國慶者慶祝滿清政府已倒，即可建立新中國也。今當此日，令人百端悲戚，不堪言之於口，更不堪筆之於書也。誠如十三年國民黨第一次全國代表大會宣言所云：「自辛亥革命以後，以迄於今，中國之情況，不但無進步可言，且有江河日下之勢，軍閥之專橫，列強之侵蝕，日益加厲，令中國深入半殖民地之泥犁地獄」，時至今日寇氛遍國，河山失色，炮火連天，碧血滿地，較二十年前之泥犁地獄，其慘痛尤增十百倍矣。人心日下，國事日非，試看革命與抗戰之字樣遍於鄉間之牆壁，革命與抗戰之言論，遍於胥吏走卒之口，而實際掛招牌喊高調，不過售革命抗戰之名義以漁榮利而已，是以人事日益矛盾，國勢日以替敗，以此情而論，即無敵寇之亂，亦將自蹈淪亡，茫茫神州，誠在千鈞一髮之際矣。

十月十二日至十七日

因公偕學生三人赴阜陽，晚間宿於蔡集——國立二十二中校內。次日傍午抵阜城，所應接洽之某主管前一日赴太和，故一切事不順手，必須勾留二、三日。乘便登城牆一眺，牆已坍頹如土堤，西北關有劉將軍廟——將軍名琦自信叔，宋德順軍人，（今甘肅靜寧縣）美儀容，善用兵，聲如洪鐘，紹興中充東京副留守，金兵圍順昌（即阜陽），將軍出奇兵大破之，兀术所率恃以為強者什損七八。累加太尉，卒諡武穆，士人迄今祭祀不忘。城西北六、七里外遙見一片湖光，即古之穎州西湖也。歐陽修、蘇東坡為潁州太守時，俱於其中置別墅，飲酒賦詩，為文人盛會之所。而今空餘夕陽衰柳，水田草汀，無甚異致，讀諸公當日所咏西湖風光，似不信有其盛況也，後人有詩云：「當年太守最風流，每遇花時載酒遊，今日湖波流欲盡，空餘芳草亂汀州」。世事滄桑能不令人嘆惋。城裏有公園，花圃荷田，規模雖小，然亦頗整潔，看相者、賣卜者列於園亭旁，為遊人助趣。到阜城所辦三事，僅妥其一，十六日起身返，晚間復宿於蔡集，次日上午抵校。

十月十八日至二十一日　天氣：晴

接家書，亟道家中之艱難，並催余還家，余不禁愴然欲泣也！夫余豈知余之身世已至於斯乎？余少孤，門衰祚薄，母子艱苦，雪案螢窗讀書十餘載，及長，遊學四方，所志不遂，未獲升斗之祿以怡高堂，而慈親已逝世矣，由是遭遇益乖，經年僕僕風塵，嚐遍社會苦味，國難突來，我抗戰而受傷，妻因憂而病亡，諸兒幼弱依及繼母，家境日形慘澹，不幸家鄉又淪為陷區，致與家庭隔絕，忽忽四五載，困難萬狀，長子已將成丁，失教失學，誤卻青年，而余奔走餬口於外，艱險生涯，飄泊無定，國運何日清平？邈乎難期，窮途悠悠何處歸宿？而我無名位，無權勢也，殺身成仁有其機乎？絕粒而死不逾分手？曩者，盡我天職，已致殘軀，今渺渺此身，曾滄海一粟之不若，然不得已而果回家向寇類謀妥協，豈不愧煞乎？前途黑暗，吾安逝乎？

連日精神不愉，又以天氣突涼，偶患感冒，甚覺不適，但日間仍勉強上課，黃昏輒登榻眠，夜間亂夢紛紜，忽寐忽醒，鼠又欺人，徹夜擾鬧，或相逐叫，或齧物而響，或自高處跳床上，自余身上而奔，此地多鼠，按室統計之可多於人數倍，鼠又多能，能群居屋脊，能緣牆上下而行，能白晝不畏人而竊食，夜間直成為鼠世界，愁病之中，更覺不勝其擾。

十月二十二日至二十四日

偶讀國立北平圖書館之啚書季刊見有勉仁書院講學旨趣始之吾梁師漱溟先生於三十年香港脫險後，回桂林故鄉，閉戶著書，現在正草文化要義一書。民國十五年前，梁先生講學北大時，有志之青年學生多從先生聚談請教，遂成一種學團，名曰勉仁齋，二十九年始由王平叔、陳亞三、張俶智、黃艮庸等承梁先生之意創辦勉仁中學於壁山縣。翌年移北碚，始將勉仁齋改辦勉仁書院，梁先生現留桂林著作，暫由熊十力先生講學其間。熊先生講學，於儒家經籍特別注重周易、春秋、周禮三部，所講作人之方，尤足啟學者強行之精神與中心思想。

十月二十五日至三十一日

今日為重陽節，天氣陰沉欲雨，此地為廣大平原，無處登高，東坡云：「清明、重九不可虛度」，春秋佳節能有幾載。晨餐後乃勉強病軀，與屏如同登寨牆散步，權作登高之舉，蘆花雪白，柿葉丹紅，秋光正好，而西風颼颼肅氣襲人，窮客衣單矣。余以身神不適未感詩興，回室，促振西作詩，振西乃吟七律一首云：「神州到處起烟塵，暴敵橫行竟至今，我以無家愁作客，君逢佳節強登臨，川原暗淡無顏色，墟里清寒漫野林，酌酒長吟歌一曲，中天蕭颯起悲心」。余和之云：「佳節重陽秋色深，羈留皖北嘆而今，浮雲浪跡異鄉恨，故里舊山何日臨，慘澹黃花含冷淚，飄零紅葉滿寒林，與君痛飲一杯酒，百轉愁腸同此心」。二十六日，晚間服藥發汗。

十月二十七日　天氣：晴

接到張俶智師來函，告知勉仁書院各種情形。為若晨介紹書記官一缺，寄信達知，並又接到伊來信，述其現況。午後與萊陽學生談話，知余於兩月前託左生領軒兒南來事又成空。噫！南來之學生絡繹不絕，而余煞費苦心，軒兒獨不得來，餘生來凡事乖舛，可如何哉，只得勉強效太上忘情矣。

十一月九日　天氣：晴

莊子胠篋篇謂：大盜竊仁義。有人謂其言過激，然其言確非無的放矢，乃於惡濁社會中之所見，經驗之談，口仁義而心盜蹠。欺騙大眾而賺得權位，自私自利之伎倆如盜，及眾人警語，而其惡勢以成，只得任其宰割而無所控告，是較之穿窬刼路之盜其害為何如乎。真可謂天下之大盜矣。

十一月十日　天氣：晴

振西購得鱖魚一尾，自烹之，沽酒一壺，邀余及松仙三人同飲一醉，唐張志和詞云：「桃花流水鱖魚肥……斜風細雨不須歸」。鱖魚魚之美者也，余已八、九載未獲嘗其味矣。於流浪羈旅之中，振西猶不惜探貧囊以購之，亦「人生得意須盡歡」，「十千沽酒莫辭貧」之意也。

十一月十三日　天氣：半晴

今日接學生劉子忠自萊陽來信，云軒兒南來事，惟行路手續不易辦理，刻正在設法，如辦妥即可南來，其寄信時迄今已二十餘日，軒兒仍未來，諒此次又無望矣。

十一月十四日　天氣：陰

文彬已考入西北工學院，屢來函向余求接濟，余其舅也，義應助之，乃阮囊蕭瑟，實愧無力，兩月前曾於阜陽電匯給國幣千圓，而以交通閉塞之故，今日接其來函，未曾收到該款，離亂之中一切無保障，諒此款已付諸流水矣，是余艱苦節省半載所積者，目前手中空乏，交通益多阻難，余對文彬愛莫能助，只心中惆悵而已。

十一月十五日　天氣：陰

午後小雨一陣。今日文彬來信，言其目前患疾，又無冬衣。噫！時局如此，交通阻梗，軒兒困於萊陽，余不能教養之，終日憂心在頭，而對文彬亦接濟不及，接其此信又曾我之憂愁矣。

十一月二十日　天氣：晴

數日前胸中得句，今日措成之，為七律一首：

一年又到暮秋時，客境蕭條百感思，潦倒半生季子淚，悲歌七嘆杜公詩，
青霜連夜摧孤樹，黃葉墜風戀故枝，運厄早灰進取志，日將世事卜歸期。

十一月二十二日　天氣：晴

今日見郭生持書一冊，余無意中接而閱之，乃吾梁師所講之「朝話」也，本書為去年再版，係黃同學聽講筆記，經梁師所閱者，內容多半余往日聽師所講過者，今見此書，焉而不借而敬讀之哉？讀之猶如面聆誨訓也，噫！世道茫茫，吾何日得再見吾師以受教哉！

十一月二十三日　天氣：晴

舊屬張仁賢今日來訪，伊於民國三十年投考軍校，自萊陽起身南來，是余所保送，並促其深造者，而今已畢業矣。光陰如流，後輩轉眼成人，而吾軒兒困於陷區失教失學，誤卻青年矣。

十一月二十四日　天氣：晴

張仁賢返其寓所，向余辭別，付以路費二百圓。

十一月二十五日　天氣：晴

女生有回萊陽復返者，陳說其在路上遭敵拘留，抵萊陽又被匪所執，及最近敵寇到吾鄉掃蕩種種消息，余聞之愁腸百轉無可奈何，余厭於聞家鄉事，蓋深知無可喜之消息也。

十一月二十六日　天氣：陰雨

冷雨淅瀝有值星期，與振西飲酒數杯，臥榻擁被，信手翻書而閱之，閱韓非子一段云：「境內之民皆言治，藏商管之法者家有之，而國愈貧，言畊者眾，執耒者寡也；境內皆言兵，藏孫吳之法者家有之，而國愈弱，言戰者多，披甲者寡也」。就而今國內之情形，可改之曰：「上下官吏皆言道德，喊禮義廉恥者俱能之，而世風愈偷，欺人者多，實踐者寡也。上下官吏皆言抗戰，喊救亡啚存者，俱能之，而國勢日急，自私者多，為公者寡也」。

十一月二十七日　天氣：陰

數十年來道德淪敗，國勢日蹙，遂有恢復舊道德之提倡，而今講道德之聲調高於古人，古人之垂訓，今人猶嫌其不足，口講筆書作種種道德言論，過甚其辭，無微不至，自以為教古人為進步，而其實大而無當，徒落空談，知而不行，則雖巧言妙語，天花亂墜，亦無補於世道人心，如此則能實踐陽明先生「知行合一」之訓，實足以救時弊矣。陽明先生之正宗，一傳之於劉宗周，再傳至於黃宗羲，開花結果，散播至廣，朱舜水將陽明學說傳入日本，與武士道精神相結合，而成為日本之國教，因而成為東方之強，其暴橫，固為是非，而其能採取陽明學說，力行不苟，不得不佩服也，中國先哲之訓，吾人放棄之，而為外人所實用，可嘆也哉！

十二月二日　天氣：半陰

清晨與振西飲酒一壺。淪落異鄉，孤苦鬱悶，惟詩酒尚可薄解憂思耳。杜工部詩云：「寬心應是酒，遣興莫過詩」。此中趣味余久得之矣。

十二月七日　天氣：晴

源溪信手寫字，書一聯云：「樵語落紅葉，經聲留白雲」。因聯想及曩日在某處曾見一聯云：「詩思竹間得，道心松下生」。此皆佳句也，如此佳句，大詩人一生之作品，雖或有勝於此者，然亦不多得也。

十二月八日　天氣：晴

即墨學生趙殿玉請假歸省，今日起身，向余告別，云月餘必返，余復託其於可能範圍裏領軒兒南來。噫！前此劉生至萊陽親見軒兒，而以行路手續問題，竟未能偕來，今趙生距軒兒之寓處二百餘里，天下事恆出人意料之外，其或有濟乎？雖明知無望，而亦不得不盡心也。

民國三十四年歲次乙酉

元月一日　天氣：晴

元日上午九點，本校與所在地協興、長官兩鄉公所，合併舉行元旦慶祝大會，地方並演土戲，下午全體同仁聚餐，夜間觀街巷提燈會。

元月二日　天氣：陰

今日尚是新年假期，清晨酌酒一杯，於火盆燒銀杏，作肴飲之，醉醺醺一日忽過也。

元月三日　天氣：晴

今日正式上課，上午接到勉仁書院寄來師友通訊一冊，內載梁師所講，中國對世界何所貢獻，及熊師十力先生所講之理智與感情，余沉心敬讀之。

元月四日　天氣：晴

接到文彬來信，九月間余所電匯之款，伊上月始接到。又五日前託牟生捎款付趙若晨，牟生今日回，款已付妥。

元月五日　天氣：晴

接學生蕭秉一自貴州桐梓金家樓海軍學校來函，報告其到校一切情形，高興之意溢於言表，囑余「不必掛念」。讀其信，其天真活潑之度如在吾目前也。

十一、抗戰結束 神器易主

王道主義以文德武功安天下，為人類造福，文以導善，武以征暴；舜典云「柔遠能邇」，對於遠國則和而安之，對於鄰國則親而撫之。內外名稱，雖有華夷之別，而一視同仁，敵友親疏，以文野而別，不以族類遠近而別；不可以文教理喻者，始以武力懲其罪惡，苗族昏亂無道，大禹誕敷文德以化之；商湯與葛國為鄰，曲盡資助之誼，而「葛伯仇餉」，益加暴橫，湯乃征之；大學云「平天下在治其國」。國治自強，始能屹立於世界，與列強並駕齊驅，主持天下和平。如不能自強，而依賴強國之援助，以苟延殘喘，所依之國衰敗，再令謀東主，仰人鼻息以求憐，此真可哀之事也。如列強有王道主義，「興滅國繼絕世」，抑強扶弱，則國際間有公理存在，天下安靖。然而今之列強，則肆行侵略主義，勢均力敵者，以武力相對峙；扶植弱小者，為投資以營利；弱國之能存立者，一則為兩虎相伺，各恐食不下咽；再則為其國當局賢明，有自治之力。惜我中華泱泱大國，七十年來，內亂外患不能自治，引敵國以助內訌，而今只落到「自鄶以下」（左傳襄公二十九年），不值一譏之地位。

民國三十年，日寇炮火在中國正瘋狂之時，蘇俄與日本訂立友好關係，一面示意於日本，不要對俄有所顧慮，可以積極侵華；一面協助中共，擴展武力，準備奪權；中共之首長集團，則在中央討取時機，滋長勢力。十五年前，汪兆銘在武漢主持聯俄容共，而今則受日本利用，成立偽政府。彼或以為共黨真與中央合作抗日，故又倡出「和平反共救中國」之口號。日本雖與蘇俄結好，只是為侵華方便，臨時之計。日俄聲稱友好，中共雖有抗日口號，日寇與中共，未有直接硬性之衝突。其實日本當局並不傾向共產主義，故不反對汪兆銘之反共口號。中央容共抗日，其實共黨是假作姿態利用機會，發展勢力；故日寇、偽軍、共軍三方面不約而同，向中央所號召之抗戰部隊進攻，而抗戰集團本身不能和協，問題多端，如此國運陵替，大局阽危，在抗戰未結束之前，已現惡兆。

自三十年十二月，日本發動太平洋大戰，英美對日宣戰，日本造成必敗之命運，三十四年八月六日，美國投第一顆原子彈於日本，蘇俄見日本即將潰敗，遂即於八日對日宣戰，日本投降，俄軍進入我東北日本所佔之九省。日本偽造滿州國，十餘年來，榨取人民之脂膏，所建立之工廠及一切物資，被蘇俄搶掠一空；三十五年三月，俄軍自瀋陽開始撤退，中央乃派大員陳主管率軍至瀋陽，同時共軍亦進入東北，佔領長春、龍江各要鎮，東北偽軍及地方武力盡被共軍所收沒。中央軍亦有能戰之將領，例如陳明仁在遼西四平街之戰，便是一例，然而司令官運用不善，人事不協，自相分裂，終於潰敗，共軍遂奄有東北。

日本投降之初，兵役部政務次長秦德純，對中共有兩項建議，茲錄其所著海澨談往所載如下：

「抗戰勝利之初，我曾先後對當局提出兩個建議：一是慎選接收人員；一是收編抗戰地方部隊。當時我提出淪陷區的接收人員，必須遴選公正廉明，潔身自好，富有國家觀念的有為之士。因抗戰八年，物資缺乏，生活困苦，以往奉公守法的公務人員，往往變節。此種貪污瀆職的不良風氣，萬不可帶到平、津、滬、漢及其他收復地區。因淪陷區的民眾，受盡敵偽壓迫，今重現漢家威儀，誠大旱之逢甘雨，如接收人員行為不檢，恐在接收地方，使政府失調人心。蔣主席聽了我的意見，頻頻點頭，並將要點寫在手冊上。到後來接收人員奉公守法的固然不少，但貪贓枉法的似乎更多，使得淪陷區的人民怨聲載道，民心解體。勝利後政府的決策，對抗戰時期地方人士所組織的武力，究應收編，抑是解散？還未決定。一般桀驁者率部投共，順馴者一走了之，最後部隊還是歸共黨所有。如東北的偽軍和地方抗日部隊，以及魯省的抗日游擊部隊，無不為共軍所收容，致令共軍坐大。我軍失敗的因素很多，但從純粹軍事觀點，敵我軍方消漲一面看來，聽任游雜部隊投共，不能說沒有重大影響」。

就魯省而言，抗戰初期，地方游擊隊不下五十萬，虎狼雖猛，而游擊戰術不劈其頭，而敢截其尾。共軍則藉抗戰名義，與敵人不謀而合，晝夜輪流攻打地方抗戰部隊，地方部隊多被共軍人海戰術所擊敗。共軍便衣隊密布鄉間，並脅裹民眾供其驅使，被擊散之士兵，有家難歸，輒被共軍繳械收編。就魯東而言，張天佐、張景月、趙保原等，在敵共夾攻之下，直撐至敵寇投降，抵抗共軍仍然綽綽有裕。

然而中央軍事大員，輕視地方游擊隊，抗戰既結束，以其無存在之必要，加之以綽號曰「游雜部隊」。游擊隊士兵對此綽號感到厭惡，以為稱我們為「油炸部隊」。蓋因我們衣服襤褸，槍枝雜舊，我們在敵共交加之區奮鬥，物資缺乏，當然不及中央軍服裝之美，武器之精，對我們艱苦抗戰不表同情，反而罵我們是「油炸部隊」，太不應當。大員李延年（廣饒人）至膠東，對趙保原部隊訓話便謂「爾等游雜部隊，不要自以為抗戰有功，八年歲月，一切軍需，取自民間，可謂擾民，擾民者有罪，當受懲罰，不要認為此話太嚴厲，誰願投共黨，我不阻攔，再增多一百萬兩百萬共軍，我們中央亦不重視」！地方部隊，八年艱苦，聞聽此言，大為傷心，欲解甲歸田，已無家可歸，有的聽其自然，任大員處治，有的一走了之，有的無法可取，索性投共。趙保原、張天佐等，受大員之訓斥，只得聽候處治，但又不敢顯示消極，致軍隊解體投共，仍晝夜不懈，與共軍周旋。大員陳司令官金城，將趙保原部隊分散布置，拖長戰線四十里，被共軍分段擊潰，趙保原被困於膠縣城內，彈盡糧絕，大員擁兵自衛，不予援救，最後共軍破城，趙受傷自殺，團長牟峻峯被擒，共軍用鐵絲穿栓牟之肩骨，割取趙之頭，縛在牟之背上，敲鑼遊行，向大眾示威。

張天佐、張景月，八年抗戰，防守昌樂、濰縣，與敵共交鋒，身經百戰，敵人投降，陳司令官率正規軍駐濰縣城內，此城規模頗大，商業繁盛，司令官命張部撤出城外，作正規軍之外衛。共軍注力進攻，張部晝夜苦戰，食宿俱在戰壕之內；城內正規軍之米麵堆積成陵，司令官謂：「張部乃地方部隊，食糧當由地方供給」，而地方已被共軍封閉，食糧無來源，官兵吃豆滓以延命（黃豆榨油之後，所餘之滓，壓泥成片，俗名豆餅），軍隊飢餓傷亡，共軍逼城漸近，城內恐慌，司令官調張部入城助防，正規軍守東城，令張部守西城，某夜東城危急，司令官命張天佐率軍助守東城，東西兩城相隔中間一條河（白狼河），張之軍隊走到橋上，東城忽然開機槍猛擊，張部官兵死亡二百餘人，當時只得停止前進。有人謂司令官之軍中有間諜造此慘案；司令官則解釋謂此乃意外之誤會；仍令張部協助防守東城，自此城內充滿恐怖；不數日共軍攻破東城，張天佐力戰殉難，陳司令官率軍投降，有人謂：陳司令官即共產黨之間諜；有人謂：國共合作，陳金城乃國民黨之官員而為共產黨辦事者也。昌、濰突圍之官佐三十餘人逃至青島，爾時我為青島市參議員，提議慰問昌、濰突圍之軍官，在迎賓館設筵款待，並邀聊城突圍之司令王金祥列席，中央視察員朱家驊到場聽取昌、濰軍官報告昌、濰此次戰役之經過；以上所述昌、濰失守，張天佐殉難、陳金城投共總總情節，及昌、濰突圍之軍官所陳報之事實。最後，我問王金祥司令：「你在聊城被困，為何能守一年餘」？王答云：「聊城內如有中央大員如陳金城者，我便守不住，定然與張天佐同樣下場」。魯東地方抗戰部隊，至此已泯滅無踪，同時其他地方部隊被消滅之情形，亦與上述所列大致相同。

再談接收敵產問題，日寇在中國用「以華治華，以戰養戰」之策略，除利用漢奸作亂而外，一面劫掠人民之財物，屯積於都市，一面運用華人之勞力，開設工廠、商行剝奪中國人之經濟，財物積聚於都市據點，此即所謂敵產。敵人投降，官員進入都市，除少數奉公守法者而外，多為攫取敵產而奔忙，甚至將與敵偽有關之商店，改換門面名號，暗中作庇護人以牟利，種種手段，局外人不詳。例如：青島市，敵投降，我方政務人員先進市內，而後黨務人員繼之，各以公事名義，私人先行接收一番。偽市長姚作賓（四川人），在青島祖居三世，動產與不動產，富甲一方，家中珠寶玉器，古董字畫，收藏甚富，官員進入市內，姚家便被抄，據一參與其事之士兵言：「姚家之金器頗多，其圓桌面亦係黃金造成，在地窖挖出金元寶數箱，隊長之勤務兵，當時乘隙盜取十餘顆，事後隊長知之，亦不追也；挖出之銀條，外色灰暗，皆認為是鐵類，棄而不取」。余曾見一官員廳堂之壁間，懸掛岳飛所書之長條一幅，左邊附有清湖廣總督畢沅所寫之楷書跋語約百餘字，有人云：此名貴之品，亦係姚家之物。後來上峯設立「青島敵產處理局」，由「行政院青島辦事處」處長程義法兼任，此時敵產物資，鼠竊狗偷怠盡，惟不動產多數未遭侵沒。市民八年受敵偽統治，欲加之罪，何患無辭，局吏表示盡職，清查商家，凡有積存貨物者，輒疑其與敵偽有關，多遭無辜之處罰。局中某組長得密報：敵將一部分汽車埋藏在市外某處，組長遂僱工挖出小客車五十餘輛，收為私有，在市內開設汽車行，作運客生涯。後來青島黨政兩方，因接收之故演成糾紛，兩相結怨，到中央祕密互控。後來中央「敵產清查團」到青島，團長郭仲隗執行任務；侵蝕敵產之官吏，各自竭力泯滅事跡，已無證可查；只在黨政兩方逮捕罪狀顯明者各一人，交法院審判以結案。上海關於接收之怪事尤多，敵曾佔據之各都市，皆有此類新聞見於報章。

官方接收人員之心理，蓋以為：既名之曰敵產，吾乃抗戰人員，應該有所收穫，且陷區內，敵產之數目，中央不知其詳，我受命執行接收，利權在手，等於劊炙到口，美味下嚥，分所應爾，手術在我，上峯不能知也。接收人員此項作為，未必共謀，但大員飽大囊，小員飽小囊，彼此心照不宣，利害相關，甚至互相掩護。間或亦有同夥之中，因所得多寡懸殊，有人忿而放棄，以清白之身，向上峯告密，徐州便有此事發生。不負接收任務之官吏役屬，了知其中之黑幕，遇有良機，亦有不肯放棄，而順便偷嘗一臠者。「敵產」係敵寇強掠壓榨而來，易言之，「敵產」亦即陷區人民之脂膏與血汗，然則敵產當作何用途？當局者自有合理之規定，諺云：一切事「要使人不知，除非已莫為」，敵產既遭貪官攘竊，種種可笑可恨之鬧劇，民間皆知，都市人民，以在敵寇統治之下，曾不得已而作順民，今政府復員，得到安定，於願已足，無權過問敵人所榨去之財產；鄉村人民則以為敵人敗走，不再來殺掠，已為大幸，被劫去之財產，甘認損失；人民此種態度，出乎自然之心理，並不因貪官之侵吞敵產，而怨及政府。敵產由敵人搶奪而來，貪官認為此乃敵寇之贓物，我自敵寇手中接來，扣取所得，有何不可？所以其侵占行為，心中坦然。然而此種腐敗行為，益滋共黨攻擊政府之氣焰，及大陸變色，貪官所有之贓物，一切皆空。

再談正規軍潰散之實況，孟子論兵云「天時不如地利，地利不如人和」（公孫丑篇），民國十七年後國民黨居正統執政，政府曰國府，或中央政府，軍曰國軍，或中央軍，亦即所謂正規軍，全國要區重鎮，皆由中央所屬正規軍駐守，正規軍天時地利之條件俱全，惟將領賢愚不齊，同床異夢，人不能和，被共軍各各擊破，遂至淪敗。

例如三十六年五月，魯南沂蒙山區會戰，第七十四司與共軍苦戰，而第一百師師長李天霞則在旁按兵不動，坐山看虎鬥，以致七十四全軍覆沒，師長張靈甫及高級軍官在孟良固（在蒙陰縣）自殺殉職，諸如此例頗多。

又如王耀武（泰安人），率大軍（第七十七軍）駐濟南，並任魯省主席，而庸愚低能，有軍隊亦不能作戰。有吳化文者，原為韓復榘之手槍旅旅長，抗戰時期為山東保安師師長，在敵共雙重攻擊之中身經百戰，此時駐濟寧、兗州，在王耀武指揮之下，乃唯一無二之健將，共軍攻濟南，王耀武調吳化文解圍，共軍遂即攻吳之根據地濟寧，吳反攻濟寧，共軍又圍濟南，王又調吳反攻濟南，如此再三往復，吳軍疲於奔命，濟寧失守，吳乃固守兗州，共軍進攻失利，遂又包圍濟南，王又調吳應援，吳此時如戲劇中之「秦懷玉殺四門」一般，濟、兗兩大據點，何處危急，皆須吳主動應戰，共軍龐大部隊，加以人海戰術，俗云「一虎南敵群狼」，共軍注力攻吳，聲東擊西，最後，乘吳東援濟南之時，圍攻滋陽，吳回師營救，途中被截擊，滋陽遂被攻破，吳之根據地已失，軍眷及軍用品，盡被共軍所得。共軍遂乘勝迅速攻下濟南，王耀武逃走被俘，其軍隊或降或逃，一哄而散，吳已困在共軍之掌中，最後亦只得投降。事在三十七年九月。

此時山東只有海陸空軍基地青島市，尚未丟失，濟南淪陷，官員多向青島奔逃，王耀武化裝為苦力病人，破衣垢面，覓得一輛農人所用之單輪柴車，敧坐其上，由其勤務兵向青島方向推行，偽稱為兄弟二人，行至濰縣，路人照例受共軍檢查，檢查員並不認識王耀武，但檢查其車，搜出黃金若干條，於是王耀武遂被扣留，結果真相已露，身分已明；據說被押在磨房，罰其碾麵粉，作苦工。

三十七年中央改革幣制，八月發行「金元券」，收兌法幣、外幣及金銀，民間之金銀首飾等物，俱須到銀行兌換金元券，私藏金銀者有罪。濟南中央銀行，收集之金銀堆積滿庫，共軍攻濟南，旦夕可下，各校俱停課，官方組織青年學生，協助軍隊防衛城區，人心皆知濟南難保，省議長裴鳴宇，向中央銀行建議：將庫中黃金分發與學生攜帶，萬一城破，各校有負責人預定學生於某處集合，黃金必可保存一部分，如不然，共軍破城，金必盡失。銀行負責人不以為然，謂：金被共軍搶去，我有理由報銷，若學生將黃金遺失，不能收回，我則不敢負責。裴之建議未行。城破之後，全被共軍收沒，銀行負責人亦被殺。

正規軍居正統，勢力浩大，武器充實，當可擊敗共軍，無奈將領不合作，且共黨機巧，滲透於各階層，祕密工作，當局者不能察覺，甚至信而不疑。例如三十六年七月，軍長李彌率領第八軍駐守山東臨朐，共軍陳毅等傾力猛攻，終被李軍與地方部隊張景月等所擊敗，陳毅殘軍，退於黃河北岸，膠濟路完全打通，共軍撤離山東，當時中樞招集國防部負責人會議，次長秦德純（並代理部長職務）說「共軍不肯放棄山東，因為抗戰初期，共軍在魯東、魯南山區及黃河北岸，都建有根據地，現在其軍隊雖撤走，而其政工人員及土兵，仍隱藏各地，暗中活動，如我軍撤走，地方人力仍被共方控制，其軍隊如捲土重來，山東將非我所有」。而作戰廳次長劉斐則反對秦之意見，強調說明「匪軍已受重創，必然放棄山東，我方大軍應轉調其他戰場」，中樞不知劉斐為共黨工作人員，竟決納其言。散會後，秦指責劉斐蒙蔽領袖，然竟想不到劉為中央軍事要員，竟是共黨之高幹。秦著海澨談往，曾詳述此事。

上述劉斐之建議，乃「調虎離山」之計，大軍離山東，共軍遂集力回頭反攻。三十七年九月，佔據濟南，共軍並有蘇俄之援助，聲勢大振，各處積極向國軍進攻，於是錦州、瀋陽、長春相繼失守，十一月徐蚌會戰開始，黃伯韜、邱清泉兩軍血戰，其他部隊在旁作壁上觀，十二月徐州失守，黃將軍自戕，邱將軍亦殉難。三十八年一月，天津、北平相繼失守，中央政府遷往廣州，四月共軍全面攻擊，並由荻港渡江，大勢已去，國軍遂放棄南京、上海，共軍所至，如秋風掃落葉，無抵抗者，惟太原部隊堅守對抗，抱不成功便成仁之決心，戰至最後，五百人不肯屈降，全體自殺殉職，事在三十八年四月二十四日。六月九日，放棄青島，華北已全部淪陷，十月政府自廣州遷重慶，十一月重慶淪陷，十二月，政府遷設台北，於是神州大陸，變為朱、毛之天下。

溯夫共軍為新興之力量，朱、毛志在得天下。其諸多軍事頭目亦皆積極立功，以期封侯，而且連年來荼毒人民，身負重罪，一日失敗，何處逃生？不得不拼力為其集團効命，故能同心合作而達其所願。正規軍則不然，名義統一，而不合作，忠節之軍帥，寥若晨星，照事實看來，一般將領之心理，蓋以為中央乃正統，掌全國軍政大權，共黨乃叛逆，決不能成功；中央軍精銳部隊甚多，必能克敵。在此敵焰熾烈之下，我不必冒險而攖其鋒，只要保持勢力地位，大亂平後，我不爭功，亦不失富貴，並且早有準備，最大失意，不過還為庶人，亦可安然優閒，而渡此生。此類種種心理，各顧自私，一盤散沙，故戰火激烈，互不相援；敵兵來襲則逃避，甚至潰散；如此無意之中，助共軍成功，結果，前者之一切妄想，盡成虛幻。

野史之論

野史氏曰：道光二十二年鴉片戰爭失敗，喪權辱國，亂兆已萌，洪秀全等，乘機起事；易於引起一般人應合之理由：即以清帝為滿人，奪取明祚，「揚州十日，嘉定三屠」，舊愁未雪，「忍令上國衣冠淪於夷狄，相率中原豪傑還我河山」，金田起義，「所有歸順之良民，即是軒轅之肖子」（石達開檄文布告之語）。秀全之兵馬，自粵桂進入湖南，發此布告，遠近震驚，入夥投效者日增，其布告宣言乃假借民族思想，期德知識分子之同情，但其基本人物，如楊秀清、秦日鋼等，皆係粗獷之工人，並非知識分子。秀全在六年前落第失意時，閱讀基督教書，乃捏造升天見上帝，奉命為真主之神話，創「上帝會」，利用基督教以聚眾，自稱為上帝之次子，稱耶穌為天兄，至此勢力壯大，咸豐元年號稱太平天國，三年定都南京，自稱天王，兵曰天兵，將曰天將，既揚威得志，乃顯出其真面孔，略舉其事如下：

（一）破壞中國文化：為報復昔年三次落第之恨，謂：「中國聖人及佛、道所傳之教，皆為妖邪，科舉登第者為妖人，信妖道及藏妖書者皆問斬。天父及太子耶穌、次子秀全，方能救世。以此控制思想，竭力破壞中國文化，非天王所定之書，一概焚毀，鎮江文宗閣、江都文匯閣，所藏四庫全書，盡付一炬。所至之處，先毀孔廟，學宮、寺廟俱不能免，如南京名聞中外之琉璃塔，及一切古蹟，皆被砸毀。

（二）官吏之多，史無前例：有正副軍師、主將、天將、神將、朝將、正副丞相、檢點、指揮等名目，侍衛將軍以數百計。東王府執事委員，三千餘名，天王府之侍從，儀衛更多；各王府宮中，皆有各種女官。中央如此，地方更甚，每縣之大小官員約近萬家，大都為地痞流氓，豢之以民脂民膏，充作爪牙」。

（三）以武力統治：上自中央下及地方，幾乎一色為武職官員，兼辦政治、財政等事、一縣分五軍、每軍一萬三千一百五十六家，每戶出一人為兵卒，雖謂徵兵制，實際為強迫。

（四）虜掠童子充作新幹部：所至之處，必將童子盡行虜去，因其易於訓練，可成為忠實爪牙。故太平軍晚期之幹部，多是早年所虜之童子。楊秀清則選秀美之童子，動「割勢手」，充作太監，死亡者甚眾。

（五）控制財產：舉兵之前，凡加入上帝會者，必須交出所以有財產，如個人脫離團體，便無以為生。舉兵之後，告誡部眾，須將銀錢看輕，不分你我，當共有共享。所至之處，掠獲財物，當交歸「聖庫」，不准私藏，以防逃亡或腐化，有各種典庫官員，掌管配給，使人人飽煖。謂：乃天父之大家庭，有田同耕，有錢同用，務使天下人共享天父之大福。

（六）摧殘女權：中國倫理社會，男女平等。秀全據其宗教說法，謂：男女同為天父之子女，男皆兄弟，女皆姐妹，無尊卑之分。舉行婦女科考，任婦女以官職，軍中有男將女將，男營女營，此項措施，似乎男女平等；但後來為防止影響軍心，乃拆散家庭，將婦女一概歸於「女館」，派禁卒看守，規定男女界限極嚴，夫探妻，子省母，只得在「女館」門前問答，聲音要響亮，不准私語，男子如入「女館」，處重刑，謂：此乃創業之初，須先國而後家，先公而後私，只圖目前之樂，不是真樂，待天下太平後，已婚者方許相聚，未婚者方可取妻。將婦女集中於「女館」，使之作各種勞工，以固其心，實直等於「人質」，其用意在控制將士之眷屬，以繫絆軍心，使之不敢叛逆。軍中男女分別雖嚴，而各王則盛置姬妾，宮中女官以千計，除石達開而外，秀全為最清廉者，姬妾只有八十二人。後來高級幹部因夫婦不得團聚，私逃者多，始改變前制，未婚者可認意擇配，多者可取十人八人。

（七）殘暴酷刑：天王所定之法曰「天條」，「天條」苛虐，幾全屬死刑，輕者枷杖，重者斬首，更重者「點天燈」（用紙張棉麻將人包裹，用油澆灌，再倒置之，自足部燒起，燒盡為止），又有「五馬分屍」、「飛吊」、「火烙」、「割肉」、「鑽膚」、「抽腸」，種種苛刑；行刑之時，鳴鑼集眾，先聽「講道理」，再宣布犯人之罪狀，然後當眾執行，如有近世之「公審」。

（八）以殺人為能事：太平軍破城之後，必大殺三日，被害者不必為滿清官兵，晚期變本加厲，李秀成治軍有嚴明之稱，咸豐十年至無錫，屠殺男女老幼十九萬七千八百餘口；次年至江西，焚掠瑞州，一片焦土，忠王部下如此，其他可知。

總之太平天國，乃一暴力集團，橫行十五年，造成空前大劫，曾國藩克復江寧摺云「洪逆倡亂粵西，於今十有五年，竊據金陵者十二年，其蹂躪竟及十六省，淪陷至六百餘城之多」。當鴉片戰爭失敗之時，英兵橫行廣東沿海，人心惶惶，洪秀全乘時機，藉上帝會嘯聚群眾，以洩落第之恨，官兵不能敵，遂得意忘形，作皇帝美夢，自稱「萬國真主」，野心妄為，禍害人群。咸豐五年，即太平天國五年，已有人評之謂「所言責教人為善，所行則窮兇惡極」，藉「神權」、「極權」為統治技術，以殘害人民，無非快自己之雄心，滿私人之欲望，造成血染大地，冤魂遍野，空前之浩劫。

清軍之基本將領，意見齟齬，雖有大兵而不能克敵，幸而清廷猶能發動新力量，信任地方志士，組織民兵，湘軍、淮軍，平定大難。有人統計，太平軍所殘害之生靈，至少有二千萬至三千萬之數，長江下游各省受害尤烈，幾乎無地不焚，無戶不虜，死亡殆盡。佔據南京之後，外則縱兵殃民，荼毒蒼生；內則腐敗荒淫，爭權鬥爭，自相殘殺，於是令人啼笑皆非，可恨又可笑之一場鬧劇，化為泡影。

太平天國之史，及民國前部史之縮影。以民族主義為號召，而又假借外國思想，以毀壞中國文化。洋化思想之領導者，自民國八年文學革命開始，主張打倒中國文化，全盤西化，乃發展而為家庭革命、社會革命，以至「文化大革命」，將中國文化施以普遍澈底之摧毀，至於官員之繁，刑罰之殘，以至其他種種，較天國又增進若干倍，且更新創造之各種奇法嚴律。所不同者：天王最初雖與美國傳教士羅孝全等曾短期相處，然未受其影響，因天王是帝王思想，宗教信仰淺薄。民國人物，喜勾引外力以助內戰，中共與俄共同一祖師，且蘇俄見有大利可圖，故幫助毛王奪取政權。又天國之時間短，紅朝之時間長；天兵蹂躪半壁河山，紅兵則血洗整個大陸；天王殺人三千萬，毛王則加倍而已，此其大較也。

草野閒話

草野之人，見聞窄狹，知識淺薄，不能知國事之內幕，不能知當局之心理，只就顯而易見，人所共睹之事實，在山村茅舍，暇時閒談，直言無隱，以抒感慨。登州諺語云「朝廷爺也難免背後有人說話」，又云「萬歲爺不怪草民之言」，豈但不怪，而且採納民意，聞過則改，故詩云「先民有言，詢于芻蕘」（大雅板篇）。

舶來品到中國，每為不善之變，耶穌之基督教，變為洪、楊作亂之工具，自由平等之思想，變為無天無法，各不相下之武人角鬥；馬、列共產主義，變為芻狗之人民暴力集團。鴉片戰爭以前，四海清平，清末政府腐敗，引起革命，民國成立，喪亂愈甚，當路諸公，稱兵構怨，爭相長雄，軍閥混戰，南北火拼，鬩牆之爭，為禍已烈，更何堪引賊入門，舉火自焚，以洩一時之憤，卒使浩劫瀰漫全國陷於泥犁之中，誠如孫總理所云「去一滿清之專制，轉生出無數強盜之專制，其為毒之烈，較前尤甚」！（心理建設自序）。

洪秀全之亂，西后慈禧正在英年，尚未昏憒，秀全假借民族主義以作號召，清兵不能敵。曾國藩練成湘軍，屢戰屢勝，清室近臣諂佞之輩，進言謂：「洪秀全反清，曾國藩亦漢人，而受命統帶數十萬大軍，恐非我大清之福」！慈禧厲聲言曰「我們自己能打，就不用曾國藩，那一個能去打」？諸臣暗然，慈禧又曰「自己不能打，又不用曾國藩打，豈不故意使叛賊成功」？曾國藩聞訊惶恐，乃再三託故辭職，清廷慰勉有加，信任愈堅。倘慈禧無明決之才，聽信諂佞之言，則清室在咸豐年間即倒閉矣，故主持國事，非庸流所能勝任。

物必自腐，而後虫生。南宋奸臣通敵，殺害忠良，內訌而亡。南明奸臣，愚弄幼主，排除異己，亦內訌而亡。太平天國，諸王爭權，分裂而亡。清末西后昏憒，虐待嗣君，皇族分裂而亡。民國南北分裂，北政府軍事首長，各自為謀，力量渙散而亡。南政府，初則容共與反共分裂，繼之七七事變，日寇欲滅中國，投敵與抗敵分裂，兩相敵對，卒之兩敗俱傷，共黨得勢，大陸變色，朝代更易。

荀子君道篇，講元首用人之道，臣道篇將君臣各分三等，下等軍用下等臣；下等臣「偷合苟容，以持祿養交」，下等君受其媚惑，於是昏君佞臣，相資為惡，而亂作矣。古諺云「上君以師為友，中君以友為友，下君以奴為友」（韓非子外儲左下，有與此相類之言）。

英明之君，不但知人善任，而且能察納眾言，集思廣益，眾言紛紜，何以選擇？此中有其要訣，即伊尹所謂「有言逆于汝心，必求諸道，有言遜于汝心，必求諸非道」（尚書太甲）。平庸、昏闇之君，反對逆耳之忠言，喜歡悅耳之諂言。頌主君之德，訐他人之短，以表其忠，作君之特務耳目，讒諂面諛，巧言逢迎，君遂信為心腹，而成為當朝之權臣，韓非子比權臣為猛狗，並舉一喻云：宋人有賣酒者，酒美價廉，營業甚盛，其後無人來沽酒，業遂衰，察其故，乃因家畜猛狗，顧客來，猛狗拒之於門外，「夫國亦有狗，有道之士，懷其術，而欲明萬乘之主，大臣為猛狗，迎而齕之，此人主之所以蔽脅，而有道之士，所以不用也」（外儲右上）。孟子云「與讒諂面諛之人居，國欲治可得乎？」（老子篇）；豈惟不能治國，且足以亡國也！李蓮英為那拉后之猛狗，將光緒帝逐至瀛台，而清朝亡；雷震春為袁項城之猛狗，將蔡松坡逐至雲南，而袁氏亡；以下尚有此例，不多述。

革命之意義，在乎復興國家。南北起義革命之初，成功與否，皆無把握，初步之目的，首在打倒滿清，清室起用袁世凱掌兵征伐，袁氏內則竊權，外則聯絡革命軍，結束清朝之命運。革命諸公初步之目的已達，進一步，為國之計，應當如何？大概嘉謨良策，已在胸中，尚未表現，而外觀所見之事端，則為國都問題，北人主張以北京為國都，南人主張以南京為國都；此一問題，似乎至為重大，故始終在爭執之中，及北軍垮台，南軍自然建都南京，稱為中央政府，取消北京名稱，蓋以為國家京城，只可有一，不可有二，以示統一。因此，北京大學之名稱，亦須將「北京」二字改為其他字樣，學生認為此乃江湖術士「姓名學」之迷信心理，所以群起反駁，始作罷。其實，宋以大名為北京，以商丘為南京，明朝亦有南北二京，無傷於統一。七七事變，北派漢奸在北京成立偽政府，南派漢奸在南京成立偽政府。抗戰結束，中國還回南京，討論國是，又提出國都問題，仍為南北之爭，結果中樞堅持仍都南京，黨國元老張繼一怒而去，曰「建都南京，非敗亡不可」！竟不幸而言中。

中國倫理，忠君愛國，一貫相承，君為國家元首，負保邦安民之責，故忠君即愛國，愛國即忠君；除應天順人革命而外，若犯上作亂，即為叛國殃民之亂臣賊子，人人得而誅之。民國以來，一切革新，傳統之倫理思想以被革除，崇尚平等自由之權利鬥爭，思想紛歧錯雜，行為任所欲為，言語信口雌黃。袁項城既當總統，而又欲作皇帝，新時代亂流自此開端，國家主力分裂，軍閥割據，南北之敵對更甚，罔顧國體；自力不足，則聯俄容共，然而蘇俄志在漁利，共黨志在奪權，二者互相利用，不但無助於北伐，而且專伺機緣，到處製造事件，擾亂社會，以遂其陰謀；國民黨之主席汪兆銘主持聯俄容共之政府，而反對北伐；北伐成功，中央政府成立，共黨之羽翼已豐，汪政府又合併於中央，後來又欲獨自組夥與中央相對，失敗後，又回中央。七七事變後，遂投敵，又持反共之口號，成立偽政府，與中央容共抗日相敵，似此反覆無常，謬妄之行為，有何思想可言？只有思權鬥爭之思想而已。此種黨國要人，為禍之烈，可勝言哉！思想錯雜，故言行乖戾；張繼、居正等，為國民黨之「西山會議」派，反對聯俄容共，其言論應為公正；然而抗戰時期，張繼在重慶某訓練班講話有云「中國近代的大漢奸是曾國藩」，其話意明言洪秀全是漢人反清，曾國藩不當出而平亂；如此顛倒是非，正義何在？時代思想錯亂，崇信邪說，故開門揖盜，詩云「君子信盜，亂是用暴」（小雅巧言），於是暴亂大作，焚燬文化，奪去主權，明末遺老朱舜水有云「近者中國之所以亡，亡於聖教之墮廢」（舜水文集卷九答安東守約書）；聖教即中國倫理思想之本源，亦即中國文化之本源，大陸浩劫，即從打倒聖教開始。

軍事家之戰勝攻取，是一種專門天才與學問，紙上談兵，無濟於事。古諺云「將在謀而不在勇，兵在精而不在多」，但有謀者運籌出奇，有勇者身先事卒，始能以少勝多，以寡敵眾。將帥若不能以身作則，徒恃權柄以行事，則素日操練表演，徒具形式，及大敵當前，而兵不合作，號令無效，故左傳云「師克在和，不在眾」，又云「子為元帥，師不用命，誰之罪也」？（桓公十一年，宣公十二年）；自古名將治兵，嚴以自律，善於率眾，與士卒共甘苦，始能上下一心，戰無不勝，攻無不克。彼素日佩虎符，坐皋比者，擁帶大軍，聲威煊赫，尊榮之至，終年坐耗糧餉，一旦戰事來臨，制敵無術，驚惶失措，軍心自亂，不戰則已，一戰而潰。諺云「車隨馬跑，兵隨將走」，將勇則兵勇，故曰「千軍易得，一將難求」，此軍事首要之點。

經國濟世，必須賢能；賢能為人群中選出之少數人才，廣大人群，庸碌者眾，國策政事，須賢才之德慧，始能勝其任，非眾人所能為，眾人自知平凡，亦不願預其事；眾人之願望，只在國家清平，安居樂業，賢能之任務，即在達成民意此項願望。國安民樂，為全國一體共同之願望，賢能即可代表民意，賢者未必「能」，而能尊德樂道，示範於人群；能者未必「賢」，而卻為知識分子，有幹事之才。「堯舜率天下以仁而民從之，桀紂率天下以暴而民從之」（大學），人民不能對抗桀紂之暴虐，只得安之若命，湯武之賢能，始克率群眾除暴安良。故滿清腐敗，人民無辦法，知識分子革命，人民無意見；袁世凱作皇帝，人民無意見，軍閥割據，人民無辦法；南北政府，人民無意見。北方與蘇連接壤，人民耳濡目染，知俄國共產黨之禍，而南政府聯俄容共，人民無辦法；甲午戰爭，日寇沿海殺掠，舊痛未忘，而黨國要員，組織偽政府，助敵為虐，人民無辦法；廣州起義，作黃花崗烈士，人民願參加；文化大革命，作紅衛兵行兇，人民亦願參加；誰有力量領導，人民便跟誰走，李自成、張獻忠之陰狠多智，領導人民造成大亂；漢高帝、唐太宗之英明正大，始能領導人民開國家之新運，為天下人造福。

民國肇造，軍人群起，各省兵多馬眾，人民負擔繁重，各軍事首長，外表雖有共謀國是之議，而多懷異心，不顧大體，不能統一。昔宋太祖，軍事結束，置酒罷兵權；曾文正，平定洪、楊，茲遣湘軍；近則黃克強，於民國成立之後，自動解散其南京留守部隊，皆處理有方，官佐士卒，樂於解甲歸田，未生變故。北伐完成後，中央決議裁軍，十八年一月，成立「國軍編遣委員會」，各軍事領袖，多無裁軍決心，又以軍餉待遇不平為辭，而「編遣會」亦無編遣善後處理之方，是以又引起軍事分裂，內戰不已，日寇乘機而來。

西方諸國，自十九世紀至今，日益富強興隆；而中國則正相反，自十九世紀中葉以來，運命惡劣，步步下跌，陷於頹墮。外患自鴉片戰爭失敗，陸續而來，逐次嚴重；內亂更絡繹不絕，愈演愈烈。就民國而言：滿清雖然腐敗，民生痛苦未若民國時期之甚；然而軍閥相鬥，只是各路戰地受災害，人民有不願參加之自由，廣大群眾未被捲入漩渦。反日寇進據華北，陷區人民落為亡國奴，在塗炭之中掙扎，遂想軍閥時期，生活尚可安定。漢奸受日寇扶植，共黨受蘇俄唆使，雙方禍國殃民，及日寇失敗，漢奸隨之潛蹤，國家命運落在共黨手中，破壞倫理，拆散家庭，全民陷於苦海之中，不遭殺害，則被迫鬥爭，白骨成坵，碧血滿地，呼天天不應，呼地地不語，真所謂「上帝無言百鬼獰」（康南海詩）。日本雖為帝國主義，然不毀滅中國文化，只欲中國降服而已；馬列主義則要毀滅中國文化，製造流血鬥爭；此時人民又想到：日寇不及俄寇狠毒，作紅衛兵之牛馬，不及作漢奸順民。民國以來，真乃「每況愈下」也。

野史氏曰：塵世擾攘，興亡成敗，皆幻化無常，畢竟皆空，自當以夢境視之，何必苦苦有所求哉！黃帝金人銘云「強梁者不得其死，好勝者必遇其敵」，兩次世界大戰，皆強橫者所發動，結果皆敗亡，等於舉火自焚。強寇大盜，一面自掘墳墓，一面禍害群眾，眾人莫可奈何，只得「安之若命」（莊子人間事），生死禍福，聽天安排。盼望救星出現，而渺無踪影；詛咒暴惡速亡，而祈禱無應；所希望者不來，所痛恨者不滅，惟有真人能「兩忘」、「淡然獨與神明居」（莊子大宗師天下篇），故能超生死、脫煩惱、而翛然自如。

十二、小住青島 浪迹江南

青島位於山東膠州灣口北岸，為膠縣東南之半島，舊稱膠澳，所屬薛家島、陰島等區，皆為漁村兼農戶。現在繁華之市區，在百年前，本為海濱荒僻之地，為漁戶散居之所，而今前海涯太平路之天後宮，即昔時漁民所建者。與天後宮相對，以南二里許，有一青秀之小山，突立於海浪中，古名小青島，今之青島市，即以此而定名。

光緒十二年，出使法、俄、奧大臣許景清，建議闢膠澳軍港，以鞏國防，由海軍衙門議決，派水師提督丁汝昌、道員劉含芳等，先後蒞青島，相度形勢，劉含芳議先籌威海、旅順之防；又以西后昏憒，將海軍經費移建頤和園，遂置青島於緩圖。

光緒十七年，全權大臣李鴻章，與山東巡撫張曜察看海港，愈感青島形勢之重要，乃決定於此建設海防。張曜，河北大興人，咸豐時，辦團勇，擊粵捻各匪，有巨功，所部號曰嵩武軍，隨左宗堂平回亂於甘、陝，屢建奇績，此時巡撫山東，仍帶舊部，於是調章高元率嵩武軍四營，駐守青島，乃建總兵衙門於前海岸，西與天後宮相近，並於小青島、團島等處建築碉堡，遺蹟至今猶存。張巡撫治山東有善政，老殘遊記所述「莊宮保愛才求賢」，莊宮保即張巡撫，光緒十七年七月卒於任，公家於大明湖建張公祠以為紀念。章高元，安徽合肥人，為嵩武軍官，勇驍善戰，隨劉銘傳守台灣，中法戰役，大敗法軍。甲午之戰，守旅順，與日軍苦戰，身受數創。光緒二十三年十一月十三日，德國東洋艦隊司令棣利司，率艦三艘，泊青島，謊稱借地操練，（時清廷外交條約，准許外人借地操練），次日登岸，即佔據市外險要之地，列礮向總兵衙門示威，章總兵出而交涉辯理，不屈，被幽，並限我軍速退至滄口，嗣又被迫退至李村，章脫險後，力主戰，清廷不允，青島遂被德佔，翌年強迫訂立租約。余寓青島時，鄉老朱學塾等，猶話當年事，對章總兵之義勇及清廉愛民之德，稱道不置。章總兵之軍佐有張理和者，城武人，十九歲為張國樑衛兵，國樑擊洪秀全，殉難於丹陽，理和遂歸章總兵，身經百戰，甲午戰役受重傷，遂退役，在棲霞縣柳大川庵為道士，靜修十年，因有所感，乃以「在理教」名分，雲遊四方講道，勸人戒煙酒，所至之處，眾人歡迎，自膠東以至遼寧，弟子頗多，民間皆知張大法師有善行，余童年曾見其傳戒講道，高軀長鬚，飄然如仙，至今未忘。上述與青島有關之二三軍人之忠勇可見一斑，而清室腐敗，不能統御大事，故受列強之侵凌，非將士之罪也！

德國佔青島，闢市場，築膠濟路通濟南。民國三年，世界大戰起，日本乘機佔據青島，民國六年八月，我國參加大戰，並派兵十萬出國與英、法同向德、奧進攻，民國七十餘年來，出國應戰，此為唯一之壯舉；民國七年大戰結束，次年巴黎合會，日本強調要繼德國佔我青島及在山東一切權利，我方代表陸徵祥、王正廷等抗爭無效，及五四運動起，全國民意支持外交，我方之代表強烈抗拒，始得收回青島，否認日本之一切無理要脅，此為民國七十餘年來，衛護主權，唯一之外交勝利。舊名膠澳，民國十九年改稱青島市，直轄行政院。勞山原屬即墨縣，青島定為特別市，因而勞東、勞西、南北九水、沙子口等區，皆劃為青市之鄉區。青島東出黃海，可通南北洋各部，西循膠濟路，可通本省內地。市內街道整潔，商業繁盛，冬無嚴寒，夏無炎暑，有東方瑞士之稱。

李太白詩云「我昔東海上，勞山餐紫霞」，勞山翠巒奇峯，聳入雲際，自古為道教盛地，宮觀古廟頗多，山巒鄉村，林壑優美，九水一帶，山泉匯聚成川，縈迴盤旋，分流各村邊，其水清澈，游魚可數。陽湖舉人洪述祖，為袁總統祕書，以刺殺宋教仁之案，涉嫌逃亡，於南九水澗邊結廬而居，民國六年離去，迄今碎瓦殘垣，遺蹟尚存。康南海自擇墓地於李村東山，葬於山西之腰，無碑誌，墓前有祭台石一方，上鐫「奮如堂康記」五字，此地亂石薄土，為不毛之地，其選葬於此，蓋如成子高所謂「我死則擇不食之地，而葬我焉」（禮記檀弓上）。選五穀不生之地作墓壙，仁人之心也。余昔遊各地古蹟，皆有詩以誌之。各區名勝之地，皆有新式樓宇，達官要人如汪精衛、孔、宋等，皆在此建有別墅。

我於三十四年十二月之杪，由連雲港抵青島，黨政總隊管副總隊長亦至青島，謂山東大隊長，調任他職，要我復職繼任，我婉言辭謝，乃於抗建中學（後名勞山中學），任教員，校址即昔日之總兵衙門，俗稱老衙門，「嵩武中營」之石匾，尚在院中，大門前有磚砌粉色大照壁，高約兩丈，大門兩側有配房，大門內有木屏風，橫遮內院，有大廳兩幢，群廊奧室，五十餘間，西院北院，廣約三四畝，西院為當日倉庫所在，今已無迹可尋，惟有後人所植之雜樹，綠蔭蔽天，傍南牆有老冬青，幹枝欲傾，萌蘖猶茂，似為百年之古物。全部廳舍，老瓦生苔，高廈棲雀。鴟檐螭脊，規模古奧，門楣窗額，鑲嵌花板，雕刻精緻，丹彩雖凋，而原工完好，楹柱石鼓，亦整全無缺，當年為島上最壯麗之甲第，而今全市洋樓嵯峨，老衙門又為島上最古老之建築。七七變後，日本於此設東文書院，為華北最高學府之一。抗戰結束，仍歸辦學之用，勞山中學乃設於此，老衙門久歷滄桑，不知而今無恙否？思之愴然！

恢復教學生涯，兼任報社主筆。抗建中學之名，取抗戰建國之意，李市長主辦，招收與抗戰有關之學生，校方優待，供給餐飯。日寇八年以來，搜刮民間之物資，積存頗多，退敗後，倉庫內之上等物品，或被官方留用，或被竊走，剩餘者為儲藏以久之麵粉、豆、米、蕃薯乾等物，多年蓄積已近腐霉，以此諸物，供學生充飢，有親屬照撫者，則不願受此優待，一年之後，此類食料已用盡，校方遂停止供給餐飯。市區八十里外，為共軍所控制，失卻家庭之學生，只得向親友乞討，有王啟勳、紀佃祥等優秀學生十餘人，戰時失學，即投游擊隊當兵，今雖復學，而貧苦無告，又將失學，我心惋惜，除將我之所得，補助其書籍用品而外，並為之向官方捐討，俾其不致輟學。此校有高中五班，初中九班，我任高中國文，爾時之高中生尚能作文，文從字順，尚有規律，與現在「話怎麼說就怎麼寫」，「我是老大，我小弟是老么，我感到值得驕傲的」，今昔相比，差別甚遠。三十餘年之前，高中生之國文程度，今之大學國文系畢業者，多有不及。物欲享受人人能懂，故人人爭趨，文學理趣須有天才始能領悟，故被革命，被淘汰，此乃時代風流，新思潮所使然。詩酒為我之嗜好，課暇讀書吟詩而外，並撰詩論，分段於青島公報發表，公報社長為侯聖麟，平度人，九年前曾任山東大學國文講師，能文善談，邀我擔任公報主筆；於是我每日上課及寫作而外；晚餐後，則到報社審閱報稿，爾時精力充沛，不憚煩勞。

家鄉浩劫，慘不忍睹。青島三面環海，北區八十里外各縣，早被共黨統治，實行其沒收財產，清算鬥爭，種種虐政，人民聞知青島尚在正統之下，多願投奔而來，吾鄉距青島二百餘里，吾村周常志、徐五及山上村于某三人逃來，訪見我，對我訴說：共黨製造「土兵」，禍害地方，流血鬥爭，殺人用刑，各種毒辣手段，慘不忍睹。常志述說我家之情況，得知：我妻于氏所生之女已殀。共軍統治，我家被列為「黑五類」（地主、富商、知識份子、士紳、宗教信徒），給我以綽號曰「標準頑固國特」，年節「土兵」受獎，門前贈掛紅燈，以示光榮，在我門前掛黑燈，並命令須自動漆油，不得熄滅，但我妻天性剛強，深知此亦殺人之一術，終不得免，乃置之不理，又命令以銅面盆當鑼，出門時，須連敲數聲，向四鄰高喊「國特的老婆要出門啦」！回來也要敲鑼高喊「國特的老婆回來啦」！我妻亦置諸不理，時遭辱罵，亦聽其自然；繼之積極鬥爭，被土共牽之鳴鑼遊街，偪其聲明我之罪狀，她閉口無語，迫不得已乃厲聲曰「我不知他有何罪狀」！所遭種種折磨，筆難殫述；常志訴說，于某在旁加以補充，最後嘆曰「令夫人之剛烈，善良人莫不暗中感嘆」！我問後來如何？常志曰「據說要將她配給到某處」，今已死亡。長子早已離家，次子不知去向。由此得知，我已家破人亡，遭此慘禍，不僅我一家而已也！狂夫掘堤，洪水之患，災及一方，今此浩劫，是誰作之俑哉？

重建家庭，曇花一現。長子建文於三十三年，自家鄉逃至萊陽，此時我已離膠東至阜陽，以種種難題，他不能南下與我相聚，乃投軍於趙保原部，我多次設法託人領其來阜陽復學，終未達成。後有人傳說：趙部萬第戰役，傷亡頗重，他亦在內；又有人說，他被共軍所俘，音信杳然。我來青島，乃登報啟事訪尋，他在軍中得知，乃請假來到學校見我，他已十八歲，身體健壯，在軍中任少尉排長，我悲喜交集。大亂方殷，任何人、任何事，皆無保障，每種行業皆有無窮學問，我對他加以勗勉，勸他仍然回隊他泫然落淚，要求復學，家鄉未淪陷時，他曾在第六聯合中學初中部肄業一年，迄今已失學五載，是否能繼續進修？但我自得成全其志願，乃為之辦理退伍，入勞山中學就讀，他自知勤勉，成績尚不低劣。故鄉已家破人亡，友人尹士謹為我介紹淄川女士王珣為偶，對方已允，然而戰事緊張，王珣在濟南，交通阻塞，音信遂斷。邑人李希顏作媒，取繼室劉蓉芳，三十七年三月生女春明，三十八年四月生女春玉。共軍陷濟南，各中學隨省府南遷江蘇，青島亦杌隉不安，中學生亦多自動南下往投山東流亡中學，建文與王啟勳、韓光瑚等往浙江海寧投山東第一聯合中學。我於三十八年一月，將春明母女託其外祖照顧，到湖南烟台聯合中學，六月政府放棄青島，南北音信斷絕，我之家庭又化為一場幻夢。

不足掛齒之榮譽。抗戰結束，政府嘉獎在地方抗戰有功之人員，大抵此中亦有人緣關係，據說：先發給受獎者一調查表，由各人自己報告功績，經主管考核頒獎，有人只是抗戰中之一員而已，然而亦填表受獎。有人謂我曰「抗戰之初，你發動游擊隊，主動攻打威海之敵，在膠東而言，雖非首次向敵寇開槍，然而首次激烈戰役，地方抗戰聲勢為之大振，為當時重要之壯舉，你當向政府報告」！余曰「讀聖賢書，執干戈以衛社稷，為當然之事」，爾時大眾國家觀念，尚未淡薄，「自明朝至甲午，「倭子上岸」，夙有深仇，有人領導抗戰，眾心順從，乃自然之事，當時成敗得失，將來為功為過，我皆未計慮，雖然創傷在身，為終生之痛，但往事已化為雲烟，國難未已，漫說我未接到報告表，即接到，我亦不肯填表邀賞」。政府令各縣調查「社會賢達」，每縣選報二人，海陽縣長李耀庭到我寓見訪，並付我公函一封，國幣兩萬圓，函內略云：「抗戰甫告勝利，奸宄乘機倡亂，台端不甘受壓迫，背鄉離井，流亡他鄉，備受各種艱苦，似此不屈不移之精神，鄙人深表無限欽佩！尤其本省主席何公，更為繫念，經洽撥國幣貳萬圓，聊表崇敬慰問之忱，雖知有辱高賢，但物輕而意實重，茲專派貴縣縣長代為奉上，尚望亮詧哂納，為幸！山東省高密區黨政聯合辦事處主任林鳴九謹啟」。

我閱罷書函，正欲發言，縣長云「政府慰問社會賢達，本縣為台端與薛昆吾君二人，我奉命前來，代陳上官之意」！我再三道謝說「實不敢當此榮名！且不甘受壓迫逃難而來之人多矣，請將此惠移贈他人」！固辭；縣長不允而去。其實七七變後，我即奔走抗戰，三十年春，家鄉即被共軍所佔，我始終未離抗戰工作，豈自抗戰結束，我始流亡他鄉！函內所述，與我之事實不符，而上官之盛意，卻之不恭，此所謂「不虞之譽」也。

被選為民意代表。膠東被共黨佔領，敵寇撤退，國軍收復青島，各縣人士，多奔青島而來，俱以為國軍必將收復各縣，還鄉之期不遠，故各縣在市內成立縣政府，準備復員。三十五年春，海陽縣府遵令成立臨時參議會，我被選為參議員，此只是一空名義而已。同時青島市亦成立參議會，各行業及地方人士，紛起競選，法定新聞、律師、醫生三界，為自由職業團體，共選議員二人。數位友人勸我以公報主筆身分參加競選，我無此興趣，友人再三相勸，並為我辦妥競選手續；此時之競選風氣，雖有人在街衢張貼小型海報「請惠賜某人神聖一票」等等字樣，亦有僱宣傳車，在其選區內，喊「拜託」！「請賜票」！等語，來往走幾次，然並不多見，更無買票、請酒、種種違規運動。在自由職業團體內競選，不須向普通大眾宣傳，我亦未曾為此事求助於人，只是聽其自然。選舉結果，本職業團體，公報社長侯聖麟、律師于酒鐸當選，我為候補。三十六年，聖麟準備競選中央監察委員，辭去議員職務，二月二十一日接到選舉事務所通知，以我遞補。此時議員無薪餉待遇，只是一年數次大會，發給車馬費，故我之學校及報社工作，仍然照常。

偽教育人員發動大學潮。為敵偽辦教育之人員，當然乃不得已而然。敵偽區內，無共軍，游擊區內災患嚴重，流血鬥爭，殺人如麻種種慘禍，敵偽區內人民聞之，心中必然窃幸共軍不敢來攻日軍，八年來，在此安然作順民，差強人意。敵人敗走，為敵服務者，必又想到：將來必遭抗戰政府之歧視，甚至有人告發助敵為惡之舊案，可能受到判罪處分，此等人心中憂慮不安。省主席何思源，此時頭腦尚清醒，恢復省政，先下令濟南市各級學校，教職員一律停職，聽候查核安排。此乃合情合理之措施，如法辦理，有大罪者例外，餘皆復職，處理得當，毫無風波。青島政務官，則不然，表示其尊重民意，期得民心，故向各校教職員宣言「我諒解諸位在敵治之下，屈伏之苦衷，政府一視同仁，希各位仍舊安心服務」！為敵辦教育，暗自愧心，但聽此宣言，往事無咎，喜出望外。既而教育部議定：為敵偽任用之教職員，須經甄審，再行錄用，畢業生須經甄試，另發證書；青島教育局承上啟下，頒布此令，各校教職員聞之大譁，以為職位難保，遂罷課，鼓動學生反對甄試，學潮遂起，公開成立各校聯合辦事處，主持學潮，與政府對抗，到處張貼標語：「同是黃帝子孫為何歧視我們」！「八年來，市內若沒有我們辦教育，青年不皆成了文盲了嗎」？「打倒抗戰八年」！「恢復東文書院」！（敵偽在青島之最高學府）。此時共軍小組已暗向青島活動，市內夜深戒嚴，學潮人深夜到街頭張貼標語，崗兵喊問不應，被擊斃一人，死者為中學教員費筱芝，為偽婦女會長焦默君之女，至此，學潮更強硬。此時各縣難民多奔在市外，禁止進入市內乞食，恐礙外人之觀瞻。學潮激烈，中小學生集體列隊遊行示威，沿街吶喊，行人為之卻步，汽車為之不通，包圍市政府，學生有暈倒者，抬進市府內，市內秩序已近紊亂，市府請地方士紳出而調解，這位士紳先對學潮集團鞠躬放聲大哭，如喪考妣，表示對死者悲悼，調解結果：將死者停柩於西本原寺，隆重治喪，以殺人罪懲辦肇事之崗兵，市長須親來對死者道歉拜祭。由市府付鉅款包辦治喪費，全市教育界人士前往送殯安葬，喪事完畢，學生始停止遊行。以上諸條件，市府一一允准；市長託病，派其夫人為代表，化粧美麗，前往弔祭，在場之學潮人，輕佻蠻橫，褻語譏嘲已洩憤。學校宣布：教育局通知「費筱芝安葬時，全體教職員須前往送殯」，我聲言「我決不參加」！奸徒之無理，庸官之無能，令人慨憤，乃召集抗戰同設法制止此事，根據其「打倒抗戰八年」之口號，於是乃以「抗戰同志會」之名義，撒放宣言，大意謂「你們依附日寇，八年來在市內過平安生活，我們九死一生，與敵拚命，今敵寇雖退，而其所引起之內亂蔓延全國；我們已無家可歸，我們不怕你們打，已準備和你們對打。再對諸位學生家長進言：製造學潮，是奸徒私心作祟，擾亂社會之行為，請各位家長，勿受其蠱惑，要約束學生，不再參加遊行，我們大會決議，要對付此事，現在市外有十萬難民，嗷嗷待哺，若再放縱學生遊行示威，吾儕將率難民到學生家中討飯，官方不能阻止學生滋事，也不能阻止難民討飯；抗戰同志，不怕倭寇，對於鼓動學潮之奸徒，更有辦法，已經準備手榴彈在萬國公墓周近等候，屆時若學生大群來送殯，就放手榴彈歡迎……」。將此宣言送到費氏治喪會，又分送各學校，並張貼街巷；頗有效力，引起全市驚異。自此學生不敢遊行，恐難民跟踪到家。費氏出殯，只有其母及傳教牧師等數人，乘黃包車送葬；學潮辦事處亦摘下招牌而閉門示寂，於是學潮遂熄。但抗戰同志會不可從此結束，以防奸徒再生事故，乃於公報社之外廊掛起「抗戰同志登記處」之招牌，每日絡繹不絕有人前往登記，並時常發表抗戰同志之言論與消息，於是「抗戰同志會」正式成立，但此乃人民團體，以俠義鎮壓邪惡，不涉及官場，不公開活動，主持人之姓名及人數，局外人不得而知。市府有一秘書名義之中級職員，曾窃收敵產，私吞鉅贓；此人善於諂驕鑽營，欲假借抗戰同志會以出風頭，中央宣撫使張繼蒞青島，彼私往謁見，自稱為抗戰同志會主持人，報告學潮之凶惡，及其弭平學潮之辛勞；宣撫使大加獎勵，彼乃自稱奉宣撫使之命為抗戰同志會主辦人，大吹大擂，使抗戰同志會公然形式化，社會又增加一機關，於是此會之真正發起人及負責人等，遂潛自引退，自此抗戰同志會空掛招牌而已。

庸官行事，無所忌憚。正統大局，已岌岌可危，而庸官不知戒懼，私心用事，恃勢妄為。有丁敬臣者，在德軍據青島時，即作漢奸勾當，天後宮之石碑石匾，俱可尋其舊跡。日寇入青島，彼又負起漢奸職務，任偽大阜銀行首長，兼任其他要職。自青島以至海州之鹽物，皆為他所掌管，其地位列在中國著名財閥之中。日寇退敗，丁敬臣乃各方行賄運動，刷洗漢奸之名，取得長官之許可，承認其為假藉偽職之掩護，密受抗戰之任務，在市內負特務工作，市府嘉獎，將任命其為財政大員，此消息在暗中流傳；抗戰同志會乃蒐集漢奸之證據，向中央控告，丁敬臣聞訊，逃於上海，同志會追控不已，上峯使令青島法院，捕丁敬臣歸案查辦。各處抗戰人員，逃來青島，其中不乏合法之公務員，及文學之士，皆謀生無路，而長官對於曾任敵偽職務之人員，頗為優待，使其化名，任用為文牘、秘書等職；揚雄為莽大夫，雖非惡人，而總為汙點，為敵偽服務之人員，雖未必皆為漢奸，而昨日尚為敵對，今日引為僚屬，自大體觀之，乃邪正不分，故人心不服，此亦殘局末葉，敗壞綱紀之現象也。漢奸有術，能進入青島敵產處理局及魯青救濟總署為職員，抗戰同志會乃招集數百同志到兩大機關門前呼籲「任用漢奸有辱政府，請罷黜漢奸」！兩大機關之首長出面答覆「調查辦理」；同志會只是表達民意而已，自知未必被採納也。

寇災雖滅，兵患又來。敵據青島，市內、鄉區皆受其害。今正規軍在市北八十里外，與共軍對峙，照共軍節節勝利之戰況觀之，大概正規軍亦知青島難以固守，故軍紀鬆弛，士卒放任；舉兩事以為例：常綠樹黃楊：木質堅緻：生長頗慢，在北方為高貴植物，不可多見，市外鄉區某村，一小康之家，客廳院內，花木繁盛，有黃楊一株，枝葉扶疏美觀，一日，有軍官來，謂主人曰「軍隊正在備戰，蒐求木材，築防禦工事，要割此樹以供急需」！主人曰「此乃我家祖傳數百年之古物，願出資購其他木料以代之，軍官納資而去，數日後，又一軍人來，如上所言，要割此樹，主人又出資贖免，如此者數次，最後主人以此數不幸，等於一人遭綁挾勒贖，蓋壽數當盡也！終被鋸倒，分段搬去」。

于道基海陽北鄉人，全家逃難分散，道基偕妻子奔來青島，於地方法院任書記，一日，有一軍官偕一士兵到其寓處，謂道基之弟在部隊，攜槍潛逃，要道基賠款，其實道基之弟年幼，在某工廠學徒，並未當兵，軍官惡言相向，不容解說，道基只得婉言應付，並以酒食招待，該軍官三五日輒來索款一次，醉飽而去，最後聲言：下次來如不繳款，要將道基之妻逮走；道基無奈，乃偕妻子暫且躲避，並向警局報案，警方亦無如之何，只得任其破門入室，道基屋內亦無財務可取，此後遂遷居他處。諸如此類之事頗多，此只是擾民而已，未若倭寇以武士刀隨意殺人，或訓練狼狗群，爭食活人之肉。

選舉之中，充滿糾紛

中國傳統，官員必須賢能，故為人民所尊敬，朝廷負選賢與能之責，故有科舉考試制度，選拔才能，考試制度，至為公正，故西哲羅素稱中國考試制度為東方文化三大特色之一。中國文化，對人以禮讓為本，「君子無所爭」，文武考試，各獻其能，落榜者，自恨不如，不恨勝我之人。才德低劣者，人所共見，不敢自誇自吹，自吹亦無用，眾人皆以自吹為可恥之事。西方傳來競選風氣，才德之人，未必當選。民國之始，袁世凱、曹錕，皆當選為大總統，然而其才德足為國家之元首乎？民國之初，選出之國會議員，雖有孚眾望者，然大都不及科甲出身之士，受社會尊崇；袁、曹當選之總統，已不為社會所重視，競選風氣來中國而惡化，與中國倫理相悖，競選為重要條件為競選之力量與資本，才德無關重要，故競選之人多，競選之風盛。近二十年來，選舉之項目多，競選之風普及，糾紛亦多，競選之人，互相敵對，各自成立助選團、宣傳、拉票、或買票，競爭之手段愈惡劣，每至引起訟案，眾人為之不寧，為社會一大憂患。

三十六年夏，青島朱乃洪當選為中央監察委員，旋病歿，繼之侯聖麟當選，不久，被仇人暗殺，當再選繼任人，法定監察委員候選人為市議員，投票者為全體議員；地方議員孫某及自由職業團體議員于洒鐸二人出而競選，孫向我拉票，我謂「自由職業團體，惟我與于二人，若于不競選，我之票可投你，今于亦競選，我之票理當屬於他」，結果，孫當選，而懷恨我，三十八年，來台灣，我遇難，沈公營救我，而孫在暗中阻攔。

三十六年秋，各縣選舉國大代表，吾邑四五兩區人士，推我為候選人，我無此興趣；先是前幾月，選舉立法委員，李縣長欲將海陽全縣之選票投於葛某，吾謂海陽亦有合法之候選人，不宜迫選民全投葛某，縣長對我不滿；他聞知有人推我為國大代表候選人，於是他便唆使人又推出一位候選人，我遂聲明放棄候選地位；適值中央指定農林部司長李順卿為海陽代表候選人，李為海陽城西北石人泊人，曾任安徽大學校長，其鄉人起而反對，謂：李遺棄其父及其妻，而離家重婚，其妻乞討奉養其父，而李置之不理，其為人如此，安能為吾縣之代表？縣長謂：此乃上級命令，不可違，乃呈報李當選為國大代表，並謂余曰「報君為候補人」，余知其為謊言，故亦未表辭謝。

青島孫與談兩位議員，大小會議，時相聚首，孫在敵偽時期曾任禮賢中學教務主任，三十六年二人競選市區國大代表，孫當選，談為候補，心中不服，乃向法院控孫曾為敵偽辦教育，孫之當選遂被除消。無怨而結怨，友人化為敵人，是選風之災也。

國大代表，立法委員候選人由中央提名，其未經提名，自動出而競選者，若為國民黨員，則令其讓與被提名之人，黨外之人，未能迫讓，因此黨員競選有把握者，誠願退出黨籍或否認有黨籍，矢志從事競選。三十七年三月，首屆行憲國民大會在南京開幕，國大代表法定每縣一人，未經提名自動競選者，其得票雖多於被提名者，否認其為合法，不許參加大會，因而此種當選者多人，到國府門前高喊不平，並有僱人抬棺櫬遊街，表示以死抗議者，各種抗鬧，花樣甚多，於是中央乃予承認，因此，一縣或有兩位國大代表，如棲霞、曲阜便是。後來台灣之競選，尤為激烈，尤為熱鬧，有許多驚人之怪事。

監察委員遭暗殺。青島黨政兩首長有隙，暗中鬥法，各載賭資，進京互相攻訐，雙方之僚友門客，亦對立磨擦。公報社隸屬市政府，一般人以為社長侯聖麟為政方之謀臣，其實侯並未入任何私人之幕，黨方私人集團中有趙某者，挑唆牛議員合力攻侯，暗撒傳單，譭其名譽，引起侯之反擊，雙方積怨日深，及侯當選為監察委員，黨方私人集團之行為，恐將來必被侯所彈劾，因此，趙等遂有「殺猴子」之密語。趙與牛，暗窺侯之行蹤，一日侯至西嶺，趙、牛自一小巷中突出，將侯自黃包車拖下，以毛巾塞其口，拉至就近趙之姘婦何氏家中，將侯勒斃，裝於麻袋，又在頭部連擊兩槍，夜間將屍運於太平角，自高崖向大海拋擲，而被崖半腰之荊棘擱住，未墜於海。侯失蹤，家人報警，警方尋穫袋屍，循所有線索而偵察，追到「殺猴子」之密語，趙為主犯，已逃往南京，捕回青島，押於警察局，各項證據齊全，趙難否認罪。侯為平度人，趙為青島市鄉區人，青島市地方人與趙為友者大設酒宴，邀請各方有關人士，捐款救趙；結果，警局奉要人之密函，將趙公然釋放；監察委員被害，兇犯無罪，行憲開始，即有此類怪案。據說，地方人利用關係，向一黨國元老為趙說項。詭言若判趙罪，眾心不服；元老誤信讒言，故出面為趙免罪。當時新聞天地報導此事頗詳，謂：地方人以元老老而有病，醵資為之於台灣購一別墅，以為養老安居之所云云。

諸多怪事，令人訝異

都市人民，受日寇八年統治，敵退後，又聞各縣赤禍之可怕，幸在都市，有政府保護，人民只求身家安定，即為幸福。故青島市民間無事，社會秩序如常；然而官員反而滋事，共黨人員以潛入市內，作各項活動，官員漠然視之。女共諜引誘，被警備官納為姬妾，日久發覺，女諜求去，警備官愛而畏之，聽其所之，將赴天津，行裝頗多，皮箱皆貼官家之封條，免得受關卡之檢查。濟南、瀋陽、徐州、平、津，相繼失守，一般官員見大勢已去，急謀向共方拉關係，以圖靠攏，青市黨方主管，往來京、滬，被高級女共幹李氏所吸收，二人姘居，將在青市所得之財物，密運於滬，由李氏保管，並聯合國民黨友，發表宣言，與共黨合作，及共軍入滬，女幹對之揭開猙獰面目，方知被騙，乘隙逃往香港，憤而發表反共論調，被港政府所驅逐，流亡到日本而死。

三十七年秋，嚴令人民將所有黃金白銀，送往中央銀行兌換「金圓券」，人民遵令，銀幣一圓兌換「金圓券」紙幣一圓，通貨膨脹，眾人仍以銀幣為貴，故有私相交易者，以紙幣兩圓以上購買銀幣一圓，官方嚴禁，派警兵到處捕捉，犯者紙幣銀幣俱被收沒，捉到一重犯，曾當場槍斃以儆眾。上下交爭利，嚴刑有效乎？警務官向上峯報稱：共黨多方擾亂金融，我方可製其偽鈔，施以報復，上峯許可，賜以製鈔機器；結果並未製共方之偽鈔，所製者乃中央銀行之偽鈔，向鄉區運發，露出破綻，被鄉區駐軍查穫，時軍事緊張，無人追究此事。

共方四名要員，入市內，寓於某商家，有人密報，警方偵查屬實，乃派便衣隊監視，商家惶恐，託關係人向警方疏解，言明商家出三百兩黃金，釋放所寓四人離去，不再追究；約定夜間於某處繳金，商家派店員如數攜金前往，然店員去而不返，兩日後，店員之屍，自海潮漂至沙灘，手足俱被鐵絲捆綁，商家不敢追問，官家亦置若往聞；因為亂世人命微賤；無辜而死者，乃慣見之事。

團島軍用品油庫爆炸，聲聞數十里，據說乃匪諜所為。館陶路，軍械彈藥庫，衛兵防守嚴密，某日上午忽然爆炸，如巨雷灌耳，全市門窗震動，與庫較近之民房，震毀兩千餘間，人民死傷數百；事後據美軍調查，此非凡火所能引爆，乃自庫外引電線之火而爆炸。據密秘傳說，庫內軍器被大批盜賣，故爆炸之，以作報銷。官方謂：此亦匪諜所為；匪諜有此神技，守軍如此無能，可怪也！事後乃於就近後海崖街巷捕一可疑之人斃之，以作此案之交代。

青市警局多數為事變前政府所遺留，被敵偽收編，仍以舊職為生，抗戰人員潛入市內工作，密告警察不得干涉，倘若助敵為虐，必遭惡報，警察接受忠告，大予方便，謹慎應付，直置抗戰結束，未敢行險。政府復員，警察作風仍舊，共方進入市內工作，亦不干涉，免得自食惡果。昔日抗戰游擊人員，進入市內，撒傳單、貼標語、奪取敵兵之槍械；而今共方進入市區，張貼其市長林一山之佈告，並送函件於各機關首長，警告要保護公家財物，若有所破壞，將來以戰犯論罪。美軍憲兵夜出巡邏，在大學路垃圾處，見暗中有人動作，下車探視，有新挖之洞穴，其人竄入洞內，呼之不出，乃向洞中放毒氣斃之。又，夜間巡邏，見路上水道鐵蓋動而有聲，及檢查，有人在地下向美海軍司令部挖隧道；諸如此類之事，警察皆未之見，而被美軍破獲。

大局危急，山東只一青島尚有國軍駐守，然亦大有「山雨欲來風滿樓」之恐怖氣氛，難免憂心國事者有所物議：軍隊之瓦解、和談之失計、官員之腐敗，事實顯然，而官方諱言；山東大學訓導長劉次簫及市議會副議長姜漢錚等，憂時局之阽危，每嘆曰「成功在掌握之中，失敗於各自為謀，惜哉」！駐青軍事大員聞而怒曰「批評國事者，皆為對政府不滿之人，我將來撤離青島，定將此輩人裝於麻袋，沉之大海」；

劉、姜等聞之，遂潛伏而不敢露面，於是市內又增加一種恐怖氣氛。

共軍已迫近鄉區，作試探性之進攻，美軍艦隊在青島海中，市內有美軍及中美交際機關，共軍尚不敢直衝市區，但守軍向美軍告急曰：「水源地危在旦夕」；水源地如被破壞，則全市無飲水，美軍於是負責守水源地。旋又向美軍告急，謂：「發電廠亦恐難保」；電與水，同樣重要，美軍於是又負責守發電廠，並誥誡守軍曰「爾方部隊當負責阻止共軍侵入，假如讓共軍進入市內，我美軍不能助爾作內戰」！徐蚌會戰失敗，共軍全面攻擊，華北只餘青島一市，守軍早有放棄之意，雖有美援，亦難自振，於是全市人民陷於風聲鶴唳恐懼之中。

人群無可奈何，只可聽天由命。大局戰況，共軍所向無敵，國軍望風而靡，各自逃生，青島彈丸之地，在此危急之中，人民但祈守軍一日不撤，苟安一日而已。楊沛如鄆城人，朝陽大學畢業，為國民黨員中之傑者，忠於黨，又善為說辭，何柱國稱其講話如藝術家繪畫一般，三十七年夏，自南京來青島，彼對國家大事消息靈敏，據說，中樞要人見軍事挫敗，士無鬥志，曾密商挽救之策，未能協議而罷。冀、察、魯、晉，早已為共軍之根據地，北方大勢已去，三十六年十二月，令傅作義（北方之殘餘部隊），為華北剿匪總司令，事實顯然，狂瀾既倒，無人能挽，徒令其負丟失華北之責而已。

一般國民黨員在此情況之下，走投無路，遂謀組夥向共方投誠，例如：山東、青島，兩大黨部，市主任委員葛某，早已密投高級女共幹；濟南失守，主任委員陳惕廬赴滬，亦倡言須向共方謀妥協，以應時勢，被論罪處死。此時，青市有人宣稱：共方容納各黨派，國民黨員有「孫文主義大同盟」之組織，向共黨媾和，據說，此中主持人為宋慶齡。因此，一般人向此組織尋聯繫，以求安心。但守軍放棄青島之消息，時有所聞，無可奈何也！

再次流離，走向江南

自晉時五胡十六國，爭相長雄，以至唐末五代諸國，宋朝、遼、金、元，交互角鬥，此興後亡，兵禍大亂，皆在北方。晚近日寇來侵，自甲午以至九一八事變、七七事變，華北淪陷，抗戰期間，蘇俄協助中共，亦首先虔劉華北。大亂之時，正統南渡，故東晉、南宋、南明，皆偏居江南，支撐一時；而今我以為國府在南京，國軍在江南尚有大力，定可維持偏安之局，故我準備赴江南。先是台灣教育考察團胡丙申、朱阿貴等十七人，於三十七年櫻花開時，來青島考察，市議會派代表有我在內，領導參觀。朱阿貴台中人，年六十餘，任台中市立家事職業學校校長，講話時，屢言「我們來到祖國懷抱」，語意動人；胡丙申麻豆人，為台南縣教育科長，我與此二人相談，彼此頗有好感，我說「寶島光復，我願往遊，請二位為我謀一教職，棲身有所，可以從容遊覽」，二人應允，返回台灣之後，朱寄一聘書來，聘我為家事職業學校國文教員，我應聘，擬於暑假後前往。

熊十力老師自北京大學來函謂「我欲到青島避暑，不知青島市物價波動否？汝可與南喬一談」！盧南喬亦為熊師之弟子，此時在山東大學任教，余往與之談，並以熊師之函示之，盧慨然曰「熊師太固執，去年秋，各報登載：蔣委員長在武漢遇熊師，特贈巨款，以示尊重，而熊師不受，今確擔心物價波動。待我向趙太侔校長商請，山大如聘熊師暑期講學，則學校可招待一切，商妥後，再奉告」；數日無消息，我遂覆函熊師云「歡迎師來避暑，不必顧慮物價，弟子供奉一切，毫無問題」，又數日，盧通知我，謂「趙校長歡迎熊師來講學」；恰巧此時熊師來函云「浙江大學邀我暑期到杭州講學，於是我即不擬赴青島矣」。

梁漱溟老師數年來，在四川北碚溫泉，辦勉仁書院，近接來函謂「我忙於奔走國事，友好之函，往往疏於答覆，汝暇時可到蘇輸路，與張公濟先生談談，彼乃我之舊友也」。張先生安邱人，光緒時舉人，入民國為首屆山東省議長；現年七十餘，我曾三次往訪，其為人端直而有見解，謂「梁先生以知其不可而為之之精神，奔走和平，空費苦心也」！瑣事未清理完畢，暑假已過，未能赴台灣。

三十六年十月梁先生見和談無望，在南京雞鳴寺面斥周恩來之後，遂回北碚。我將赴江南之意，函報梁師，接到回信云「十一月六日來信閱悉。弟今欲離山東，愚亦贊成，川中眼前尚安，但路程過遠，又值交通困難，似不如到江西較便，江西荒地甚多，並不在偏僻之區，政府正在移民及招墾，弟試向農林部及江西省政府探詢而後斟酌決定為好。對時局當有深心遠慮，卻用不著憤慨，至囑至囑！漱溟手覆三十六年十一月十二日」。照此函看來，梁先生似乎亦以為江南可以偏安，國軍決不能讓共軍渡江。

前在七月期間，友人張秀峰、張敏之（皆在市府任參事），亦皆計畫赴江西開墾，我亦同意；此時煙台市已撤守，各中學師生逃至青島，又集體赴上海，教育部將各校合為一校，名曰煙台聯合中學，其中煙台市教育科長趙某及市黨部書記長鄒鑑，二人爭奪校長職務，鬧出許多笑話。教育局以張敏之前在皖北辦流亡中學，頗有成績，乃電召之至京，接此校長之職，教育部規定：高中部名曰校本部，由校長主辦，初中學生多，分為三部，第一分校校長趙某，二分校鄒鑑，三分校徐承烈，指定到湖南安化藍田，接收國立師範學院遷移後，所遺留之校舍，恢復開學。敏之來函，邀我往任課，我將春明母女拜託其外祖照顧，三十八年一月，乘船至上海。

三十八年一月二十一日，蔣總統引退，由副總統李宗仁代行職權。各報載：國共將舉行第三次和談，並邀梁漱溟先生參加，我擬與梁先生見面後，再赴湖南。旋又報導：梁先生不來參加和談云云。我遂自滬赴杭州，時當殘冬，西湖景色冷落慘澹，只到雲林寺、斷橋、蘇堤西泠等處，匆匆遊覽一番。長安鎮與此接境，建文與同學十餘人，早已到長安鎮山東第一聯中就學我擬與彼等見面，恰巧遇王生，據云：建文已於三日前赴安化，向煙台聯中轉學。王生等三人，隨余乘浙贛路火車同赴湖南，此時各處上下車之人，秩序已亂，經過南昌，在車窗內，遙望滕王閣故址，惜未能下車憑弔。在同一車廂內有五位中央軍官談時事，其中一人云「李宗仁叛變」，余聞而驚駭，知政府必有大故。至株州下車，通藍田之鐵道橋樑，因抗戰，俱已破壞，西行至湘潭，本有水路通藍田，但此時運送旅客之舟楫稀少。路行西過湘鄉，山嶺嵯峨，羊腸小路，牛馬不能登越，乃僱土人，挑運行李，跋涉兩日，至藍田，校本部設於三甲，建文已入學，乃為王生等辦妥入學。

此地已近湘西，山巒密列，雲霧蒼茫，俗有「天無三日晴，地無三里平」之諺語，人烟散漫，無大村落，三五家或百餘戶人家。竹樹茂密，此時正是冬季，冬筍價甚廉，北方酒筵中，以筍為珍品，今學生伙食團，每日供應筍菜，師生每餐不厭。

余與陳穎、傅冠亞兩教員，所寓之處，名曰良園，主人姓梁，宿舍為一小木樓，四面環山，青棕翠竹，經年長青，主人告余曰「距此五里外之北高山，山中到處有獵戶所設之打虎機，誡學生慎勿往遊，免遇危險」！湘西之虎，往往竄來此地。一日薄暮大雨，次日清晨，余在樓前散步，主人引余至樓東之菜圃，曰「昨夜有虎經此，試看其行踪蹄迹，猶顯然在泥濘中」；余睹之，信然。夜間燈下讀書，因想到隨園詩話有句云「江村日暮鼉吹浪，山閣燈明虎叩門」；觀菜圃之虎迹，在此小樓，可擬其情景。一日步至小鎮，見有大竹籠，下有四輪，可以推動，內困一虎，有童子以樹枝伸入籠內挑逗之，虎微張其口，齜牙注目，似笑非笑一般。有人曰此北高山獵人推來售賣者。有露天小吃攤，熬賣虎肉，加以醬醋香料，每碗價錢，與牛羊肉相等；學生有好奇者，三人購一碗，品嘗之。虎骨酒價亦廉，北方以之為治病之藥料，此地各酒店皆出賣，為普通常飲之酒。

鄉村以農為業，而「半耕半讀」，文化並不低落。村戶年節門聯，及市鎮商店招牌，楷書大字，皆工整美好，因想到童年習字，所摹之字帖，末署「安化黃自元書」。黃為翰林，即此地人，其所書之字帖，歐柳各體，妙筆入神，流行於北方。今余所居之梁園，亦農戶，主人年四十餘，言語態度，彬彬有禮，農曆除夕，邀余晚宴，堂舍整潔，其老母七十餘歲，以及其妻兒等七人，讓余客座，環坐一筵，共起舉杯勸酒，淳厚之情，頗有古樸之風。筵上臘肉一項，如麂鹿、山羊、野豬等六七種，其餘山珍野蔌，皆美味可口。流浪之人，愧無以報，遷校臨別時，吟詩寫於五尺長幅以遺之，詩云「小住梁園三月中，寫詩留與主人翁，他年重作藍田夢，鴻爪雪泥認舊蹤」。

一日散步，至西北山麓，平蕪處有一大戶人家，周遭植棘竹為院牆，大門開敞，院內清靜，正中大廳之門亦開敞，闃其無人，疑係廟宇之類，入而參觀，見廳內几上，座北朝南立一長方大鏡，鏡中之繪相，有字注明，乃李燮和之遺像，因想到：當日袁大總統招集名流學者成立籌安會，此人在會中與嚴幾道等，為六君子之一，而今安在哉？正感想間，廳後有老人出，長袍白髮，余急向之行禮，請恕冒昧，老人讓座相談，謂「鏡中乃先兄之遺像，余今年七十六歲，昔年曾從學於王闓運先生，後來留學日本，畢業於軍事學校，回國後從事軍事教育多年」。余則對之述說率學生流亡至此之來歷。老人感嘆不已，余致敬告別。後來訪詢梁園主人謂：老人別號卓如，李燮和之弟也。

在民國三十一年時，膠東即有蘇俄所派之軍事人員助共黨作戰，日寇投降，蘇軍強掠東北九省，三十五年一月挾持外蒙古獨立，更增加援助中共之力量。三十六年，馮玉祥唆其餘孽在黃河以北蠢動，大概「聯俄友共」之故態復萌，中國之外患內亂，益加劇烈。三十七年四月蔣總裁當選為首任行憲總統，李宗仁副之，十二月徐蚌會戰失敗，來年一月總統引退，四月共軍發動全面攻擊，迅速渡江，國軍大概已知事無可為，故不戰而走，南京、西安、上海相繼放棄。有青島流亡學生十餘人，循浙贛路南下，至江西某地，有小股共軍自山林向車站射擊，此地有大批國軍，一派主張向共軍進攻，一派反對，兩派衝突，自相開火，車上旅客遭殃，學生死亡三名，餘數名南下至廣州，入山東流亡學生集團，述說其沿路所歷，種種危險。

二月杪，接梁師自北碚來函云「關於愚對大局之態度，主張，弟留心看重慶大公報，可以曉得，計本年一月，先後有四文發表：一、過去內戰責任在誰？（一月二十二日）。二、一封公開信，聲明只發言，不行動（一月二十四日）。三、敬告中國共產黨（二月十三日）。四、和談中的一個難題（二月十三日）。望轉告各地同學為要，餘不盡。漱溟手覆。三十八年二月二十二日」。以上四文，我在流亡途中未得見，梁先生在二十八年受中央命為冀、魯、豫戰地政治總指導員，入魯後，被黨派部隊所攻擊，見到抗戰部隊不團結，遂即回川卸職；不知自在三十年共軍在冀、魯擴展勢力之一切事實，故對於「內戰責任在誰」之問題，恐所言未必盡當。國共和談，中間調解人必須顧及兩方面，如站在一方面講話，幫助此方與對方為敵，便不成為和談；故梁先生之奔走和平，惹得雙方抱怨，在此種情形之下，舊日從梁先生遊者，大都否認彼此舊有之關係，故我不必「轉告」各同學，而且在此亂離之中，亦無法轉告。後來見到大公報載「梁漱溟論大局問題」，大意謂：「根據過去事實及現在情況，和平不能實現。要彼此承認有錯誤，纔可以相和」。（述其奔走和平之苦衷，惹得雙方不滿），最後談到文化問題，謂「我反對內戰，但我覺得問題所從來者遠而深。世界問題亦為文化問題，今天的世界問題，就是文化矛盾與轉變問題。這個問題，原是歐洲自身的問題。歐洲向有個人與社會孰重的問題之存在，在今天英美代表個人本位，個人主義；蘇聯則為社會本位，社會主義。這雖是文化問題，實影響政治、經濟多方面。社會本位與個人本位在歐洲史上的矛盾，成為彼此起伏的現象。中古為團體高於個人，近世則為個人抬頭，個人反抗團體，故在政治上要自由，經濟上要放任。但個人本位的發展，必須轉變到社會本位，轉變的方法不必相同，但須轉變。世界問題在此，中國問題亦在此。中國文化本不同於歐洲文化，既不同於英美，也不同於蘇聯。老的中國不是封建社會，中國文化與歐洲新文化原為矛盾，但此矛盾未了，又逢到與社會主義文化的矛盾，因之當前中國文化矛盾複雜，轉變無出路。我敢大膽的說：共產黨不經過修正，不能成功於中國。共產黨必需要修正，要貫通中國的老文化，英美和蘇聯的文化。我大膽的說：我的工作在修正共產黨。在融會貫通三種文化，而找出新的路」。

民國以來，內亂不息，此問題所從來，的確遠而深，雖說此乃文化問題，而在中國則變為人事問題，只要能治國安民，無論君主民主皆可。君主政治腐敗，乃引起革命，此派革命腐敗，又有新興之革命，如此展轉革命，變亂不已。從辛亥革命以來，南北戰爭，同室操戈，招引外患，此一連貫之人事鬥爭問題，實際皆脫離文化；是非邪正，只是言論口號而已。以武力打鬥而得志，文化與之無關。融會三種文化「找出新路」，共黨亦不肯接受修正。

赤燄自江南引入，而今已焚毀整個華北，所向無敵，江南亦面臨浩劫，此時湘西已開始變亂，據說要起用唐生智以靖地方，棋局已殘，武侯復生亦當束手。藍田西山銻礦，警衛隊之槍械，已被強徒奪走，此地若變亂，本校師生兩千餘人，無法生存，因此，我提議：陳報教育部請求遷校，教育部指定暫遷往衡陽，此時蓉芳在青島來信云：「四月二十三日次女春玉出生」，我流浪奔波，不能顧家，她母女三人，生活困苦，何忍設想。

由藍田至衡陽

五月初旬至衡陽，師生全體住於粵漢鐵路第三倉庫。我忽然患嚴重感冒，臥病數日。此處為湘江北岸，遙望石船山，想到昔時王船山治學於此，有人謂「船山觀生居之舊址尚在」；未暇登臨遊覽。此處與石鼓山最近，青巒匪高，獨立於江濱，唐憲宗時，當地學者李寬於山巔建石鼓書院，朱晦庵有衡州石鼓書院記；民國以來，省立師範學校設於此。抗戰時期，已遭敵兵破壞，而今斷垣殘牆，草木叢雜，久已無人登攀；正門左右之便門有大字橫額，東曰「聖域」，西曰「賢關」，尚未毀壞，在山下仰面望之，字跡尚完整無缺，可以想像當日黌宇之壯觀。回雁峯為衡山七十二峯之首，但並不高峻，在縣城南一里外。據說北方秋季，群雁南飛，飛至衡陽而止，新春漸暖，再向北回飛，唐宋以來，詩人每引此說，以為故實。峯下有雁峯寺，規模不大，已破舊荒涼，大門橫匾，黑底金彩，「迴雁峯」歐體大字，筆力剛勁，姿勢超逸，罕有其儔，余觀賞流連，贊嘆不已，至今猶能想其髣髴，如此超群之書法家未署姓名，惜哉！

由衡陽至廣州

三十八年一月，共軍進入天津、北平。二月四日政府遷廣州，此時山東六所聯合中學，及昌濰中學、海岱中學，俱自各處，向政府所在地遷動，以祈庇護，教育部見山東學生七千餘人，跋涉難關，集體向政府奔來，實為難能、可貴，乃令俱到廣州集合，由政府設法安置。六月中旬，煙台聯中自衡陽遷向廣州。時局板蕩，交通時成常發生障故，火車時行時停，數日始抵廣州。

至廣州，烟台聯中駐漢民小學，與漢民公園相近，園內有明朝名臣海瑞之石牌樓。此時鳳凰樹正開花，花瓣豔紅，翠葉嬌綠，有特殊悅目之美，為餘生平所初見者，北方無此嘉木。

六榕寺在城北，大門匾額「六榕寺」三大字，筆力健勁，相傳為蘇軾所書。寺內有禪宗六祖惠能之銅像；院內有九層高塔，俗名華塔，登臨俯瞰，可窺廣州全市之貌。海角紅樓，亦為名勝之所，在荔園之內，園在水之中央，竹樹茂密，樓不高，而迴環幽奧，登臨四觀，景物悅目。惜乎！時局荒亂，無人管理，游氓三五成簇，呼盧喝雉，成為賭博之場，溷濁之世，無清靜之地也。

數月前，熊十力老師曾來函告我：今春應中山大學之邀，來廣州講學，寓黃艮庸先生家中，黃亦為熊師之門人，現任中山大學教授。黃之通訊處為高第街四十二號二樓，余往訪未遇，乃留函告以我之寓處，囑其約時相見；次日黃來訪我，並邀我到其校之住所午餐。黃世居番禺石牌村，距廣州四十餘里，熊師住黃家中，雖有火車可達，但在緊張情況之中，余竟未能前往拜謁。及學校決定遷台灣，熊師函我云：今見報載：山東學生悉來粵投軍，料汝必來，頃閱汝與艮庸信，知汝已到，而將赴台，哀感萬端，無可措詞！吾欲返漢、回鄂、入川，三種計畫無一可行，年老衰病，自動不了也。在此所苦者氣候，余實無法抵抗，而又難於他往。解放後，若容吾立足大學，吾當往滬，否則回鄂，老衰，縱分田二三畝，亦不能耕，餓死故鄉亦無足慮，余年已算高，可無憾年。汝率諸生從軍，只合如此，然所慮者，台地難守，非地險不足也，地險究待人而成其險。過去且不談，去年濟南陷時，當局如嚴令豪門擔任軍餉，以明諸公之清白，一新天下之耳目，世事決有可為。而乃爪牙如故，名為改組，實則換湯不換藥，貪污且加甚，天下自知識份子以至群眾皆失望，軍心自無法振起，軍帥皆富貴，莫肯效死，士卒難效死而帥無鬥志，且以先逃，將如之何？五月三十日，港工商報載：台灣新兵三師才抵滬報告滬之大帥，候令駐某地，後來竟無命令，未幾共軍巡閱至，始知國軍大帥早已離滬，而不問此三師人矣，三師只得解甲以付共軍，如此情況，諸青年從軍，自練身手，死生成敗聽天耳。此間距城四十多里，吾不便入城相視，書此如面談。十力三十八年六月七日。

莊子云「知其無可奈何，而安之若命」（人間世）。無可奈何之事，非受命運之處理不可，故人當知命安命，膠東俗諺云「君子不和命爭」，誰能與命運對抗哉？既然造成大亂，則任何人皆無保障。一世之霸主希特勒，美國之大總統甘迺迪，共軍之勇將林彪，皆須受命運之制裁，不得善終。而況吾儕草木之人，奔波於滔天洪水之中，浮沉於驚濤駭浪之隙，生死禍福聽天由命而已。

山東各聯合中學皆以來廣州集合，各校校長劉澤民、毛儀亭等公推張敏之為總代表，主持一切事宜。素日受國家培養，受人民重視之軍隊，多以就地潰散，或投共改編；而山東學生七千餘人，集體跋涉，追隨政府，為他省所未有，故政府允許設法安置。

七七事變後，大軍南撤，龐成立抗戰軍，在豫、蘇之間，打擊敵寇，頗有戰績，中央編為正式軍隊。今共軍全面攻擊，龐軍苦戰，尚餘不滿千人，尤其部將李振清（清平人）率領，奔向政府而來，此時惟有台灣一省，孤懸海中，共軍不能飛渡，澎湖群島為台灣之門戶，政府乃任李振清為澎湖防衛司令，李為行伍出身，有英勇作戰之名，此時其部隊不滿千人，但亦為可貴，故政府委以重任。

教育部長杭立武、國防部次長秦德純兼山東流亡政府主席，兩位長官商辦，決定：山東聯合中學，全體師生到澎湖設校，李振清亦山東人，可依鄉長之誼關照學校，規定：高中學生除正式功課而外，由防衛司令部負責施以軍事訓練，學生之生活費由司令部領發，教職員之生活費由教育部頒發；如此妥善之安置，全體師生俱感政府之恩。澎湖司令部派羅副師長，前來接待，張敏之代表商洽一切，約定日期，師生分批渡往澎湖。

理想之事，難能盡如人意，而況荒亂之中，世事變化更為難測，我預料將來可能發生某些問題。傍離廣州前數日，往訪黃艮庸先生一談，黃曰「現中央報社欲派駐台灣記者一人，惟尚無適當人選，廣州分社社長張北海，為我之學友，汝乃青島公報主筆，新聞界議員，我荐汝任駐台記者，汝到澎湖，若仍繼教學職務，可做該報社之義務記者，若原職有變動，則可專任記者之職」。余感其誠意，乃點頭允諾；嗣後，接到中央日報社寄到駐台灣記者聘書及職員服務證（證字第一〇九號），社長陶希聖、副社長張北海（藍色簽章），日期為三十八年七月三十日。今據當時詩稿所記夏曆五月二十六日由廣場乘船，二十九日抵澎湖，住漁翁島內峖國民學校。

野史芻言

草野之人，見聞閉塞，思想愚昧，在此荒亂之世，既無追求欲望之知能，亦無趨炎附勢之伎倆。守拙安愚，思孔、顏之樂趣；撫今溯古，想盛世之常規。數千年歷史，擁護正統，一貫相承，此何故哉？蓋英明之君，平亂安民，建立新朝代，此即為邦家之正統，全國上下，擁護正統，政治步入正軌，社會富庶康樂，此為國家共同之幸福。賢者在位，能者在職，各終其事，各有其美好之前途，共致國運昌隆。正統繼世之君，縱係平庸之主，亦能坐守成規，使國家不失常度，非遇暴惡昏憒之君，不輕易推翻正統，更換元首。蓋有領袖慾望之人甚多，推倒正統，則群雄起而爭權，於是大亂乃起，伏屍百萬，流血千里，任何人皆無保障；故自古反對野心之徒侵犯正統，曰「亂臣賊子，人人得而誅之」。

孟子云「王者之迹熄而詩亡，詩亡，然後春秋作。晉之乘、楚之檮杌、魯之春秋，一也。其事則齊桓晉文，其文則史，孔子曰：其義則丘竊取之矣」（離婁篇），明君恭身率正，實行王道，四海歸心，天下一統，政通人和，太平無事，「命太史陳詩以觀民風」（禮記王制），命史官採各地之詩歌民謠，以觀風俗之厚薄，以明教化之隆汙，以作為政者之參考。在位者不能以身率正，王道陵夷，「上無道揆，下無法守」（孟子離婁），亂萌已露朕兆，採詩觀風，已不足振教化而勵人心，固曰「詩亡」；然一代之史事，必當有文獻傳世，以作後人之龜鑑，孔子明史書垂教後世之義，而自謙云「其義則丘竊取之矣」；因此乃就魯史而作春秋，以微言大義，褒貶善惡，示諸來世。「其事則齊桓晉文」，春秋記列國二百四十二年之事，非僅齊桓晉文之事，何以獨舉齊桓晉文之事？蓋其時世衰道微，諸侯互相征伐，夷敵侵入為患，周室雖為正統，而天子庸弱，已不能負統御諸侯之責。主正義，戡亂安民，非有武力不可，齊桓晉文英明有為，聯盟諸侯、尊周攘夷、平叛亂、救鄰國、抑強扶弱、主持天下和平。兵強力大，若志在爭王權、得天下，征伐異己，破壞法統，則諸侯不服，引起戰禍，自身便為天下之共敵。桓文志在濟世，不以得天下為務，名正言順，擁護周室，使天下歸於統一，會合諸侯，同結盟好，息列國之紛爭，救蒼生之痛苦，武力強，功業盛，不謀個人之虛榮，擁護正統，以維持大局，春秋亂世，王者之迹熄，齊桓晉文之事，尚矣！

霍光、諸葛亮、張居正，皆掌大權，輔幼主，衛護正統，忠心不貳，故當時雖有嫉忌之者，而宏才大略，處理國事，一秉至公，終能勝當代柱石之任，而光耀千古。王莽、曹操、司馬懿亦握大權，輔幼主，而欺君篡位，引起大亂，萬民遭殃。故維持正統，非迷信帝王崇拜偶像也。正統既建立基礎，苟輕易搖動，則必演出變亂。若夫秦政之暴虐，晉室之內訌，已失眾志，英雄取而代之，理所必然。隋末大亂，唐高祖平定四方，而建立唐朝；五代紛亂，宋太祖綏靖群雄，而建立宋朝；正統之自身已無生機，有才德，有智勇之人，始能統一大局，安定民生，建立新朝；此中國歷史之規律。

清室腐敗，引起革命，起用袁世凱以輔幼主，革命軍反清，分所當然，而袁世凱則不當作清室之叛臣，清室已有二百六十餘年之基礎，尚未盡失人心，袁氏若不作叛臣，站在崗位，南北和談，共商國是，解決問題，非必須交戰不可，後來國體不致四分五裂；而乃推翻清室，取得民國大總統地位，又反對民主而作皇帝，反覆無常，開導爭奪權位，製造內亂之風；加以西方之自由、平等、及個人主義，傳來中國變質而惡化，個人自恃其機巧，妄自尊大，誰也不服從誰，是謂平等；朝秦暮楚，昨日講愛國理論，今日作害國勾當，是謂自由；如袁氏既為清廷權臣，又作民國總統，又作洪憲皇帝，其個人主義之成功，古今罕見，後起效尤者，莫能與匹。似此自由、平等、及個人主義，志在私人之野心慾望成功，罔顧國家前途，正統不能建立，七十餘年以來，外患日亟，內鬨不已，遂造成赤燄彌天，陷華夏於浩劫之中。

優敗劣勝，奧妙難如。民國十五年秋，蔣總司令，出師北伐，克復湘、鄂、閩、贛諸省，江南平定，此時北方之強者、晉軍、西北軍、東北軍，先後歸服，一時內戰止熄，十七年全國統一，中央政府建立，國家有正統之主宰，國運有復興之希望。然而曩者聯俄容共，已深植共黨之根柢。七七事變，日寇侵入華北，國家危急，國共復合作，共黨取得中央八路軍之名義，擴充武力，進行奪權。抗戰結束，無論國際關係及國內人心，正統仍屬中央，共黨在華北雖有龐大勢力，然其上等武器只是接收日本投降之舊式械彈，而且無海空軍，中央正規軍仍多於共軍，而且陸海空三軍，俱為新式之精銳裝備，在華北各地交戰之時，雙方互有勝負，共軍在徐蚌會戰得勝之後，全面攻擊，迅即渡江，勢如破竹，毫無阻礙，各處守軍，或聞風而逃，或任其收編，總之終歸共黨所有，將校亦只得歸順；例如桂系之軍，素稱壯大，胡宗南之軍，養精蓄銳，皆不抵抗而自認失敗，彷彿共黨有一種神通法術，使之不約而同，一律慴服；此例甚多，此或一如北伐時期，北軍將領識時務，率所部歸順，讓南軍統一中國；然而李宗仁、白崇禧、胡宗南等，本人則逃出大陸。總之如上述等情，優者敗而劣者勝，甚可怪也！此中問題紛雜，奧妙甚多，草野之人不得而知也。孟子云「城非不高也，池非不深也，兵革非不堅也，米粟非不多也，委而去之」（公孫丑篇），此何故哉？群眾聽天由命，無可奈何也！

十三、狂風暴雨 飄泊台灣

(一)台灣小史

列子湯問篇，夏革曰：「渤海之東，不知其幾億萬里，有大壑焉，實為無底之谷，其下無底，名曰歸墟，其中有五山焉，一曰岱輿，二曰員嶠，三曰方壺，四曰瀛洲，五曰蓬萊」。大壑即台灣方面之大海，台灣古稱岱員，即岱輿與員嶠之合名，亦有瀛洲之稱；澎湖即方壺之異音。後漢書東夷傳「會稽海外，有東鯷人，分為二十餘國，又有夷洲、澶洲〔澶當作亶〕，會稽東冶縣人有入海行，遭風，流移至澶洲者，所在絕遠，不可往來」。或曰台灣即古之東鯷，澶洲即菲律賓。然所謂東鯷人，似為種族之稱，非地名之稱，二十餘國，舉其大者而言，澶洲為菲律賓，則夷洲當為台灣。台灣通史云「或曰處滅越〔周顯王三十五年〕，越之子孫遷於閩，流落海上或居於澎湖」，可知在戰國時，大陸人已有入澎湖定居者。

三國志、吳書，孫權欲征夷洲，陸遜、全琮諫，不聽，黃龍二年，「遣將軍衛溫、諸葛直，將甲萬人，浮海求夷洲及亶洲，亶洲遠不可至，但得夷洲，數千人還」；全琮傳云「軍行經歲，士眾疫疾死者，十有八九」，陸遜傳云「權征夷洲，得不補失」。今數年前，淡水有出土之箭鏃，考據家研究，乃三國時，吳兵之遺物，足證吳兵曾來台灣。

今之琉球，古曰沖繩，台灣小誌云「閩人初呼台灣曰小琉球，而稱沖繩為大琉球」。自隋朝以至宋、元，所言之琉球，皆為台灣，隋書琉球國傳云「流求國在海中，當建安郡東，水行五日而至，其王姓歡斯氏，所居曰波羅檀洞」，台灣通史疑波羅檀及葫蘆墩，在濁水海濱。煬帝令羽騎尉朱寬入海訪異俗，至流求國，因言語不通而返，大業三年，復令寬入海慰撫流求，流求不從，後三年帝遣虎賁郎陳稜率兵萬餘人往流求，其王逆拒，稜遣譯者慰諭之，不受，仍抗拒，稜擊敗之，虜其男女數千人而還，（見隋書陳稜傳及流求傳）。

唐貞觀間，馬來群島洪水為患，居民駕竹筏飄泊至台灣，此為外族入台之始，此後又有自南洋某島遷來之民，其語言與菲律賓人近似，此皆昔日所謂生番，卑南王始統一之。唐中葉，詩人施肩吾，率族遷居澎湖；唐世不見與台灣有何交涉。歷經五代兩宋，中原戰亂不息，漳州、泉州之邊民，漸來台灣以北港為互市之口。宋孝宗時，流求酋長率眾數百，至泉州殺掠，此為台灣番族侵掠大陸之始。元滅金，金人泛海避難，以及宋末廣東零丁洋之敗，散兵義士，皆有流寓台灣者。

元史外國傳「瑠求在南海之東，漳、泉、興、福四州界內，澎湖諸島與瑠求相對」。元世祖威震海外，南洋諸島皆臣服，至元十七年伐日本，遇颶風，兵敗，軍艦或飄泊至澎湖及台灣西岸，又遇風，乃歸福建。二十八年命都元帥楊祥等，征瑠求，福建書生吳志斗上言：熟知海道利病，欲收瑠求，宜於澎湖發船往諭，相水勢地利，然後興兵未晚也。此時澎湖居民日多，至元中，乃設巡撫司以撫治，此於澎湖置吏行政之始。

台灣為番人所居，明朝稱之為東番。明中葉，漳、泉之人，已有入台僑住者，此時閩人稱東番曰台灣，命名之意，傳說不一，而台灣之名自此始。明初海內未平，海寇出入澎湖，洪武二十年，廢巡檢，遷澎湖之民於漳、泉，自此澎湖遂為海寇巢窟。永樂中，鄭和下南洋，諸夷皆貢獻，獨東番不至，和率師入台，東番降服。嘉靖四十二年，海寇林道乾入台，劫掠土番。自嘉靖時，日寇侵略中國沿海，深入閩、浙，以台灣為往來之地，居於打鼓山麓，又名高山國。萬曆二十年，日本伐朝鮮，並有侵台灣之議，明廷設兵防守，乃又收復澎湖。二十一年日本使者賜書高山國，命其入貢，自此日人來台者日多，又攻取雞籠番地，明廷憂之，乃增澎湖游兵。

天啟元年，海澄人顏思齊率其黨入台灣，鄭芝龍〔成功之父〕隨之，於是漳、泉人來者日多，闢土田、建部落，與番人相安，此為大陸人首先來台灣拓闢荒域之俊傑。思齊死，眾推芝龍為首，強梁海上，官兵莫能抗，朝廷招撫，芝龍降，撫官令其頓首至地，以示有罪，芝龍復叛去，返回台灣，往來閩、粵，劫截商民；後入廈門，崇禎元年降於督師熊文燦。

當萬曆之初，有葡萄牙船，航東海，途經台灣之北，贊為美麗，此為歐人發現台灣之始。二十九年，歐洲強國荷蘭人至粵東求互市，此時中國閉關自守，官方不許外人入境貿易；三十七年，荷人至澎湖，作久居之計，時明兵已撤，稅使高寀受荷人賄，許其居澎湖互市，總兵施德政偵其事，遣使將兵以理諭荷人，荷人心折，遂離澎湖。天啟二年，荷人以艦十七艘，再至澎湖，築城媽宮，荷人恐，結海寇窺福建，居益大敗荷軍，擒其將高文律斬之，荷人乃退澎湖而入台南，借地於土番，築熱蘭遮城，駐兵二千八百人，土番多服。

天啟六年五月，西班牙自呂宋派戰艦入台灣據雞籠，築城駐兵，台灣南北遂為荷、西二國所割據；此後西人復至淡水，築城、墾田，以撫土番，據台北十六年，荷人逐之，西人戰敗，乃棄城而走；於是台灣全落荷人之手，主政者曰台灣領事。弘光元年，領事集土番之長老，設評議會，佈自治之制，分番社為南北二路，立村長，受命於領事以理民政。永曆二年，荷人於新港社設耶穌教堂，入教者二千餘人，各社設小學，每校三十人，課以荷語、荷文及新舊約，荷人又與番女結婚，政教之力日進。十年，荷人築城赤崁，置巨礮，增戍兵，諸多華人不堪壓迫，乃謀獨立，次年，郭懷一集眾逐荷人，大戰於大湖，郭兵敗殉難。

延平郡王鄭成功，攻清兵入南京，退敗後，困居金廈，而威震東南，荷人恐，增兵戒備。成功在兩島，地蹙軍孤，乃議取台灣，諸將多謂：水路險惡，敵方礮台堅利，縱有奇謀，無可奈何；惟楊朝棟力陳可取，成功意銳；永曆十五年（清順治十八年），乃率兵二萬五千，先泊澎湖安民，再由鹿耳門乘大潮進入台灣，攻克赤崁城，荷軍屢戰大敗，退保熱蘭遮，並派艦赴爪哇求援，被風所阻，五十三日始達；成功供城不克，以書告之云若肯獻城息戰，當以誠相待，放其軍民歸國。荷軍拒絕，鄭軍圍攻不怠，及爪哇援兵至，城兵亦出，合攻鄭軍，荷軍又敗。會清使者自福州來，約荷人先取金廈，以絕鄭軍之後援，其計亦失敗；荷軍死守熱蘭遮城，鄭軍攻進南隅，荷軍恐，成功又以書告之，乃降。十二月，殘軍登艦而去。荷人據台灣三十八年，自此台灣復為中國所有。成功於台南赤崁城建承天府，以熱蘭遮為安平鎮，總名曰東都，並未放棄金廈。康熙元年成功薨，子經嗣，清兵取金廈，經卒，子克塽嗣。清水師提督施琅屢奏，鄭氏據台灣，奉明朝以對抗，有損大清之尊嚴，且足為憂。康熙二十二年，施琅奉命攻台灣，先至澎湖，守軍戰敗，克塽降。鄭氏治台灣，奉明朝正朔，用明帝年號，歷三世，凡二十三年。

野史氏曰：滿清據大陸，鄭延平建立海外島國。明之宗室諸王如寧靖王、益王等六王及魯王世子、以及忠臣義士、隨之而來者，皆使之得以安生，而且撫番社，辦鄉治，興學校，使台灣成為世外樂土，此誠非易事；所最難者，神州江山易主，明帝亡命緬甸，而延平王能以孤軍入海，擊敗荷軍，收復台灣，締造海邦，至今猶受其賜，厥功偉矣！民國以來，諸多英雄，引外力以助內亂者，捫心自問，當如何哉？中國文化思想，一切事以正義為主，一國之君，苟私心用事，則群起效尤，亂風乃作，自趨覆亡，歷代明君皆勢此義，鄭延平不憚艱險，驅逐外寇，收復台灣，而擁護正統，忠於明朝，與滿清對抗，終身不屈，其功德之盛，千古不朽，凜凜大義，人心肅敬，故清帝康熙詔曰「鄭成功係明室遺臣，非朕之亂臣，敕遣官護送，成功及子經兩柩歸葬南安，置守塚，建祠祀之」，（台灣通史建國記）。並加諡號曰忠節；凡明末忠臣為抗清而殉難者，皆賜諡號，以褒忠義，如張同敞諡曰忠烈，瞿式耜諡曰忠宣。清帝此舉，實為尊重中國倫理思想，不挾私怨，惟義是從，足以勵風俗而正人心，故能建立二百餘年文化隆重之正統朝代。

清朝建設台灣與丟失台灣

清朝統一大陸，領土廣廓，雖得台灣，而廷議以為海外荒境，視為廢墟，無經營之必要，將軍施琅奏疏，說明台灣地勢之重要，荷蘭佔據，招納內地人民，成為海外之國，漸為邊患；鄭成功驅走荷人，據其地，窺伺南北，為朝廷之憂。其地沃野土膏，物產豐富，且為險阻之域，可做東南之保障，杜絕邊海之禍患。帝可其奏，乃設台灣省（府址即鄭氏之承天府，在今台南市），隸福建，設三縣，府治所在曰台灣縣，鳳山縣，諸羅縣（後改名嘉義），澎湖設巡檢廳。康熙二十三年文武官員均就任。後來增設彰化、新竹、宜蘭、恆春、雲林、苗栗各縣。光緒元年，設台北府，其後又建巡撫衙門，遂為省會。十四年移台灣府縣於台中，原地改稱台南，縣曰安平。

台灣歸清以後，民變之役，凡數十次，如：劉卻等，恃其強悍，結無賴之徒，劫掠民眾，攻打官兵；黃教等，聚徒侵害鄉民，與官兵血鬥；戴潮春立八卦會，以徒眾勢強，乃自稱東王，佔據彰化、嘉義，與官軍戰鬥四載多，此皆寇匪桀驁之徒，為人人所痛恨。若夫吳球等，憤官吏之暴行，乃以反清復明為號召而起事；張丙等，則以庸官處事失當，引起眾怨而起事；施九緞等，則以貪官舞弊征斂，民眾反抗，遂領導攻打官府；每次變亂，攻城殺官，雙方傷亡不計其數，人民遭殃尤烈。規模最大者，則為朱一貴、林爽文之亂，朱一貴，或言係鄭氏之部將，居鳳山荒僻之境，以養鴨為生，結交故國遺民，草澤壯士，每談明朝亡國之痛，同心悲嘆，康熙六十年，鳳山知縣貪污暴斂，一貴乃乘機起事，聚眾數萬，大敗官兵，手備、千總、把總，多戰死，文官則多逃往澎湖，全台震動，各地土豪競起聚眾響應，奉一貴為中興王，建原永和，清廷派大軍征伐，經年始平。林爽文漳州人，來台居彰化，墾田治產，以鄉間巨族時起械鬥，爽文亦集眾自衛，藉「天地會」以結黨，入會者萬人，歹徒亦參入其中，官方憂之，乾隆五十一年，因楊文麟之二子，一入「天地會」，一設「雷光會」，同室相鬥，知縣逮文麟，擬置諸法，並收沒其財產，按察使勘審，獄定；因此，會黨遂起事，擁爽文為盟主，遵明制，建原順天，遂攻陷彰化，殺知府及以下官員，又攻陷諸羅，殺知縣及眾吏，所部號十萬，於是各處響應，攻擊各地文武衙門，全台紊亂，次年清廷派大臣服康安來台，調四省之兵討伐乃平。總上所述，起事作亂者，禍害地方，殺人無算，罪固當誅，然每因庸官污吏而激起，則官府不當引咎自懲乎？

光緒十年五月，以劉銘傳任福建巡撫，治軍台灣。銘傳合肥人，少任俠，初為鹽販，咸豐時，領團練擊太平軍有功，後從李鴻章率部連克名城，太平軍敗，又平捻匪之亂，為淮軍名將，授太子少保銜。銘傳來台治兵時，適中法戰起，六月法軍攻基隆、攻滬尾，銘傳皆擊退之。十一年三月，銘傳請專駐台灣，辦理善後；先是同治十三年，欽差大臣沈葆楨奏請台灣建省，廷議不從，至此，始詔設台灣省，以銘傳為巡撫，兼理學政；置布政司，於是設交應局、機械局、營務局、電報總局，頒行保甲制度；嗣後撫番墾田，設撫墾總局、設官醫、及郵政、煤務總局，建鐵路、設招商、樟腦各局，設西學堂、番學堂、電報學堂，改建各處礮台、整理軍務，各縣設縣學，並添設義塾。以上舉其要者而言，總之，各項建設，開始新興。

銘傳知兵，又善為政，台灣治安無虞，然番社時常自亂，或出山到平地殺劫，又有土匪游勇，聚集於番民交界之處，肆行搶掠，每與番社互相仇殺，如不弭止，亦能釀成大患，故既嚴海防，又須綏靖地方。銘傳自就職以來，數次番亂，其嚴重者，必自將兵平之。彰化知縣李嘉棠，因清丈地畝貪污，引起施九緞之亂，銘傳依法懲辦貪官，民心乃平。簡述如上，銘傳治台灣，新興建設，政務煩勞，保境安民，內外兼顧，對軍政方面尚有新計畫，未及實施，而以病於光緒十六年辭職，邵友濂繼任，為節省經費，新政停頓。

台灣民主國

甲午戰起初，光緒二十年五月，朝鮮有亂，我軍往援，日本亦派兵至，亂平，日軍不撤，且據其京城，又乘我不備，擊敗我陸軍於牙山、平壤，七月與日宣戰，又敗我海軍於安東縣東南，遂渡鴨綠江，入東北各地，復自旅順渡海入山東半島各縣，並分艦隊南下，陷澎湖群島，進逼台灣。

當朝鮮亂起之時，台灣戒嚴，以唐景崧為巡撫，調福建水師提督楊岐珍，及南澳（在廣東饒平縣東南海甲）總兵劉永福為幫辦，各帶兵來台。唐景崧廣西灌陽人，翰林院編修，性豪爽，飲酒賦詩，遨遊公卿間。劉永福，先室廣西人，其父因貧困謀生，遷居廣東欽州生永福，穎敏勇敢，曾為太平軍部將，太平軍敗，永福糾眾闖入越南，世稱黑旗軍。同治十年，法軍攻越都河內，越人不能敵，永福擊敗法軍，並斃其海軍將領安業，又助越剿滅巨寇，綏靖地方，越王大喜，以提督任用。唐景崧聞黑旗軍之威名，以與永福有同鄉之誼，前往說之，謂：法人侵越，越軍不能戰，勸永福乘機據越境，自立為王，時機不可失，景崧並可請北寧提督黃桂蘭襄助成功。永福謂「食人之祿，當為人效忠，身受越恩，安可叛逆！且越為中國藩屬，越如有難，中國尚須援救，以昭上國之威；今豈可乘人之危，奪人之權！如果發動此事，越人與法軍合作，必然釀成大亂。今法軍又要侵越，固我請唐大人勸黃提督與我聯兵，合攻法軍，收復失地，此為當急之務」。景崧三次勸永福照計而行，永福以為此乃卑鄙作為，竟不允。不久，法軍又攻河內，永福復擊敗之，並斃其統帥李威侶。光緒九年，法軍又攻越南，清廷派將軍馮子材等率師援之，黑旗軍奮戰最勇，大敗法軍於諒山，威名震中外，清廷外交失敗，後來越屬於法；景崧以永福義士，上書請說之為國效勞，永福亦念宗邦，深欲建功自贖，乃受命為南澳總兵。

甲午之戰，我軍敗績，日軍進逼台灣，已發生襲擊之戰，次年議和，日本索割台灣，消息傳來，全台震驚，景崧電奏意謂「不可任日本之勒索，當與其他國家聯盟，從公判斷，以止割台之議；且而今台民聞訊駭憤，必然對抗日本，揆今日時勢，尚有可為，何至放棄台灣」？電奏，不報。此時台灣舉人劉孝純（板橋人）等，方會試在京，亦上書力爭，清廷無力抗拒日本，竟訂馬關條約，割台灣於日本。四月，詔令守土官撤回，提督楊岐珍率部歸廈門，景崧電永福詢去就？答曰「與台共存亡」，於是獨立自主之意乃起。

五月初一日，全台紳民電清廷略謂「台灣屬倭，萬眾不服，迭請唐撫代奏下情，而事難挽回，如赤子之失母，悲慘曷極！伏查台灣既為朝廷棄地，百姓無依，惟有暫行自主，死守不去，遙戴皇靈，為南洋屏障，留台撫暫仍理台事，並留劉永福鎮守台南，一面懇請各國查照割地紳民不服公法，從公判斷。台民此舉，無非戀戴皇清，圖固守以待轉機」。景崧亦電奏：割台已定，台灣紳民哭聲震天，亂民又起，無可撫慰，欲率各官內渡，被民遮留之淒慘情況。景崧不得不留。

五月初二日，苗栗進士丘逢甲（曾任兵部主事），率紳民恭上大總統之印，又曰「台灣民主國總統之印」，景崧向大陸三拜後受之，建元永清，旗用藍地黃虎，永福仍守台南，景崧守台北，於是組織政府，以丘逢甲為義勇統領，設軍務大臣、內務大臣、外務大臣、設游說使駐北京，設議院、集紳士為議員，拔貢陳雲林為議長，議軍國大事。舊日官弁願去者聽，留者錄用，各縣文武官職俱按置就序，於是佈告全台，照會各國領事，遂電稟清廷，略曰：台民聞割台後，冀有轉機，今已絕望，乃公議自立為民主國，齊集衙署，捧送印旗前來，文曰「台灣民主國總統之印」，旗為藍地黃虎，強臣暫留保民理事，臣堅辭不獲，伏思倭人不日到台，台民必拒，若砲台仍用龍旗開仗，恐為倭人藉口，牽涉中國，不得已暫允視事，將旗發給各砲台暫換，印暫收存，專為交涉各國之用，一面布告各國，並商結外援。嗣後台灣總統，均由民舉，遵奉正朔，遙作屏藩，俟事稍定，臣能脫身，即奔赴宮門，席藁請罪，昧死上聞。五月初二日」。

此時台灣之兵，新舊為數三百數十營，每營三百六十人，分布南北防務，別設團練、籌防兩局，以紳士理之。軍興以來，糧餉浩大，全台收入，不敷支配，旋奉部撥五十萬兩，南洋大臣張之洞奏請撥發一百萬兩，板橋林維源首捐一百萬兩，富商巨室傾資助軍者為數亦多，民兵亦起自備餉械，退役軍官、庠生、青年，紛紛舉義旗，或千人、或數百人，皆鄉村子弟憨不畏死者。而粵人吳國華等，亦各集其黨，來台增援，部署甫定，而日軍至矣。

日艦初至淡水基海內，往來游弋，初六日由鼎底澳登陸，與守軍對攻，互有勝負，而瑞芳守軍，諸弁不睦，退往基隆；日軍攻基隆，彼此交戰，各有死傷，日軍集力攻擊，礮台失守，基隆遂陷，台北緊張，城中已有叛兵，十三日，營官李文魁，馳入撫署叫囂云「獅球嶺亡在旦夕，請大帥出來督戰」！景崧知其叛，迅入內，微服至滬尾，乘德人商船內渡，文魁躡其後，至廈門，謀刺景崧，為吏所捕，戮於市。

台北城內，潰兵焚撫署，劫官庫，土匪亦乘機而發，秩序大亂，十五日，日軍進城，丘逢甲等亦相率內渡。台南聞景崧逃、台北陷，士紳議奉永福為大總統，永福不從，強之，始移駐台南城內，籌辦一切，設議院，以舉人許獻琛為議長，廩生陳鳳昌等為議員，進士許南英辦團練，各處義軍，各處部隊，皆嚴陣以待，軍政部署周密。

時澎湖早為日軍所據，台海周遭為日軍所控制，日軍攻擊之主力自北而南，雙方皆以新竹為前線。二十日，日軍攻新竹，義兵夜間伏險以擊，日兵死傷過半，續經二十餘戰，新竹竟陷。閏五月十二日，日總督移書於永福，大意謂「台灣今已屬於日本，永福不當違清帝之命抵抗日軍。且孤軍無援，勢必至敗，如速戢兵息戰，日方當以禮相待，連同士卒全體送歸原籍」。永福復書略云「台灣乃我國之地，日軍來侵，民心不服，我整甲兵以保疆土，我之部隊，皆能戰敢死之士，且有義民數萬，械精糧足，決心抗戰，日本當撤回兵旅，歸我台北，方為明智之舉」！然永福孤軍無援，日軍續增，各處苦戰，彰化、嘉義、雲林，各要城相繼淪陷，台南餉械俱竭，日艦已窺安平，騎兵已迫台南，永福見事無可為，乃於九月初二日夜，自安平乘英船以去。初四日，日軍入台南城，台灣民主國，自五月成立，與強敵血戰一百六十日，至此遂亡，台灣遂淪於日本。台灣巡撫衙門，亦即台灣民主國之總統府，據說其地址即今之中山堂，因巡撫衙門在繁華區內恐遭破壞，士紳為保存永作紀念，乃將巡撫衙門所有之磚石木料，遷於今之植物園內，按原型建築，大門、廳堂、甲第、群廊、丹彩裝飾，規模依舊，永留歷史之勝蹟。梁任公遊台北，弔古詩有句云「只有當年月，還臨景福門」，景福門即今總統府對面之樓闕，門楣有大字石匾標誌。

野史氏曰：銘傳、永福皆出身寒微，未嘗從師學政治、習軍事，而銘傳領鄉村團練擊太平軍、剿捻匪，建功巨；中法戰役，治兵台灣，擊退法軍，及主政台省，興辦各項建設，開山撫番，振興文教，立長治之策，種種措施，勳勞尤大，惜乎志業未竟，以疾去職，其功永垂不朽。永福在亂世，於行伍發迹，而能助安南大敗法軍，並平其內亂；唐景崧以文士名臣，勸其乘機據安南，自立為王，永福以個人之忠義，及國家之利害以拒之，其正大之人格與睿智之見解，豈近世權利爭奪之輩所能想像。甲午之役，日本攻台灣，台北軍潰，全台已失大半，永福以孤軍守台南，與日本陸海大軍苦戰，餉械俱竭，庚癸無處呼籲，境困援絕，英雄無奈，只得空懷義憤而歸矣！若銘傳、永福者，始可謂人傑也。

清室腐敗，西后昏憒，將建設海軍之軍費移建頤和園，將保國安邦之資本，作浪費娛樂之用，即此一事，已足以壞政風而怠軍心，故雖有勇將猛士，而防務不備，武器不精，亦難勝強敵。且「雖有文事，必有武備」（穀梁傳定公十年），兩國要會，雖係文事，必須有軍事準備，以防不虞，孔子相魯君夾谷之會，藺相如輔趙王澠池之會，因有武備，故獲勝利；朝鮮乃我之屬國，日本軍隊進入，此非文事，明係與我為敵，為何不備，而被其擊敗？故甲午戰役割地賠款，朝野多責全權大臣李鴻章誤失軍機，台灣紳民曾有宣言公布怨詈李鴻章、孫毓汶等。居高位，秉大權，不能護國安民，群眾怨讟，尤當自責也。

日本明治維新，勵精圖強，蓋深悉清室之腐敗，武備之虛弱，遂積極侵陵。朝鮮為我藩屬，有亂，我當往援，而日軍妄加干涉，已為無禮，而又佔據朝京，又乘我不備擊敗我陸軍，又以其銳利之艦隊擊毀我裝備落伍之海軍，遂長驅直入，劫掠我東北、山東各地。日本無禮逞強，攻打我國，反而逼我訂約割台灣、遼東，並須賠償其軍費。我國受此惡劣之侵侮損害，奇恥大辱，已達極點；日軍之野蠻暴戾，逞兇得意，已達極點。

日本自此稱雄亞洲，逞其伎倆，無往不利，遂積極圖滅中國，九一八事變，奪去東三省，七七事變，倡據華北，其野心習慣，不能自制，遂表面與美國和諧，而內懷陰謀，施其故技，乘美不備，發動珍珠港事件，欲一舉而摧毀美國之海軍，英、美遂對日宣戰，此即「太平洋大戰」。日本與英、美糾戰，幾乎四載，其武力之消耗可知，及美軍投原子彈於日本，日本始感力窮技盡，只得投降，對英、美認罪賠償損失。在原子彈威勢下，日本亦向我國投降，自七七變起，日軍在我國殺掠八年，而我政府報之以德，不索賠償，此千古之奇事，「匪夷所思」也（易渙卦）。

暴惡行為，害人亦等於害己，試看日本軍閥，窮兵黷武，甲午之戰，雖擊敗中國，然其傷亡之士卒，必自恨身為強盜，死於非命；其渠魁伊藤博文，惡貫滿盈，被朝鮮義士所擊斃。太平洋大戰，日本遭受原子彈之報復，其人命財產之毀滅，當更浩大，而其軍閥頭目東条英機、土肥原等，皆受公法判決以絞刑處死，此非如俗語所說「害人如害己」之報應乎！雖有此前車之鑒，然元惡暴徒如飛蛾投火，仍不惜捨命以蹈覆轍也。

國民政府遷台

甲午戰敗以來，日本佔據台灣五十一年，今次抗戰，日軍敗亡，三十四年十月二十五日，台灣還歸祖國，定此日為台灣光復節。政府命陳儀為台灣行政長官。三十六年二月二十八日，引起台灣「二二八」事件，後來陳儀因通敵，被處死刑。四月，政府定台灣為行省，任魏道明為主席。三十八年八月，陳誠任東南行政長官，兼台灣主席，長官公署設於台北市。十二月，政府自渝遷設台北市，任吳國楨為台灣主席。

當年共軍據有華北，徐蚌會戰國軍失敗之後，三十八年總統引退，副總統代行總統職權。二月，政府遷革命發祥地廣州。三月，孫科內閣總辭，革命名將何應欽組閣。共軍全面進攻，南下渡江，南京、上海、西安，國軍不戰而撤。五月，何應欽內閣總辭，由閻錫山組閣。十月，共黨在北平成立政府，蘇俄宣布承認，美國聲明承認國民政府為合法政府。政府撤離廣州，遷往重慶，李代總統赴香港，未幾重慶陷落，李代總統離港飛美。十二月七日政府遷設台北，於是大陸全部變色；李代總統、閻內閣負丟失大陸之名，如剿匪總司令傅作義負丟失華北之名相同。可怪者，各處名城重鎮，皆有政府大軍防守，國共既不合作，為何不戰而撤，撤往何處？路程方便、時間許可、撤來台灣主要之軍，惟青島、海南島兩部。三十九年三月，蔣總統復行視事，閻內閣總辭，陳誠組新閣，以台灣為復興基地，作反攻大陸之準備。

野史氏曰：道義、正義、公理，等等語詞，在國際間，是強國相對，外交壯膽之虛辭；是弱國呼籲求援之哀聲；強國奉承強國，壓迫弱國，此勢所必然。三十四年二月，美、英、蘇三國，在黑海北岸雅爾達舉行會議；英、美為使蘇俄對日作戰，與蘇俄密約：允許蘇俄恢復日俄戰爭前在中國東北之權利，並要求中國承認外蒙獨立。夫滿清末年割地賠款，尚假借事故以為辭，而今則在不知不覺中喪權割地，較滿清末年之恥辱為尤大。美、英奉承蘇俄，壓迫中國，故擅將中國之權利土地贈於蘇俄。三十四年八月五日，中蘇商訂友好條約，蘇俄根本不理會此條約，亦不履行雅爾達密約對日作戰，迨日本戰敗投降之後，蘇俄乃進軍東北，搶掠機器、物資，此即實行其雅爾達密約接收我東北權利之行動。蘇俄為扶植中共，又阻止國軍入山東，又脅迫外蒙獨立，三十五年一月，我政府被迫承認外蒙獨立；二月美、英、蘇公布其雅爾達密約協定，我政府始知中國權利、土地被英、美出賣，外交部雖宣布不受雅爾達密約之束縛，但蘇俄侵奪中國之權利土地，已達其目的，能如之何哉？收復台灣，失去外蒙，可謂「得之東隅，失之桑榆」矣。

莊子山木篇有云「無故以合者，則無故以離」，以此推論，以利而合者，則以利而離，個人如此，國際間猶如此。美、俄互相利用，中國當局分裂，蘇俄幫助中共成功，美懼俄勢強大，不得不援助國民政府。當初聯俄容共，推翻北京至政府，成立國民政府，結果受蘇俄之迫害，俾共黨佔據大陸，國民政府遷來台灣。當初俄共成功，中共萌芽，皆欲從中國謀發展，恰好廣東政府聯俄容共，予以良機，到而今，被害到如此境地，再倡反共抗俄，是何等悔不可追之事！欲玩猛虎，必當有其技能，否則，定遭其所噬；既引虎入室，須有卞庄子之勇，方能刺虎除害。而今美、俄爭利，棋逢對手，一為共產主義陣線，一為民主主義陣線，全世界受此兩大勢力之指揮，群眾心理以利害為轉移，不在乎何種主義名詞，在紅衛兵勢力之下，不得不屈伏，但其民主主義真能實現，始有自由之幸福。

（二）我來台以後

何處安身

三十八年夏曆五月二十六日，我由穗乘船，二十九日抵澎湖漁翁島，住內垵國民學校，訪問其校長洪燈煌，據說：此島有人家兩千餘戶，以漁農為業。又述日本在此統治之情形。又述日人撤走，政府接收以來，無人管理，海防設備、及公物被盜竊破壞之現況；我以中央日報駐台記者之身分，將所訪之實情，撰文，投於廣州中央報社。

因海風關係，此地房屋低矮，亦無喬木森林，惟有榕樹散生於村邊丘陵間。大陸人來此，言語不通，但每遇白髮蒼鬚之老人，余向之點頭致敬，彼則以慈祥之笑容向我還禮，蓋其意感到：日寇已走，而今來此者接為祖國一家人。

星期日，潮水退時，諸生多到海邊，撿取魚、蝦、蚌、蛤之類，自煮而食，飽餐鮮味。此時，中午炎熱，夜半則冷風如冬，潮聲澎湃，引人愁思。此時政府在穗，何應欽內閣總辭，閻錫山組閣。明知此乃一局殘棋，成敗以成定數，但懷念故土，不忍想從此隔絕，仍盼有奇蹟在夢中出現；三十三年春，我在皖北，曾針對時弊，陳述善後之策，上萬言書於政府，明知人微言輕，當局必不理睬，而一片至誠，不能自已，結果書奏杳然。我又上萬言書於閻內閣，閻覆函，略謂：荷承雅愛，屢次惠賜璣珠，既佩高論，復感隆誼，每懷賢榘，彌增欽遲！山任事以來，輒感任重材輕，凡百庶政，正待興革，軍民痛苦，正待解除，赤燄熾盛，局勢艱陷，有負國人期許，時增內心慚懼，山深知挽此數千年未有之厄運，堵此瀰漫世界之紅禍，非舉國一致努力，集思廣益，無以竟此事功，決本國策民意，督率群僚，竭力以赴，仍盼多賜教言，藉知勉勵，茲送上拙著一種，併請指正，是所感盼！順頌時祺。閻錫山謹啟。三十八年九月二日。

在當時緊張情況之中，閻內閣尚不忽視民意而回答此函，惜乎共軍渡江，李代總統已不能支持危局，軍事將領，明哲保身，或逃或投，中樞要人俱已撒手，政府只存空名，閻內閣六月中旬在廣州接任，十月，遷至四川，共軍入川，國軍繳械，李代總統自港飛美，閻錫山齎內閣名義來台北，奉繳於陳誠。

諸多祕密因素，局外人不得而知，共軍渡江，各地國軍不約而同，皆不抵抗，為使內戰早日結束？此中緣故，令人難解，而共黨之統戰，亦令人驚異，能說服國民黨之官員叛黨投共，被發現者，如前台灣行政長官陳儀，及國防部大員吳石。蘇俄、中共之間諜早已來台活動，利用時機，製造事件，布置亂萌，如山東流亡學生師生之冤案，便是一例！

山東各聯合中學遷至澎湖，奉令在馬公開課。煙台聯中校長張敏之為總代表與該校教職員駐於馬公小學。防守司令部設於馬公，司令李振清、第三十九師師長韓鳳儀（河南人），二人本為舊同事，而此時韓在暗中與李作對，因為韓之隊伍已在大陸敗散，僅有隨身之屬員來到海外，以為山東數千學生直等於李之士卒，而韓則只有師長之空銜，因此，乃嫉忌李，李不知也，仍以韓為舊交，商辦公務，不存疑心。匪諜無孔不入，隨韓來到澎湖者，據說不止一人，而露出真相者名陳福生，他能蠱惑韓鳳儀製造事端，使韓陷於罪惡中，而始終不悟。韓乃行伍出身，見到李振清所轄有七千同鄉學生，原來管理學生之軍事教官，中央軍校畢業者有三年，而且現任國防部次長秦德純亦係山東人，李振清上有依靠，下有群眾，官位有保障。韓以自身無憑依，將來師長地位必為軍校畢業之教官所取代，因此，心情消極；陳福生悉其隱情，乃從中挑撥，使函對李陽順陰違，並尋釁製造糾紛。李之士兵有犯過者，則嚴刑迫其承認與匪有關。山東學生須受軍訓，韓鳳儀私捕學生補充其兵額，並派其屬員督導軍訓。每晨逼學生跑步兩小時，再作各種苦力勞動，使學生身神疲敝，荒疏課業，學生不知係韓作祟，皆銜恨李振清。陳福生陰謀，挑動學生與士兵結怨，兩相對敵，總之欲使李之部屬離心離德，團體渙散，韓、陳二人方為快心。

學生以為每日所受之折磨，皆李之主張，故對李發生惡感，韓則屢向李報告學生不受管理，及與士兵衝突等事，李不知係韓之詭計，因此，對學生有不良印象。某日，李集合學生訓話，聲色嚴厲，有濟南學生二人，起而解辯，並言「政府教我們來求學，不是教我們來當兵」！李大怒曰「你們不受管教，還敢抗辯，衛兵！把他二人拉出來，各刺一刀」！於是衛兵乃舉起刺刀在兩學生之腿部各刺一刀，散隊後，總代表張敏之往見李振清，欲陳述學生每日生活之實況，李因受韓之挑唆，對各校師生有惡劣之成見，與張談話，不歡而散。使學生每日苦於軍訓，不能專心於正式課業，公然違背教育部遷校之旨，而且竟敢刺殺學生，將來之變故，必然更險惡，各校已不能為學生作主，於是各校長離澎湖，而入台灣。惟張敏之自以身負總代表之責，不肯離去，我向他進言「七千學生已被司令部所控制，各校長已無權管理，故皆離去，你個人留此，以無意義，你若再過問學生事，只有與司令部彼此發生惡感」！敏之曰「我是總代表，不能以走了之，現在教育廳長徐軼千已來台北，我已函請其速來澎湖，解決問題，我方能卸卻責任」；我說「在此情形之下，徐廳長亦無善策，故他必不肯來，你當到台北，邀他請幾位山東同鄉與李相好之人，同來澎湖，與李商談合理之辦法」。敏之認為數千學生在澎湖輟學，廳長亦有應付之責任，必來查看真象！我知敏之責任心重，但我在此無助於事，乃決定到台灣。

隨校逃離來澎湖者，皆欲到台灣謀生，李振清款待軍校畢業，及曾任縣長與省議員等人，皆以山東同鄉之誼慰留於澎湖，以備任用，韓鳳儀對此事益增惡感；控制學生，恐其潛逃，又恐教員到台灣透露其虐待學生種種措施，嚴查自澎湖乘船出境之人，我以中央報社記者之身分，於農曆七月初八日，攜建文離澎入台。

我與建文至台中，遇自青島撤退來台之學生，宋生邀我寓於中區繼光里光華巷二十八號，此處距火車站甚近，自巷口即瞭然可見站內出入之人。舊日之學生、友人聞知余住於此，南北往來，多下車與余相晤，飄泊海外，流浪生涯，無職業，無定居，來訪我者，有時須招待食宿，而「阮囊羞澀」，大見困窘。青島市議長李代芳與議員三十餘人隨軍來台，請求內政部振濟，每一議員領到新台幣一百五十圓，議員趙士英憐恤我之清苦，將其個人所領之份，惠助於我，因此我有新台幣三百圓，此時物價便宜，我目前之困乏得解。董生與建文考取新竹師範插班生，我減少一件心事。此時廣州已在恐懼之中，我有中央報社記者之名義，但無處領薪餉。因想到前曾接受台中家事職業學校之聘書，於是乃往見其校長朱阿貴，朱為人誠實，嘆息云「你若上學期來此就職，毫無問題，而今教育廳規定教員須報學經歷證件，檢定合格，方為正式教員」。我見其有為難之容，乃曰「我來專誠拜謁，各歲應聘而未能如期到校，有負厚誼，敢來道歉」！彼此誠懇，握手而別。

飄泊海隅，謀生匪易。台省教育廳長陳雪屏執行公務，實事求是，頗有聲譽。我自抗戰以來，在艱險中奔波，未曾攜帶經歷證件，乃作自荐書，說明生平經歷，並有三十六年在青島出版之嘯閒詩集封面書名為熊十力老師所簽署，及最近在中央報發表「共軍勢力如何養成」論文一篇，以明我之程度，是否可任中學教員，呈報教育廳，請審核，假如審核不核格，又須托鉢另求別門，因想到傅斯年（聊城人）現任台灣大學校長，前年在南京參政會彈劾中央大員，言論剛正，我在青島議會，曾提議以大會名義，響應其為人民喉舌，不憚權貴，並修函向其致敬安慰，我想他對我必有印象，乃修書自荐，並附如上述之詩集及論文一份，請其審閱我是否可任大學教員，接其覆函云「請來台北一談」，我乃至台灣大學相會，彼知我係領流亡學生，自山東逃出者，連聲讚慰，曰「本學期，課程已排定，汝若志在教學，須待下學期始有機會，現在本校已向教育部請求增加中英文秘書各一人，定必照准，汝可暫任中文秘書，但教育部現在廣州，公文旅行，意料須一個月後，始能接到回文，在此一個月內，若別處有良機，你可以高就；若無，你可等候來此就此職，目前若在台中無適當住所，可遷來本校圖書館居住」；我答云「我願來貴校服務，回台中等候可也」，再三道謝而別。

返回台中，接到教育廳人事室通知謂「函及附件均悉。特准聘用，可向台中市政府報到，請其按置，如台中無機會，可來台北，再為設法」。全以職業無高低，在此憂患之世，能得安身之所，於願已足，不必等候台大秘書之缺。乃持通知往見朱校長，請問應向市府人事室報到？抑向教育局報到？朱校長閱通知欣然曰「此一公文，比檢定核格證還高一等，不必求市府按置，本校即刻發聘書，留在本校任課」！於是我即應聘就職。

（三）歲月如流　忽忽老矣

由佳里至新竹

我之命運，真可謂艱苦備嘗，七七變後，與敵寇作游擊戰，九死一生；來台灣又遭無妄之災，死而復甦，舉凡所歷世事之滄桑，人生之坎坷，自幼而老，漫長之歲月，只覺轉瞬之間，盡化泡影，未入佛門，已感一切皆空。劉琨有詩云「誰知百煉鋼，變為繞指柔」，天性之剛直，少年之志氣，而今已化為灰燼，只待了此殘生，長謝此世耳。槍林彈雨，泥犁斧鉞下之餘生，得已苟延性命，已感上蒼好生之德，豈敢有轉剎為復之盼望？故三十餘年來，只求勞生餬口，免作溝中之瘠而已，與人無競，於世無益，無可記述也。

我於四十年四月，到北門中學任教，校長薛佩琦，待人頗厚道，彼知我為青島公報主筆，每譽我為文豪，我自感慚然。單人宿舍，每人一間，院內香蕉成行，牆邊薜蘿蔓延至簷下窗棚之上，青光映入室內，翠藹怡目。此時我研究宋明理學，每至夜深始眠。深夜寂靜，牆上守宮（俗名壁虎），喀喀發聲，猶如雞鳴，據說此物無毒，為益虫，喜食蜘蛛，此地蜘蛛繁盛，室有壁虎，則蜘蛛絕迹，無蛛網穢垢之物，由澎湖至台南，壁虎皆能鳴，自台中以北則不能鳴，其原因昆蟲家尚不知也。

佳里距台南市頗近，我到市內遊覽，曾登赤崁樓，觀鄭延平之古蹟，清時鄉試武舉，所用之大刀石礅，尚列在樓台，供人觀覽。關子嶺有「水火同源」等等名勝，暑假，同人多往遊覽，而我心情沉重，未往也。由閻百川院長之介紹，得識進士賈景德先生（字煜如，山西沁水人），先生二十四歲中舉人，為招遠、郯城等縣縣長，以廉直著名。來台於四十一年四月，履考試院長職，時年已七十三歲，公餘之暇，不廢吟詠，與余詩函往來，每有所作，輒囑余和，世路浮雲，感慨孔多，拈韻措辭，聊以遣懷，此新文學所不屑為者也，余與賈公有此同好，余以惟此尚有輕鬆之趣耳。

四十一年暑假，新竹師範教員顏某，已受該校下年度之聘，但因家屬住台南，又因與北門薛校長為學友，為方便計，未得新竹師範校長張雲縉之同意，又受北門中學之聘。時已將近開學，顏向張辭聘，爾時學生文史程序，較今時為高，高中教員缺乏，張乃函北門薛校長，謂顏已先受竹師之聘，北門之聘無效，雙方交涉不已，張向薛要求條件，謂北門如不對顏辭聘，則請允許周某（我）受竹師之聘，作為雙方調換教員，方可妥協，如不然，將向教育廳控訴，薛則不肯允此條件。我為息事寧人起見，乃向薛解說：我到新竹，雙方可息爭端，我願成人之美。於是我乃於四十一年八月，轉到新竹師範。

新竹師範在客雅山下，客雅溪旁，此處為新竹市南大路，環境幽靜，人家稀疏，有鄉村之風味。校院樹木蔭鬱，宿舍窗外蘆葦叢生，園丁欲刈除之，余愛其秋來有蕭騷之意，乃留存數十株。此時余研究老莊，撰老子考證，開始準備作老子釋義。

道光進士鄭用錫，字祉亭，曾任禮部主事，繼以鴉片戰爭，率鄉勇防台，及咸豐時辦團練皆有功，官至二品。其故宅在水田街，大門有金字進士匾，大廳內有鄉試中舉之文魁匾，群廊之側有雅室題額曰「小蝸廬」，大門前之上馬石，及一對旗杆之石址俱在，古式官邸之規模尚存，而門庭衰落，丹雘失色，令人感慨。水田街口有「福德祠」，為鄭進士幼年讀書之所，神龕旁粉牆之上，有對聯云「獲今日榮秩頭銜賴神默佑；憶當年讀書面壁與德為鄰」；為鄭進士親筆所書。進士墓在南山之坡，墓前有翁仲、石馬，華表兩石柱，鐫有對聯，字迹被風雨剝蝕，已難辨認。

古奇峰為此地名勝之一，在市外之東南，峰之半嶺，有古剎，連橫台灣詩乘云：不知何年何人，題詩於寺壁，字迹已殘壞，惟餘「海岸波瀾無限濶，眼前樓閣自成圖」，兩句尚存；今考試院長賈景德書此二句為寺門之對聯，刻在門前石框之上，此處恰可遠眺海邊之波浪，及市街之縮影，詩句與情景逼真。

古奇峰腰之坂坡，有古樹灌木一叢，中有七、八戶農家，儼然一小村落，村邊有池塘，蓮蘋雜開，異常鮮美。有土地公祠，高不過六尺，全部以石雕成，石門之旁，刻對聯云「只此一邱壑；可以獨往獨來」。上句為晉、謝鯤語，下句為莊子語，對此情景，有此幽思，用此成語，字迹楷書端正，真乃雅人之作也，遊客有注目欣賞者乎。

校舍之南路通青草湖，有靈隱寺，為當地之名勝。據說清時有官員在此刱建諸葛武侯廟，故昔日此處名孔明廟，後來有僧人寓此廟，將規模擴大，名曰靈隱寺，內塑觀音像，較孔明像大十倍，至今孔明像尚供列在觀音像前，善男信女，來此參拜菩薩，孔明像陪享祭禮，而相形見絀。而今此寺僧人已多，廬舍亦廣，設立佛學院，印順和尚常來此講經。余數次來遊，曾為之題詩留念於客庭。印順為太虛法師之高足子弟，偕其徒數人，自大陸來台，於新竹之南山建佛堂、僧舍十數間，名曰福緣精舍，市內之在家信徒，每集會請印順講法。余得與之相識，知其戒行、禪學，為僧中之上座。余於暇時，每至其精舍相談，太虛法師所辦之海潮音月刊，印順今此復刊，彼有文登刊，輒贈余閱，余回贈以詩。

新竹師範校長張雲縉，於四十二年辭職，王某繼任，此時教育廳規定，年終教員考績，分甲乙丙三等，甲等可以晉級增薪，而人數有限定，在時風之中，大抵教員與校長關係情厚者，乃可被報為甲等，不以教學之成績為憑。光陰迅速，我黽勉教學，從來不請假，更不遲到或早退，不覺已經三年，三年考績皆為乙等，有人在我面前代我說不平，我曰「時風如此，我不介意」。

由新竹至板橋

四十四年秋，教育部創辦華僑中學，附設僑生大學先修班，選用教員，校長王壽南，在南洋辦學，尚未來台，其教務主任孫某為之代理一切，友人荐我為大學先修班講師，在此流亡途中，得免凍餒，於願已足，豈遑選擇工作，我在新竹已感安心，不擬就友人之荐，但友人已將教育部所發之臨時草聘送來，並再三勸我前往，我乃離新竹，而到華僑中學之大學先修班。

華僑中學設於板橋之浮洲里，此處為南雅溪畔，有小橋流水，有竹園菜圃，有稻禾水田，風景幽美。王壽南在南洋，不來就校長職，教育部以謝幼偉繼任校長，教育部長張其昀昔任浙江大學文學院長時，謝幼偉任哲學系主任。謝來就職，通知原聘之教員，各繳經歷證件，查驗之後，以定去留，原聘之教員，多以為此乃一種不良之刺激，教育部所發之臨時聘書，可以為證，何必多此一舉？排課時，命我為先修班兼任講師，正式名義列在中學部，此亦我料到之事，亦不介意。我安心教學、讀書，撰「魏晉清談誤國之辯」等文，於「大陸雜誌」發表。

宿舍校園之外，為廣濶之禾田，課暇散步於堤上，觀農人插秧，村婦採筍，時見兩三白鷺，起落於隴畝之間。亦偶有閒人垂釣於青溪之岸。每見耕牛，從容於田畔齕草，有黑鳥，好似烏鴉，飛落牛背之上，牛不反對，行走活動，鳥亦不驚，有人近前，鳥始飛去，人去，鳥又來，彷彿與牛有良好之緣，或謂此鳥喜啄食牛背之小虫及分泌物，牛亦喜其在背上動作，有刺激之愉快。種種自然景物，筆難形容。二三十年以來之時髦口號謂「我們已由農業社會進步到工商社會」，所謂進步，必須此一事物勝於彼一事物，方可謂之進步，工商為生活所必需，農業亦為生活所必需，可以說工商勝於農業乎？農業發達於人無傷，工商繁華，生活奢侈，多不必要之消耗，多有害無益之享受，「飽暖思淫慾，惡膽助獸行」，所以犯罪仍多，強盜遍地，人生失卻保障。猶如科學發達，物質文明，而毒氣瀰漫宇宙，空氣有毒，水中有毒，蔬菜有毒，一切食物，皆須防毒，而毒不可勝防，人所受之害，不可測量；河川草澤，魚蝦昆蟲，幾將絕迹。科學鬥巧爭勝，將來如核子毒氣爆炸，任何人之生命，皆不可保，科學無罪，乃人類不善用科學，而自造罪孽；此猶之糊塗蟲，自齧大樹，樹倒虫死，此亦自然之事。浮洲里之農田，今已變為層疊巍峨之高樓大廈，一切自然佳景，皆已化為烏有。

光緒二十年甲午，中日之戰，我軍敗績，次年議和，割台灣予日本。台灣通史卷四云「當是時，台灣舉人，會試在北京，聞訊，上書督察院，力爭不可」。當時有幾位舉人上書？以及舉人之姓名，皆無記載。此事距台灣光復，年代不為太遠，六十歲以上之耆宿必有記其事者，當可查知。然而問諸近代史專家亦不知也。板橋戲院對面之巷，有古屋，住戶開洗衣店，並賣醬菜等物，余一日行經其門前，見有儒生在內購物，乃就便進入參觀；主人年約三十餘歲，讓我坐，並自己介紹其名劉雲龍。其旁有一少年，約二十餘歲，亦自己介紹其名趙玉崑，為河北流亡學生，在板橋租田種花為生，彼二人為友。我從來未著西服革履，以不習慣之故，彼見我長衫布鞋，舊式服裝，又見儒生稱我「老師」，劉乃問曰「先生是否國文教師」？我點頭，二人對我表示恭敬。此後我經過其門前，劉必邀我入坐，閒談片刻。某日入坐，趙亦在焉，二人對國文皆有興趣，請我課暇，為之講經書，我見其二人生活清苦，尚有好學之心，乃應允，劉問「有何條件」？（如何酬勞），余曰「當今斯文衰廢，乏人重視，爾等有此熱忱，余深感激，我求之不得，決不要任何報酬，爾等若以為我此言為虛偽，我便不配講聖人之書，則此事便作罷」！彼二人相信我之真誠，談及課程，二人同意要我講尚書，其選讀之散文，有不解處，余亦為之講說；每週來我宿舍，受課三小時。閒談之中，得知雲龍之祖父劉孝純即當年抗議割台灣，在北京上書舉人之一，日本佔據台灣，孝純寄居上海，終生未回家園。我住板橋二年，彼二人風雨不誤，聽我講課，曾於年節饋我禮物，我謂之曰「當初，我說不要報酬，而今我若收取這許多禮物，豈非等於索報酬？爾等只要相信我不虛偽，對我所講聖人之道，信而不疑，便是我之收穫，但我若對爾等如此盛意，分毫不受，又恐爾心中不安」，於是我收留其清酒兩瓶，其餘退還。我轉到台北，指導趙玉崑習中醫，考試及格，後赴南洋行醫。嗣後雲龍病故，人世如夢，曷勝悲愴！

遊林家花園-乾隆時，漳州林應寅來台北居新莊，為村塾師，其孫平侯善理財，由富而貴，官柳州知府，晚年致仕家居，鑿州開野，富甲台北。其子國華、國芳，撫番募佃，財冠全島。道光二十五年，遷居板橋，國華子維讓、維源，財產頂盛，每散巨款以賑災，不但普惠台灣，而且施及大陸，朝廷嘉獎，贈以一品榮銜。於板橋建造宅第園亭，規模宏大，大廳門前，有「光祿第」金字大匾，園門有石刻對聯云「盛世受一廛，於焉耕鑿；小園開數畝，可以遨遊」。園內由南畫家謝琯樵為之設計，漢學家呂西村為之題誌。鳩工於光緒十四年，五載始成，佔地兩甲，用銀五十萬兩。其時台北城適竣工，用銀只二十萬兩，此園工程之大，設備之富，可想而知。垣牆繚繞，花木繁盛，水榭假山，高樓曲廊，別有幽致。迄今雖毀圮大半，花亭瓦凋，石筍斷碎，然舊蹟猶存；綺閣檐崩，錦堂門破，內中滿寓流亡寄居之客，烟火雜薰，垃圾塞途，遊人為之阻步。令人感世事虛幻，畢竟皆空。

僑生由國外不同之地區，來此聚居一校，事務複雜，問題多端，學生時常發生鬥毆；教職員來路不一，人事不協，二年之間，校長或被迫去職，或因故而自退者三人，教職員亦每隨校長之來去而更換。余肅身供職，與人無競，隨遇而安。然在此擾攘之處境中，亦感不適，乃受台北建國中學之聘，而辭卸華僑中學。有人勸我「您在此無故，何必放棄大學班講師之位置」？余笑曰「我無此虛榮之心」！

由板橋至台北

四十六年八月，至台北建國中學，本校在南海路，北對植物園，環境頗好。我擔任夜間部三年級國文。此時台灣最高學府，只有一校、三院，台灣大學、師範學院皆在台北，農學院在台中，工學院在台南。除卻數理科學部門而外，文史等科，不論其人學歷如何，苟有特殊關係，即可進而為大學教員，亦不必由講師作起，可以直充教授；此亦名利之爭也，余無其興趣。台北書店多，書價廉，余乃陸續購十三經、二十五史、諸子集成、全唐詩、大藏經、道藏等書；「放懷讀書」，此餘生平唯一之樂也。

鄒樹椿字湘喬，蓬萊縣人，好唐宋文，好書法，好飲酒。曩任蓬萊中學校長，轉任教育部科長，為人剛直，有特性，不結婚，來台時年已六旬，人稱之曰鄒湘老，仍任教育部科長職，不求晉升。梅貽琦昔掌清華大學時，湘老任講師，今梅為教育部長，人多以為湘老與梅，舊誼重聚，定然密切，湘老必升新職，而湘老則避免於梅接近，仍堅守原職。

東吳大學在台復校，新建校址在台北縣士林鎮外雙溪，於四十七年正式開課。校長石超庸，政治系主任杜光塤（字毅伯，聊城人），與湘老為北京大學校友，湘老知我之為人及所學，竭力向杜推薦，我乃得為東吳政治系兼任國文講師。杜主任規定：學生每月作文三次，批改需有眉批、有總批，我皆切實照辦。

酒友韓慶堂，即墨人，為少林派武術教師，抗戰之前，全國武術比賽，曾贏得第二名榮譽。來台任警察學校武術教官。彼之長女玲玲，自幼承父教習武，兵器、拳術皆精練。此時建文三十歲，在桃園高級中學任教員，韓自動介紹，要我令建文與玲玲相識，起初二人往來如意，乃訂婚；一年之後，女對建文表示冷淡，據說：女受人離間之言而反悔，其父母不同意女之反悔，余謂此事不可勉強，乃主張廢除婚約。四十九年夏，經人介紹雲林縣斗六鎮林火爐之三女秀琴與建文結婚，夫婦皆天性善良，沉默寡言，室家和順。

在東吳大學兼課，自四十七年秋，至七十三年秋，因病而退。在此二十餘年中，我著有道家與神仙、孔孟要義等書十五種。我依法令由講師而副教授而教授，以次送審著作，由教育部發給合格證書。在此二十餘年中，師範大學、輔仁大學、淡江大學，我皆曾兼課，但以無特殊關係，自己亦不從事營求，故不能得為專任。隨遇而安，「人棄我取」而已。

文字學會推薦我到師範大學作專任，文學院長已應允。因下述之故，乃到政治大學作專任。西班牙大學哲學博士趙雅博（河北人），為人正直，在此時風溷淆之中，不苟同於世俗，精於西方哲學，著述甚富，每年出國，必到阿根廷講學，在外國圖書館，見到余所著之道家與神仙，頗欣賞。五十八年，政治大學開辦哲學系，聘趙為系主任。趙由學生之引，專誠訪我，相談之下，即慨然聘我為專任教授，我二人素不相識，又無其他關係，而竟如此信任，一見如故，此亦今世之奇事也。余甚感動，肅致謝忱而應聘，五十九年八月，遂到政大哲學系任課。

光陰荏苒，不覺來到政大，又已十年。在此期間，我講中國哲學，著老子要義、佛學概論等書。按規定我已屆退休之年，但若身體健康，校方挽留，可以申請延長；於是我乃延長至六十八年八月始退休，我年已七十二歲。此時我在輔仁大學哲學研究所兼課已數年，所長錢志純（浙江玉環人），為人端雅，與我頗相契，聘我為講座教授，講儒家哲學及宋明理學，每週四小時。

我退休兩月之後，忽患「青光眼」疾，起初為右眼，繼之左眼亦模糊，三次進入病院，右眼為台大醫院主科醫師洪伯廷手術治療；左眼由榮民醫院主科醫師林和鳴手術治療，林與洪皆良醫也。我病嚴重，結果，右眼失明，左眼半失明；我是苦命之人，諺云：華佗神醫「能治病，而不能命」，我從此神經衰弱，行路困難。

眼疾之後，我時感頭暈，七十二年，中秋節後，一日晚間，我坐櫈為穩，忽然跌倒在地，頭部受傷，三日之後，眩暈嚴重，住醫院治療無效，建文說「父親病況如此，不能獨居台北，使全家提心吊膽」！於是乃搬我到桃園，其家為成功路二段。人有預感，亦頗奇怪，其家四房一廳，設備整潔，但我一進入，便心境淒涼，有不良之感觸。他夫婦每日奉養我，雖事事周到，但我總感惻然不安。他往年所住市外校園之小宿舍，較為清靜，命其送我遷居於該室。建文每日到校上課，往返必經此門外，必進屋內，為我料理三餐，我之心情漸感穩定。

昔日在故鄉時，建文年幼，我在海陽師範教學，繼之在濟寧、曲阜等縣，作鄉村建設區長，繼之七七事變，山東淪陷，我組織游擊隊抗戰，戰塵瀰漫，家人音訊隔絕。抗戰結束，災難益劇，父子重逢，飄泊海外，歲月飛馳，不覺三十餘載，我風燭殘年，就養於建文家中，他昏定晨省，盡其孝道。諺云「床上有病人，床前有愁人」，我衰老疾苦，年近八旬，自感多壽無益，惟希早速了卻此生，辭謝塵寰。不意父子相處僅八個月，建文在六年前患肝炎，於七十三年六月十六日（農曆五月十七日）卯時，因舊疾復發，先我而長逝，年五十七歲。生前以教員薪水維持家庭，撇下妻子五人。孤兒寡母，在我面前，我如何擔當？我老而不死，遭逢如斯，雖達觀之賢者，有何辦法？錢所長顧恤我，繼續用我講課，噫！「人到難時親友少」，患難相恤之友，不易得也，況在今世。

俗語云「幼年喪父，中年喪妻，老年喪子」，為人生三大不幸。此三大不幸，皆落到我身上。自童年熟讀四書五經，以至眼未失明之前，所讀之書，皆存於胸中，未或遺忘，而今惟有回味書中之義理，與古人接談，再則審思聖哲之彝訓，為學生講說，此外，我之人生已無其他趣味。自三十年春，故鄉隔絕，家庭遭劫，今長子已歿，家鄉尚有次子、三子及女兒，自幼離散，未得相見，我對子女，未盡教養之責，不忍思念，前年聞知彼等皆在故鄉為農，今我已屆桑榆晚景，日薄西山，海天遠隔，夢中亦不得相見也。

我之著述外邦有知音之人

三十餘年來，我著有：魏晉清談述論、文言與白話、松華軒詩稿、道教全真大師丘長春、中國文學述論（原名中國文學論衡）、佛學概論（以上商務印書館出版）。道家與神仙、論李杜詩、孔孟要義、荀子要義、老子要義、莊子要義、列子要義、漢代哲學、應用文（以上中華書局出版）。我之著述以文言為主，因為自幼習作文言。文學革命家所定之白話標準，「話怎麼說就怎麼寫」，「不避俗字俗語」，那只是有時間性與地區性之小說體材，只可名之曰「語」，不可謂之為「文」。學術性之著作，若用白話，不但浪費筆墨，而且時過境遷，難於了解，無法考究，便變為死物，故三代之文言經典，至今可解，而漢時王充之白話譏俗，早已無人能解，故早已淘汰，此中隱奧，非片言可盡，余所著之「文言與白話」有詳細之說明。民國八年以後之文學革命，即文化革命之先聲，而今雖有復興文化之口號，而時風中之文學，則尊從文學革命家之訓示，以白話俗語便為文章，人人能說話，「話怎麼說就怎麼寫」，亦即人人皆為文學家，寫文言者被時風所鄙棄。我行我素，聊自遣懷，不與時風競盛，甘於落伍，不惟詩賦必依韻律，即述事說理，亦必遵文章法則，故十數本著作，雕虫小技，草野之言「倘然適意，豈必有為」（司空圖詩品），不感期時人之垂青，「自得其得，自適其適」而已（莊子駢拇篇）。

外邦有知音之人：余謂語文與文學本為兩種事，故語文不能合一。文學革命家強使之合一，使學者避難就易，打倒文言，文學淪沒，故今日只有語，而無文。中、日兩國，語言不同，而文學相通，此亦語文不能合一之一證。

商務、中華兩書局，營業甚廣，其所印之書，銷售於國外。日本教授大久保莊太郎，睹我之著作，因函書局，訪知我之住址，來函恭維，並將其作品，郵贈於我，我亦贈書以答。其所著者：孔子家語之意義、抱朴子考、鹽鐵論考、楚辭所感、馬王堆出土老子考等，十餘種，為「羽衣學園短期大學紀要」所登載。其通訊處為「大阪府高石市東羽衣五丁目二十六番二十四號」。其所著之書，為中、日文混合體，而書信則純為中文，間有日本所造詞句，吾人視之生疏，然字義可解，仍合文理，其書信規格，亦與中國一致，茲略錄數則如下：

「恭啟者：玉體清寧，不勝慶祝！拜讀尊書「魏晉清談述論」，受慈教多，惟文意幽深，句語雅高，非鄙愚者所盡解，是以日語翻譯之業，猶未能就緒。‧‧‧大久保莊太郎頓首七月初四」。

「謹展玉翰，不勝感戴！先生現正著作「兩漢哲學」，私祈出版速早，大益學界。敝人刻下讀淮南子，覺西漢思想迂曲甚多，不比公羊論旨單明。本春四月以還，在他大學講述中國哲學史，到六月底，先秦自九月開始。茲謝高慮，虔請暑安」！

「本日承賜最近著作「孔孟要義」，如此隆情，何以克當！大陸輕儒侮孔，今乃知過。先生所述「非走孔孟所傳之大道不可」，是警戒世界之至語，一葉一紙，總是玉言寶句，論說詳密，言旨穩健，當曰儒學根基。肅致感謝！並頌夏安」！

「雲山遠隔，音問多疏，專請任恕！本日接讀尊著「中國文學論衡」，不勝感戴！擬仲任之疾虛妄，稱曰論衡，真有以哉！按貴序云：文言被廢，白話亦不能獨立；當謂至言。憂國衷意，救國深情，俱與充溢行間，斷非螢火微光，可以暉照四海。刻下迂生在鄙校講中國哲學外，并講唐詩及傳奇，涉及道佛思想，深感無中國文學通論好書，今得先生大著，若旱畎遇慈水，全章珠玉，感承恩澤，沒齒不忘！敬頌教安」！此乃六十四年乙卯五月之函

「聞先生患苦眼痼，不勝心慮！祈平快速！先生多數高著，不惟貴國，而裨益海外學者不尠，洵不勝慶賀！鄙生既已介紹先生「魏晉清談述論」於中國哲學研究會，青年學者各位共鳴其盛，惟翻譯大業，遲

如牛步，慚愧何譬。・・・專祈珍攝，祇頌文祈」！

「惠賜先生近著「道教全真大師丘長春」，銘感無極！丘真人，愚生早所敬慕，惟以惛鈍之故，莫識其詳。尊書詳說精確，立刻恭讀。貴著附記「當代哲學與宗教問題」，中曰「人為財死，鳥為食亡」，實是金言。燕京政府所謂物質主義，既已破滅，生惡增邪；排孔輕儒之愚政，業知改過。先生木鐸之語，適用鄙國現況，應介紹少者，深致謝意！茲專頌春安」！（此乃七十一年壬戌四月之語）。

日本橫濱市立大學名譽教授、東洋大學文學部教授波多野太郎，讀我所著「道家與神仙」及「文言與白話」等書，曾作書評載於日本「東方宗教雜誌」，謂此書可明道家之本義、及道教神仙之實際；謂「文言與白話」，可提醒日本教漢文者之警覺，廢除文言，代以白話，漢文便淪沒。此人亦向書局訪知我之住址，來函恭維，並贈我其所編著：「關漢卿現存雜劇研究」、「中國方志所錄方言匯編」、「滿漢合璧子弟書」（孟姜女哭長城民間故事韻文）、「桂劇四種」（救命者、桃花庵、沙星驛、九華驚夢）；為「橫濱大學紀要」所刊登。余亦回贈以「中國文學論衡」及「文藝復興」所刊登之「語與文」等作品。其發信地址為「日本橫濱市中區本牧滿坂二三六號」。彼於六十六年丁巳冬，曾來台北訪我，我命學生楊譽卿、趙儒生等，於會賓樓設筵款待。茲錄其來書數則如下：

「前後蒙賜雅翰大作，拜領之下，不勝感謝！近來弟馳驅碌碌，音訊久疏，歉仄殊甚！日昨小著「滿漢合璧子弟書尋夫曲校釋」大概七月底印完，一俟刊行，奉達左右，以供瀏覽，先行奉達。此地櫻花已謝，躑躅正開，春意垂老，燕子欲歸。專此致謝！肅請撰安！四月二十七日　弟波多野太郎頓首」。

「據說貴國有大地震，先生好麼？今天奉接「文藝復興」，感謝得很！披誦一過，對於民族語言，先生憂心悄悄，可以說「文言與白話」續篇。還有海陽、萊陽的白話舉例，很有趣」。

「久疏通問，渴想殊深，忽接大著慈投，展誦之餘，心中感激，使弟茅塞頓開，儼同棒喝，恭維閣下識見廣大，議論縱橫，可稱書名副其實也！加之愛國忠情，橫集行間，亦可謂警世之文矣。茲屆暑氣逼人，萬望格外珍重是禱！聊鳴謝悃，祇頌撰安！惟照不宣。六月五日」。

紹賢教授道席：

光陰荏苒，轉瞬新年，此維

道履吉祥，至以為頌！鄙人舊臘，般桓貴國，得蒙寵召，辱承趨陪，飽飫華筵，悅耳清唱，令人感慨橫生，雅誼之殷，永銘五內，可惜時間不彀，未克暢聆教言，歉仄奚似！他日重來

貴黌，當有拜謁之會。高足之處，祈代道候、不另。專肅鳴謝！虔賀

新禧，並祝

春祺！

戊午元旦弟波多野謹啟

以上所錄書函，皆同此格式。

以上所與往來書函之日本教授，無論其在日本地位如何，以其崇儒學、尊倫理，情志相通，便為友好。所錄其中文書函，辭句及規格，與中國文學未遭革命時之作品，一貫相承。中文在日本，未被革命，故至今文言書牘，依然為上乘。中國文學在中國，已被革命，故而今新文學家，鄙棄文言，以語言代替文言，只有語而無文。中國文學尚有餘生存在於日本，此中國文化昔時所傳之遺輝，日人尚珍愛之，以上所錄之書翰，可為一證。

六十八年夏，有英國學者來函謂：欣賞「道家與神仙」，欲譯此書為英文，問我是否同意？我之

著述，能將先哲之人文思想，傳至國外，此所心願，焉有不同意之理？乃回信答之曰同意。其所譯於一九七九年出版，曾郵寄我一冊，譯者名「約翰布勞費爾德」，出版書局為：英國倫敦「喬治愛林恩文」書局出版。其來函謂：原書辭句有難譯之處，因而摘錄翻譯，與原書章節，不盡相符。

曩在青島公報曾發表詩篇十餘萬言，亂離途中，原稿殘缺，本欲修補出版，而竟未遑也。數年前，講「魏晉哲學」，撰有簡要之篇章，須加補充，方可出版，亦未遑也。數年來，因眼疾，寫字困難，撰寫「滄桑回顧錄」，尚有兩章未完成。今世有自命為「新儒學」者，外觀其所講似乎近於宋之理學，其實其對於宋儒亦不重視，其自己表示通於西學，其實其對於中國之儒書亦未讀通；而中西湊合，自衒為新說，好談哲學，而詖辭隱晦，掉弄玄虛，名曰善講形而上學，其行為則卑鄙刻薄，傲然自足。又有人謂：宋、明之儒，空談理學，以致亡國之禍。荒唐者自儗聖人，反對者妄議古人，是何心哉？戰國之世，大道陵夷，「處士橫議」，今世尤烈。余欲撰「宋明理學家」，說明理學家之人格，及其用世之志、講學之功，衰老殘年，雖有此志，未知能達成否也！

【書評】「道家與神仙」讀後

日本橫濱大學教授波多野太郎

道家與神仙一書，共八章，乃周紹賢教授撰寫，由臺灣中華書局出版。此書首先採取歷史之描述法，敘說道家之展開以及「神仙道」之成立過程。強調神仙道並非神祕，乃是一種人道哲學。故該書可謂一部救世之宗教哲學書。其撰寫之目的，顯載於附錄之清靜集自序中，如云：

不役志於利祿，不行險以徼倖，遣歡戚之俗情，擯得失之榮辱，侶雲鵬而翔天衢，笑惡鴟之貪腐鼠，通妙悟於常理之外，運清鑑於玄漠之域，優游自如，消然自樂。•••清靜澹泊為道家自修之要旨，能領略其旨趣，便可悟及仙家之樂。〔二三六頁〕

在物質文明極端發展之時代中，需要提倡精神文明以對付因物質文明而產生之社會弊病，在此種情況下，道教之重要性，自然而然引人重視。周教授認為道教以道家思想為根柢，出入於現實與非現實之間，易於實行，而且可以統合其他思想之宗教。至於其詳述神仙之說起源於山東省，真不愧為當地學者用心之作，富有熱忱，頗使訪問過其地之人，有共鳴之感。周教授又指出秦始皇、漢武帝之封禪，其目的乃在於求仙。東萊為求仙之橋樑地；齊國為古代文化之中心地；宣王之時，稷下之學者，綜合黃老陰陽學說演成神仙之道。又指出麻姑與王重陽在山東修行，丘處機、劉處玄、譚處端、馬處鈺、郝大通、王處一、孫不二等七真人，皆為山東人。惟將屈原歸納於齊學系統，吾心感到不安。

本書對道教神仙道之形成，作有系統之介紹，又以統合三教之立場，強調三家之道，並行不悖。謂：莊子之真人、神人、至人、聖人皆為神仙。神仙家之說，本重長生不老之術，及至漢初，乃融合陰陽家鬼神之說，及黃老之道，而奠定道教基礎。黃帝之書，傳有醫學部分，莊、列、淮南，所傳致虛守靜，與長生久視之說，為法師講道之本。道教之基本經典為道德經，而劉惟永之道德經集義大旨乃作三教合一之論。三教雖有互相攻擊之時，但終有許多合而為一之事實，故舉歷代三教兼修之士及三教相通之義，以明大道為一，真理不二。故儒家之盡心知性，道家之靜心養性，佛家之明心見性，成聖、成仙、成佛，皆為同義。此種論理之敘述方法，雖難免有粗糙之處；然列舉儒佛道之實踐理論，著重於論述救世之道，周教授之用意，至為正確。與吉岡博士之「永生的願望」中所提之三教一元之觀點，不謀而合。

周教授闡明神仙之定義與概念，並且連絡仙界與人界之構造，提出許多論證，說明人間仙境道通為一。在諸文獻中指出神仙及聖賢，並非超現實，亦非不死者，故凡人只要如法修行，即可成為神仙，此種觀念，乃產生於周教授之實踐哲學。成為神仙並非易事，概括而言：即是「修煉」，亦即修養真性與煉丹，道家之煉心，即儒家之正心，佛家之明心，其方法因宗教之主張而異。因此，神仙並非奇異，而無為、自得、體妙、心玄，乃為神仙之境地。

總而言之，本書異於一般雜誌「儒學」，或「仙學叢書」，兼有科學與實踐哲學之體系，對道教不僅有客觀之研究，且富有思想主體。總其含義，確是一部警世之書。

本書撰者周紹賢教授光緒三十四年四月十日出生於山東省海陽縣。為哲學家梁漱溟先生弟子，先治儒學諸子，後好道家之學，讀破道藏全書，費兩載之工夫撰成本書，現任師範大學及政治大學教授，著作除本書之外，尚有老子要義、莊子要義、孟子要義、魏晉清談述論等書十餘種，其中文言與白話一書，闡述白話不能代替文言之理由，對今日文運之衰敝，憂心悲慨，給予日本之中國語研究者一大警惕。

〔編者按〕本文為一九七一年十一月，日本道教學會出版之「東方宗教」所登載，作者波多野太郎係文學博士，任橫濱大學教授。

十四、往事成空 舊夢如昨

英國之革命，美國之獨立，戰爭之後，皆能團結自強，循軌路開展國家復興之運。我國清末，外交失敗，外侮日亟，引起革命，武昌起義，各省響應，清帝遂即退位，未有大戰，為時亦短；達到廢除清室腐敗政府之目的，無英、美革命獨立戰爭規模之大、時間之長。革命本由愛國之志而發，既已成功，大家可以實現愛國之誠，應當以國家為至上，同心合作，開國家復興之運，如此，則以中國土地之廣，人民之眾，必能超英、美而上之，最低限度，亦可與之並駕齊驅。

而事實正相反，群雄爭權，不顧國家之前途軍閥割據，南北交鬨，誰也不讓誰，誰也不服從誰，勢力弱者，不甘受強者之領導，待機而動，兩相火拼；同一集團，部屬對上官不滿，便倒戈投敵為求滿足私心之願，甘作國賊漢奸，皆有理由可以自白，是非顛倒，道德淪喪，雖有人主持正義，作忠言之吶喊，而擁兵逞強者，充耳不聞，如此，英雄起滅，烽火連年，內亂不息，外患更烈，而茫茫神州，大好河山，遂變為宰割人民之屠場矣。

在此狂風暴雨大亂中，只得守拙安愚，惟求苟全性命而已。如不得已，亦不肯求生以害人，只有「殺身以成仁」，田橫之五百義士，太原之五百完人，「人生自古皆有死」，喪失人格，化為禽獸，生不如死。只求心安理得，便能超脫生死，為義士、為完人，雖死猶生。不怕死，不貪生，始能為義士，為完人；怕死貪生，故作國賊、作漢奸；此中國人文思想之是非判決。近世新革命思想，視義士、完人為受「吃人禮教」所使；故破壞中國文化。自命為新儒學者，輕視東漢氣節之士，以不屈服於惡勢力而見危授命者，為庸愚，此則只逞詖辭以快心，亦足破壞中國文化思想而不自知。

中國文化思想，由人之理性、情感而發，導人生於倫理禮教之中，數千年，一貫相承，故成為文明禮義之邦，而巍巍然屹立於世界。民國以來，內亂外患劇烈，倫理禮教亦遭革命，西風吹來之自由思想亦隨之惡化，固有道德被破壞，思想錯亂，莫衷一是。武人忘卻保國安民之責，而勇於私鬥；文人喪失尊德行道之志，而同流合汙，為政客、為讒諂之夫，幫兇助惡，巧營利祿。有志莫展者，甘於沉淪；未能免俗者，自鳴孤高，目無古今，狂發謬論。俗語云「邪不勝正」，而今則正不敵邪，邪說流行，「巧言如簧」（詩、巧言篇「巧言如簧，顏之厚矣」）。蠱惑眾人，物欲思想膨脹，野蠻行為勝利，真乃惡魔橫行之時代。

中國文化中之士人，昔稱讀書人，讀書志在明理，首須明作人之道，言行有度，作眾人之楷式，次則精心於學業，以効用於世，所謂「尊德性而道問學」（中庸），此士人同一之品格。自由「為我」之主義盛行，士人已不被重視，士人已不顯於世，其顯於世者，受到攻擊，很少有人同情，不加非薄者，亦只視之為「守舊」人物而已。

清室晚年，既不能自振，又不能用賢圖強，引起革命風潮，梁漱溟先生年未滿二十，亦在平、津一代，奔走革命，及民國成立，見國是日非，亂端叢生，不願捲入政治漩渦之中，乃傾心於佛學，靜心自修。民國五年作「究元決疑論」，發表之後，為一時所傳誦。國運頹敗，一般人失卻自信，迷信外化，反對中國故有之倫理文化。民國六年，北京大學校長蔡元培聘梁先生講「印度哲學」，先生一見蔡校長便問「你們對孔子持什麼態度」？蔡沉吟答到「我們也不反對孔子」，梁先生說「我不僅不反對而已，我今來此，就是要把釋迦、孔子的道理講說明白」。陳獨秀在北大任課，繼之胡適亦到北大，梁先生對陳、胡亦自言要發揮釋迦、孔子的道理。此時梁先生對西方哲學，亦致力研究，對於柏格森之著作，最感興趣，對於羅素、詹姆士等之學說，皆了解透徹。中西文化思想相印證，而綜歸於儒家。民國六年遊湘，目睹南北戰爭之禍，回北大，便發表「吾曹不出如蒼生何」之文，吾曹指一切文人學者而言，謂戰禍塗炭生靈，吾人不忍坐視，當出而謀解救之道。民國八年，學生五四運動，爭取巴黎合會外交勝利，爭回山東主權，罷除國務總理曹汝霖等之職，迷心洋化者陳獨秀、胡適等，見青年學生有此力量，可以利用，乃自號為新青年派，利用學生心理之弱點，倡其所謂新文化運動，主張打倒中國文化，謂中國欲強，非「全盤西化」不可；梁先生則謂「欲復興中國，非復興中國文化不可」，雙方公開在北大講演，陳等持有成見之主張而發言論，梁先生則由事實見解而發言論；陳等以為此問題很簡短，中國軟弱，即中國文化不及西方，中國欲強，非鏟除自己之文化，效法西方之一切不可。梁先生則以為此問題不簡單，故將東西文化作真切之比較，並各論其長短，謂欲取人之長，補己之短，必先堅定自己之信心與力量，如不然，順風而倒，必至勞而無功，且毀壞自身之根本，必然愈趨惡劣；中國之弱，非文化不良，乃文化衰敗之故，復興文化，國家乃可復興。嘗指陳等而言曰「那提倡欲望，雖然也能引人往前動作，那不但危險，而且是錯誤」。當時一般人云「陳獨秀等欲打倒中國文化，梁漱溟則欲打倒陳獨秀等之言論」。其實梁先生當時只是發抒見解，講說真理，並非與彼等爭風頭，其當時言論之宗旨，於其所著「東西文化及其哲學」，可見其梗概。

在新思想打倒中國文化風氣之中，梁先生獨講復興中國文化，中國始能富強。民國九年，英國哲人羅素來華，十三年，印度詩人泰戈爾來華，皆訪晤梁先生，聽先生講儒家之道，皆贊歎得以了解儒家之真精神。十三年辭去北大，到曹州辦學，擬先辦中學，再辦曲阜大學，未成。十四年回北京，在西郊大有莊與友人閉戶讀書，惟時應北京講演會之邀請，講「人心與人生」問題。是年五月南遊至粵，政府發表先生為廣東省政府委員，力辭未就。以為中國之基本為農村，生機在文化，乃立志復興文化，建設農村。十七年在廣州籌辦「鄉治講習所」，並接辦廣州第一中學，並代表李濟琛任廣州政治分會建設委員會主席。亦常應中山大學之請，講哲學。此時主張興發農村，以作復興國家之根本，與梁先生見解相同者，各處已有創辦其事之人，如崑山之「中華職業教育社」之鄉村改進教育事業〔黃培炎等辦〕、定縣之民眾教育、及翟城村之自治事業〔晏陽初等辦〕，以及山西太原之村政，十八年，先生北遊，曾前往一一參觀。復返北京，北大及東南大學皆邀聘，未就。是年秋，赴河南輝縣辦村治學院。十九年，北京各大學邀請講演，所講為「中國問題之解決」。

十九年春，馮玉祥發動中原大戰，與唐生智等，抵抗中央，馮之部將韓復榘〔河北霸縣人〕倒戈反馮，馮敗；中央以韓有大功，任為第三路總指揮，因韓軍在河南，並任其為河南省主席，次年調為山東省主席，韓為馮氏八大將之一，雖為武人，而尊重文人，素日敬仰梁先生，而今得為省主席，乃聘梁先生為高等顧問，並請到山東辦鄉村建設工作。梁先生以復興文化，建設農村，不干涉政治，而是要以文教力量促導鄉村政治之進步，今既有機會，正可實現素日之理想。試辦之地區，不宜於交通發達、接近都市、人民富庶之區，乃選鄒平為實驗縣，於城東關設立「鄉村建設研究院」，招集各部專門人才，研究各項工作，如農業、經濟、教育等等，應有盡有，專家之不能在此長留者，則就題講演以供參考，例如合作事業及民眾教育，聘請丹麥貝爾斯來夫、安德生二位專家，作專題講演。由高級人才作輔導，訓練基曾任員，開展工作。當時了解鄉村建設理論者，以為此項工作如真實現，確為國家復興之道，於是來投效研究院者，人才濟濟。研究院及鄉村工作，以不增加地方負擔為原則，故來參加工作者，皆非為增待遇，或升職位而來；例如其時中學教員月薪普通在七十圓銀幣左右，而鄉村工作之區長，月薪只四十圓。來此之知識份子，誠願到鄉村工作，此與「勞動改造」之「知識份子下放」不同。

鄉村建設，乃文化運動，不牽涉政治，而不能與政治脫節，脫節便不能存在。政治之目的，在使國家富強，建設鄉村，即達此目的之實施方術，此為「政教合一」之工作，但不能引用政治力量，若用政治法令執行工作，使人民不敢不服從，則此項文化工作便為失敗。此項運動在恢復社會倫理秩序，發展農村經濟，直接可以促進都市工商業之發達。當時建設工作有四字要領，「政教富衛」，政為促導地方自治，教為推展一切教育，富為增加生產，充實經濟，衛為訓練人民自衛武力。當時在鄒平各區設鄉學，各村設村學，推行政教工作，縣府所在，有師範學校，農業實驗廠，衛生院，金融流通處，生產、運輸等等總合作社。民國二十三年秋，全國各地鄉村工作主持人，集會於鄒平，開「鄉村工作討論會」，計有「崑山教育職業社」、「金陵大學農學院」、定縣及中央所辦江寧〔縣長梅思平〕、蘭溪〔縣長胡次威〕各實驗縣，三十餘單位，會後參選鄒平之鄉學、村學、鄉村自衛隊、農產合作社、農產製造廠、農業實驗廠等等，往日有人謂梁先生之鄉村建設理論過高，及參選鄒平實驗縣之後，始知其理論，付諸實行，確有實在之成功。魯西自古多萑苻綠林之患，菏澤之黃巢，作亂十年，幾傾唐室之天下；鄆城之宋江，橫行大江南北，官兵不能當。此時菏澤陳亞三、孫廉泉，亦效法鄒平訓練民間自衛、實行地方自治，安定社會，人民稱善。

濟寧回憶

民國二十四年春，省府劃魯西濟寧、汶上等十縣，為一行政區，開展鄉村建設工作，此時其他各省，尚無行政區之劃分。魯西劃行政區，設區長官，統轄十縣，機關設於濟寧，名曰「長官公署」，後改名「都察行政專員公署」，縣內各區之機關，名曰「鄉農學校」，〔以下簡稱鄉校〕，以政教合一之方術，推展建設工作。研究院欲派我作縣指導員，指導一縣各區之鄉校，我說明「我願作基層工作，我是中才，中才之人多，若我能作得通，則此工作，多人可以參加，能普遍實施；我若作不通，必須高才始能勝任，則即證明一般人言梁先生之理論過高，不易奏功」。梁先生認為我此言不差，乃派我到濟寧任石橋區鄉校校長。

濟寧城，即古之任城，任為周朝之小國，孟子告子篇：任人問屋廬子，又孟子「由鄒之任」，皆此地。三國時曹操封其子彰為任城王在此。唐時李太白之父為任城尉，太白年幼，隨父居此，中年與杜甫遊齊魯，復來此，落戶定居，取妻生子女，時出遊時返，寓此十年，故舊唐書謂李白為山東人，迄今城內有李翰林巷，巷口有酒店，名保和堂，即太白住宅之舊址。濟寧之金波酒著名，因太白當日，喜歡此酒，至今保和堂之金波酒，聲價最高。城南門樓之東，有太白樓，高聳城牆之上，為遊客飲酒茶話之勝地。樓下前東方有荷池，名曰南池，杜甫曾隨太白遊此，杜曾作「與任城徐主簿遊南池」詩，明朝曾將此詩刻於石碑，立於池邊，迄今尚在。城內東北隅，有太白浣筆泉，泉畔有太白廟，內供賀知章、杜甫、太白之塑像，因知章曾官任城，又為太白之好友，牆壁有石刻歷代名人之詩文，階右有石碑刻明御史萊陽左懋第自書詠浣筆泉詩。城南關有鐵塔寺，為元朝所建，塔之全體，每層以鐵鑄成，玲瓏透剔，圖像精妙，各層自下而上，疊累而起，高約七丈。城北有廟，內懸李文忠公〔鴻章〕全身肖像，高約七尺，為紀念李公當日駐此，剿平捻匪之功勳。明時名將太子太保戚繼光，祖籍安徽定遠，而出生於濟寧東南鄉之魯橋鎮。濟寧古蹟頗多，茲不備述。

濟寧交通便利，津浦路支線，直達城之南關，運河自東北而來，繞城外而南下。南關商業繁盛，孫氏之玉堂醬院，製造各種醬菜，自明朝，世代經營，直至於今，明朝之醬缸，羅列成行，缸內之醬，陳陳相因，年時最久者，乃為珍品。運河之鮮蝦，南旺湖之鮮魚、蓮藕、蒲一笋等等，經常在此上市。各種商店，排列街衢，小餐館，醇酒佳餚，美味價廉。濟寧城有小蘇州之稱，為魯西之重鎮。

濟寧為一等縣，全縣分為十區，各區設鄉校，不知者，以為鄉校即以前之區公所，其實不然。鄉校之組織，有校長、教務主任、指導員二人，以及軍事教練、事務員、勤務共七人。我偕同人赴石橋區，鄉校即設在石橋，石橋鄉老鄉長張翼青，鬚髮皆白，正在指點工人整理校舍。此校舍既寬大，又壯觀，原來此為清名宦李公福泰（字星衢）之官邸，公為道光進士，善治兵，平會匪有功，官至廣東巡撫，調廣西巡撫。此處為廣廓平野，無山石，當日適值年荒，李公振災鳩工，自遠處運來石料，建此廣廈，大門前東側，有荷池，可以蕩小舟，大門可通車馬，上有瞭望樓，進大門有廣場，場有台榭，前院大廳門前，石獅分立左右，廳之後，為中院，有書房、有小客廳，院內之花砌花盆，俱已荒廢，蓋久已無人修整，走廊東壁，鑲列石刻之玉虹樓字帖、畫譜。後院較大，東西兩廂，正中為古式二層高樓，樓東有倉庫，樓後為花園，有涼亭、假山，竹叢花圃，俱已荒蕪，兩行桃樹，數十株，老枝杈椏，花蕾稀疏可憐，想像昔日之芳園，而今蓬蒿滿目。花園之西南院，為家庭住宅。總此一處官邸，大小廳室，不下百餘間，當年西北軍盜皇陵之孫殿英，流奔至此，部屬千餘人駐此，房舍尚未滿。而今房主李巡撫之後裔，因十數年來，荒亂不寧，遷居城內，不能經管此一巨宅，遂供作地方公益之用。

我與同人議定，將來訓練鄉村自衛隊，教室、宿舍、餐庭等等，安排於前院之廳舍，後院兩廂，為同人宿舍，樓下為辦公室；張老鄉長曾對我言：「樓之上層，年久無人住，據說其中鬧妖，往年孫殿英駐兵於此，兩軍官寄宿其中，夜半感覺有異，中心忐忑，遂急搬回樓下。此處房間甚多，樓上不可住也」！我以為此乃鄉俗之謠言，未曾介意。我總以為樓上高爽，廢棄可惜，乃登樓觀察，檐前馬纓樹，枝葉扶疏，籠蔽樓窗，室內陰暗，蛛網繚亂，鳥糞雜塵，散亂滿地，我乃加以清除整理，以作寄宿休息之所，夜間有蝙蝠、老鼠相戶作聲，頗不寂寞。

石橋區分八鄉，其名稱之易於記憶者，今尚未忘，有灌塚鄉、漢（朝）灌嬰，睢陽人，從高帝，以戰功封侯，後與周勃、陳平誅諸呂，立文帝，功進太尉，又代周勃為相，其墓在此，有灌塚集，因以名鄉。

有黑土店鄉、南旺鄉，皆在南旺湖邊。有張橋鄉，石橋之南，相距二里，有東西長河，過橋以南之村莊，名張橋，此村有圍牆，有衛兵，村中孫為大戶，咸豐時，孫毓汶、毓溎兄弟，同時入京會試，同登甲榜，兄為狀元，弟為榜眼，毓汶官至軍機大臣、刑部尚書，毓溎亦歷高官。毓汶之子孫，遷居城內，毓溎之後代，仍居張橋，其孫羨朱，為人誠樸，任張橋鄉長，羨朱之曾祖擴圖為孝廉，與鄭板橋為友，板橋為范縣令，與濟寧相近，嘗來往張橋，與擴圖相會，二人把酒圕談之小客廳，其用具設備，至今尚保存原形，板橋所寫之對聯「一簾春雨瓢兒菜，滿架秋風稨豆花」，尚懸掛在壁，羨朱邀我參觀，並贈我擴圖所著「一松齋詩稿」一部。

先請各鄉長來校集會，訪問地方事宜，講說鄉村建設之意義，與各項工作之要領，及訓練鄉村自衛隊之辦法；壯丁受自衛訓練，各鄉依當地住戶之產業等級，依次調訓，二十歲以上、三十五歲以下之壯丁，皆須受訓，曾受高中以上之教育者免訓，因那時高中已有軍事教育。武器由各鄉暫借各戶原有之槍枝。無壯丁之戶，得按規定繳納武器補充費（俗名免訓費），一期三十圓國幣，亦按等級而定繳費先後之期數。本區士紳有三大家，靳家、潘家、及張橋孫家。靳雲鵬、雲鶚兄弟，鵬曾在北京任國務總理，鶚曾統十萬大軍，此二人皆住天津，其在本區，家住東北鄉，產業豐富，由鶚之姐在家經管，地方人稱之曰張姑太太，蓋依其夫姓也。舉人潘復，民國初年，曾任財政總長，其本人亦住天津，家產由辦事員數人經管，並有保家自衛隊。

鄉長云「靳、潘兩家，似為獨立門戶，田賦國稅，雖不抗拒，而拖延遲緩，鄉長無奈，只待縣府派員摧繳，地方公事，鄉長通知，每置若罔聞」。吾以為此乃鄉村工作之阻力，如此不公，對群眾何以講公事？世俗之風，人多不願當兵，自衛隊，類乎軍隊，受訓者多以為苦，而生退縮之心。孫羨朱鄉長，對於我所講鄉村建設之義，既了悟、且同情，乃謂我曰「第一、二兩期訓練班，我家皆當出壯丁，索性命我子及我兄之孫，於第一期前來受訓，彼二人相伴，同來同回，定皆悅意」。孫鄉長如此起領導作用，使其他諸戶，對受訓不發生遲疑，能體會到鄉村自衛，是保護地方、是公益之事，故孫家壯丁踴躍參加受訓，因而各戶之壯丁，息卻退縮之心理。

靳家無壯丁，應繳免訓費，鄉長不能辦。聽說張姑太太禮佛，我乃親往拜訪，初次、再次、皆未談公事，惟講說菩薩慈悲，及因果報應等故事，她年逾花甲，聽我所講，頗有感動之容。三次訪晤，始談到本題，請其勿與我為難，鄉村自衛，保護地方，富家受利大，更當襄助此事，勿使眾人心懷不平，應繳之錢數寥寥，而影響公益頗大。她見我說得有理，乃慨然命其辦事人如期繳納免訓費。

潘家亦無壯丁，我兩次往見其辦事人，說明一切事宜，皆答云「已寄信天津，請東家（主人）決定，東家准許，始能照辦」。我知其言語支吾不實，第三次派人問其結果，若依然搪托，請其來校，我助之決定；果然辦事員二人來校，我鄭重說到「孫家於第一期，遣子弟二人受訓，靳家遵規繳納免訓費，皆知此乃地方公益，不宜抗拒。你們的保家自衛隊，只可防賊，防止大股土匪，必須全鄉全區之大自衛隊，方能勝任。我想你們的東家也是明理之人，必知在地方不可孤立門戶，決不肯違反地方公益，決不肯抗繳此寥寥之免訓費，惹全鄉全區之人疾憤。請你寫出東家之通訊處，我寄信與之說明此事」。彼二人沉思遲疑，我說「這分明是爾等故意抗拒，如此因小失大，惹眾人之忿，就是爾等為東家辦事不利，將來之後果，爾等負責」！彼二人相視，低聲商談云「東家當不反對此事，我們回去取款繳費可也」。我說「好！我恭候你們的答覆」。於是潘家亦照章繳費。此後凡一切應辦之事，我必勸導，並舉事實說明，大戶不可自表特殊，不可脫離一鄉之團體，致招眾人之疾。潘、靳兩家，此後亦改舊習，對公事與鄉長合作。孟子云：為政「不得罪於巨室，巨室之所慕，一國慕之」（離婁篇）。巨室能起領導作用，以誠意感化巨室，使之悅服，則眾人皆向之看齊，公事方可順利，而況鄉村建設乃文教之事，與政治措施不同。

鄉村重農業，兒童大多隨父兄習田間事，每讀罷初級小學，以為所識之字，在農家已足應用，不必升高級小學。兒童對求學無興趣者，父母亦不以為異，只要能習農事即可，不必強使之就學。家庭生活無虞者，若子女好學，成績顯然，父母始供其升學。本區昔年，只有一處高級小學，其校舍基金，皆潘家所捐，數年來，時局變亂，鄉間困苦，農家不以子弟升學為必需，學校冷落，潘家又將所捐收回。本區距城二十餘里，升高級小學者，必須到城區學校。今欲成立高級小學，必須請當地有力之人士襄助。士紳高仲育，素為眾人所敬，昔年曾在吳子玉軍中任團長，以事局多故，退役還鄉。我乃請其出而任董事長，倡導辦學。其子名奇字大可，為日本東京帝國大學生物博士，大可之妹在高級中學肄業，暑期，其兄妹二人，來鄉校訪問，謂來此參觀，我迎入請坐，謂「此非普通學校；只有自衛訓練班，無可觀者」，我乃述說鄉村建設之意義，及我之工作辦法；大可聽罷之後，言道「今日得聞鄉村建設之義，中心信服。曾聽家嚴說過：校長處事之合理有方，無須問有何理論根據，但憑如此公平誠實，而有毅力，能得鄉民之信仰，則所事未有行不通者，而況有正確之理論依據乎」。

黃河沿岸，民俗崇信「大王」，各處大王廟，香火最盛。雨季河水漲，堤上出現粗如手指之小青蛇，民眾尊稱曰「大王」，大王出現，民眾必急急鑼鼓焚香，前往迎接，用一大瓷盤，內鋪黃紙，將大王引入其中，大王蟠在盤內，安然不動，奉之於香案之上，設祭品，禮拜三日，再送回原處，眾人即安心於防水工作，以大王受到禮遇，必不使此處堤裂水泛。若在某處發現大王，而不禮迎，大王見罪，則此處必有河決之災，人力莫可如何。此俗流傳已古，我曾聽孫鄉長講說許多大王故事，清時河工大人駐濟寧，某處若發現大王，民眾請河工大人前往迎接，大人雖不相信其神，但不敢違民意，只得衣冠整齊，隨眾人前往禮迎，如不然，民眾以為大王見罪，便怠於防水工作，以為防亦無用，萬一此處果然堤崩水潰，河工官員須受嚴重處分；豈可以無數人命財產作試驗？本區亦有大王廟，運河堤亦常出現大王。高大可為本區人，為生物博士，我乃請其解釋大王之本質，彼云「此物未見於學科中，前人亦未有說明，就其情形而言，乃水陸兩棲，無毒之蛇類，其出現於堤，乃出而產卵，其卵甚多，其幼虫生殖最快，若無人驚動之，便在該處產卵繁殖，率幼虫鑽堤穿洞，洞受水沖，愈沖愈大，堤便決，所以眾人說大王率兵攻堤；人若見之，鳴鑼響鼓，香烟繚繞，接入盤中，使之三日不得自由，不得飲食，及至送回堤上，其產卵已失效，所以此處無堤裂之患。牠出現之處，若無人驚動，牠便在該處產卵決堤，雖未必然，而有可能性。我如此解釋，未知是否」？我以為其所解釋近理。水患本來人力無法操持，無把握之事，眾人便寄託於神力，以求安頓心情。民間之習慣信仰，若無害處，不必強為之破除，若斥之為迷信，強加禁止，反而有不良之影響。

宋呂大防所訂之鄉約，「德業相勸，過失相規，禮俗相交，患難相恤」。民間之風氣如此，此為鄉村自治之實現，此為中國文化基層之內函。新革命家，打倒中國文化，以致國家之亂愈殷。民國二十四年五月前，鄉村之倫理觀念，尚未澈底被摧毀，鄉村建設，欲復興中國文化，首重建設倫理秩序，使鄉民趨向呂氏鄉約之風尚，此中國文化之實情，亦即自古民間自治之本源，呂氏歸納其義，而訂為四句鄉約。鄉村建設，即建設社會倫理之文教工作，非如行政執法之律條工作；必須因時制宜，因地制宜，猶如老子所云「以輔萬物之自然，而不敢為」〔六十四章〕，順自然之理而輔導之，不敢以私意強有所為，此鄉村工作之原則。

鄉村建設，為教育文化工作，對一切事，皆是輔導性質，不能用強力摧迫。到石橋區，工作四個月以來，招訓第一期自衛隊，督導各村小學，加以訓導。工作正逐步進行，六月之末，忽然黃河決口，黃水自鉅野一帶，泛濫而來，各縣災情輕重不等，波及十縣，大水灌入運河，水位日日增高，本區南旺鄉一帶之河堤危險，我乃協同鄉長，集合群眾，輪班修堤防水，矮處增高，殘處彌補，每班兩千餘人，緊急時候，晝夜不息。堤之坍壞處，須植豎木樁，榨入河床之深處，使之不搖動，排列成行，再將樹枝或高粱稭之類填充於樁與堤之間，再填以土，土便不被水沖散，名曰「榨埽」，土與樹枝等物，須凝結，始鞏固，於是「打硪」以求其堅固。鑿石為扁圓形，直徑不足二尺，高約六、七寸，美觀者，周圍刻成蓮花瓣形，狀如佛像之蓮台，在高度之橫腰刻有四個或五個鼻孔，貫以五、六尺之長繩，此物名曰硪，近堤各村皆有之，應用時，在河堤新填之土上，四人或五人，提繩將硪高舉，用力重向下砸，使土固結，名曰打硪。打硪之人，將硪一舉一落，須齊聲用力，似乎有韻律節奏，以調劑勞苦。遠近打硪之聲，與抬土之聲相應和，但此乃緊張勞動，非輕鬆之事。一日清晨，工作方開始，眾人忽放下工具，若有異事，我問其故，鄉長趙筱珊曰「據說大王在此處西段出現，眾人要往迎接」。我乃對眾解說「大家若停止工作，前往迎接，大王見怪，謂「爾等不肯勞力，要我擔待爾等之工作，我心不耐煩」！於是可能發生問題；大家若努力工作，大王憐恤大家之勞苦，便保佑河堤無殃。今請趙鄉長率代表二十人，前往迎接，不可停止工作」！因為停止工作，眾人分散，誤事，卻易發生危險。眾人以我言為是，乃繼續工作。人非水中動物，若連日在水中動作，真能手胼足胝，發生疾病。民眾輪班，回家餐飯休息，我與鄉長亦輪班督工，緊張之時，堤上泥濘，難於行走，便在河內船上來往巡察；如此忙碌十餘日，應作之工，俱已完竣，鄉長曰「人事已盡，來日變化如何？只有聽天命了」！

水災嚴重，濟寧城已準備麻袋裝沙，杜塞南門，以防運河之水灌入。省府令各縣將災民集合於濟寧火車站，以便運往魯東寄生。本區西南鄉，運河之水與湖水交潰，無法防制，災民逃散，余乘船往救，汪洋之中，村莊已沒，只有樹梢在水面浮動，將災民列冊救到車站，安排妥當，聽候運往魯東。

本區東鄉，泗河之堤又告急，此段之險區頗長，靳家村莊，首當其衝。我與鄉長召集大眾修堤，並請靳家幫助，張姑太太應允供給麵粉、木柴，為大眾煮飲料，緊張之時，工作有三千人，飲料之費亦甚鉅。水位日漲，張姑太太設香案祭品於堤上，每日祈禱大王保佑，此處河心寬，水勢洶湧，拍岸驚人，鄉長嘆曰「多年未有此險象，此處恐將成災」！此處如泛濫，水與運河對流，本區將全成澤國。余曰「今當不惜一切，儘量設法，於設想中，求萬分之一轉禍為福之希望」，鄉長曰「唯一之辦法，即先在最險處「榨埽」，但此處須粗而高之木料二百餘株，一時難於籌辦，險況已在目前，空想無益。靳家之柳樹林，在此村之北，相距非遙，取材方便，但數日來，每日供給兩三千人之飲料，所費以多，若再有所要求，無付代價之條件，有何理由可說」！我聞此言，遂抱奮勇，向張姑太太訴說「可憐兩三千人數日來，泥土滿面，汗流浹背，在烈日苦勞工作，若不幸堤崩水潰，不但前功盡棄，而災難更不堪設想」！彼云「十數年前，此處泗水亦曾發生危險情況，但那時我家有國務總理，一切有辦法，而今我無辦法，我已準備搬家」。我說：只有「榨埽」固堤，或可免難，但此項木料，急求不得。彼慨然曰「村北柳林，乃我所有，你去看！凡適合「榨埽」之用者，我如量捐出」！我聞此言，精神大爽，道謝而出，對鄉長述此結果，鄉長大聲喊「好」！於是砍樹「榨埽」，水患幸免。

上述南鄉、東鄉兩處防水工作，據說此兩處，昔年屢遭水患，今年幸免於難，余謂此乃大眾勞苦之功。鄉長歸功於鄉校，公署查明具報，省府公佈，為鄉校記大功兩次。西鄉街近災區，人心惶惶，民間多事，一一為之處理。有姜某者，曾在軍中任團長，落職還鄉，有槍數枝，暗中結合莠徒，橫行鄉里，夜間劫掠農戶之豬、羊、雞、鴨，宰殺分享，又能冒充官差，到鄒縣捉賭詐財，作惡多端，鄉民無如之何；彼係小康之家，外貌冠冕堂皇，談吐如士紳，不像下流之人，而暗畜爪牙，為害地方。此時災區恐怖，防其混水摸魚，乃查明其罪狀，逮捕送案法辦；使宵小不敢滋事。

在農曆四月間，曾接家書，我母病重，乃請假回家省親。我母夙有胃病，又近患氣管炎，醫者云「老人此病難治，恐要久困牀蓐」。我在家停留三日，我母念我公務在身，促我速回濟寧，並強振精神，表示病已好轉，我只得順母意，臨行，晨起，母親尚能勉強陪我早餐。將行，辭母，我悲惻躊躇，哽咽不能言，母親強以爽朗之聲叮嚀「走吧！不要像小孩子一樣，我病會好，不要擔心！窃幸建文母子尚能盡事奉之責，我乃含淚而別，返回石橋。

七月，接到家書，我母於農曆六月二十九日逝世，年六十九歲，我母已離去人間，回家已不得見；且此時，水患迫在目前，我若請喪假豈不被人疑為藉故避難？乃強效「太上忘情」，含悲忍慟，致力於職務，結果幸無隕越。

十一月，災區之水，已漸消退，鄉村情況已漸復原，鄉校任務所遇之難題已解決，第一期自衛訓練班已結業，一切工作已有序可循。我難忘母喪在身，乃請公署派繼任之人，我請長假回鄉，安置家務。至周村下車，赴鄒平研究院，向梁先生報告工作，先生囑我，「回家事畢，速返院，再派工作」。我應命。擬將來於母墓旁立紀念碑，梁先生題贈「持家教子」四大字，以備刻於碑面，自撰「思親記」刻於碑陰；擬於三週忌辰，建立此碑。抵家門，往日進門便呼「母」！今則妻兒出迎，相對隕涕，我母生前八寸半身之照片，供在中堂之案，慈容宛在，不聞喚兒之聲矣！中心悲愴，在家逗留數日，復返鄒平研究院。

利津城區鄉校校長曹作棟，將回院受訓，院方乃派我前往接辦。赴利津，路經蒲台，汽車在黃河堤上行駛，只見堤下之村舍樹木，大致相似，車逶迤奔馳，忘路之遠近，及至黃河渡口，乘船進利津城，竟迷方向，鄉校與孔廟比鄰，大門南向，而我視之為西向，心中以為過幾日，或可轉辨，但渡過數日，仍然如故，我感到在此工作不方便，不適宜，乃向曹校長表明，我不便在此久留。時近農曆年節，擬於過節後，向院方請示。黃河岸邊之村舍，皆為土牆茅屋，利津城內亦然，只有官府廟宇等為瓦舍。但城內廬室茅茨，整齊雅觀，其工藝之精美，為吾鄉之草房所不及。除夕之夜爆竹之聲，亦較吾鄉繁盛，此起彼落，達旦不息。研究院第四班主任李星三，為人純誠，處事明確，其家園住此城外西北莊可村，初四日，乃與學友三人，前往拜晤，蒙招待午餐而回。

修書向院方報告，在此不能適應環境，工作不便，蒙院方召回。適逢曲阜縣亦劃歸濟寧專員公署，創辦鄉校，院方乃派我到曲阜工作。先到濟寧公署報到。曲阜為三等縣，全縣分為四區，公署將四校人員分配齊全，命我與周茂林（字鶴村，單縣人）、吳蘊山（濟寧人）、袁（忘其名），四人為校長，惟云城區工作較為煩難，由我等四人，自舉城區校長，我謂茂林年最長，做事有經驗，當任城區，但彼三人齊聲推我擔任城區，我再三辭謝未成；四人乃各偕員，往曲阜就職。

曲阜回憶

曲阜為古帝王建都之地，神農以前有大庭式（見路史），宋時，曲阜城東北隅，有大庭氏之庫出土；有人以為大庭氏年代邈遠，只傳其名，史無記載，神農建都曲阜，史有記載，大庭氏之庫，或即神農氏之庫。黃帝之子少昊金天氏，建都曲阜，其陵墓至今猶在。周武王統一天下，封周公於魯，周公有大勳，留相王室，乃封周公長子伯禽為魯侯，建都曲阜。隋時遷曲阜城於城東，明時復遷回原址，迄今城東五里，有村鎮，名曰舊縣，昔時城牆之殘蹟猶在，即隋朝所遷之城。宋時改曲阜縣名仙源縣，金時又復舊名。

孔廟——城內孔廟、顏廟、聖公府等各大建築，幾佔全城之半。孔廟乃魯哀公所初建，在城之中心，自北至南長曰二里，東西寬不過百丈。廟之前大門曰櫺星門，與城南門接對，櫺星門內院為泮池。再進一大院，歷代古碑林立，清帝所建之御碑亭，最高大。西北部有奎文閣，琉璃瓦金碧輝煌，檐桷榱題，丹彩綺麗，但已退色，中原大戰，牆壁遭礮彈穿洞；爾時若全部重修，據說需銀幣五萬圓。再北進，有東西兩大門，城內東街横貫其中，路北三大門並列，門之走廊，保存漢、魏名碑，如「張猛龍碑」等。大門內，阼階之下，有孔子手植檜，自老根新陳代謝，生出大檜樹，樹旁有金時翰林學士黨懷英所書「孔子手植檜」之大字碑。大成殿高立於院之正中，規模與北京之三大殿同；白石龍柱，階台周圍之石檻皆如白玉，以手拍之，錚然有聲。大成殿之東院，有孔子故宅之井，乾隆帝來此拜廟，曾命人淘浚此井，汲水煮茶而飲，並題詩刻碑，以誌景慕之忱。有「魯壁」舊址，即古文尚書出現之「孔壁」所在。此院東牆之外，及闕里街，街南段有牌樓曰闕里門，此即孔子當日故里之門。闕里門之東北方有瞿相圃，為孔子當日習射之處，今為一荒蕪小園，內中滿植桑樹禾黍，有兩大石人，坐於牆下，亦不知其是何年代也。

聖公府——漢時封孔子嫡系之裔為侯爵，唐時封為公爵，宋仁宗封號衍聖公，自此歷代相沿未改，其居宅世稱聖公府。民國二十四年，政府令孔子七十七代孫孔德成（字達生），為「大成至聖先師奉祀官」，為特任官級，衍聖公之號遂廢，而聖公府之稱，民間未改。聖公府西臨孔廟，大門前有瓦簷粉牆大遮屏，高約兩丈，上画五彩麟吐玉書圖，大門口，石獅分立左右，進入大門之院，中間正門橫楣之上，有紅底金字、直形之高匾，文曰「聖人之門」，旁署「長沙李東陽題」。再進入東西群廊，為各科辦事廳。再進入，精舍阿房，配列中間，有舊式客廳，內列前代衍聖公之用具，有孫星衍書贈之對聯，有慈禧后繪贈之壽星圖；又有新式客廳，綠竹覆檐，花卉繞砌，室內沙發桌椅，皆精美名貴。再進入，為古氏二層高樓，左右有群廊。樓後為花園，各種花木繁盛，有石筍成對，黃褐色，高丈餘，有假山、荷池、各形亭榭，有竹林，內有雅室數間，為夏日讀書之所；園中各項景物，涉獵過目，未暇仔細觀賞。因此，可以想見古昔公侯之宅第、園亭，概如此也。

顏廟——顏子廟，在城內之陋巷街。當日之陋巷，即今之顏廟所在，其巷今已不陋；廟殿巍峨，画棟雕梁，丹彩猶新，重修之年未久。政府令顏子後裔為「復聖顏子奉祀官」，為簡任官級。

周公奉祀官府——在城內後街。西周都鎬京（今陝西長安縣西南），周公第三子君陳襲周公之爵，則周公正式奉祀官應當在長安。然周公長子魯侯，都曲阜，有周公廟，其嫡裔姓東野，歷代守祀祖廟。漢時東野環從高帝起兵伐秦，及入關，數獻策，帝不從，託疾還魯，帝以金帛累召伐楚，稱疾不起。帝過魯，親幸其宅，祭周公廟，贈以都尉。明洪武時，有司以雄才特薦東也子儀，不欲任，以明經教授生徒卒。東野氏奉祀周公廟，代代相承，清時賜號「翰林院五經博士」。晚近舊號廢，亦稱奉祀官。其府邸而今只有前後院兩廳，及東西兩廂普通之瓦舍，惟宋真宗所旌表之高階大門，尚保存原狀。周公廟，年久失修，前代祀奉官東野仙橋，籌劃重修祖廟，光緒時上書於山東巡撫周馥，引同宗關係，請其資助，馥曾撥款，先購木料，事未完成，調職他省，所購之木料，遂擱置停用；城中士紳，以周公廟在城外，不易保護，顏廟亦破漏，在城內，易於保護，遂將此木料，用於修顏廟，於是顏廟遂煥然一新。仙橋因此氣憤，精神失常，我曾見之，狀極可憐。現在周公八十四代奉祀官東野傳棨，為仙橋弟之長子。按周公歿後，成王命周公第三子君陳分正（政）東郊，尚書有君陳篇，君陳即周平公，是即周姓之祖奉祀官府藏有周公以下，十三姓之譜牒，我與周茂林前往觀覽，考察周姓之世系，自明朝以下可以尋到輩次。我與茂林同輩，茂字上為榮字輩，茂字下為慶字輩，再下為傳字輩，傳字為八十四代，茂字為八十二代。秋祭周公廟，我與茂林同往參加，見到宋真宗所獻之全套銅質祭器。

黃帝誕生地——壽丘，在城東北，五里外。

少昊陵——黃帝子少昊金天氏，陵墓在城東三里，陵為高圓形，用方石砌成，陵頂有高七尺之石廟，陵前有大廳祭堂，周圍有群牆，古柏參天，廣數畝。

周公廟——在城東五里，論語八佾篇「子入太廟」，此即魯國之太廟。久已失修，凋敝荒涼，廟內塑像，周公中坐，東為魯侯伯禽，西為三緘其口之金人。周公神龕之右，壁上有石刻唐吳道子所画之周公像，已被牧兒游童擲石子，打得面目模糊。院內有孔子問禮處，屋宇已倒塌。古碑林立俱已殘壞。乾隆帝所書方寸楷字碑，破碎毀仆在地。惟宋真宗大中祥符初至此所建之碑，高而大，尚完好。群牆環圍，大門已殘缺，東門曰「制禮」，西門曰「作樂」，皆有石刻大匾，尚健在。大門西側，有「蹕路」碑，為皇帝來此祭廟時，制止行人之標誌。

孔林——在城北四里，林園之度，南北約三里，東西約五里。古檜老柏，茂密如雲，自前進入甬路，有「萬古長春」石牌樓。再前進，一道溪流，橋頭有石牌坊曰「洙水橋」，橋之東北有「洙泗書院」，為孔子當日設教之處。泗水長河，在林園外，後坡下經過。園內北部中央，矮牆小園之內，正中為至聖先師墓，東為「泗水侯」孔鯉墓，西為「沂水侯」孔伋墓。西北邊有子貢廬墓處之屋舍，東南隅有子貢手植楷，其樹早已枯朽，只剩三尺高之殘幹，用玻璃罩保護，以供觀覽，旁有石碑繪刻此樹昔年未全凋枝之形象。聖墓園外，為孔族公墓之地。我曾瞻拜清初文學家孔尚任之墓，及巴黎和會抗議日本佔據青島之名論家孔祥柯之墓。

舞雩壇——在城東南沂水南岸，而今惟有周圍數百步高約七尺之土堆，在雜樹叢生之間，已無原形可辨，此即論語先進篇「浴乎沂，風乎舞雩」之處。

孔子誅少正卯處——在城南門外以西，有高約七尺之古碑，刻大字云「孔子誅少正卯處」。

防山——在城東二十里，通泗水縣之公路北，為孔子父母及其兄孟皮之墓地，有小規模之祭堂，無數木，荒草蔓蕪，聖兄之墓，咫尺小碑，隱於草叢，幾不可辨。

春秋書院——為孔子著春秋處，在尼山之西，今屬息陬區，陬與鄹同，史記孔子世家「孔子生魯昌平鄉，陬邑」。孔子之父為官於此，故論語八佾篇，有人稱孔子為「鄹人之子」。今息陬鄉校設於此。

清道光時，衍聖公夫人，所建之佛寺，在闕里門東街之路南，俗稱南堂廟，比丘尼作主持。十七年北伐後，遭破壞，寺中名貴之物，俱損失，惟有「風磨銅塔」一座，高約六尺，重約千斤，不易隨便搬動，且此塔乃御賜之物，據說清宮寶物名冊有記載，私人不敢窃藏，故遷移於縣府保存。南堂廟與孔廟同罹厄運，失卻保障，北伐後，區公所設立於此，將佛像、尼姑集中於東小院之房舍，其餘廳堂、屋宇，盡歸公用。區公所結束，城區鄉校設立於此。

城內兩鄉，南曰闕里鄉，北曰秉里鄉，城外有防山、泗水等六鄉。邀請各鄉長來校，講說鄉村建設之意義，商討應辦之事宜。鄉長年高者，為闕里顏鄉長，清末廩生，防山陳浩然鄉長，為清末增生。我首先說明徵調壯丁，訓練自衛隊之辦法。城內鄉長述說：城內各大戶，歷來對於地方公事延宕遲滯種種事故，鄉長無可如何。習俗「好男不當兵」之觀念，至今尚在，而今徵調大戶子弟，來受軍事訓練，恐非易事。余曰「曲阜乃聖人之鄉，我想人人皆可理喻。尤其是大戶，更能深明大義，我對大戶若辦不通，對小戶則無法說理；鄉長只管通知第一期應來受訓之壯丁，若有置之不理者，我當登門請教」。鄉長照章通知各戶，並列名冊送到鄉校，其有未按時來校報到者，我一一拜訪家長，說明「地方自衛之重要，富家若不關心，貧戶豈願為富家作衛兵？如此，一切公事停頓，是誰之過？我辦不通，別人來此，仍要如法辦理。總之，城內不能成為化外之區」。家長聽我之勸說，有不再拖延，而遣子弟來校入班者；有經我再次登門講說，家長情不得已，遂表明並無抗拒之意，謂因事故，未能如期報到；我乃與之約定期限，彼無話可說，未再拖延。又有預遣其子赴北平入私立藝術學校，出示在學證明書者，此則不能否認。孔府每月朔望，舉行祭聖廟之禮，俱於子夜擊鼓奏樂，候奉祀官升殿，典禮拂曉始畢；儀式中有贊禮官、執爵官、樂隊、舞隊、儀仗隊等等差役，二百餘人，在孔府中皆有名義，此中有當受訓之壯丁，應如何辦理，以昭公允？

孔奉祀官年方十七歲，其代表辦事人孔蓮舫，我曾兩次會談，說明訓練地方自衛隊，及孔廟之差役應當受訓者，不可與大眾離異，應當加入地方自衛團體。蓮舫亦不反對，惟云此事當向孔少雲先生說明，當無問題。少雲為孔族名人，為孔府所重，其子在濟寧縣府任職，我與之相識，我乃藉此為緣，登門拜訪，述說鄉村建設、復興文化一切工作；今在聖人之鄉推展，料想無人反對，而且地方長者必加贊成。說到孔廟各戶差役，為地方公事，若與社會團體離異，公私兩無益。彼應當受訓者，入校受訓，每月祭孔之日，准其公假，如此，則大眾無異議，可促地方和睦之風」。少雲先生聞余言，點頭稱是。料想孔蓮舫亦向其報告此事，未幾，其第一期應當受訓者二人，由顏鄉長領送來校，入隊受訓。此一問題，得以解決，我之心情一時感到輕鬆。少雲先生，此時年近七十，在光緒時十七歲鄉試，中舉人，曾官知縣及內閣中書等職，工書法，善仿顏真卿「爭座位」法帖，尤善篆書，為人溫良，有長者風。

顏奉祀官之代表顏振鴻，為法學家，工書法，為人聰敏穩重，爾時年四十餘，我對地方有疑問之事，每向其請教。日本佔據我東三省，民國二十一年，成立滿洲國，次年日本東京孔廟大成殿落成，邀請孔、孟、顏、曾四聖奉祀官，前往參加典禮，爾時，孔、曾奉祀官，皆未滿十五歲，中樞令四家皆派代表前往。日本要求四位奉祀官，皆親筆題字，存於孔廟，以作紀念。孔之代表為孔玉生，清末增生，年六十餘；顏之代表為顏振鴻；典禮之前日，日本通知文書，送達四聖奉祀官之代表，顏振鴻見文書內列有滿洲國之使臣，乃憤然向日本提出質詢，「吾人未聞世界有滿洲國，滿洲國在何處」？日方答「在中國東北」，顏曰「東北之滿洲，是我國之領土，我國不能派來雙重代表，此中是何用意？可以料知，吾儕四人當告退」！顏乃協同孔、孟、曾之代表，拒絕其文書，表示不參加典禮，欲返國。日本乃另作文書，除去滿洲國之名義，顏等始參加典禮。當時中國駐日大使蔣作賓，大讚顏振鴻「出使不辱」之榮譽。

吳廷玉（字蘊山，汶上人），在民國十三年左右，曾任天津道尹、河北政務廳長、河北省長等職，退隱曲阜城，成立卍字會，主辦慈善事業，不圖榮利。為人謙誠敦厚，民間事無大小有求必應，排難解紛，處事公正，眾所欽仰。我登門拜訪，陳說鄉村建設、復興文化之義，彼稱善，表示贊同；其言談態度之純樸，至今余猶記憶。來台後，一日在教育部遇奉祀官孔達生，我訪問抗戰時曲阜之情形，彼言「敵寇入曲阜，成立偽組織，舉吳廷玉為「維持會」會長（職司領導地方順從敵人），吳不從，而偽組織強以此名稱加於吳，各處為吳張貼布告，宣布吳已就職，吳乃自殺以示抗拒」。余聞而悲嘆！吳老先生「殺身成仁」，彼夫認賊作父，助敵為惡者，而反自有說辭，真乃人頭而畜鳴也。

城內東南隅，有十畝荷池，魯頌云「思樂泮水」，此即魯國之泮池。北岸有古式宅第，此即漢魯恭王府之故址，清時為皇帝行宮。自此宮門前，百餘步，南至池邊，有小橋直達池內，有廳宇十數間，門窗俱用玻璃板構成，四面水光映照，室內通明，名曰四明亭。周圍磚砌亞字短牆，在室內即可欣賞荷花，院內雜花繁盛，四時芬芳。大廳側門，有石刻對聯「此處紅塵飛不到；無邊光景一時新」，上聯為唐裴度句，下聯為宋朱熹句。廳內正中，「四明亭」大字匾，為天津書法家馮恕題。韓復榘主魯，提倡都市城鎮設娛樂場所，名曰「進德會」，內中置圖書、樂器、棋類、桌球類、報章雜誌類，為公教人員陶情之所。今曲阜進德會，設於四明亭。城中耆宿孔少雲、袁海平（光緒時拔貢）等九人，詩酒結社於此，效白樂天香山九老結社之意，名曰九香詩社。廳內四壁，懸掛名人贈送之詩文、字画。民間敬重耆老文人之風尚存，我願與該社詩人相識，使其了解鄉村建設，乃文化工作，希望其對眾人談及鄉校，有讚許之言。余乃以四明亭為題，撰四明亭賦，以題為韻，作四六駢賦一篇，約四百字：新文藝家必然以此為腐陳，不屑過目，前輩文人對此道曾受寒窗之苦，深知無規矩，不成方圓，此非率易可為之事。全文今已不記憶，末段有云：「閱來幾頁新聞，國事堪悲；愁觀一局殘棋，自鬨不悟。聞檐前鐵馬丁東，時傳警音，聽池畔蛙鼓喧闐大發震怒。當前禨兆，將來可懼！於是多愁子盈腔熱誠，滿懷愁霧，爰長嘯以寫憂，乃悽愴而作賦」。

將此賦寫於橫幅宣紙，裝潢完備，贈送於四明亭，掛於壁間；詩社之人，讀之而悅，袁海平曰「此文在科舉時代，熟於制藝者始能為，今周某年未三十，而能作此賦，可謂空谷之足音矣」。

各鄉之事繁多，我無暇參與詩文之會，九香詩社有時邀我，亦不得不偶爾應酬。曲阜許多古蹟，余皆有詩記述，其時之作品，今已盡忘；有一次詩社聯吟，題目為「暮秋」，袁海平和我之韻有句云「架上道書容客借，門前勁竹任風吹」。孔少雲贈我師云：「大嵩衛地近東隅，不佞初逢君子偶，得句詩應追李杜，窮經學豈讓程朱。婆心能符雄豪志，直道偏行鄉曲徒。從此眾農欣有望，仙源庶不誤歧途」。海陽城明時為大嵩衛，清雍正十三年，新立海陽縣，以衛為縣城。宋時曲阜為仙源縣。

余當面謝曰「公之詩，愧不敢當」！彼曰「稱讚即是鼓勵」。我乃步其韻以答之云：「劣材幾不反三隅，焉敢稱名君子儒，叔世何人比泰斗？明公當代之程朱。空過駒隙未聞道，長揖龍門願為徒，初出茅廬來聖地，但期塵教指迷途」。

與詩社文人，士紳老父，取得聯繫，彼等在社會頗有信仰，既知鄉村建設之義，不相反對，群眾自然不拂戾。袁海平之家庭狀況，在城內當列為第二等，則其壯丁受訓，亦應在第二期，而其於第一期，即自願遣其長孫受訓，使眾人得知，參加自衛隊訓練，並非不必要之事。群眾對鄉村建設既無疑心，再則須憑吾儕之工作「實事求是」，呈顯功果，始能獲大眾真實之信仰。

二十五年十二月，奉祀官孔達生結婚，配偶孫琪芳，為安徽壽縣孫家鼐之孫女（家鼐咸豐時狀元，光緒時大學士，京師大學督辦大臣）。婚禮頗隆重，各國駐華公使皆參加，記得日本代表為川越茂，禮品為喜幛一幅，其他公使所贈為銀盾、金鈴之類。國府林主席贈銅牀一具、名家所画玻璃絲屏風八頁；蔣委員長贈白金懷錶一顆；韓復榘主席贈時辰鐘衣架一具、木箱裝潢「萬有文庫」全部。爾時，孔達生年十七，天真活潑，一一指各物，引我觀覽。北軍故老吳佩孚、曹錕等，皆贈喜聯道賀。張學良所贈篆字長幅對聯，懸掛數小時，忽聞發生西安事變，遂有人提議取消。各省主席、山東各縣長，皆贈喜幛。廳堂之內，懸掛已滿，其餘則掛於院牆四周。詩社贈詩，余亦付庸風雅，詩云：「三千賀客樂喧嘩，闕里門高佈綵霞，百輛親迎宰相府，二南哥頌聖人家。錦堂喜酌合歡酒，嘉偶結成連理花；洙水靈源流澤遠，綿綿道脉垂無涯」。

中外賀客三千餘，省府命曲阜縣，自縣長以及各職員，負招待之責，城區鄉校及公安局，負維持秩序之責。於是我對在校受訓之自衛隊，發表維持秩序之任務，有孔姓隊員對我言「照吾孔族之輩次，孔德成是晚輩，我是他的長輩，長輩不能為晚輩當衛兵」！我答云「衛護地方秩序是公事，晚輩尊敬長輩，聽命於長輩，是宗族之事，不能與公事混為一談」！余反覆為之解釋，彼始無異言。

孔府辦有私立明德中學，在孔廟之西側。奉祀官婚禮、花車、樂隊、儀仗、女方之粧奩等等，列成長隊，不但城內萬人空巷，出而觀光，鄉間亦有多人來睹盛況。此日當然不能讓眾人擁入孔府。公安局守衛大門，自衛隊守衛二門，明德中學學生，數十人衝進大門，守衛者未能阻止，抵二門，自衛隊阻攔，兩相衝突，學生多人，高姓隊員，被毆重傷，軍服被扯碎，於是在場之自衛隊員，皆欲罷工返校，我出而勸慰，「待任務完畢，我負責追究」！隊員乃又各歸崗位，旁觀者說：今日孔府辦喜事，學生不當來無禮取鬧。事後，我通知明德中學校長孔玉生，欲商議對受傷之隊員予以安慰，以平人心，孔校長認為此乃小事，置之不理。我正要與縣長商談如何平息此事；自衛隊員聞之，認為學生打傷人，校長不理，此事可惱！乃在我不知不覺中，私自集合當時發生事端在場之隊員，二十餘人，服裝整齊，到明德中學門前，大喊「大鬍子！（孔玉生鬚長垂胸，故有此綽號）你們師生出來，我們和你們對打」！幸而內中無人出來，隊員們吆喝一陣，又返校。孔府辦事員孔蓮舫，知此事不可忽視，乃協同縣長孟憲剛，邀我及孔校長至縣府，商討解決之辦法。我說「不平之事，若壓迫，使之不敢反應，而積忿在心，將來必有後患，學生與自衛隊員，皆係地方人，當可和平息事，只要付受傷者醫療費，賠一套軍服，我協助孔校長向受傷者之家長道歉，此事當可平息」。孔校長再三說「自衛隊員先打學生，學生始反擊，其過不在學生」！我說「如汝所說，易言之，即你無過，而過在我，現在我向你道歉，此事亦不能了結，你是地方士紳，你忍使事態擴大，導致法律解決，只可由你所願」！縣長亦言「此事不可任其惡化」！孔校長說「明德中學是奉祀官所辦，此事我請他出來了斷好啦」！我說「奉祀官要你當校長，你就得負責，若汝所言，自衛隊到孔府維持秩序，乃縣長所支配，我可以將責任推於縣長，縣長可以將責任推於省府，有此理乎」？縣長與孔蓮舫俱以我所說和解此事之條件，為合理，並不過份，不可任此事自然發展，以致構成訟事，使地方人傷和氣！於是孔校長始勉強應允，依照條件而行，事乃平息。

每年農曆十月初旬，孔林前，有「林門大會」，四方商賈雲集，用蓆類或帆布，結造臨時廬舍，行列整齊，形成一大市場，各戶裝潢門面，招引顧客，出售百貨物品，酒館餐廳，應有盡有，每日眾人，熙來攘往，朝暮不絕，儼然一小都市；惟此大會之期，以七日為限。據說以往，每易於夜間發生盜案。今年縣府開會，令公安局與自衛隊，分擔維持秩序之任務，公安局長謂「公安局之警兵，不如自衛隊之人數多，自衛隊當負大會場之任務，警兵只可負城內之任務」。余因而謂「自衛隊俱係初受訓之少年，無經驗，警兵有專門經驗，應當負大會場之任務」！縣長乃公斷，兩方晝夜輪流負擔大會場之任務；例如第一夜，自衛隊負責，第二夜，公安局負責，雙方皆不能推委。公安局長劉某不願負責第一夜；於是我於第一夜，率隊員三十人，終夜不休，循環巡邏，幸而未發生事故。第五夜，自衛隊負城內任務，大會場發生兩家搶案。世事無論大小，各有其難，欲求辦理妥善，皆為不易。我無才能，處事惟憑忠誠勤慎而已。

在曲阜辦理鄉校一年，自衛隊訓練，成立第一隊，第二期又已開始。大戶以往對地方事隔閡遲滯之弊已化除，此後對地方事，與眾戶公平擔當。輔導各村小學，放羊群至郊區，齕民家之麥田，此害由來已久，今已為之戒絕。民間遇有糾紛爭執，或到鄉校評斷，或由鄉校調查審理，訟事因而減少。依據人情事理，整頓倫理秩序。至若懲辦名訟棍、緝捕大毒販，皆其餘事也。一切工作，草創大致，已有路可循。聞知膠東各縣，亦取鄉村建設，地方自治之法則，創辦鄉校；我乃請求研究院，調往膠東服務。縣長欲請公署，留我在此繼任，我說名情由，仍決定到膠東。於是待接任之人來此，我辦妥交代，辭別曲阜。啟行之日，鄉長用古氏「祖道」之禮送行，出校大門，大門前，方桌香案，爇香明燭，陳設酒醴祭品，行禮如儀，街巷人群，夾道擁觀，禮畢起程，爆竹連聲，沿路隨行，送至南門外，與鄉長一一握別。觀眾有云「祖道之禮，多年未曾舉行矣」！東行之心雖急，而此時，又不禁低回留戀，有悒悒之情。

棲霞回憶

由曲阜至濟南，乘膠濟路火車，至濰縣下車，目的地為第七行政區專員公署〔在牟平城〕，應乘煙濰路汽車東行，適天降大雪，路不通，困居旅店，適申同學亦赴牟平，來寓於此，可解寂寞。時近農曆年節，店主問「先生能寫門聯否」？余曰「能」！店主乃研墨鋪紙，余舉筆揮寫，頗有興致，周近數家商店見之，皆來求書，並有用宣紙，求寫屏幅者，余皆不謙辭。在此勾留三日，雪止，公路通車，遂與申同學抵煙台。

由煙台至牟平城，專員公署分配工作地區，初命我到養馬島，此島商業繁盛，為牟平富庶之區，我以鄉村建設首重農村，乃請求改易，於是派我到棲霞第四區，鄉校設於任柳鎮，此時正值農曆年節，任柳距吾鄉不過百里，民間風俗，與吾鄉相似。開始照例首先徵富戶壯丁，訓練地方自衛隊。鄉民不願當兵之觀念，到處皆然，故此事內中皆有波折，富家壯丁有僱人代替者，查明之後，第二期仍須召其本人參加受訓，此事方得公允。本區雖無高山，而坡嶺錯落，農田多瘠薄，民間文化、經濟，雖無有濟寧、曲阜之巨室大戶，而一切問題，別有其困難。

任柳鎮而外，西有寺口，西北有趙格莊，兩市鎮，皆與招遠縣接境；時有三五結夥之土匪，肆行劫掠，自衛隊方開始訓練，寺口鄉即有匪情報告，余乃率教練、班長，前往追捕，一次夜間相遇，雙方開火，周旋至天明，一匪受傷，被逮解送縣府法辦。有時強盜在鄰縣作案，竄入本區潛伏，亦須搜緝，一次在荒山寺廟中，逮捕一賊。鄉校領導鄉民維持地方治安，為重要之事。

某村有一衣姓秀才，手筆口辭皆所擅長，時年六十餘，其長子為北京高等警官學校畢業，其家境少康，生活舒適，而在社會好鬧滑稽無聊之事故，眾人笑而鄙之；亦有乖僻之徒，慕「怪秀才」之名，而標榜其言行。彼曾偕其幼子，來鄉校見我，我禮待而當面稱道之謂「久仰老先生曾熟讀聖賢之書，幼年考中秀才，而今在鄉間，以長者之風範，領導後輩，有功於社會風教」，並講說鄉校之任務，請其多加美言。彼則談說其生平，以筆墨打不平之勝事，余連聲恭維，彼歡然而去。

鄉村子弟，大抵只於初級小學畢業，或讀私塾三、兩年，皆以務農為本，升學者，寥寥若晨星。某村有考入省立鄉村師範學校之學生（校址在萊陽城南門外），村人仰其為知識份子，彼則自居為天之驕子，使眾人望而生畏。

笏山村有周姓老翁，嗜賭，以致家庭不和。翁有老婦、子、子媳、幼孫，全家五人，生活本無問題。一日為還賭債，與老婦爭吵，老婦在怒氣中，用木棒打斷老翁之腿，頭亦打破，老婦遂投繯自盡。村長來報，我前往查詢，老翁尚能微微言語，問「你重傷如此，被何人所打」？他答云「是老婆子所打」。我報案，法官來驗老婦之屍，老翁亦因重傷而死，雙屍同時驗罷，埋葬之後，數日，其子媳亦懸梁而死。據說：其鄰家有多口之人，謂此媳云「有人說，打死老翁，你曾助手，當然你也有罪，官府此時不逮你，是見你大腹膨脝，懷有身孕，待分娩之後，必然要辦你之罪」！此媳因而畏罪自殺。此一圓滿家庭，三人死於非命，只剩一少年男子與一幼兒；賭之為害大矣。鄉長知何處有賭，亦不敢報案，恐賭徒報復。公安局警兵不敷支配，對鄉間亦不能顧及。因此，消滅賭風，亦為鄉校之責任。

寺口鄉某村，有一莽漢，性情粗暴，年近六十，生平以養牡驢為牝驢輸孕產駒為副業，人呼之以綽號曰「驢客」。其侄兒（其弟之子）為軍中之少尉，每返鄉，大言驕誇，自矜其榮，鄉人疾之，其鄉長閻某，素畏之，以為而今鄉校成立，處事公正，此後驢客若再有所刁難，可到鄉校評判。果然又因事發生鉏鋙，驢客唆使家人毆打鄉長，鄉長來校報告，我招驢客來校和解，彼慢不講理，破口大罵鄉長，我反覆勸說，彼不入耳，口口聲聲，要令他侄兒回來制服鄉長。我見不可理喻，只可如法糾正，乃將此事陳報縣府，送其雙方到縣府申辯，驢客敗訴，被羈押；逾月之後，縣府令鄉校通知其家人，可以具保開釋。驢客被保釋之後，閻鄉長認為「處分太輕，鄉校不請縣府嚴加懲罰，反而通知其家人保釋，處事不公」。因此遂懷恨於我，每次來校開會，輒欲藉詞向我衝突，我泰然處之。上述鄉間細故，雖非大事，而求到辦理周善，亦不易也。

忽然蘆溝橋變起，繼之北京失守，華北震駭。昔甲午戰爭，山東半島，遭倭寇之害，觀當今之情勢，其危險必百倍於往昔。此時各機關，皆憂大難將至，人心惶惶，公務已現懈弛，各地莠氓，已暗中蠢動。我適因乘自行車，到鄉村巡視，摔傷腿部，不能走動，乃請公署准許本校教務主任王某代理，傷勢漸癒，行走仍然不便，遂辭職，辦理交代，準備還鄉。

閻鄉長因前事恨我，乃趁此機，具狀告我放賭受賄，並引前曾被捉受懲之賭犯作證。我啟程還鄉，進城向縣府告別，縣長將閻鄉長之訴狀遞與我看，其具名之後，並有衣鄉長之聯名，而未蓋印章，我想衣鄉長與我無怨，必不肯同情此誣控之狀，分明為閻所偽造。我閱罷閻之訴狀，謂縣長曰「我既被告，我就在此與之對訟，請傳兩原告到案對質，由法律公斷」！縣長曰「我已知此乃誣控，讓你知有此事而已」。於是我遂還鄉。

還鄉之後，十一月，上海、太原相繼陷落，山東韓主席，禦敵於黃河北岸，激戰，兵敗寧陽，青島、濟南失守，敵兵所至，勢如破竹，北京偽政府成立。南京淪陷，中樞遷蜀，山東韓部十萬軍隊隨之南撤，各縣官吏，棄職逃散，山東成為無政府狀態。漢奸各處活動，共軍在崑崳山（在牟平東南）擴充隊伍。敵艦馳騁於海口，恐怖氣氛充塞，暴風雨之兆已現，欲偷生於山林草野，已不可能。我乃與鄉友姜仞九起而組織抗日游擊隊，聯合全縣各區隊，一面訓練士卒，一面維持地方治安。一年之後，自感部隊已有相當之力量，乃於二十七年，十一月，攻打威海衛之敵，數次於夜間襲入市內，一日誘敵於第四區之向陽山，短兵相接，敵之飛機大礮無用，戰至午後，不幸仞九殉難，我受重傷，敵我於薄暮俱敗退。據偽方報紙所登載，敵寇傷亡之數，更倍於我。此為膠東初期抗戰，第一次激烈戰事，於是各縣游擊隊，益加振奮，敢作主動，誘擊敵寇，敵兵固守據點，不調重兵，不敢越雷池一步。惜乎！各縣部隊，群龍無首，無統一之指揮，遭各種破壞力量，分化打擊，而歸於消滅，至今回憶，言之傷心！

結語

國家為吾人生存之保障，無國便不能有家，無家何以生存？就人類思想雜沓之今日而言，任何政治主義，苟忽視國家大體，便為致亂之因。國家為人生之保障，故自古愛國家者，不必知識分子，漆室之女，為憂國而悲傷；童子汪踦，為保國而犧牲（列女傳、禮記檀弓）；人人憑簡單之直覺作用，便有愛國思想。近世則不然，國家衰弱貧窮，知識分子，以外國為美，到處為家，無國際限制，無國家觀念，雖有人講說愛國大義，而聽者藐藐，引不起情感；甚至以在本國挖取財務，輸入外邦，變為異國之民為榮，如此人心大變，是誰作之俑哉？

忠孝為人生當然、必然之德，成為風尚，故愛國思想，不待強調。元首官員，只盡勵精圖治之責，便有國泰民安之福。政教合一，啟迪人之理性，建立倫理秩序，發展「正德、利用、厚生」之功能（尚書、大禹謨〉，致華夏成為文明強盛禮義之邦。

晚近西風來，致使一般知識份子迷惑，「舍己之田，而耘人之田，所求於人者重，而所以自任者輕」〈孟子盡心篇〉；主張打倒中國文化，全盤西化，鄙棄自己之國家，而願歸化外邦，結果只有破壞，而無建設，是以造成現世之浩劫。當日此風初起，梁漱溟先生，即認為此乃削足就履，愚妄之想法。復興固有文化，「自老根發新芽」，能自立更生，國家方能復興。國家之基本在農村，生機在文化。於是立志復興文化，建設農村，陳獨秀反對，謂「此乃小資產階級之思想」。陳獨秀為蠱惑青年、打倒中國文化之領袖，豈能了解梁先生之思想。

新思潮洶湧，中國文化，遭到破壞，人類之信仰，失卻中心，聖賢亦被打倒；現世雖有真理正論，亦必有人反對。梁先生不顧非議，為所當為，在山東試辦鄉村建設，亦有人非議，謂山東主席韓復榘，為北方軍閥，梁受軍閥之支持，豈非與之同流？昔顏涿聚為一方之大盜，願受教於孔子，孔子不拒〈見呂氏春秋尊抑篇〉，今軍閥支持文化工作，此乃善事，梁先生豈能拒絕？有人誤會，謂梁先生有政治欲望，甚至有人誤以鄉村工作團體將成為政黨，又有人謂梁先生要組織農民黨，是以談說實事者，竟將鄉村工作團體與政黨同列，而名之曰鄉建派；此皆妄加揣測者也。夫而今國事蜩螗，政見紛歧，此最令人憂心之事，梁先生豈肯加入此流？先生明言：鄉村建設，為一文化運動，此運動須由政府支持，鄉村工作人員，所負者為教育使命，為領導大眾建設文化，輔助政府善政之實現；鄉村運動者應守定在野之位置，與社會大眾為一家，若上與政權鼎立，或與武力結合，自身便陷於問題之中，工作便為之失敗。鄉村建設運動，並不涉及政治，更無政黨計畫，有其言論著述可以為徵。

梁先生為憂心國事之人，在時勢現況之下，苦心孤詣，欲在自身可能之範圍內，建設農村，致力於社會基本工作，以求實效，別無所求，故可行則行，可止則止，盡心焉而已；當時政府亦悉其意，故准其在山東作實驗工作，成績昭然，不幸，七七事變，其所費之心血，及從者之勞苦，盡成泡影。

七七事變之後，山東淪陷，梁先生應政府之召南下，被選為參政員。二十八年，被派為「冀魯豫戰地政治總指導員」，統屬兩個武裝大隊。自二十七年，山東已無官兵，地方抗戰部隊雖多，然而各自為政，加以共軍勢力已透入全省，地方部隊分裂磨擦，各不相顧，情況紊亂，梁先生之第二大隊，被敵消滅，隊長李星三遇害。可怪者，在敵燄熾烈，大難危險之中，梁先生受中樞抗戰之使命，來到陷區，而竟有撐抗戰旗號者，不與之合作，反而撒放傳單，攻擊梁先生為鄉建政黨。此時山東情形嘈雜溷亂，充滿恐怖氣氛。梁先生返回後方，曾致力於改善兵力運動，繼之致力於團結運動，皆無成就。抗戰結束，國共兩黨，正式衝突，此時共軍之勢力已壯大，改天換日之謀，正積極展開，梁先生為奔走和平而努力，雙方各肯讓步，始能相和；結果，雙方皆不諒解，此方罵其為共黨之尾巴，彼方罵其為國民黨之傳聲筒；煞費苦心，既無成效，而反惹怨尤。遂於三十六年，回四川北培，辦勉仁書院，翌年寫出中國文化要義。三十八年春，共黨請其參加「政治協商會議」，未赴。國府遷台灣。

三十九年，梁先生不得已，離川至北京，四十年，共黨發動「批判梁漱溟思想」，提出其所著「東西文化及其哲學」、「中國民族自救運動最後之覺悟」、「鄉村建設理論」、「中國文化要義」，以此四書作依據，對梁先生作激烈之鬥爭，強迫先生承認思想錯誤，先生決不屈服。香港各報，屢傳其消息，當時引起海內外各方學者之欽服贊歎。例如四十三年二月四日，「香港工商日報」載：梁先生不屈服於暴力，公開反對暴政，謂其種種事實，「凡稍有愛國良心的中國人聞之，無不肅然起敬」。周鯨文在毛朝任職十年，曾目睹在大會場中，梁先生對毛澤東抗辯之事實，一次，毛對先生拍案怒吼，先生曰「我說的話，是考驗我自己有無此種膽量，並考驗共產黨有無此種雅量」？先生永不肯低頭，周鯨文自大陸逃出，所撰「暴風雨十年」，述其事甚詳。

及至文化大革命起，梁先生備受淩辱，在北京三世祖傳之家產書籍等等，盡被毀沒。一九七四年，毛澤東批孔揚秦，梁先生對抗，唐君毅由香港轉來先生之信云：「我以拒不批孔，政治上受到孤立，但我的態度，是獨立思考和表裏如一，無所畏懼，一切聽其自然發展。我身體精神至佳，雖年紀八十有三，仍然像六十許人，可以告慰遠方朋友」。

一九七六年〔六十五年〕，台灣「中華雜誌」轉載香港報導云：「編輯先生：天安門事件前，有一高級共幹來港，友人有識之者。該共幹云：自十餘年前，梁漱溟在一次毛澤東主席之會議中，反對人民公社，被毛辱罵後，實際在軟禁狀態。今年初，中共派人勸梁氏為文批孔，梁氏說他是「獨立思考的人，認為批孔無必要」；又說他「是表裡如一的人，心中不能批孔，批孔文章也寫不出來」。該人有威脅之意，梁氏說他「年已八十三，無所畏懼」！該高級共幹並對友人說「真是老頑固」。現在共黨對梁先生監視更嚴，但無如之何。這比起馮友蘭、王浩、何柄棣、楊振寧之屬，其人格之高下，就不是數字可計的了。特就所聞，函達貴誌，並希將信披露，想關心梁先生者，皆願知之也。此頌著安。李達三上，三月三十一日」。

梁先生被毛澤東批判、鬥爭、軟禁，惟義是從，不肯屈服，種種事實，各報章雜誌，登載甚多，凡不失人性者，皆必感動；而竟有出乎人情之外者，有一人焉，本有「怪人」之號，我今稱之曰「此人」，此人自命不凡，以哲學家自居，他除另一種嗜好而外，最大之嗜好是罵梁先生，表示他高明。他說他罵梁先生是「並非無故」的；其故何在？梁先生辦鄉村建設時，各項專門人才甚多，有人介紹「此人」，此人以為介紹人與梁先生為良友，而又自高身價，結果未得重用，遂恨梁先生入骨，因此竭力誹薄梁先生之工作，謂梁先生「知識不夠」，「沒有清楚觀念」。那時山東省立中學，只有九所，尚有未成立高中部者，故村塾教員、初中畢業者亦不多有，鄉村建設，專門人才而外，初中程度，亦可參與工作，「此人」認為他自己最有知識，梁先生不重用，而用初中程度，故謂梁先生「不要知識」。「此人」不知實驗縣中農業及其他各種建設之成就，而謂梁先生只在農村講孝弟，作「教主」。又說「作之君，作之師」，是皇帝極權專制之罪惡，毛澤東為君，梁先生欲為師，二人相輔，異曲同工。「此人」謂梁先生遭受毛澤東種種凌辱，「一點覺悟也沒有」，並嘲笑梁先生是宗教家「忍辱」的思想，他言外之意，恨毛澤東未將梁先生殺掉。昔日黃巾、黃巢，能作亂造反，接為「非凡」人物，梁先生在毛澤東勢力之下，謂毛「胡鬧亂來，是「非凡」人物」，此人就說梁先生是讚美毛澤東。梁先生在毛澤東政治下，作文批判「毛澤東許多過錯之根源（七十一年一月一日中國時報人間版轉載），此人以為也無價值，能當面辱罵毛澤東，方算有勇氣，敢與毛澤東抗辯，何足道？敢舉手打毛澤東，方算有勇氣。他懷恨梁先生的怒氣，就如此發洩得痛快，試看七十二年一月二十三日聯合報所載：此人將梁先生貶成碩奸大惡，他心中得意。他自己認為自古至今，他最聰明，最有學問，故對漢儒、宋儒，一概而罵之；他謂：東漢遭黨錮之禍而慘死之良臣賢士，皆為愚笨，「不值得讚佩」，謂宋儒司馬光「頑固」，王安石「不通」（見上述同日之聯合報）。此人自命為「新儒學」，旁觀者認為其言行反乎儒家之禮教，故名曰新。他自己表示，其受業師亦在其下，又表示青年學生永遠趕不上他（其學生說他有此表示）；他自己認為是「前無古人，後無來者」。

梁先生受中外學者之崇敬，最近美國哈佛大學博士、芝加哥大學教授艾愷撰梁先生之生平，書名「最後的儒者」，得到其本國之學術獎金，彼曾再三赴北京，謁見梁先生。青年學生知梁先生者，讀其書，俱皆敬仰，或直接寫信問候，或來訪我詢問梁先生之事。例如：前月有江生者（桃園大溪人），本為勞工，苦學成功，現年已四十，考入台大歷史研究所半工半讀，敬慕梁先生之為人，盡讀其書，惟「漱溟三十前文錄」未得讀，遍尋各書局，未獲，來訪我，問有無此書？余矜其為好學之士，怡然贈與此書。又，有山東流亡學生宋生（即墨人），艱苦自修，好學不倦，在大學任課，尊敬梁先生，每在報章見到有關梁先生之消息，輒向我報告，近日寄來七十四年十月十三日，中國時報轉載：「北平十二日路透社電新華社之報導云「孔門嫡傳弟子九十三歲的梁漱溟，昨天在紀念孔子兩千五百三十六年誕辰紀念日時，在一項座談會上發表，希望大陸的課堂上，能再度講授孔子的儒學思想」。上述之例，不勝枚舉，「此人」若聞此消息，必然又嘲梁先生要當「教主」了。

彼夫誣譭梁先生者，直等於「蚍蜉撼大樹」耳！新文藝家無名氏卜迺夫發表談話謂：「梁先生代表中國傳統精神，是我最崇敬的。有一次梁先生與毛澤東當面辯論一天一夜，那是很不容易的。牟宗三說他是要當教主，我覺得像梁先生這樣的人，還要非議，那是太過份了」！〔七十二年三月二十四日中國時報載〕。此是中國文化遭劫之秋，文化革命之風，引起一般人之嗜好，故在此復興文化之口號中，仍抵不住「文革」之餘威，推翻歷史，誹譭前賢，歷代之鴻儒名臣，德業昭然，垂諸史冊，而可以為之製造罪狀，加以現代之時髦罪名，拉出來侮辱鬥爭，謂韓昌黎得風流病而死，謂岳武穆為好戰之軍閥。至若罵司馬溫公為「頑固」，罵王荊公為「不通」，猶為薄施懲處耳。浩劫之中，古聖先賢且不能免，而況梁先生遭鬥爭，受誹譭，更是無足怪之事。昔屈靈均在楚國將亡之時，嘆時人「羌內恕己而量人兮，各興心而嫉妒」，「世溷濁而嫉賢兮，好蔽美而稱惡」〔離騷〕。是非顛倒，邪正莫辨，國難未已，可如何哉！

余不熟於填詞，而好讀詞，茲將信口吟哦之詞，畧錄數首如下，以作滄桑感懷之餘韻。

送陳子華〔名韡〕赴真州　宋　劉克莊

「北望神州路，試平章這場公案，向誰分付？記得太行兵百萬，曾入宗爺駕御；今把作握蛇騎虎。君去東京豪傑喜，看投戈下拜真吾父，談笑裏，定齊魯。兩淮蕭瑟惟狐兔，問當年祖生去後，有人來否？

多少新亭揮淚客，誰夢中原塊土？算事業須由人做，堪笑書生心膽怯，向車中閉置如新婦，空目送，塞鴻去」。〔賀新郎調〕

潼關懷古　元　張養浩

「峯巒如聚，波濤如怒，山河表裏潼關路。望西都，意踟躕，傷心秦漢經行處，宮闕萬間都作了土。興，百姓苦；亡，百姓苦」。〔山坡羊調〕

秋思　元　馬致遠

「百歲光陰如夢蝶，重回首，往事堪嗟！昨日春來，今朝花謝，急罰盞，夜筵燈滅」。〔雙調夜行船〕

「秦宮漢闕，做衰草牛羊野；不恁漁樵無話說。縱荒墓、橫斷碑，不辨龍蛇」。〔喬木查〕

「投至狐蹤與兔穴，多少豪傑、鼎足三分半腰折，魏耶？晉耶」？〔慶宣和〕

「天教富、不待賒，無多時好天良夜，看財奴硬將心似鐵，空辜負錦堂風月」。〔落梅風〕〔註：賒，求也。〕

「眼前紅日又西斜，疾似下坡車。曉來清鏡添白雪，上牀和鞋履相別。莫笑鳩巢計拙，葫蘆提一就裝呆」。〔風入松〕〔註：「葫蘆提」亦作「葫蘆蹄」，又作「鶻鷺啼」，俳優以為鶻突者也。元曲中常用之，大概是當時伶人所用的一種導具，用以象徵糊突者也。〕

「利名竭，是非絕，紅塵不向門外惹，綠樹偏宜屋角遮，青山正補墻頭缺，竹籬茅舍」。〔撥不斷〕

「蛩吟一枕纔寧貼，雞鳴萬事無休歇，爭名利何年是徹？蜜匝匝蟻排兵，亂紛紛蜂釀蜜，鬧穰穰蠅爭血。裴公綠野堂，陶令白蓮社；愛秋來那些：和露摘黃花，帶霜烹紫蟹，煮酒燒紅葉。人生有限杯，幾箇登高節？囑咐咱頑童記者，便北海探吾來，道東籬醉了也」。〔離亭宴歇〕

哀江南　清　孔尚任

「山松野草帶花挑，猛抬頭秣陵重到，殘軍留廢壘，瘦馬臥空壕，村郭蕭條，城對著夕陽道」。〔北新水令〕

「野火頻燒，護墓長楸多半焦，田羊羣跑，守陵阿監幾時逃？鴿翎蝠糞滿堂拋，枯枝敗葉堂階罩，誰祭掃？牧兒打碎龍碑帽」。〔駐馬聽〕

「橫白玉八根柱倒，墮紅泥半堵牆高，碎琉璃瓦片多，爛翡翠軒窗櫺少，舞丹墀燕雀常朝。直入宮門一路蒿，住幾個乞兒餓殍」。〔沉醉東風〕

「問秦淮舊日窗寮，破紙迎風，壞檻當潮，目斷魂銷，當年粉黛何處笙簫？罷燈船端陽不鬧，收酒旗重九無聊，白鳥飄飄，淥水滔滔，嫩黃花有些蝶飛，新紅葉無個人瞧」。〔折桂令〕

「你記得跨清溪半里橋，舊紅板沒一條。秋水長天人過少，冷清清的落照，剩一樹柳彎腰」。〔沽美酒〕

「行到那舊院門，何用輕敲！也不怕小犬哰哰，無非是枯井頹巢，不過些苔磚砌草，手種的花條柳梢，盡意兒採樵，這黑灰是誰家廚竈」。〔太平令〕

「俺曾見金陵玉殿鶯啼曉，秦淮水榭花開早，誰知容易冰消。眼看他起朱樓，眼看他宴賓客，眼看他樓塌了。這青苔碧瓦堆，俺曾睡風流覺，將五十年興亡看飽。那烏衣巷不姓王，莫愁湖鬼夜哭，鳳凰台棲

梟鳥，殘山夢最真，舊境丟難掉。不信這輿圖換稿，謅一套哀江南，放悲聲唱到老」。〔離亭宴最歇〕

金陵懷古　元　薩都剌

「六代豪華，春去也，更無消息。空悵望，山川形勝，已非疇昔。王謝堂前雙燕子，烏衣巷口曾相識，聽夜深寂寞打孤城，春潮急。思往事，愁如織，懷故國，空陳迹；但荒烟衰草，亂鴉斜日。玉樹歌殘秋露冷，臙脂井壞寒螿泣，到而今只有蔣山青，秦淮碧」。〔滿江紅〕

京口北固亭懷古　宋　辛棄疾

「千古江山，英雄無覓孫仲謀處。舞榭歌台，風流總被雨打風吹去。斜陽草樹，尋常巷陌，人道寄奴曾住，想當年，金戈鐵馬，氣吞萬里如虎。元嘉草草，封狼居胥，贏得倉皇北顧。四十三年，望中猶記，烽火揚州路。可堪回首，佛貍祠下，一片神鴉社鼓。憑誰問，廉頗老矣，尚能飯否」？〔永遇樂〕

辛棄疾，字幼安，號稼軒居士，濟南人。出生時，山東已陷於金，年二十三率義兵數千，渡江歸宋，歷官湖北、福建等安撫使、大理少卿、兵部侍郎等職。中間兩度落職，晦迹林泉。幼安文武全才，慷慨有大畧，歷官盡職，理財整軍，凌厲振奮，生平以氣節自負，以功業自許，非託空言。惜在宋末殘局之中，為當路所忌，屢黜屢起，未盡其才，忠憤鬱勃之氣，發之於詞，以述志。著有稼軒詞，媲美東坡詞。

寄奴：南朝宋武帝劉裕，小名寄奴。本彭城人，徙居京口，鎮江城南有其故宅。

封狼居胥：狼居胥即狼山，在今綏遠五原縣西北。漢霍去病大敗匈奴，封此山，以慶功。後世因以封狼居胥為驅逐胡虜之意。南朝宋文帝、元嘉中，用王玄謨諸人之議，君臣草草出師北伐，大敗。南宋寧宗嘉泰二年，韓侂胄為相，主持伐金，而大敗。

倉皇北顧：元嘉北伐失敗，魏太武帝遂引兵南下，直抵長江，飲馬瓜渡，文帝登石頭城，北望敵兵甚盛，大懼。

四十三年：幼安於寧宗開禧元年，守鎮江，作此詞，上距高宗紹興三十一年，自山東率義兵歸宋，恰為四十三年。

佛貍祠：北魏太武帝拓拔燾，小名佛貍，率兵南下，進瓜州，揚州有佛貍祠。

煙台聯中冤案

一、煙台聯中澎湖羅難

韓鳳儀在澎湖，既自慮勢力弱小，而嫉忌李振清之得志，乃與陳復生密謀，為李振清製造困擾，韓所屬之三十九師、士卒寥寥，乃趁機假藉理由，強迫學生，編入隊伍，又復虐待學生，使之恨李振清，並從中挑撥，使李對學生印象惡劣，李曾令衛兵刀刺學生，總代表張敏之對李要求尊行教育部與國防部之規定，使學生完成高中學業，不宜使之廢學入伍，以及苦於管訓等事；李謂其袒護學生，對張大為不滿。韓陳所施之分化陰謀，使李對學生彼此之惡感日深，乃首先以張敏之所領導之煙台聯中為對象，查出學生有曾在大陸加入三民主義青年團者十餘人，陳復生搜出學生之青年團證，當場焚之，並斥訓學生曰「什麼三民主義、社會主義、任何主義都要吃飯，我就是吃飯主義，你們能反對吃飯主義嗎？」膠東各縣被共軍盤據最早，煙台聯中之學生，多係膠東各縣不肯受赤化而逃出之青年，陳復生乃選擇此等學生之精強者，強迫其承認曾受共黨之訓練，繼之以嚴刑逼之承認曾參加共黨工作，揑造口供，使李振清誤認為學生中真有「匪諜」，以為張敏之亦可疑。

韓鳳儀暗中欲侵剝李權，乃時入臺灣尋找線索，為自己鋪路。龐炳勳雖為西北軍之餘裔，而抗戰有功，著名於世，李振清韓鳳儀皆其舊屬，龐已衰老，時住臺北，此為韓鳳儀唯一依靠，乃時往拜訪，訴說李振清之得志「有山東數千學生作群眾，有國防部次長秦德純作後台，而我時運不濟，無路可走，仍須老長官提拔」！龐曰「汝有求於我，凡我能辦之事，無不應允」；韓曰「請老長官為我介紹與東南長官見面一談」；龐乃寫信向陳誠介紹，韓見陳誠，恭維尊頌，取得陳之好感；陳問澎湖防務及士兵之情形，韓答

「防務士兵俱無問題，惟所慮者，山東為共匪久據之區，山東學生七千餘人，集體在澎湖受軍訓，最近發現其中似乎有匪諜份子」；陳長官厲聲謂韓曰「此要嚴格查辦，不可忽略」！韓曰「此權在李司令，而且李與諸生有同鄉關係，故我不便干預」；長官曰「檢舉匪諜，人人有責，而況汝為現職軍官，責任尤大，汝回澎湖，嚴行查辦可也」！韓得長官此項命令，神氣大振，回澎湖，與陳復生等積極進行其陰謀，前因李振清受韓之蒙蔽，刀刺學生，各校長見事態惡化，乃離澎入台，唯總代表煙台聯中張敏之及其二分校長鄒鑑、三分校長徐承烈等，與眷屬尚未離去，韓派兵監視，在街上公然侮辱鄒鑑，並罰站兩小時。張敏之因個人之事，欲入台一行，將乘船，被司令部追回，命其求立法委員五人作保，始准入台，及立法委員臧伯風等五人在台中俱保狀到澎湖，司令部又改變前言，誣張反對學生受軍訓，有「妨礙建軍」之罪，遂收張入獄。

當三十七年，煙台各中學，在上海合併成立聯合中學時，教育部規定：校本部設總校長，專辦高中，所屬三處分校皆辦初中，第一第二分校長趙麻子與鄒鑑，二人爭奪總校長之職，兩相敵對，教育部見其二人皆不能稱此職，因張敏之在戰前曾任煙台中學校長，抗戰時期在臨泉辦山東臨時中學，皆成績昭著，乃電召張敏之任總校長，趙既恨鄒又嫉張。全校四單位，奉令至湖南藍田開學，校本部辦高中，張敏之聘請各科教員俱已齊備，一貳分校趙與鄒，不謀而合，皆制止其校高中生向校本部報到入學，謂分校亦辦高中；其實並未作辦高中之準備，只圖保持學生人數，其用意顯然可觀，因此，一分校學生劉永祥等，自動到校本部申報入學，趙大怒，率其私人所僱之衛士三人暗帶手槍，追蹤到校本部，警告張敏之，謂「劉永祥等係犯大過被開除之學生，不可收留」！劉永祥等見趙來到校本部，即知其來意不善，在辦公室外，聞趙所完言，乃湧進室內與趙理論雙方發生鬥毆，張敏之制止不住，乃厲聲警告曰「爾等師生如此胡鬧，我要到教育部引咎辭職去也」！遂動身欲離去，學生以張校長若離去，此事無人證明是非，恐將來仍須受趙之處治；劉永祥等乃向張道歉，不與趙計較；趙恐張到教育部辭職，陳說原因，於己不利，乃亦收斂怒氣，與張對談，言語漸歸和緩，時已傍午，張留趙午餐，在雙方鬥毆時，學生包圍趙之衛士奪取其手槍，午後趙返校，學生馬鴻福等數人在中途八里亭與趙相遇，學生指趙曰「把你的槍繳出來」！雙方糾纏，趙持手槍嚇阻學生，槍響子彈打入學生馬鴻福大腿內，學生奪取趙之手槍，到地方法院控訴，趙遂奔往上海，未久，來台灣。

二、張鄒等之冤家

張敏之為國民黨中央政治學校首屆畢業，自北伐時即從事工作，為忠實黨員，今在澎湖被押，聞者皆知其為衛護學生，被司令部壓制，誣以「妨礙建軍」之罪，然此罪「羌無故實」，難於成立，鄒鑑亦無辜被司令部監視。懷怨張鄒之人，乃趁機向司令部密告，謂「張鄒皆投共黨，張曾勸分校長趙某加入其夥，被趙拒絕，張銜恨在心，學生劉永祥等，為張之同黨，在湖南群起毆趙。韓鳳儀得此密報，遂宣布對張敏之之罪狀，已獲「新資料」，遂扣押鄒鑑，又逮捕劉永祥等，用酷刑逼其承認「與張鄒同為共黨工作」，又逼其說出同夥之人，只得濫舉姓名，以求鬆刑，煙台聯中師生被逮捕者五十餘人，又橫生枝節，株連二百餘人，皆遭拘禁受審。

韓鳳儀陳復生揑造張鄒之口供，承認加入共黨之一切罪行，以酷刑逼之親筆寫出，加蓋指印，二人皆以不勝種種慘刑之痛苦，只得屈服接受速決之死刑，遂將性命付於韓陳。張鄒分囚於兩室，鄒曾揭取窗上玻璃自殺未遂，在酷刑之下，言語錯亂，將其妻崔氏牽累在內，崔氏與女生同囚一室。此案在澎湖所逮捕者，司令部已決定張鄒與劉永祥等為主犯，三分校校長徐承烈、教員季道章、蘇若冰等連同四十餘名學生為從犯，皆須解往台北保安司令部由軍法局判罪。鄒妻崔氏與河北黨國元老時任行政院副院長張勵生有親戚關係，張因公到澎湖，韓鳳儀預防張詢問鄒案，乃為鄒寫私函逼鄒加蓋指印，大意謂「我已誤入歧途，肯請保我出獄；與我以自新之路」；張見此函嘆曰「他已入歧途，我豈能援救」？遂置之不理；鄒鑑之罪狀，韓鳳儀又造出一證據。

此案既定，山東學生在澎湖陷於恐怖之中，因此多尋路潛逃，或逃入海軍，或無目的而流浪，司令部命部隊嚴加防制，據說逃走之學生，有被補獲、擲海中以示懲戒者，女生被誣為有問題、或被株連於本案者，則拉於海濱僻處，剝去衣服，命其平躺於珊瑚石，受烈日炙曬，受刑不服者，則加以匪諜嫌疑之名，暗示死活兩條路，由妳選擇，看妳表現如何。學生落於恐怖之中，韓陳虐待愈無忌憚。煙台聯中校長教員及學生，被逮捕者五十餘人，定為匪諜罪名，呈報上級，上級嘉獎破案有功，頒發獎章以資鼓勵，韓等既感激上官，亦自感光榮；李振清不知被韓蒙在鼓裡，以為山東同鄉，有此龐大匪諜案件，被韓偵破，自感有玷，對韓更加信服，乃將匪諜之事付韓全權辦理。

共黨分子早已散佈於各階層，共黨得勢，此方之官員早日有勾結者，赤燄蔓延，始現露真相，其變化之快，令人驚異，故社會一般人疑神疑鬼，雖係虛造謠言，亦不敢斷其真假。煙台聯中師生被誣者五十餘人，澎湖司令部宣布罪狀，謂有犯人親筆口供為證；張鄒本為國民黨忠實黨員，而今在澎湖忽然變成共產黨員，山東各界人士來台者甚多，聞此消息，大為驚訝，但時局混亂，是非不明，誰敢過問？大都心中恐懼，在此情況之中，人人皆可能罹無妄之災。

沈鴻烈字成章，湖北天門人，清季秀才出身，北洋水師學堂畢業，留學日本，習海軍，回國任軍職，入民國主管東北海防，歷任渤海艦隊司令、青島市長、魯浙貳省主席、農林銓敘兩部部長，時住台中，沈對張敏之頗熟，此案初發時在九月下旬，爾時國府尚在廣州，國防部次長秦德純兼任魯省流亡政府主席，秦為沈之學生，我乃請沈寫信寄秦囑其函示李振清對此案慎審處理，但李振清早已函報秦，謂張等罪有實據，無可異議。不久，秦主席隨國府來台北，時張鄒等已解到台北，以及教員學生等多人在獄，關心此案案者，以為請秦主席查問此事，或可挽救，於是濟南聯中校長劉澤民等數人，謁見秦主席報告此案之內幕。請其設法挽救，秦愕然曰「陳誠罵我是閻馮餘孽，韓鳳儀討取他之命令而辦此案，我不敢過問」！秦以國防部次長及省主席之身分，尚不敢過問，山東已無人敢過問此事，關心此事者，亦皆噤若寒蟬，惟恐禍從天降。韓陳製造冤獄，順手得意，遂極力擴充此案，以顯其能，十一月，我在台中被捕，繼之山東全省聯中校長劉澤民、弓英德等皆被捕。

抗戰初期，我在海陽指導游擊隊，張敏之在牟平青山辦山東第六聯合中學，同在敵匪交加之區，共歷艱苦，彼此為患難之友。韓鳳儀製造冤案，查知我與張之關係，乃謂我二人同夥，張在酷刑之下，口供承認。此時我已離澎湖，十一月在台中被捕。

李振清到陽明山革命實踐研究院受訓，韓鳳儀陳復生，乃在澎湖擴充冤案，仍以山東人為對象，照前例如法炮製，逮捕無辜，捏造口供，以邀防諜之功。隋永諝即墨人，抗戰之初，即在地方組軍抗戰，歷任團長旅長師長，三十八年撤來台灣，軍隊改編，攜眷住澎湖，韓鳳儀嫉之，欲傳其到案受審，隋離澎入台，始免。山東省議員任新舫，隨濟南聯中至澎湖，見重於李振清，委為司令部秘書，任與眾講話有云「有我們山東歷代出偉人，就目前來說，文人有台大傅校長，武官有李司令在此」。此語大為韓所嫉忌，趁李振清在陽明山受訓之際，乃藉故逮捕任新舫，用「疲勞審問」之術，使任在昏迷中承認附匪。山東前教育廳長李泰華，未來台灣，密報本案之人與之有夙怨，因而又密告李在大陸已投共，而今來此之校長，皆為李當日所重用；韓鳳儀遂逮捕劉澤民、弓英德、毛儀亭等七校長，又追索案中諸人之朋友，皆緝捕論罪，例如菏澤游擊司令兼縣長張奎生、青島團管區副司令王敬為（黃埔軍校畢業時在嘉義作小生意人）、學生教官郭益增（黃埔軍校畢業）、煙台中學教員孫喬南（已失業在馬公作攤販）、等，皆被捕下獄，又追捕煙台學生當時考試入台北師範學院者，學生逃避，唯捉到孫仁山一名，打入監牢。韓鳳儀嘗言「山東為老解放區」，似乎山東人多為匪諜，似乎本案正待蒐捕之人尚多。故山東人俱皆危懼，國大代表立法委員亦皆對此案談虎色變，心中懍懍。

三、我在冤案死而復生

三十八年陽曆八月二日，我離馬公，抵台中寓居繼光里光華巷。九月末，慘案開始，我奔走台北，設法挽救，呼籲無門。十一月初，張鄒及學生四十餘人，解來台北治罪，我徒喚奈何！不知自己亦被勒入案中。十一月七日，鄰長語我曰「昨日有兩人來向我訪問您之一切，我感到奇怪」！諺云「為人不作虧心事，不怕鬼叫門」，只得聽其自然。九日半夜忽有破門而入者三人，問我姓名之後，即用布巾蒙捆我之頭部，使我雙目不見，拉上汽車，載至某處，不知是何機關，下車後，把我牽進室內，我不見一切，有人厲聲曰「你在此有何組織？一一說來！你逃離澎湖，也難脫法網」我已預料可能被捲入煙台聯中案內，如今果然；我說：「我做的事，我就敢承認，我未作犯法之事，強加在我的身上，那就是冤枉！」我乃述說，我隨流亡學生逃亡之事實；那人冷笑，說「不給你一點苦頭吃，你是不肯招承的」！遂令將我吊起，一人用皮鞭，一人用木棍、一面打、一面問「你說呀！你說呀」！「我無可說」！我被毒打，不省人事，被平擺於地，甦醒之後，又逼我「說出你在此地的組織」！「我話已說完，無可再說」！乃又用冷水灌我，凡兩次腹滿，再用壓力使水自口湧出，我知其欲致我於死地，我寧願速死，決不屈服，決不接受其誣罔之罪而自辱自身，魔鬼兇於閻羅，又用一種不知名之刑具，使我全身酸痛，我三次死而復甦；我奄奄一息，嗓音細弱，連聲呼到「你們殺了我吧」！有冷笑者說「不能教你那麼痛快」！我想如此製造慘案，殘暴毒辣，定係匪諜在中作祟，或係預備投共者，先作此類惡孽，以備將來邀功。

他們自午夜用種種酷刑整我；至拂曉，將我推入鐵牢，此中已有犯人十餘，我閉目而臥，由諸犯談話中，知此處乃台中刑警隊。明天上午又提審我，獄卒用布蒙蔽我之雙目，至中廳，座上人命揭去蒙布，此人服裝為警官，講話平穩，並給我座位；問我與張敏之關係，我答：為抗戰難友，並陳述率學生流亡至澎湖之經過，我並說：「昨夜我話已說盡，今日又重複一遍，你若再用刑審，我便一言不發，我感到此中別有緣故，公法必無刑審之理」！於是他命記錄將我之供詞朗讀一遍，全認可，加蓋指印，復送我入牢。次日我向獄卒借紙筆，寫自白書，請問此案能在此處了結否？生死在所不計，我絕食等候結果。獄卒將我之自白書送達主管，主管即昨日審我之人，此人為刑警大隊長林雄，閱我自白書，並已在我寓所搜舉取我之抗戰日記及文稿，已知我為何等人，召我談談，謂「你不必絕食！此非我們主動之事，乃奉上級命令而辦，此案須送上級處理」；我心急如焚，曰「我絕食等你送我到上級」；次晨，將我送至台北，青島中學郭生，前三日到繼光里訪我，夜間宿在我之寓中，此時我見郭生亦被逮到，始知彼因我之關係，亦同時被捕在此，禁卒欲「面縛」我二人，我鄭重聲明曰「罪犯是我，為何綁他？而且我刑傷痛苦，不能逃走，我要到上級申冤，決不逃走，你若綁我，我將跳車自殺！郭生非煙台聯中學生，他有何罪」？禁卒不釋放郭生，但我二人亦為遭綁。

至台北，不知是何機關，又將我閉入囹圄，此中覊押數十名犯人，中有一少年犯，因被捕，妻子無法生活，夫婦二人要求攜帶其嬰兒，全家三人同進牢獄，獄史未能阻止，優待其三人一床，有帳幕，與眾犯相隔；此少年時引其嬰兒嬉笑解悶，似乎無憂慮。我在此獄，又被提審，座上官員所問，與在台中刑警隊所問者相似，我據實答，並聲言「我生平未曾惹人罵一句，更未惹人打一掌，今在台中備受酷刑之凌辱，我實感暗無天日，生不如死，我之話已說盡，被錄為口供，現在若再用刑逼我，我便一言不發，我在此絕食等候法律制裁」！這位法官道「本處不能結案，須送上級覈辦」！我要求「速送我到上級，我絕食以待」！我又要求說「郭生在台中因寄宿於我寓而被捕，他是青島學生，並未隨煙台聯中到澎湖，為何捕入本案？國難當頭，官員處事，應當公正，使人心歸向政府，不應濫捕無辜，破壞政府之信仰」！座上官員點頭。此次未被刑審，還押，我絕食等候結果，獄吏強為我注射葡萄糖。兩日後，郭生被釋放，解我到上級。

至西寧南路，下車，進入大廈，不知是何機關，見鐵柵大房間內，有三分校校長徐承烈、教員季道章、蘇若冰及學生于文波等三十餘人，俱鎖在內。據說張敏之、鄒鑑亦在此處，分押兩室，各室俱以鐵柵欄為門，犯人在內，如虎豹在籠中。獄吏將我押於一室，此室已有十餘犯人，其中有即墨董生，被情敵密告為奸細，彼知我在冤案中，附耳告我曰「張敏之校長正在隔壁室內」；壁為木板湊成，兩室犯人可由隙縫處低聲細語，彼乃召張與我通話，張曰「我已視死如歸，將您牽連在內，真對不起」！我曰「此乃天降之災，焉能怪您」？我與張每日趁機交談一次。

煙台中學教員孫喬南，與我非同案，在澎湖被捕，十二月初押入此牢，與我同室，孫為福山人，相談家鄉往事，一時忘卻身在獄中。

此處有當補述者：張鄒在臨刑之前，曾有一線之轉機，我出獄後始知，今補述於此。山東省議長兼國民黨部主任委員裴鳴宇，對張鄒之罪名雖認為冤枉，而澎湖司令部謂證據確鑿，心中仍感可疑；及山東聯中校長皆被捕，而且株連之人之多。裴乃向保安司令部質詢，要求將張鄒之案加以覆審，並邀立法委員二人到軍法局列席旁聽、審查無疑問，方可定刑；乃決定於十二月十日覆審；裴乃託立法委員林鳴久協同委員牟某，屆時前往列席審查，因林某與張鄒，素日皆為好友，參加覆審，定可揭開案情之冤枉。大概林某認為此案重大，有所顧慮，故未前往，軍法局以為立法委員不來列席，覆審即不舉行，次日為星期日，照習慣星期日不處決人犯，而韓鳳儀又執此為其有力之一證，謂張鄒等之罪無可疑，故立法委員不出席覆審；遂促軍法局迅速行刑，於次日星期日（三十八年十二月十一日、農曆十月二十一日），將張敏之、鄒鑑、及學生劉永祥、張世能、譚茂基、明同樂、王光耀等七人，執行槍斃。此時軍法局長包其黃，是否接受韓鳳儀之愚弄？為何只聽一面之詞？不顧人命關天，竟於星期日屈殺七條無辜人命；此亦可推想之事也，數年後，包其黃竟因貪污及勒迫犯人之眷屬等罪，而坐法自斃。

獄室黑暗，不見陽光，禁止犯人接見親友，隔絕外界一切消息。十二月九日，聽到獄卒在隔壁柵門外，令張敏之收拾衣物，有頃，獄卒率之挾衣物而出，他人未理髮，髭鬚繚亂，神色可憐！行至我住之牢門外，注目向內一瞥，意在通知我，他已離此；此時我想：本案無人敢問，他定非被保出獄，陷身泥犁，只有聽命運之安排而已。牢室之窗，只作通空氣之用，室內看不見窗外之景物，惟自窗隙間可以略見窗前衛兵之影子走動；同室有位滑稽少年，妙語動人，能引窗前之衛兵，樂與交談；十二月十二日夜，聽其交談，聲音低細，我之臥處臨窗，故隱約可聞，衛兵云「前日在此提出之犯人，其中有煙台中學校長，連同學生共七人，昨日綁赴法場，每人三槍斃命，各報紙皆載其事及照片」；我聞此訊，心中並不驚駭，早已料到有此結果，並想到我亦難免，我以身殉道，無所畏懼，國破家亡，惟願早日了卻此生，解脫苦惱。韓鳳儀製造冤案，將我牽在內，與張敏之同罪，已成定讞，故押我於此牢，未再審問，猶如以刀加頸而不速戮，格外加我以精神之痛苦也。獄吏每日巡視各室，我趁此機，請求其准我寫報告，請法官速予我痛快之了斷，我不願苟延殘生，虛耗公糧，我絕食等候。

法官見到我之報告，遂提審我，這位法官，頭髮蒼白已近老年，態度莊重，謂：上級對你們這一案，至今模糊不清，你要照實說來！說出你與張敏之的關係。張敏之是共產黨，你知道吧？青島有「新聞記者聯誼會」，是匪諜組織，張敏之介紹你加入，是真的吧？張敏之辦「文化協會」，你為幫忙，是真的吧？一分校趙某是國民黨，在湖南被張敏之率共黨學生把趙打跑，是真的吧？我答：「我句句實言，若有一句虛言，則我之供辭，法官必以為盡是謊言；我生平之思想、言行，有日記及文稿為證，在台中被刑警搜帶到案，法官可以查看。據我所知張敏之不是共產黨，因為我們共同從事抗戰工作，直至未到澎湖之時，始終未曾疏遠。我是青島公報主筆，又是新聞界所舉之市議員，素日所發表之言論，有文稿可查，我非記者，豈能加入記者聯誼會？而且張敏之在青島任市政府參事，並非新聞界人，他豈能介紹我？更有要者，我在青島，未聞新聞界有「記者聯誼會」，假如有之，而是匪諜之祕密組織，所以我不能知。我在大陸未曾聽說「文化協會」這個名詞，張敏之在何處辦「文化協會」？我根本不知，豈能幫他辦事？一分校趙某，那時我不識其人，亦不知他是何黨派；那時張敏之亦不是共產黨，趙某與學生鬥毆是事實，但那時張趙二人並未衝突」。問「你認為張敏之不是共產黨嗎」？答「我知道他是國民黨，而非共產黨，而今來到澎湖，他忽然變成共產黨，然則澎湖定有製造共產黨的機關，政府應該查明。請問法官，政府認為張敏之是共產黨嗎」？法官說「是」！我問「政府認為他是共產黨，就咬定我也是共產黨嗎」？法官說「這倒不是，因為他的口供咬到你，你是否與他有怨」？我說「他不能咬我，我與他無怨，如果是他咬我，何不叫他出來與我對質以明是非」？法官說「我將來必叫他與你對質，使今日所問於此結束」。回到牢室，我想：法官以為我在獄內，不知張敏之已死，故意說要叫他與我對質，看我是否虧心而氣餒。三日之後，我又上書請求法官再審，大意為「假如我是共產黨，政府必有證據始逮捕我，我不承認也不行；承認尚有一線希望，要求政府予我以自新之路。然而我不是共產黨，證據甚多，青島議長及議員來台者三十餘人，以及其他長官、友人，現在台北，皆可為證，為何不採取這些真實證據？而相信張敏之咬我一口，便加我以罪？本案之中詐偽甚多，所以我不相信張敏之咬我那些話，政府若定張敏之是共產黨，叫他出來與我對質，他若果真咬我，憑他咬我就能證實我之罪狀，我決不辯駁，死而無怨」！法官二次開審，仍然如前次所問，我一一回答，並要求法官叫張敏之來與我對質，請法官明察真假，以判我罪！法官說「張敏之在此後屋，我可以叫他出來與你對質，我又想到匪諜可能亂咬好人」；我說「如此言來，我是好人，那就該釋放我，我並不怕死，如果政府認我是危險品，那就賜我一死好啦！不要押我在獄內佔著活人的位置，而且虛耗人民血汗供給的公糧，公私兩無益」！法官說「你暫且受幾天委屈，聽候法律裁奪」！於是又退堂。

三十九年三月五日晨，獄中提出犯人七、八十名，我與徐承烈、季道章、蘇永冰等、及學生三十餘人俱在內，兩人一銬，分鎖左右手，拉上卡車，人多，車箱不能容坐，皆站立車內，我向衛兵說「我疾病未癒，不能站立，我坐在眾人之間，四周有眾人作圍牆，我不能跳車逃跑，不須銬我！」衛兵以為然；車開到內湖小學，此處為「省保安司令部新生總隊」，令眾犯下車，編隊管訓。

此處當有補述：「張敏之等被殺害之後，議長裴鳴宇向保安司令部質詢云：澎湖司令部誣張敏之等為匪黨，謂有確實證據，我們以為真有證據，及張等被殺之後，見保安司令部之判決書所列之罪行，始知完全是誣造，判決書謂「張敏之於民國三十五年在青島由匪要劉次簫介紹加入匪黨，鄒鑑於三十五年任共黨新民主主義青年團主任，吸收劉永祥等入團。」按劉次簫在中央任國立研究院文書主任，三十五年未到青島，三十六年五月，由教育局派往青島任山東大學訓導長，青島淪陷，未能逃出，四十年九月，在青島被害。張敏之自三十二年於徐州，三十五年張敏之並不在青島。鄒鑑於三十五年任國民黨煙台市黨部書記長。三十八年共黨始有青年團之設立。凡此一切，皆有真實之證據，豈能抹滅！今觀所列張鄒等之罪名，俱係誣捏，如何挽救」？」裴議長將判決書所列張鄒等之罪狀，一一引證駁斥，司令部無言對答。繼又追問：拘捕各聯中校長及株連多人是何理由？有何罪證？上級應當明察！因此，校長劉澤民等及張奎生等，皆得陸續釋放。任新舫為李振清秘書，被韓鳳儀軟刑所迫而認罪，已送往火燒島管訓，釋放較晚。此案之種點在煙台聯中，故所羈押煙台聯中師生三十餘人，不獲釋放。

新生總隊所轄若干分隊，煙台聯中師生與他案之犯人編為一隊，共百餘人。總隊長姚盛齋幾次講話，質樸明爽。有兩位管訓職員。軍校畢業，革命氣燄過盛，似乎恨不能將舊社會一腳踢開。講堂課程，按學識程度而分編，程度較高者約四十餘人，同堂受訓，有一少將主講大學中庸，手持書本，抄寫黑板，說不清講不明，聽者亦不敢請教，彼自己亦茫然不知所云。有一教官專講偵查匪諜之方法，神氣表情非常精明，惟對這些人講授此一科目可謂失當；蓋聽課之人，係被視為匪諜或嫌疑犯，此即等於對匪諜講抵禦被偵防的方法，豈非荒唐？如謂現在以這些聽眾是好人，故教以認識匪諜之方法，然而這些聽眾在此受「犯罪」處分。金門海戰，俘獲匪兵，編為一隊，施以訓練，於各隊中擇曾為大專教員者為之講三民主義等課，我被列為講者之一，我乃向隊長辭讓云「抗戰時，我在「蘇魯皖豫黨政總隊」任教官，講三民主義，那時我是抗戰人員，今日我是刑僇之人，命我講三民主義，豈不有辱於三民主義？我身負大罪，不能講此課，勉強去講也講不出來，請另選高明」！同案之人謂我曰「應當去講，有好的表現，可以減罪」；我云「我本來無罪，無罪而有大罪，聽天由命吧」！

某日，各隊提出三十餘名犯人，其中有雲南李姓青年，文學系肄業，好「填詞」，每有作品，求我批改，相處兩月餘，大有進步，此刻到我面前，深深一禮，雙目含淚，言道：「我今生不能報答老師教導之恩，只有來生圖報矣」！我話未出口，忽聽領隊人喊「歸隊」！李生遂向我又行一禮，速行歸隊；我自今思之，滿懷悽楚！此三十餘人內，有新竹某中學校長林鋆、有煙台聯中教員季道章、蘇若冰等，皆列於隊中，匆匆離去，後來聽說這些人，由基隆乘船被送回大陸，或云不知所然。政府而今堅決反共，嚴拏匪諜，傳說長官主張「寧殺一百個好人，不肯放走一個共產黨」，意謂一百人之中，若有一人是共產黨，察不出確實是那一人，則將百人一同制裁，玉石俱焚，在所不顧；而況我與張敏之同罪，只有靜候末日來臨吧！

此處當有補述者：抗戰開始，二十七年冬，我與姜仞九率隊攻打威海衛之敵，敵我傷亡俱重，仞九殉難，敵亦陣亡大佐軍官，此為抗戰初期膠東第一次激烈戰爭，故魯省主席沈鴻烈對我有正當印象。今來台灣遭此冤案，沈主席對我頗關懷。保安司令彭某與前北平市長熊斌有舊誼，熊為沈主席之舊屬，此時熊斌住新店，沈乃以專函託熊請彭司令開釋我，沈願為保人；沈在台中，將函就近託立法委員林鳴九、監察委員孫某二人，專誠面答熊斌，沈以為：此一冤案，聞者皆慨憤，而且受我之託，救人之急，舉足之勞，必樂為之。然而此二人受沈之託，竟將書函擱置，不與轉達。因為：三十五年我在青島，當選為市議員，乃律師、新聞自由職業團體所選舉，後來律師于某競選監察委員，孫某亦競選監察委員，而孫某非自由職業團體所推之候選人，我不能違規將選票投於團體之外，因此，孫乃宿怨在心；孫必有其他說解，使林有所顧慮，故同意將沈之書函作廢，我未能接受沈之援助。前已述及林受裴議長之託，參加覆審張敏之之案，以白其冤，林亦失信誤事，張遂飲恨九泉。沈主席援救我，被孫林二人所阻，我出獄後始知之；出獄後，李先良對我言沈公救我之事，彼不知沈公之書函被押，且曰「爾之出獄，當感謝沈公」！我已知我之被釋，非沈公書信之力，但其對我關懷之誠已至，我應當前往拜謝，及相見談敘，沈公不知其書信被廢，我亦不便談及，免得使其感到空費一片好心，反得不愉快之果。

秋末我患病，被送往三峽治療，我所住之病房三列病床，約百餘人，皆為犯罪之人，其中有與我同案之學生于仲恆等十餘人。夜間聽病人交談，有共軍俘虜，多為魯西北一帶之口音，暢談其與國軍作戰之經過，無所隱諱。有助理醫士係萊陽翰林初彭齡之族裔，渠云、曩在青島常讀我之詩文，嘆息我今罹難，頗加照顧，余甚感激。某夜有指導員來對全體病人講話之後，特別召我至另一房間談話，謂我曰「周先生你如何也列入這些犯人之中？我很驚異！昔在青島，我常讀報紙所載汝之文章，汝不當遭此不幸！你可寫信求友人助你洗白，我為你轉達此信」！犯人在獄中，不得寫有關案情、或向人求救之書信，只可寫向親友要求補助生活用品之信，我答「我而今變成匪諜，我無匪諜朋友，不肯寫信給舊日之好友，為其造麻煩」；指導員曰「好朋友當然同情你，你寫信求援，三日後，我來取，一定為你轉達」！我道謝說「此一大冤案，聞者驚恐，何人敢伸援手？我不肯寫信擾亂友人之心」！指導員仍叮囑說「三日後，交信給我」！問其姓名，不肯答。澎湖司令部煙台聯中之案，有確實證據，故省主席不敢過問，我決不寫信求憐，寫亦無用；又念及三十餘名學生在獄多患病，已病死二人（尹廣居、王子彝、牟平人），假若有人真能保這些青年出獄，庶可有再生之路，不妨作此設想；因此，我聯想到：去年九月，見傅斯年校長，曾約我到台大任秘書，我陷於冤案中，彼此音信斷絕，我今可寫信，告其我未到差之原因，藉以訴說冤案之內情，並說明「我與張敏之之罪名，已成定讞，我個人不求援助，但三十多名青年學生，已槍斃五人，又病死二人，冤枉可憐！懇求傅先生對學生以教育界前輩及鄉長之身分，向政府請求，予以新生之路，如此可補救政府被蒙蔽之闕失，對青年尤恩同再造」！依此意而寫成兩千餘字之書信，三日後，交於指導員。我在三峽醫療二十餘日，又被送回心生總隊。

犯人不得接見親友，傅校長接我書信之後，派人慰問我，傳達室只將傅校長之名片遞給我，未召我與來人相見。其時台大為台灣唯一之大學，陳長官對傅校長尤特別重視，新生總隊因傅校長慰問我，認為與我有深交關係，更以為我若非被誣枉，傅必不肯來慰問我。因此，管訓之人對我表現溫和。十二月，上官來總隊視察，在會客室召我問話，我陳述本案之冤枉，上官問「你能找人保你，可以開釋」！我問「保人須何等身分？須幾人作保」？上官曰「立法委員或國大代表、二人即可」；我遂函請立法委員崔唯吾等為我作保，三十九年十二月十四日，獲得開釋，並發予保安司令部新生總隊安感字第三十二號受訓證明書。我既獲得保釋，我想同案之人，亦有希望，於是到台北，各處奔走，向山東士紳說明：上級對此冤案，已疑其中有詐，有偽造罪名之嫌，故我得蒙釋放，同案其餘諸人之罪名皆比我輕，定可保釋！請諸公勿多慮，於是國大代表張敬塘等聯名上保狀，於是三分校長徐承烈及學生劉廷功等，陸續全獲開釋。

凡曾在新生總隊受訓者，雖被保釋，而官方仍視為不良份子，受不平等待遇，居住何處，列為特種戶口，規定：每月曾往何處？與何人交接？閱讀何種書等等，皆須填表特別機關。我回到台中光華巷住所，同屋之學生見我無辜被捕，以遷寓他處。我被捕，房間被抄，行李衣裳狼藉滿地，日記、文稿俱被沒收，身為青島市議員，來台後，內政部所津貼之生活費，帶在衣囊，被獄卒侵沒。此屋乃學生所租，我無錢付租，不能仍居於此，特種戶口，誰願收容？喪家之犬無處寄生。沉悶徘徊，信步至保覺寺，與僧人宗心偶談，彼願留我於寺中，每週講經數小時，我雖願意，但又想到佛門清淨之地，特種戶口寓此，豈非為僧人增麻煩？此不可也。董修章，即墨中學生，抗戰出期，弱冠從軍，爾時，我任青島市政府辦事處秘書，彼任青島保安中隊長，後來升為團長，素日好聽我講歷代興衰故事，對我執弟子禮，大陸變色，其軍南下至海南島，繼又撤來台灣，此時仍任團長，彼得知我此刻之困難，慨然邀我寓其家中，供我寢食，我告以我乃負罪之人，容留我者，亦為官之所懷疑，彼曰「先生遭無辜之冤，我當本乎道誼。使先生暫得安身」！我感其真誠，乃遷寓其家，因我之故，一月之間警察三名召修章之妻到局攀問，我心感不安。凡我所到之處，若住過一兩日，主人必遭警察詢問，彷彿躡我之蹤監視行動。我從抗戰以來履艱蒙險，而今落於走投無路之地步，此世已無可戀戀，欲自裁以了此生，又以建文來台謀生，尚盼我父子相依，我不可使其在受惡劣之刺激。然而，在此遭受監視之中，求工作亦大困難，乃寫信寄新生總隊，請願在回隊受管訓，以解決目前之生活問題，已出樊籠，而又求再進樊籠，其情之苦，非言可喻。四十年二月十四日，總隊長姚盛齋覆函云「茲以軍人待遇菲薄，無法多予協助，特隨函附寄新台幣二十元，尚希哂納！俟本部遷往某地，設立子弟小學，當聘為教員，仍希善自珍重為盼」！其時二十元新台幣，可供貧人十餘日之膳費，昔賢一飯之恩必報，今我窮途罪人，受此德惠，何以報哉？

新生隊不收容我，雖不受管訓，而仍在罪徒之籍，受不平等待遇，若所在之區，發生盜匪事件，特種戶口即在被傳審之列，並須蓋印指模，以做事跡之對證。隨時受檢查、受偵訊，精神受無形枷鎖之苦。我乃到處漫遊，往來台北，夜間困頓則睡於車站凳子上，意在是否遇俠義之友，抱奮勇而助我平反冤案，山東人對此冤案，大都心懷畏懼，相戒勿言。須有巧合，偶遇奇緣，始可作有效之談。

三月之初，到草山（後名陽明山），訪閻百川，談說：三十八年，政府遷廣州，殘局之末，閻任行政院長，「知其不可而為之」之精神。在當時危難之中，我基於情感，所上萬言書，只可作精神之安慰而已。又談共黨佔魯晉二省為根據地，遂併華北，大勢已去，所向無阻，故氾濫全國，種種因果。撫今追昔，不勝悲悼。談兩小時，不可談當前官方之事也。告別時，贈我其所著政論輯要、斌役詩稿等書數冊。閻為秀才出身，其政論由實際而發，非設想之空言，其詩、詞句通俗，多警世之語。

一日薄暮，在台北車站，遇立法委員劉志平，彼在政場以敢言著名，此時謂我曰「當日汝若從傅校長之言，在台大任職，必不至被捕受屈，而今陷於冤案中，不可到處走動，免被警方懷疑」！余曰「而今我無處存身，正能望在入獄中，以延殘生」！彼嘆息，搖頭而去。

冤案中，死者已矣！株連者師生三十餘人，雖獲保釋，而罪名不除，永為僇人，案中李、張兩女生，在火燒島受訓畢，被攝入電影中，標明受管訓之感化云「我再不替共匪工作了」！此影片在台北放映，並且傳於美國，遭不白之冤，備受嚴刑獄犴之苦，而終身列為罪籍，此余所以竭力奔走，以求昭雪者也。

談明華，無錫人，天性剛直，長於辭令，與我為抗戰難友，復員後，又同為青島市議員，三十六年當選為青島市國大代表，三十八年來台。此時余得知其定居於碧潭芊蓁湖路三十號，乃往訪晤，對之詳述冤案之經過，彼慨然曰「君與敏之皆我之好友，遭此冤枉，我要呼籲最高當局，懲辦製造冤案之奸徒，保障善類之清白，以明是非！我第一步入「革命實踐研究院」受訓，將此案面報元首，若此中有人作梗，蒙蔽元首，使下情不能上達，我當於二次全國代表大會，提出此案，請大會公斷，總之我必盡全力，使冤案大白於社會」！我奔走多方，此時始遇「見義勇為」之人，我乃致敬而言曰「君義氣慷慨，足能為友人平冤，我已無他人可求，恭候君命」！

我之心事既有所託，目前當謀寄身之所，我在台中家職學校被捕，事逾一載，而該校校長朱阿貴篤於友誼，函請台南教育科長胡丙申（台南麻豆人），任我為北門中學教員。

台電縣警察局長劉國賢、曩年曾在青島任職，與余相識，特種戶口由甲地遷到乙地，甲地警察局必通知乙地警察局，戶口本人如不向乙地警察報到，須受懲戒，我向台南警察局報到，並向劉國賢述說澎湖之冤案，劉云「我知道」！有警佐二人在側曰「我二人亦山東人，隨濟南中學到澎湖，亦幾乎被捕入牢」，此時我想：局長警佐，俱知我之冤枉，必不至懷疑我、刺激我。某夜兩警員進我室突擊檢查，搜看書籍、信件，並且審問我一番而去。亂世皀白難分，雖相知之人，亦不敢相信，彼執行公務，故應爾也。

北門中學在佳里鎮，初中而外，有兩班高中，我擔任國文，歐陽勛（湖南人，後任政大校長）擔任英文，梁永義（東北人）擔任體育，教員多為大陸來者。校舍歸模廣大，在一大園圩中，有小橋流水，竹林花畦，有桂圓蓮霧，椰子檳榔等等果樹。大門前，直通鎮內大街，鎮區頗小，住戶不過三百。街頭有黃氏小祠堂，頗整潔，祠內有進士黃登瀛、舉人黃華裳之匾額，經過日本佔領五十餘載，尚保存無恙。大街有小戲院，兼演電影，有小商店、小飯館。課暇傍晚，與梁永義散步到街內小館，酌飲數杯，微醺而歸，亦可解胸中一時之抑鬱。

七七事變，華北淪陷，青島市為陸海空三軍基地，敵寇重兵在此，談明華潛伏於市內，聯絡抗戰同志王文坦（滋陽人任文德中學校長），侯漢卿（河北人任律師）等十餘人，密設電台，向我游擊隊報告敵情，以便襲擊，被奸細發覺，向敵軍司令部報告，明華等被捕入華北第二大監獄（青島市李村），敵寇法官逼其供出電報密碼，明華慨然承認為抗日游擊隊作諜報工作，謂「我今日犯日本之法，只有一死，但我決不能說出電報密碼，兼犯本國之法，我不肯犯兩國之法，因為我只有一個人格，只能接受一個死罪」。

敵寇將各種刑具，擺列在前，明華漠然視之，仍向法官慷慨陳說謂「你們迷信武力，又迷鬼神，你們的士卒，內衣「千人縫」、佩「護身符」，也被我軍擊斃，鬼神豈肯助惡？你們佔據我們的土地，到處設神社，我們當然也有神，我們的神，是保佑我們抵抗侵略，我們的神是正的，你們的神是邪惡的，邪不勝正，你們侵略必然失敗，我們抗戰必然勝利！明華侃侃而談，剛氣凜冽，談到鬼神，又有陰氣森森之情，漢奸翻譯在旁，亦為之氣餒動容。明華復指刑具曰「此乃野蠻行為，更不足使我屈服，你們若打我一棍，我便為啞子，你們無論如何也得不到」。法官仍欲設法問出電報密碼，威脅、利誘、拖延時間，漢奸助敵為惡，本來良心有愧，明華煞費苦心，得與有職位之漢奸接談；密謂監獄副主任方某曰「我乃抗戰要員，日本究竟要失敗，我抗戰團體，早已查明你為濟南人，我若在此被害，你家鄉之親友，一定必遭惡報，你若肯助我向嶗山通訊，將來日敵寇失敗，我之勝利，我可證明你非漢奸」，方某深受感動，因而助談向我軍通訊，趁敵兵守衛疏鬆之際，方某作內線，我軍兩次進攻，最後終於攻破監獄，明華等十餘人得以復生，方某亦同時逃出，加入抗戰行列。筆述此事，如此簡單，其事之始終經過，其中之曲折困難，令人可想而先知，明華之臨危不懼，處事之智，亦令人驚服。

以上略舉一事，足見明華之為人。有如此之義氣，始能與朋友共患難、解困厄。我在北門中學，生活雖得安定，而身負罪名，心情仍在羈勒之中，日盼明華來信告知進行之事如何？明華擬定向最高當局控訴冤案，乃於四十一年春，入「革命實踐研究院」受訓，院長為蔣總裁，受訓者皆為國民黨員，不分官職高低；研究已往之失，以救將來之弊。一日，治安主官到院中報告其緝捕罪犯之工作，頗有得意之論調，並且謂「決不枉殺好人」，明華起立發言曰「眼前在座者皆為同志，你用訓話的態度，對待同志，殊為失當！你說不枉殺好人，而枉殺煙台中學師生，七個好人，是何理由」？此主管答稱「我不知此事之詳情，有待查究」，乃下台而去。

凡入院受訓者，總裁必召個別談話，徵詢對黨務有何意見？談話以五分鐘為限，大都頌讚領袖，陳述自己之忠實，五分鐘轉瞬即過。一日召明華談話，問「你對黨務有何意見」？明華鄭重答曰「今有一件重要事情，我要向總裁報告！有人製造冤案，殘殺本黨同志及青年學生，使社會人恐怖，敢怒而不敢言」！總裁愕然曰「有這種事？你照實說來」！此時侍衛在簾外，以手勢暗示五分鐘已過，當告退。明華陳述冤案方開始，見侍衛促其退席，乃起立致敬曰「總裁如果有事要忙，我便不打擾了」！總裁說「你坐下，將此事述說明白」！明華乃復坐，將此冤案作具體之報告，總裁曰「未聞山東人報告此事，你是江蘇人，何以得知如此清楚，而且專誠向我報告」？明華曰「我在山東從事抗戰，與冤案中之被害人皆曾共歷患難、相熟識，站在本黨同志之立場，應當向總裁報告」！總裁問明張、鄒兩校長之名，舉筆記在紙上，曰「你回去，給我來書面報告，我定要究辦此事」！明華遂退而撰上總裁報告書云：（略見報告書。）

總裁閱報告書後，令參軍張公度（清南洋大臣之洞文襄公之孫）查報此案。先到軍法局查閱本案全部資料，見被害人張敏之等人之口供、對於被誣之罪狀，俱一一承認，以及所株連之人，亦多有認罪之供詞，照案卷而言，全部文件作得天衣無縫，罪刑定讞，可無疑問。但張參軍奉命調查冤案之事實，不能以調閱案卷便為了事，於是乃自社會各方面，及與被害人生平事跡有關之證據，作綜合之審查，足證被害人之口供與事實全部不符，顯係被迫招認，乃將調查實況，回報於總裁。

亂世是非顛倒，人命微賤，況是軍隊將校以武力捏造此案，故山東人對此冤案無敢問者，及聞談明華已向總裁申冤，張參軍奉命作實際之調查，於是國代立委等人，始出證明被害人之冤枉。昔在民國十年左右，監察委員于洪起在煙台創辦先志中學，為吸收國民黨員之機構，崔唯吾為校長，張敏之為學生，而今崔為立法委員，敏之罹難，崔苦心營救無效，張鄒被殺，崔毅然不懼嫌疑，前往收屍殯葬。時下冤案已有昭雪之可能，崔住碧潭涵碧山莊，乃邀關心此案者，集合資料，供獻於調查大員張參軍，我在北門中學，接到崔之邀約，乃往共商陳報冤案之一切證明文書。

據保安司令部公告張鄒之判決書，重要之罪狀，謂：「張敏之於三十五年，在青島由匪要劉次簫介紹加入共黨。鄒鑑在上海率學生替匪宣傳，張敏之在湖南率學生造作謠言，為害國家」等等。查劉次簫三十五年在教育部任職。於是乃函請前教育部長朱家驊證明劉次簫是否為「匪要」？分函請當時在上海湖南與煙台聯中有接洽之官員，證明劉次簫、鄒鑑是否有判決書所定之罪狀？所得回函如下：

朱家驊覆函

唯吾先生大鑑：接奉七月二十三日惠書，敬悉一是。關於劉次簫兄佐驊工作經過，敬縷陳於次：驊與劉次簫兄原非素識，二十八年經故傅孟真先生介紹，知渠為本黨忠實老同志，為魯省名士，頗負時譽，當介紹任中央調查統計局主任秘書。及三十六年六月調任國立中央研究院文書主任，自是接觸較多，知其國學造詣甚佳，品格公正，對黨國尤為忠誠。渠為參政員，每抒議論，益見忠誠。三十五年政府遷都，渠仍續任中央研究院文書主任，迨三十六年五月，肯辭中央研究院職務，迭留未遂，轉任青島國立山東大學訓導長，三十七年初夏，驊在青島視察，知該校當時學生風氣，遠較他校為佳，具見其恪盡職責，訓導有方。自是大陸形勢日惡，音訊漸疏，及神州陸沉，消息遂告隔絕。去年道路傳聞，曾有被匪迫罰苦工及被害之說，鐵幕低垂，真訛莫辨，每憶前塵，輒深繫念！因荷垂詢，特縷陳奉告，尚希台詧為幸！專復，敬頌台綏！朱家驊敬啟四十一年七月二十五日

國民黨上海市黨部主任委員方治復函

為證明事：查國華中學校長鄒鑑於三十七年十一月率學生由煙青撤至上海，一面呼籲社會救濟，一面率領學生遊行街頭，講演共匪罪行。並曾應上海市黨部之邀，向各學校講述共匪暴行情形，及在上海廣播電台，廣播對共匪之認識，喚醒民眾，提高警覺，擁護政府戡亂到底，當時各報均有記載，特此證明。前任上海市黨部主任委員現任大陸救災總會總幹事方治，四十一年七月二十一日

湖南教育廳長王鳳喈覆函

唯吾校長勛鑒：接讀八月一日來函詢三十七年底三十八年初，煙台聯中學生，一千八百餘人，由校長張敏之等率領來湘情形，查三十七年十一月十九日（時本人任湖南教育廳長），湘省接教育部電告戰區學生約五千人，即由浙贛路來湘，第一批一千七百餘人，第二批二千九百餘人，當即在廳召開緊急會議，籌劃住宿地點，及接運招待事宜，當決定將一部分學生安置於沿粵漢鐵路之衡山柳州宜章一帶，並且派督學十餘人往株州接待，二十二日第一批魯省學生一千七百餘人，到達株州，當即轉車湘潭，步行赴藍田，查此批學生屬於煙台聯中，由校長張敏之等率領，沿途秩序良好，到達藍田以後，即安定校舍，籌備開學，惟經費困難，而在湘省府協助下，一切進行，均極順利，不久均能上課，反共情緒，極為熱烈。至三十八年湘局緊張，該校員生等，始行離湘。在湘時期，據喈所知，並無造作謠言，煽動學潮，危害國家等情事，極應函達，即希詧照為荷！順頌公綏！弟王鳳喈頓首四十一年八月四日

山東省前後主席沈鴻烈、秦德純、及立委、國代、監察委員、凡與張、鄒認識者，皆具文據實證明其被害之冤枉，集合此種證明二十三件，由議長裴鳴宇函送張參軍轉報於總裁。不料此事有人在暗中作梗，以為冤案若大白，有玷於治安之譽，死者已矣！不能復生，若懲辦兇手，則牽連澎湖司令部，不如「以不了了之」，於是此案遂遭擱置，明華雖屢詢原因，亦未得明確之答覆。

四十三年五月，將開第二次全國代表大會，談明華代表遂重提冤案，要求懲辦兇手，慰問被害人之家屬，解除株連人之歧視待遇，准許被捕充役之學生復學，四項要求。由省主席秦德純、議長裴鳴宇（皆為國大代表），煙台國大代表張敬塘等多人，聯名將冤案提請大會討論，行政院長陳誠（亦為國大代表），睹此提案，愕然，急召提案人首五名談、秦、裴、張、張子安（崔唯吾之夫人亦為國大代表）等五人，至陳院長官邸，陳慨然曰「此案不可提在本大會討論，恐此荒謬事，被外人知曉，影響美援，此事之實情，我尚未知」。裴院長遂將冤案細說一遍，陳院長聞聽之，肅然自責曰「此乃我的錯誤」！（因陳被韓鳳儀所蒙蔽，曾許以查辦匪諜之口頭命令）陳又謂秦德純曰「有此冤案，老學長你為何不告知我」？（陳與秦係保定軍校學友），陳又曰「此案不可提於大會，所要求之四項，我當一一照辦」，明華臨事有急智，向陳請求曰「慰問被害人之家屬，即刻可辦，其他三項，須行公文，可繼續辦理」！陳遂即以電話令國防部即刻派員分行慰問張、鄒之家屬。最後陳復聲言「諸位提案中所要求的事項，必一一照辦」！五位代表乃告退。

陳院長對於各代表所提之四項要求事，遂即開始辦理。張敏之之妻王培五攜三男三女居住屏東，鄒鑑之妻崔氏已改嫁，其子即其老母年八十餘，居住北投。國防部已派高級官員，各攜新台幣五千圓，分別前往慰問。我在新竹師範，接到明華來函云：

賢兄如握：奉展五月十六日手書，欲待面談之事，千言難盡，現將最要各事，先行簡復：

（一）陳院長已令國防部分派王司長與楊次長，各攜現款五千圓，於本月十八日前往屏東及北投，慰問張、鄒家屬。

（二）五月七日，行政院發告台四十三（川）二八零九號令國防部內開：一、據第一屆國民大會代表張敬塘談明華函稱：查前山東煙台聯合中學校長張敏之，分校長鄒鑑，及學生劉永祥等七人，於三十八年十二月因受三十九師師長韓鳳儀等之誣陷，被處死刑，沉冤莫白，請迅予組織特別法庭，重予審理，俾得昭雪。至於惡意陷害及製造冤獄之主使主辦人員，應請依法處分，以勵士氣而合輿情。二、查張、談二代表來函所稱冤獄情節，是否屬實？亟應查明，著由該部組織特別法庭，予以復審，並將審理情形，詳行具報，以憑核辦。三、附抄發原函一件，即希遵照。

（三）五月十五日，行政院發告台四十三（川）二九九五號令國防部內開：一、台（川）二八零九號令，為據報張敏之等冤獄，著予復審一案，計達查原令附抄發國大代表張談二君來函所稱「對於被誣教職員徐承烈、周紹賢等，應即解除監視，被誣之從軍學生遲益起等，應即解除新生待遇」等語，有無歧視情事？著即明查，予以平等之待遇。二、希即遵照辦理具報。三、副本抄送談代表明華、張代表敬塘。

（四）現即請兄轉知徐承烈先生，因我與徐先生尚不認識，亦未通過訊，由於以上各種事實證明，此一冤案可說已經反案，惟必須經組織特別法庭復審，以求得最後一步法律上的根據，我們對於這為山九仞的最後一步，自不應稍涉疏忽。故所有與本案有關人員，必須共同努力準備，你與徐先生數年來所受的滿腹冤屈，事實即證據，應全部搜集記錄完備，寫好簡明握要痛快淋漓的講稿，準備當庭口頭陳述之外，並且將詳細備忘錄繳庭備查。總之我為此案自向蔣總統當面報告之後，二年來費盡苦心，寧願犧牲個人光明前途，並且以個人的生命作賭注，冒危險，任勞怨，納眾誣，不顧一切，必達昭雪冤獄之目的，欲求最後之勝利，必盡最後之努力！

敬祝努力共勉！談明華鞠躬四十三年五月十八日

行政院令國防部復審冤案，解除徐承烈與我被監視之不平等待遇，國防部以副本繳送明華，明華寄副本囑我記錄，內中要旨，即明華前函所述之文，發文日期為四十三年五月十五日，公文字號為「台四十三（川）二九九五」，監印桂登甲。此一冤案，大致已為平反。惟組織特別法庭，懲辦兇手一項，歸於沉寂，據說此中有人挑撥阻攔，已知其人為誰，崔委員唯吾曾託關係人，向之通說「關於此案，山東人未嘗涉及你，你何必與之為難」？其人正當得志之時，從心所欲，不肯自醒。懲辦兇手遂成懸案。當日在澎湖以酷刑逼口供之陳復生已知東窗事發，乃脫離軍隊，此時在新竹某工廠任職，學生劉廷功、于文波等，當日受刑之傷痕猶在，該生等，乃到軍法局控訴，該局知陳院長追究此案，乃逮捕陳復生到案，但不久繳保釋放。某年桂永清為參謀總長，談代表等追詢此案，桂謂「懸案終當結束」！正擬組織特別法庭，桂忽然病故。五十九年十二月二十五日，行憲紀念日，總統蒞國代年會致詞，談代表又請總統懲治冤案中之兇犯，總統表示「須待復國後，再究辦此案」。陳院長已病故，六十四年蔣總統逝世，七十一年，談代表、裴議長相繼謝世，負責提案之人俱已作古，兇犯早已鳥獸散，韓鳳儀於六十四年六月死亡，此一冤案遂化為歷史故事。亂世之事，幻化無常，陳復生且已變為治安官員，據說在金瓜石某工廠任治安主管，當今之世，亦不足怪也。

風雨陰霾，惡獠殘暴，眾人奔走，受其害者，思遇慷慨赤誠之人，助其吶喊，以阻兇燄，當此之時，類乎空想。諺云「相識滿天下，至交有幾人」？而竟有肝膽義勇，如談君者，攘臂而出，甘冒危險，不怕誣陷，不怕恐嚇，為人間之正義，為朋友之冤枉，毅然與惡類奮鬥，左儒、雷義，不過如是也。不獨如此，其抗戰為敵寇所執，不屈服，而能破監牢，奔回本營，繼續打擊強敵，其種種行事，令人欽服，亦今世人畸人也。

周復漢（建文）的流亡日記

前程遼遠！乘風破浪！

生活即是戰鬥，在戰鬥裡學習！在戰鬥裡增長！

民國三十七年至三十八年

（民國四十二年補記）

三月十一日　天候：雨

此次報考省立青島中學被錄取，真是僥倖，這樣算來初中這一階段我只讀了一年半。二月二十七日舉行考試，二十九日完畢，三月一日辦的入學手續，本來校方規定三月五日正式上課，但是因為老師們因薪給的問題罷教，直至昨天才復課。新同學、新老師、新學校，一切都摸不著頭緒。

昨天變陰天，今天早上下著雨點，當我吃過早飯時，又不下了，父親把雨衣給我拿出，我也沒帶，走到龍江，便下大了，我到校好像一隻落湯雞似的。

三月十二日　天候：雨

今天是國父逝世紀念日，也就是植樹節，又是陰曆二月二日。春雨連綿最宜植樹，但不知有多少人去植樹？看報紙上都是很隆重，出有特刊，機關首長均出席，將來的成績不得而知。

九日商河路火藥庫爆炸成災，附近七公尺內房屋多數倒塌，死傷甚多，為狀至慘，校方發動同學自動捐款救濟被災同胞。我腰中分文皆無，買校徽（1075）還是借同學丁守國的錢呢！同時發表圖書室圖書缺乏，同學們各人交一本書，學期終了發還。我回家向父親討了一本詩集準備交上。

三月十三日　天候：雨

我已經是二十歲了，但父親對待我還好像七、八歲小孩一樣，給我拿出雨衣，告訴我穿著是怎樣合適，告訴我把書怎樣的拿著。但是我失去了黃金的童年，現在已是個十足的青年了，他這樣真是於我心有戚戚焉。

晚飯後赴勞中三級二班——我原在此班，見同學已不是那樣多，但卻仍然像先前一樣的熱鬧有趣，打、鬧、唱……後與他們同赴久未至步的前海岸一遊。

三月十四日　天候：晴

今天是星期日，昨晚睡得很早，當天將黎明時，我下樓去小便，仰見滿天繁星，沒有一絲雲兒，知道今天一定是晴天。早上起得很晚，當我回家一進門，父親便告訴我，我有了一個妹妹。進到裡間一看，果然在母親懷中有一個又白又胖的嬰兒。自從逃亡到現在，很想面前有個兄弟姐妹，以享手足之樂。從前曾把陳為鈞當作弟弟一樣看待。如今有了個妹妹，使我萬分高興。周玉文又來信了，告訴他出發的情形，我真擔心著他。

三月十五日　天候：晴

天氣比前幾天冷點，微風拂面，頗使人有點春寒之感。昨天報載東北吉林小豐滿撤守，洛陽激戰。今天載洛陽及四平街巷戰……每日都是這類的消息。週會上王校長秋圃報告，在開學來的兩大問題，一是教員薪給問題，已經解決；二是插生問題，省教育廳不准招我們這一班。聽其內情，真令人生氣，這樣的鬧法還會好嗎？訓育主任宣布同學們一律得到校升旗及其他住宿、吃飯、清潔等問題。

三月十六日　天候：陰

四平街撤守，洛陽危急，濟南吃緊，同時見報載：世界危機即將來臨，美國前國務卿貝爾納斯發表重要演說。美若干議員以美將於四月十五日或五月十日對蘇宣戰，相睹，馬歇爾曾與高級軍官舉嚴重性之會議，要求五月一日以前對於戰爭有所準備。啊！也許人類毀滅的日子將臨了，這都是些象徵。上午第四節國術，是一位老先生上的，我覺得這樣活動對身體很舒適，同時見到校內的同學很守本份，對老師恭恭敬敬，不像勞中的同學，在國術班上亂鬧，不服從老師。晚接敬華的來信。

三月十九日　天候：雨　星期五

又是一天，烏雲密佈，細雨濛濛。自到校上課以來，英語先生赴南京沒有回來，英語自前天起才由校長補課，其講法只是照著字面講一遍而已。不像國令嫺老師講的，每逢一重要句子，必做文法上的分析，並舉很多的例子。所以我對英語並不感有什麼困難。

晚上回家，看見桌上勞中三二班同學的作文題目是戡亂與建國。我一看便感到厭煩。正日戡亂建國，到底沒看見戡亂建的成績在那裡。

三月二十日　天候：陰　星期六

天還是雲著，溫度卻有點降低。當我早上赴校在蕪隸路遇著王根明，他約我在午後五點赴他家去玩。一天只上了二班，其餘的時正坐在屋內，好容易才挨到下午下了課，當我完成了我當值日生的工作之後，便往臨沂路二號去，適遇著根明與王啟勛在門口，便進去，又用過晚餐。後少坐便歸。回來的路上，在龍口路上遇著一輛美國卡車撞到了一家的院牆，車也壞了，原來那個美兵是喝醉了。

三月二十一日　天候：晴　星期日

早上起得很晚及吃過早飯已是十點多了，看書又看不進去，無意中走入了勞中，見校內亦沒有人，由前門出，見太平路上有賽路者，哦，原來今天舉行越野競賽。後至前海岸，見海水綠得驚人，海潮擊著海岸，海風拂拂，頗有春的氣息，許多人來來往往，大概是都是遊公園的。午後去適遇著一些拾煤燒的小孩們，在揀著美國人所丟的一些果皮及腐果吃著，吃的津津有味，並有一個說：「咱管誰也不給吃」。

三月二十二日　天候：晴　星期一

週會上校長報告關於救濟的事，我校共報三百三十人，每人約可領三、四十萬元。我亦列名在內。約今天救濟會可來點名。但是等了一下午也沒來。在降旗時，訓育主任報告，在明天上午來點名。

三月二十五日　天候：陰　星期四

在星期二那天救濟委員會點過名後，在昨天已經把款都發下來了，每人四十三萬元。

早上聽紀梅和談，被俘的宋立三同學已來青，並述說其遭遇的情形。

小妹妹生來已十二天了，午後回家用秤，秤了秤他，已有六斤重了。不過她的喉腔長得有點特別。我正在擔憂著她。

三月二十七日　天候：晴　星期六

前天訓育主任發表每一位同學都要參加合作社，每股一百元，限昨天上午交齊，同時下午又選出理監事。昨天勞中師生全體赴建國大廈要房租，聽說還興動武來，同學們都搶著點心吃。

早上走到龍江路，見三個推小車的南來，一位警察便揚手叫他們回去，同時又叫一個把路旁的煤渣推走，在那龍山、龍江路交口，那些揀煤渣的小黑孩們，見了黑衣士在，紛紛逃竄，原來是官老爺不准他們揀煤渣維持生命。

三月二十八日　天候：晴　星期日

三角三十多個題沒做，那閻王似的老師又要下星期三檢察，我決定要在今作完。上午，當我到兵隸路乾姨姨那裡拿衣裳回來的路上，遇著了自匪區逃出之宋立三，他述說著他的被俘經過，因為在路上，未及暢談。早飯後很熱，全身都出汗，便換上裌衣。下午五時二十分，才作完了三角題。

三月二十九日　天候：霧　星期一

今日是青年節，亦是黃花崗七十二烈士烈難日，又是中華民國邁進民主大道的第一步，「國民大會開幕」，各界都放假一日以示慶祝，青市並舉行青年大檢閱（在匯泉），早上起來，恐怕校內舉行慶祝會，便匆匆往，一看沒有事，因為我校屬山東省政府管，又不赴匯泉去參加檢閱。我又回來與王蘭高、姜子鑫等一同赴匯泉去看檢閱的，後又赴中山公園一遊，見草地、樹木，現已萌動，頗有春的氣息。但今天一天大霧，這正象徵著今日青年的環境。

三月三十日　天候：晴　星期二

昨日午後三時許，覺得倦了，便赴宿舍，直睡到六時多，宋桂發進來驚醒了我，他又給了我一張中國劇院的優待卷，我便回家吃了飯，匆匆前往，但第一場的時間已過，好容易在門外擠，挨到八點半才進去，看的是「再相逢」。及影完，已有十一點多了。

不知怎麼，今天一天心內有一種說不出的空虛。上課、看書，一點心思都沒有，所以使如此，大半是由於時局的惡化，社會的黑暗所致，覺得一點辦法都沒有，但是又想，愁什麼，豈我一人呢？

三月三十一日　天候：晴　星期三

心內老是覺得沉悶，好像有什麼不幸就要來臨似的。腦子是糊糊塗塗的。無論怎樣也抑制不住這種情緒。在我心內是一絲的快活亦沒有。

報紙上載國民大會昨舉行第一次預備大會……，洪友蘭為秘書長，胡適為臨時主席。即墨慘事一件，崗兵槍擊信義中學女生，二人受傷一人殆危，肇事士兵被捕槍決。

時局日趨惡化，有錢的都準備好了好跑。我們將如何呢？只有等死而已。更有那官迷者，還開國大，爭總統。

四月一日　天候：晴　星期四

早上赴校途中，在龍江路，看見一個老翁及一個老婦，年約五十餘歲，老婦拉著老翁，推著一輛小車，上面裝著兩麻袋煤灰，走十幾步便歇一歇，看看他與她，臉色憔悴，愁眉深鎖，辛苦的樣子，心內有說不出一種憐憫的滋味。

當午飯時，每日必赴遼寧路的報欄內去看報或看馬戲。今日正遇著周萬德，他沒看見我，我先看見了他。自從三十五年四月十九日別後再未見過他。他又打聽著同連的弟兄們的消息，說訴現在，悲嘆著過去，又恐怖著將來。他現在蘇州路十四號內當伙夫。

四月四日　天候：晴　星期日

今天是兒童節，街上依然的貼滿了歌頌兒童的標語。天氣是非常熱。早飯後與宋開蕙由海濱公園至中山公園，來來往往，紅男綠女，像鄉下趕會一樣的擁擠，地上的草已萌芽，正是「遙看進卻無」之時，柳色如烟，海水綠得驚人，小艇瀟洒飄蕩，微風拂面，有一種說不出的滋味。一切一切都呈現著繁榮的景象。中山公園中，從前是樹木中點綴著人，而今卻是人中點綴著樹。年青的小姐少爺們，這正是他們快樂的時期，但是流浪、無衣無食的青年們，卻無心去欣賞。後由萬國公墓福山路歸，當經福山路時，看見兩輛洋車拉著兩個穿著灰軍裝，杖著拐的榮譽軍人，有一個還是一隻腿。在一所精緻房子的門外，在向房子的主人求救——要錢，但那房主關上了門，他二人沒法，便坐車東去。看了真是傷心。上午十時太平路小學門口，一些難童齊集，原來是太平路小學的學生，為了慶祝兒童節，而救濟他們每一個伙子。他們這種熱情比起那些富商大賈及那些高高在上的官老爺，真是天淵之別。

四月五日　天候：晴　星期一

昨晚太熱，便開著窗子睡覺，朦朧中，一陣陣清風吹來一陣陣的鳥鳴，覺得神清意爽，有一種說不出的愉快、高興，這是我在今年第一次感到春晨的可貴。今日是陰曆二月二十六日，是清明節，校內放假一天。記得在故鄉，此時是柳綠花紅，山鳥齊鳴，野外一片綠，農夫都忙於祭掃，年青的男女，穿紅掛綠，齊集鞦韆架下，或到野外踏青，造成一幅美妙活躍的春景。現在呢，不得知！在這烽火遍天時，較安的青島，在我感到與平時一樣，沒值得令人喜悅的地方。

四月六日　天候：陰　星期二

天是一天一天的長起來，以前六點鐘赴校，太陽是剛出，而今及六點鐘，已是日高三竿。昨日上午，正是熱薰薰的，曾與牟衍經、宋桂發、姜立蕙，一塊到前海岸的沙灘上，我與姜立蕙洗了腳，後與他們逍遙而歸，這是今年第一次，與他們在午後赴海岸遊逛，想起去年，這是我們每日必作的活動，而今年呢？不覺悽然。

啊！兩天沒來校，那櫻花便一齊長出了花蕾，且在西邊老師宿舍的旁邊的一株已怒放。看看那些樹上，已抽出嫩芽！真是轉眼春光處處深。

午後天氣有點轉變，浮雲滿天，涼意襲人，當四時許，曾一度洒了一陣雨點。平度城乾姨姨又來了，她曾在我家過了年，她常來的，但是我並不熟悉她的一切，只知她是平度城南關，上過一年學，這還是去年正月某日，父母都出去了，晚八時才回來的那天，與她談所知道的。我知道她雖上過一年學，但識字並不少，尤其今天，她突然向我問「在窗上那本兒女英雄傳是誰看的？」真使我驚奇了。她是少言語，好沉默，老是沒有脫了鄉下姑娘氣。她是與她弟弟在這青島住在她姑母家裡，以縫衣為生。她是個堅忍有為的女性，並不為環境所染或驅使，由此我對她的處境及她的苦悶是特別同情於她，担心著她。

四月八日　天候：大霧　星期四

啊！可怖！可恨！黑暗！青島公報社社長侯聖麟遇害。其屍體於昨日午後，警察在太平角發現，遍體鱗傷，有槍傷兩處。侯聖麟係平度人，北平師範大學畢業，曾任萊陽中學校長，國民政府參政員，今年又被選為監察員等職。遇到這樣慘局，真令人痛心，恐怖，可恨！據一般人的揣測，決不是因財或情或仇所被害，大約是有什麼政治背景。大霧一天，當上歸家時，如細雨。報載：「傅作義坐飛機失事，受傷」同學們都很驚憂他的失事，由每個人的表示，可知他現在在中國人眼中的人格了。」

四月九日　天候：大風　星期五

一夜細雨，及天亮已止，北風呼呼，好像要將一切摧毀似的。校院內的櫻花，並不因風吹雨打而怠，反而愈盛，大概明天或許會開的。報載：「昌、濰激戰。」

晚間聞王金壽先生來說：「洛陽失守」。又談及侯社長遇害之事，據他的談話中看，好像兇手都已知道，唯證據沒有。氣得我心如焚燒。如果叫我捉著這個萬惡的兇手，定要零點割死他，以伸公理。

四月十日　天候：晴　星期六

主席昨在國大第四次會議中報告施政，謂財政基礎鞏固決無危險，對剿匪軍事有絕對把握，並謂：「法幣準備異常充足，合計七億美元，美援尚不在內。國軍達成戰略目標，今後戰略在滅消共匪整個主力，精鍊國軍實力，增強短期內肅清黃河以南、長江以北集結之共匪。」

華北火柴公司發生工潮，李議長處理被毆重傷。據報紙上社論謂，好像此事與侯先生之遇害同樣之背景。據悉侯社長之事件已獲有線索。

四月十一日　天候：晴　星期日

早飯後，與鍾兆棟同赴海濱公園，他剛到便回來，我自己獨自一人徐步由漁山路經那個小山後由金口路回。又到天后室去看了看侯社長的靈柩。不覺有淒楚之感。心中悶糊一天，也不知幹什麼好，只是由勞中宿舍走到勞中，再回來，凡十餘次。將晚在太平路遇著丁培元，送他到棧橋公園後始歸。

四月十二日　天候：晴　星期一

昌樂、濰縣血戰晝夜，青市外圍出擊掃蕩平度，以牽制昌濰，但是沒有效果。紀念週上，校長發表關於我們這一級的學籍問題省府已批准，並告訴將來的救濟情形，同學們聽了皆直戴笑容。午後當我散步於校北，日本大廟前，遇著孫震，談起我以往的履歷，提及趙故師長時。由他我才知道，原來與我同班的趙延梅即趙故師長的姪女兒。回來時，在我位上一位軍人，由他與其他與他熟識的談話中，我知道他是警備司令部駐防即墨。他親自說他們出發槍殺、姦淫，無所不為。

四月十三日　天候：晴　星期二

溫度雖比前幾天降低，但校內櫻花卻是今天開放的。

濰、昌血戰，王耀武飛昌濰上空與各守將通話並報錦旗。

又報載：「本市文德女中教員李文盛，太平路小學教員馬心愛，自本月三日晚十一時半被暴徒架走後，迄旬餘仍無下落，據各方揣測，恐李、馬二君已不在人世矣。」暗殺，毆打，綁架……之風異盛，外有奸匪作亂，內有惡徒搗亂，真是令人痛心。

四月十四日　天候：雨　星期三

早上起床回家，見董敬華的信放在我桌上。這次的信，不像從前只兩三行字，共四頁。他以為我的苦，是在需要「愛」。他以為我與他一樣。他告訴我，他在濟南有一位女朋友，他又告訴我，他每天在夢中也離不開她……。我真奇怪他，從前在此地，他不但不講這些，並把女人罵得狗血噴頭，一錢不值，而今卻夢中也離不開她。我真懷疑他，怎麼轉變得這樣快。上午給他寫回信，諷刺他，看他怎樣答覆？

校院內櫻盛開了！

四月十五日　天候：晴　星期四

濰、昌戰事日趨白熱化，大批空軍出動前往戰。毛澤東與蘇聯訂立賣國條約。勾結外力打通大陣線走廊，並將東北路軌改為蘇聯標準。

山東國大代表趙庸夫，前日曾放：殺陳誠以謝天下之巨炮。昨第八次大會中，又發表震驚四座的炸彈演說，他高喊打倒派系政治，打倒cc，打倒復興社及政學系，台下熱烈的鼓掌，並狂呼好好不已，全場為之轟動，足有兩分鐘之久。山東人總是斷了那塊虎氣。

四月十六日　天候：晴　星期五

報載：「侯故社長案嫌犯趙世偉已在京就逮，在身搜獲一信，疑點重大，現正密訊中，全案不難大白」。

國大公佈總統候選人：蔣中正、居正。

學校定於明日作春季之旅行。八時出發，赴中山公園，經太平角，燕島歸。並規定一律要穿黃制服。

晚上又接到董敬華的來信，內中亦是滿腹牢騷。

四月十七日　天候：晴　星期六

天不亮便醒了，因為要去旅行，心中興奮得再也睡不著了，直至天亮，六點鐘赴校。八點鐘始整隊出發，由黃台路、天門路至中山公園。百花盛開，遊人如雲，依然是春光爛漫，但心內感覺冷淡，情緒沉默。休息兩小時，後整隊赴太平角。在太平角，丁守國暈倒，由兩個同學扶著歸，同時又與其他同學攝影。一時半開始歸回，經湛山寺，並未停腳。在表面看來，湛山寺亦不是去年的情景，難民充斥，幾乎把整個湛都反過來。天門路的難民集中處，是片蓆子搭成的小屋及帳幕，看看他們的衣食面色，不覺心內戚戚焉。

四月十八日　天候：雲　星期日

今日天空雖是屋雲瀰漫，但是遊公園的人卻不減退，在涼意襲人，濃霧濛濛中，男的女的，老的少的，各式各樣的，形形色色，車馬如織，齊向赴匯泉的路上擁擠，人山人海。昨天人已經是不少了，今天恐怕中山公園的人要擠不動。一直到晚，赴中山公園的路上，人老是來來往往。上午覺得有點冷，同時覺得睏，便在宿舍內自十二時睡到下午三時。後到校中看丁守國的病如何，在途中一個日照難民，他上山拾草，走迷糊了路，問我黃台路在什麼地方，恰我要赴校，同他一塊兒走著，同時問他。知道他有一個孫子，一個兒及一個兒媳，兒子當兵去了，現住在親戚家裡，正日行乞為生。同時，我也把我自己介紹給他，我們一同走著，一同談著，嘆息著現在民主時代的一切，倒不如專制帝王時代。同時又憎恨這些國家的敗類，把中國鬧成現在的局面，及那些富商大賈們，正日酒天花地，悲自己連人家的一隻狗亦不如……。他們是善良的老百姓，他們沒有犯什麼罪，上帝！你何苦使他們有家歸不得呢！使他們奄奄待斃呢！

四月十九日　天候：雲　星期一

天一亮便下起雨點來了，飯後便穿著雨衣匆匆赴校。走到臨沂路與蕪隸路之叉口，又遇著她了。她今天穿著一身新銀丹士林大掛，窈窕的身材，輕快的步履，一切在她是很清潔很整齊。她那兩顆烏黑的、靈活的、含威的眼，老遠的卻在看著我，同時我也在注視著她。自從我第一次赴校那天，亦是下雨，便遇著她，此後每天必定遇著她。看她的表面，她是一個健壯、能吃苦、能幹的女性。由她幾次的談話中，知道她溫柔而多情。

今天考試幾何，只答了三題。心中戚戚不安，唯恐不夠分。

四月二十日　天候：晴　星期二

大總統之選舉，已於昨日揭曉——蔣中正。今日各報一律以大字標題，並滿載各省市及機關團體，對蔣總統之賀電文。同時各家門口都懸國旗以示慶祝。

自開學以來，頭老是昏昏沉沈，記憶衰弱，每天一進教室，便覺瞌睡、頭痛，也許是這教室的緣故？尤其月考來臨，更覺一切無所措。晚上于道基嫂在此吃過飯才走，一直給他抱著兩個又白又胖的大孩子，送到她家。

四月二十一日　天候：晴　星期三

昨上午領到魯東行署的救濟金十一萬元，下午去買了一本地理，一塊用去還少九千元。

英語老師今天來了，據說他是一個工程師，正太鐵路為其建築。講得清晰，他唸起句子來，像外國人一樣。

下午第一課是地理，剛上堂，同學們都手忙腳亂，目瞪口呆，惶惶不安，原來是考試，出的題不很艱，大都是要點，所以雖在事前未通知考試，此次之答題亦絕對夠分。

四月二十二日　天候：晴　星期四

昨日報載「山大文學院一學生自殺」，並有其遺給他母親、姐姐及同學、朋友之信。看其內容，大概是被環境壓迫得或社會情況刺激得自殺。我認為無論為什麼自殺，都沒有價值，誰壓迫我們，就要同他們拚命，誰不願我們活，我們就偏要活下去，決不要屈服。

在剛開學時，我們便發現在師範部一個女同學，好像我在小學時的一位同學。當時我還向王蔭椿說過。昨天我打聽，果然就是她。我有心同她去談談，但她是一個女的，不好意思去。但是我見到她，總覺得心內有一種說不出的滋味。——她就是宮培綏同學。

下午考國文，所答的題，已夠分。

報載濰縣解圍。

晚赴東鎮送苞米，七時才回來。

四月二十三日　天候：　星期五

過了一天又一天，天天是糊糊塗塗的過。無滋味。

午後，赴東鎮去拿所磨的苞米。

四月二十四日　天候：晴　星期六

國大選舉副總統，李宗仁、孫科、程潛得票較多，今晨舉行第二次票選。看明天的報紙，到底誰能被選？下午三時，領二、三月的補助費，共十八萬元。

四月二十五日　天候：晴　星期日

濰縣展開激烈巷戰。

昨日第一次票選副總統，李宗仁得票數最多，孫科次之。

我的勞作，於昨夜中完成。

今日上午由太平路至博平路又赴東鎮，買了一張圖畫紙，及一本攝影化學初步，回來赴蕪隸路中美照相館，洗了兩張一寸的像片，共用十萬元。

四月二十六日　天候：晴　星期一

濰縣城內混戰。

前兩天副總統之競選運動白熱化，但今天的消息卻令人咋舌，昨天得票最多之李宗仁，突告棄權，孫科繼之，副總統無人膺選。據說有人在威脅、壓迫李宗仁放棄，不得不放棄。有的這樣說，有的那樣說……。無論怎樣也遮不住人民的眼。這就是民主，這就是行憲？

校內同學的救濟物資已吃完，此月份飯費二百萬元，多數同學受得脅迫。據校長在週會上報告，救濟將來或許有一點希望，不過還得交涉。如果交涉沒有結果，只有同學自己想法。那時社會將陷於紊亂。

四月二十八日　天候：雲　星期三

濰縣城內已放棄，昨天東關即混戰，由濟東援國軍，已克復益都，向昌樂前進。

今天英語班上，老師特別強調「英語每句之起首，及特名詞必須用大寫字母，每句標點符號必須點清，缺一，即算全錯。」

今晨國大又三次票選副總統。不知誰能膺選。惟李宗仁夫人稱李先生堅持放棄，如被選，亦堅決辭。像李先生這種競選有什麼意思？也許他以為現在真是民主。國大之選舉，只不過是騙人之形勢而已。看不是主席變成大總統，副主席又想變副總統，變不上了，便大施瘋狂，見李宗仁有希望，便先給他一個當頭棒，說什麼李宗仁當選，不用三個月，就要演「逼宮」，並大發傳單辱罵。鬧得大會反天覆地。

這就是民主？

四月二十九日　天候：晴　星期四

濰縣突圍之國軍，一部向昌樂。

李宗仁今午當選副總統。

四月三十日　天候：晴　星期五

昨董敬華又來信了，內容：他又在討厭女人了，他再不說睡夢也離不開她了，並氣怒，真笑話極了，氣我怒他什麼呢？這更使我不了解他。

今天上午考公民，大約準可及格。上星期的音樂班上，老師聲言要在今天考那兩塊小歌，因只學了一遍，所以近日同學們都在同他拚命，結果老師今天說不考了，不過叫您多看看而已。同學皆歡若狂。

五月四日　天候：　星期二

連著三、四天沒記日記了，每天只不過是吃飯、上班、下班……跟本用不著記。可記的只有二日那天上午去參觀山大自治會展覽會值得記。尤其，當我看到自殺的張魁松，心中有一種說不出之滋味。

下午回家，遇著四姨劉郁芬在這裡，她的小孩已長得又白又胖，真使人可愛。飯後，給她送到日照路。

五月五日　天候：晴　星期三

前天下午，當高四級同學到卍字會去請求救濟回來的路上，被一群流氓打了。訓育主任今天特別提出來，要去找他，現在已經有了相當的線索。並各班都把人找出，要去質問流氓。但下午訓育主任又發表請同學們慎重再表決一下，明天再作決定。

學校後方的山上，又吊死了一個人，聽說大概是一難民。

五月六日　天候：晴　星期四

這一學期以來，精神消沉，前幾偶而看見學生週報徵通訊員，便有意去試探一下，若能錄用，每週人家來要稿，必定使我有所顧及，由此精神亦有所寄託。上午才將信及履歷書一紙稿一片寄去。當回來時，發現在傳達室門外，一個年約二十四、五歲，高個，很胖，體格很強健，外表一看我便知是流氓，穿著一身美國兵夏季裝，戴著一個市中校徽。由工友領他到訓育處去。聽說是來賠不，這是打我們同學之流氓的哥哥。

五月八日　天候：雲 星期六

昨訓育處發表：關於流氓行兇之處理，由訓育主任同流氓之兄至派出所去具結，並且以後我們出了任何無故被打事件，他得負責。

昨天三角考得糊糊塗塗。夠分就好。

今天校內貧苦同學開始至粥場去領粥。

五月九日　天候：雲 星期日

久已宣揚今日日蝕，各地觀象台，及中外之天文家，都準備在今日有所新奇的發現。但是今天却雲天，人們都大失所望。當我走到小港時，人們都目視天空。原來正是日蝕，在朦朧的日影下，只能看到太陽像一鉤新月，因雲的流動，有時隱，有時顯。據說，天文家的工作在今天不甚有成績。

五月十二日　天候：晴 星期三

啊！想不到還有與我同樣患著悲觀的人，前天在《火星》上小鳴作的《一片零亂的日記》，與我的思想心投意合。而先前上午正淪沉在一種不幸的幻想裡，忽然董敬華來了信，內說他要辦一份月刊……。他又給我提起了精神。

早飯後，父親從外面進來，叫我出去看一個奇景，走到樓台上，父親指著的奇景，原來是一鉤新月的一旁有一個大亮的星。

母親的奶近來生病，真是忙了我，回了家什麼書也不用看了。

五月十四日　天候：晴　星期五

每日上學來回的路上，龍山路的叉口處的髒土堆處，必有一些布飾破亂，面上布滿灰的小孩，小女，青年，少婦，老婦在挖煤灰，昨天下午經過時，適遇一位中年婦人，因挖的太深，以致上邊堆下去壓在裡面，幸虧把得急，不然也許命就歸陰。目睹其狀，不忍再看，偶而一陣，那些小孩小女都跑了，聽說是警察來了。他（她）們為了生活來撿點人家不希要的煤灰，官府要不讓。

五月十六日　天候：晴　星期日

今天是我校二週年之日，上午九時，在校院集合舉行慶祝儀式。

本來這是應當如何熱烈的來慶祝呢？但是在今天這樣的局勢下，在今天這樣環境裡，來慶祝，只有增加了無限的感慨和悲觀。先由校長報告學校處境的艱難，後由教務主任講現代的青年，強調同學們不要悲觀，及應有的修養，提高同學們堅苦奮鬥的情緒。散會後，全體老師亦感到雖是苦悶，在今天亦要笑一笑，所以全體出動做籃球表演，老的有四、五十歲的國文老師亦參加了，歷史老師胖得彎不下腰，尤其箇再小，更是滑稽。這比那滑稽的、裝作的大不同，完全出於自然。惹得看熱鬧的同學，笑得肚子痛。半點鐘的時間內盡是笑聲。後有高四、高六對賽。後在高三教室內的圖畫勞作觀摩會亦開門了。內有畫、勞作藝品。

母親的奶今天下午歿了。

得可看的。

五月十七日　天候：晴　星期一

昨是星期日，又是校慶，今天特補假一日，並全體於九時集合赴國泰影院，看《第五號情報員》。我看電影從來便不發生興趣，看過以後，和沒看一樣，沒有什麼感觸。因為那正是一些虛偽，沒有值得可看的。

五月十九日　天候：晴　星期三

抗戰同志會於昨日晚上招待昌濰突圍歸來之同志。噯！幸而還有這麼一個小團體來慰問一些出死入生，堅苦之極的同志，不然誰還同情他們呢？今晚飯聽父親說訴，那逃來的同志，衣服破爛不堪，面容憔悴，髮長鬚黑。並提及昌濰地方，團隊被國軍解決及國軍投降的情形，真使人痛心。他們死得光榮嗎？他們為了誰？又是誰使他們失敗？啊！這是戰亂呀！

五月二十日　天候：晴　星期四

大總統於今日就職，各機關放假一天，家家掛國旗，以誌慶祝，同時滿街又貼滿了標語，報紙上也闢轉刊，中山路上青年軍二零八師九團的壁報最令人注目。上午空軍飛行表演，軍艦鳴炮，又有護車大遊行。啊！行憲了，實行民主了！但我不相信，行憲、民主會帶給希望。恐怕能把現在這樣的局面保持下去，那便是「行憲」「民主」的成績。正月裡曾叫張金鈺去買赤血鹽及檸檬酸鐵亞，以備製感光紙。前幾天他已做好，今午我拿來一試即成功。下午赴四姨處，帶來我的書包。

五月二十一日　天候：晴　星期五

今天早上點名時，宮培綏便很注意著我，聽到點我的名時，她注目著我，下午降旗時在院內，她又注視我，使我再不敢看她一眼。回家的路上，正遇她一塊兒，她在前，我在後，一回，我便走到她前面，我想和她談話，但是談些什麼？或許她還不承認認得我呢！尤其她是一個女人，這使我的口更為難張，我只得裝著沒看見她走過去。尤其我看到她的服飾完全一副闊小姐派頭，這使我更不敢接近她。

五月二十三日　天候：晴　星期日

上午，彭先生及山東表哥領來一位老先生來拜訪父親，原來都是素不相識。他們來的原因，是為了對於詩的問題。

三角題把我弄得頭暈眼花，好容易才糊糊塗塗的畫完。

五月二十六日　天候：晴　星期三

行政院長，在張院長堅辭下，何應欽推脫下，昨日已選出翁文灝出任中華民國行憲後第一屆行政院長，並謂日內將組閣。據報紙上看來，全國各界極擁護。

五月二十八日　天候：晴　星期五

妳是宮培綏嗎？你是周建文嗎？噢！我們離別已有八年了。我早就看著妳了，不過我不敢直接來問妳……

每天回家的路上我總是同她一路，但我沒有同她說話，今天不約而同的都張了很久前所想張的口。我與她一路，挨肩走著，傾心的訴說著離別八年的經過，追懷著我們同課一堂時美滿的生活，同時嘆息著現實，又希望著將來。「好！我們同班還有我們這幾個在這裡，好好幹吧！」她這樣的在安慰、鼓勵著我。「噯！幾年來所遭受的刺激，環境的壓迫，社會的窒息，已經使我消極了。大局是這樣江河日下，我們不希望有什麼好的開展，只要能這樣保持下去，那即是我們的幸福。」她也在嘆息著。我們走得並不快，不久已到了山大醫院門前，她住在胡南路，我們便由此分手。由她口中又知宮湘州同學現在海軍軍官學校。宮云芳在徐州中學。

今日上午注射了防疫針。

五月二十九日　天候：晴 星期六

「天久不雨，據說麥子將要乾死。」昨夜在宿舍內，大家談論著。半夜時，朦朧中，電光一閃，把我驚醒，接著，雷聲隆隆，大雨傾盆，約半個鐘頭。又停了。今天依然晴天。下午與王蔭椿、王景豐同赴維口路去看陳老師的新娘。七時許才一同與陳為鈞回來。在路上說笑當中，發現一個有趣的工作。據說王蔭椿在班內有了個愛人，並數次叫陳為鈞去送信，我欲問是誰，他卻拒絕。最初我還不相信，後來經陳為鈞詳細告訴了我，並給了我確實的證據，我始信。

哦！怪不得，他以前總是同我一路走，而今卻剛降完旗卻偷偷溜走。原來就這個原因。他竟能這樣背著我！我定要使他像孫志清一樣來屈服我。在這兩個星期內，我定要使他像孫志清一樣向我投降。

六月二日　天候：晴　星期三

今天考英語縮寫王磨夫。

王蔭椿那件事，於我之千方百計中，不但知道得詳細，並且看到他們的信。一個星期的時間都沒用。

午後回家，桌上放著一本「追悼趙故師長係原及保暨膠高即陣亡將士大會紀念冊」。我素來不是輕易落淚，今一切事都刺激不著我。但是我竟不覺眼紅了，它像一把刺刀刺入了我的心。往日的情景又一一出現在我的眼前。噯！人生即是痛苦，多活一天便多一分痛苦。他們的血為誰流了？他們的家屬誰還來管呢？這就是那些所謂「為國為民」而死後所得的報酬。

六月三日　天候：晴　星期四

日來天氣炎熱，猶如炎夏。

今日幾何及國文舉行第二次月考。及格可保無虞。前天泰安棄守，今天看來，濟南又將危急。

前兩天下午參加青年團的同學都去開會，但不知是為什麼事。

據說是為了房子糾紛，被海軍佔了房，還打了副主任及幾個團員。

六月五日　天候：晴　星期六

青島市中等學校聯合運動會於今日在匯泉體育場舉行，我校雖不能參加，但卻放假一日，以便同學們去參觀。大會八時許開始，舉行簡單的儀式後，便開始各項比賽，我從來便對一切電影、戲……等便不發生興趣，所以十時許便歸。

昨晚周洪全自煙台來，在這裡吃了晚飯。五年未見了，他竟變成一個老頭了。他告及故鄉一切情形。

六月十二日　天候：雨　星期六

連日來，時陰時雨。不覺中一星期匆匆又去。

王蔭椿的事，把我刺激得熱血沸騰，春心勃發。我畢竟是沒有他那樣大的勇氣。幾次欲試，臨陣卻餒了氣。在下個禮拜，定要誓死一試。

午後同學吃飯回來，都說街上抓兵。前幾天報上已載過抓兵之事，想不到竟公然抓到市內來了。我本來想著下午去看宮湘洲同學，這樣只得作罷。寫了封信寄去。

分得白菜大者五棵，小者十棵。

六月十三日　天候：陰　星期日

繁難的功課，累得每日無精打彩。星期日該到外邊清醒一下。但是「抓丁」之事，卻使我悶在屋內沒有出去。據今天報上載：「抓丁是謠言，係小港倉庫失盜，為了捉賊，而市民神經過敏，致使人心惶惶，成了驚弓之鳥，見了兵即跑……。」你們這吃人的魔鬼們，還花言巧語，人民不是癡子，更不是瞎子。誰是誰非，只有人民看得清楚。他們最能容忍，但是他們忍到無容忍時，他們會不約而同的舉起反抗的手。到那時，你們恢之晚矣。據說今天又在熱河路等處「抓丁」。

六月十六日　天候：晴　星期三

雖然參議在高呼制止抓丁，綏靖區及憲兵團均發表嚴懲抓丁者，「抓丁者就得槍決」，但抓丁的消息仍日有所聞。還有九天便停課，七月一號便舉行學期考試。但是今天，吳老師說：「於星期五考三角。」

以前在勞山開級會時的情緒及秩序，我素來是不滿，但現到這校來，到覺那時又頗為滿意。此地同學皆死氣沉沉。開級會總是覺得淡白無味。午後回家的路上，見一老翁，面色憔悴而佈滿了灰，衣飾破爛不堪，拖著一輛小車，上面載著一個與他一樣的老婦。看來是一對討飯的。他們青年時何曾想到今天？

六月十九日　天候：晴　星期六

自昨日忽犯頭痛，於昏沉中將三角考過去。

昨勞山四級一班一位女同學在中山公園自縊身死，據說是被環境所迫。

上午每人分得小白菜約十餘斤。

今是小妹妹「百歲」。午後回家急早。

六月二十日　天候：晴　星期日

早上起來讀過兩段英語後，赴海岸一遊，晨曦和照中海潮初退，路上行人還很少，空氣清新，看看那碧綠的海面倒影著清晰的棧橋，又好像初春之晨。當回來時，看見一難民死於天後宮廊簷下，無人照管，還有兩個小孩。

六月二十四日　天候：晴　星期三

洛陽城內戰事沉寂。不用說是失了。教育部長朱家驊前日來青，昨曾赴山大訓話。

勞山的同學，他們算是畢業了，今午於市禮堂舉行全市聯合畢業典禮，這可謂是他們頂快樂的時候。

但是又曾聽宋立三及宋開蕙在為畢業後在愁。升學升不起，找苦力去幹還得有個門子。

午後在勞山操場上看見兩個二十餘歲及三個十多歲的小孩，滿臉是灰，背著破筐，衣飾襤褸。看他們還很快樂，說笑。他們真是所謂……樂在其中矣。

六月二十五日　天候：雨 星期五

昨晚與多年不見的牟衍經及其他同學談論關於兩性的問題直至十一、二點才睡。所以早上直至打了起床鈴才起來。天下著雨，陣急陣緩。當走至蘇州路遇著她，每次下雨，她總是不穿雨衣，也不打傘，今天依然，但卻穿上一件新的銀丹士林布大掛，而把兩隻腿肚露在外面。匆匆一閃過去。至校門口遇著宮培綏，她搭著傘，見了我她卻遮住了面，我充分看到她卻依舊裂著嘴在笑。不但今天，她每次見了我，總是微笑著，出著嫵媚的姿態。

六月二十六日　天候：雲 星期六

每次遇著她總想談話，但卻臨時失了勇氣。

今日公佈了考試日期在七月一日及考試課目的順序。聽幾何不考了，同學們皆感到失了一部負擔。王蔭椿的事，近來雖遭到了釘子，但也有進展。今日寫信給董敬華。開封又收復。

六月二十八日　天候：陰 星期一

昨天上午發覺前天晚把雨衣扔在學校。立刻負著滿身汗赴校。幸韓光瑚給我收拾著。回來同他赴觀象山一行。下午溫習功課頗順利。

雖是今天開始停課，但我仍照常赴校。雖然亦覺看不進書去，但總比在家中強。

六月二十九日　天候：陰　星期二

天空陰著，大霧濛濛，海牛不斷的叫著。

看書看不進去，丁守國等約我赴日本大廟後山去看書，那裡是軍事要地，有很多同學都在那裡。曾被山頂駐軍驅逐。我最不能在外面看書，不一會便回校。回來時看到昌濰地區流亡來青的同學在那裡吃飯，男的、女的，他們的衣服完全是鄉下式的。看到他們，我不得一陣心酸。她（他）們是懷著滿腔熱血奔來，看看政府給予他們的是什麼？

七月三日　天候：雲　星期六

這半年度學習的難關——期考——於今天上午，完全渡過。在這幾天來，同學們皆夙夜匪懈，開夜車，因為這一學期的功課進行得太快，時間短，進行的功課卻不少。我從來沒把考試怎樣看重，這一次，雖然沒開車，沒死拼書本，但心中卻忐忑。今天考完英語後，如釋重負，與王蔭椿經觀象山，信號山，在迎賓館外樹蔭下睡了午覺，又經湛山精舍，海濱公園歸。又與牟衍經、紀梅合等打了一個鐘頭的球（這是我來青第一次正式的打球）真是輕鬆！愉快！

七月七日　天候：晴　星期三

連日來物價狂漲，一袋粉一千二百多萬元，一斤苞米二十餘萬。美鈔一元可換法幣六百萬元。

椿上星期日曾與邱祖慰會晤。同時又知左言福亦被椿勳得如狂。前天于區長靜波來給我說一點事未果，也許我將走桃花運？

早上聽說大潮，特往參觀，見潮水洶湧，將棧橋都沒了。早飯後與陳德福前往女中報告補習班，後赴天後宮一遊，至山海重光下坐至午。一時許赴東鎮，並去訪問宮湘洲同學未遇。

七月九日　天候：晴　星期五

平，東北學生集體遊行，搗毀參議會，包圍議長住宅，與憲警衝突，發生流血案。據說因為平參議會曾決議迫東北學生參軍。前天，夜颱風襲青島，將沿海岸難民所住的紙房及用具都被風潮沖去。真是「人到倒楣，禍不離身」。據估計受災者約有四、五百戶，一千餘人。

上午赴市立女中報名，參加齊魯補習班，補習英語、幾何，一個暑假間，學費一百二十萬元。

七月十一日　天候：雲　星期日

前天早上聽父親說「……也高中畢業……。」原來是于老師給我提親，是禮賢的一位教員的女兒。父親拒絕。可算是放心了，學校內佈告上補考及轉學者的名子中沒有我的名子。上午赴西山領難民所潘叔處，又訪王毅略未遇。

七、九日，北平各大學學生以響應東北學生之行動及遊行示威。並喊「槍斃傅作義」，「剿共即剿人民……」等口號，因激起民眾之共憤，與民眾發生衝突，遊行未果而散。

九月六日　天候：晴　星期一

今天開學了，天才亮便醒了，起來去告訴德信，我不能與他同往學校去報到，因我先得將苞米送上東鎮去。當送去歸來的路上，碰著好久不見了的郭興旺，才知他住在嫩江路，中紡新屯內。報到的手續很簡單，只簽上某月某日到又妥了。用不著什麼註冊繳費，……等手續。午後與金鈺出去遊了一趟，打聽打聽書價，以便明天去買。

蘇州路上，一個年老的難民與幾個女人一場爭鬧，是為了一個小板凳。

九月七日　天候：晴　星期二

日來氣候漸涼，雖臨仲秋，但在晚上早上，卻使人有深秋之感。

德信約我昨天、今天到他家去同他研究英語，無奈鎖事太多，上午去兌了十元美鈔後，又赴東鎮。及歸已午矣。下午到中華書局去買了高中國文第二冊及生物下冊，同時又到青島雜誌社去買了一本《開明英文法》，共用了三元多。

九月八日　天候：晴　星期三

周玉文來的信已有十多天了，直至今天上午始覆，其實覆給他的信在他來信那天的下午便寫好。午後前往嫩江路中紡新屯去訪郭興旺，未遇，回來到校中走了一趟。雖然說在明天正式上課，但是看來一切如常。回來的路上正是女中放學時，一心想遇著那兩個月沒見的她未遇，卻遇著國立六中那個丁曉原，她穿上學生服，有點不像她了，同時她蒼白的臉色有點像花兒將凋之氣色。

九月九日　天候：晴　星期四

今日正式上課，七時許始到校，在龍口路遇著久未遇著的她，她現在穿上學生裝，在遠處倒看不出是她，近時始發覺，她的面色有點憔悴了的模樣，蒼白的臉上，顯然是患過病來。

第二班轉接到同學聯誼會的通知，聘我為第五中隊第三小隊的小隊長。下午選級長時，又把我選上了。同學聯誼會開會選理監事，又把我選上了。心中不勝忐忑。

九月十日　天候：晴　星期五

校中招考的新生都已辦了手續，今天佈告，備取生一律准許報到。張金鈺眼望欲穿的省中，目的已達了。

訓育處那個周訓育員，簡直像個活閻王，見了同學如同仇敵。稍有不滿便手打腳踢。昨日抬水潑操場，丁紹澤遲到，竟打了十多個耳光子，同學們皆為之不滿，但從沒有一個敢反抗。午後聯誼會組織股招開幹事會組分隊，以便將來工作。

九月十一日　天候：晴　星期六

上午訓育處下令，今日午後第一節起開始大掃除，第二節開始檢察。人多，工具少，工作真不易分配，糊塗中整理完。在我自己亦不覺滿意。訓育處來察，又令重新用布把牆抹一遍。五時許完畢。

據說校中派人佔日本大廟之房子已很多日子了，至今天下午才算妥當了。聯誼會把我聘為第三中隊長。

九月十三日　天候：晴　星期一

昨日一天，覺得霎時過去。上午在屋內也不知做了些什麼。下午與紀梅和經湛山精舍，至中山公園一遊，只覺得天高氣爽，真是一種秋天的意味，經小西湖，見三五小孩，裸著身體在內採菱角，我們也隨即採了幾個。後來變成了猴子及鵝的食物。體育場門外人山人海，原來是看賽球的。後由海濱公園歸。行至水族館，紀梅合問我，那升水機室是個什麼玩意。我說：「那裡面有條龍，你不見那門上寫著《文龍》二字嗎……。」說得他十分相信。但我總按不住心內的笑，以至於笑了出來，他才明白了。

今天一天沒有上課，早上便被派至大廟佔房了，後又同各中隊長及聯誼會員人同赴市政府，聽市長、社會局長、工務局長、農林事務所主人之講話，關於工作有所指示。聽其言詞，將來的工作一定很多，一定是出力的工作。至午始歸。聽說每日須作四小時工作。

九月十四日　天候：晴　星期二

父親聽說我在校中為了救濟，須作四小時工作，倒很煩惱。有心要我轉入市中，又恐怕我的功課不行。同時學歷證件亦很困難。在我以為功課決可跟班無虞。只是證件倒成了問題。只恨當初何不考市中插班生。但在那時以為，在省中總可得到點救濟，同時在那時還以為插班功課有點吃不消。火房明日開始。

九月十五日　天候：晴　星期三

火房今日開伙了，所以早上起來時，一方面怕耽誤了到校升旗，又以為今日開伙，所以起來拿著一個餅子及一個饅頭匆匆赴校，途中曾遇著許靜旋，在蕪隸路叉口又遇著了她。至校還有兩百餘步便聽到校中吹哨，便開始跑，幸而沒有耽誤了升旗。我帶的饅頭被韓光瑚及陳德信分著吃了。早飯吃的窩窩頭及一把青菜，吃起來味道和我三十三年在十二師幹訓班時的伙食一樣。下午每人分得一穗煮著的苞米。哦！這就上學期鋤苞米磨了一手泡的報酬呀！

住宿問題已解決，只是住的是大廟大禮堂，四面皆窗，如同涼亭，據說現在在內便需要蓋被，同時須輪流值日看宿舍。昨晚曾向父親要求至膠州路外祖父家去住，今日午後便搬來此。

九月十六日　天候：晴　星期四

今天是舊曆八月十四日，即我的生日。所以晚飯沒在校內吃，回家吃麵條，適王蔭椿往，強迫他吃了一碗，同一個苞。

午後自習班上選壁報負責人，出了一場風波，我不知他們是故意搗蛋呢，還是有其他原因。

九月十七日　天候：晴　星期五

唉！一年一度的仲秋節又來臨了！同時濟南大戰亦隨著仲秋節的來臨而揭開了序幕。仲秋節在一般大商富賈及那些自稱人民的公僕們——官吏，是一個快樂的時節，雞、酒、月餅……，說不盡的山珍海饈，西餐洋味。相反的，一些窮漢們、流浪者，「倍思親的時候」。

午後停課，只剩下了幾個無親無友的流浪的孩子，有的在歌唱聊以自慰，有的在亂罵時代……。好在廚房內今天準備的豆腐、粉條，足夠一頓。回家吃了個飽。吃得肚子痛。

的。

九月十八日　天候：晴 星期六

青島經濟糾察隊，在河南路某某號內捕得一個所謂擾亂金融的「老虎」，據說這隻老虎是非常有根子的。

午後全班共分二組，一組去收拾分的地，一組大掃除。女同學全體擦玻璃。雖然工作有點多，他們又懶惰、耍滑、逃脫，但是在我的不嫌煩惱的督促下，亦與其他班同時完成了。

九月十九日　天候：雨 星期日

昨晚睡的很早（九時），二時醒來，聽得外面嘩嘩啦啦的雨聲，至天亮，又直至下午。早上冒雨赴校吃飯。雨地裡也沒吃飽。今日星值日生，連動也沒動，所以當來檢察時，大坐其蠟。尤其是那窗上的那塊玻璃，不知是誰打破了？真使我感到頭痛。

今天起來，便打噴涕，午時又感到頭有頭痛。回家時已一時。下午在家吃了晚飯。

據說濟南飛機場已失守。

九月二十日　天候：雨 星期一

天仍是雨著，濟南的包圍仍然激烈進行。

八時許，聯誼會各中隊長及負責人前往迎賓館（市長公館）聽取工作分配，由市長及民食調委員會一位秘書，講話南方口音，說了些什麼，也不知，只僅聽得大意「要我們派四百餘人，遍察青島的戶口」，其中有一百餘人要分配到市外各區去，得三四天的時間……。

歸來已九時。有的同學很樂意做這工作，有不願去。下午被選擇的人數大致決定。我已不被選去。

九月二十一日　天候：晴　星期二

「吳華文叛」的消息像一陣尖利的風吹遍了每一個教室的角落裡，促動每個人的心。大門的那張報紙，擠滿了人。都爭著看濟南的戰事。

吳華文原為韓復渠之第三路，抗戰期曾當偽軍某司令。勝利後編為地方團隊，曾與何鵬舉共謀投匪未成。今春因其作戰有功，升為軍長。突於前日叛，唯其部下深明大義，紛紛來歸。據今日報上看來，濟南戰事重心漸趨於城關。

九月二十二日　天候：雨　星期三

濟南包圍日趨激烈。據說自東北調來之匪軍即有十八萬人以上，裝備齊全，大炮、坦克等，並由朱德親身指揮。何部長乘機臨濟上空視察。青島亦發起勞軍運動，十萬封信鼓勵守濟將士。晚報云：匪軍已攻入緯八路。看看前方，看看後方，看看在上的，看在下的……。怎不令人痛心呢？由於晚上回家，聽了父親一席話，不覺又使我恢復了春天時那種心情。

聯誼會前日分配的工作，人員已選定，午後他們齊去聽關於工作進行的方法。

午後回來時，見一幫女生一路行走，我一看便知她們一定是赴市黨部，但不知她們此去又是為了什麼事。

九月二十三日　天候：晴 星期四

濟南大戰揭幕至今已一星期了。據說匪現在增到五十餘萬。據今日報紙消息看來，戰事並沒有像人們說的那樣危急。人民都在關心著濟南的戰事。聽說要慰勞濟南包圍戰中的戰士們，都自動的獻糖菸……。大概慰勞品及那些鼓勵的書信，今天可能散放給他們。蔣緯國的裝甲兵團，前哨已達鄒縣與匪有接觸，杜聿明指揮三個兵團由徐州向濟南進發。

午後第二節開級會，糊里糊塗中，散會了。壁報編輯股的兩個女生硬要辭職，總未得逞。據說這兩個人，是非常厲害的，濟南戰事正在商埠及城郊激烈進行中，剿匪司令劉時曾飛臨上空指揮陸空配合作戰。看來好像有點緩和。

昨日派了十個人將分得的地崛起，今日下午自習又命令派二十人掘操場。

服務查戶口的同學準備明天出發，暫時發了四元的飯費。每人一份服務須知及一個臂章，上有一個白色梅花藍底，中有一個紅色的「食」字。

九月二十四日　天候：雨 星期六

濟南戰事正在外城慘烈進行。據報上十時內城垣曾四失四得，其慘烈的情況可想見一般了。我軍傷亡達一萬七千餘人。軍用人海戰術冒死猛撲，傷亡約在五萬左右，北上援軍已攻入兗州。

服務的同學於八時出發了。教室內只剩了二十多個同學，頓覺清閒了很多。

烏雲的天至十時許便開始了雨，不大不小，直至晚。

九月二十五日　天候：晴　星期日

秋雨初過，早上在馬路上走著，覺得冷颼颼的，寧靜而蕭條的馬路，使人起一種冬晨的感覺。九時開飯，大豆腐豆芽吃個飽。飯後急赴國泰劇院，去看「天網恢恢」，雖不到十點，但卻開演一半，裡面甚為擁擠。好容易挨到劇終，也不知演了些什麼。回家恰遇著周振南、周章文，他們自煙台來，想在此地謀生。他們述說著家中慘苦的經過及一切情形。我並不感到悲慘，因為這年頭慘苦的事太多了，到處皆是，不勝其悲了。午後他倆走了。同外祖父去買小米，未買著而歸。據說一切皆斷市而步入黑市。這是幣制改革的施予呀？

九月二十六日　天候：晴　星期一

血戰九晝夜的濟南，前日已經失守，這一個消息震撼著每一個人的心。深秋雨後，天氣驟變，早上週會時，真有點抵抗不了。校長報告，本校同學投考的成績及現在學校的處境，並謂將成立英語研究會，內分小品文及文法，並出英文壁報。

新聘的軍事教官劉福欽先生今日午後給我們開始上軍訓。講的是「軍隊禮節」，只是照著書本讀而已。他一切的行動一點也不帶軍人的氣息。

九月二十七日　天候：晴　星期二

不斷食糧布匹斷市，一切交易好皆停滯。上午與金鈺去買鋼筆，走遍中山路也未買到。每家陳列者皆一些雜牌，有一枝兩枝好牌的也是壞，好容易買到一枝中華筆，花了六元。

近來各級的壁報皆紛紛出刊，有高三之《潮吼》，師範之《晨曦》，初三二之《追》，我級的報還沒有影，訓育處催了三遍。稿子大致夠了，只是寫出來還得時日。尤其一些編輯，不肯幹的不幹，不相容的不相容。當晚兩個女編輯交稿時說我們沒負到責任……我說：「你們根本不想負責……」打了一頓嘴仗。

九月二十八日　天候：晴　星期三

夏令時間到今日止，開始使用冬令時間。

出去服務的同學，今日有陸續回來的。訓育處又來催壁報了，壁報近幾日在劉汝貴的努力下，已完成了一半，但是正因為他努力，一切獨把，而使其餘之編輯，無所措手。更使我昨晚與女編輯打了一頓嘴仗。今晚才由其他同學口中得知「女生並不是不幹，而是無法幹……。」我才恍然大悟，感到對她們非常慚愧。

十月八日　天候：晴　星期五

為了怕查戶口，所以直至今天都是回常州路去睡。大檢查在星期二那天至九時始戒除戒嚴，好容易繞迎賓館、萊蕪路……，乘崗卡的疏忽而乘機掠過。及至校已上第一堂了。在大檢查晚上，來了一位剃頭二姑，是楊叔的剃頭妹妹。

昨日晚同學聯誼會選舉負責人，終究在前晚我們省中預定的操縱下把我選了副會長。同時我的級職責由是卸卻。真是去了十斤加上一担。午後曾往萊中去告知正會長劉繼原，叫他預先準備開會接收。

在這一個小團體裡的選舉情形是這樣，社會上的情形可想而知。晚劉會長來，曾要求延期接收，但終未成。

昨日我班球隊曾一度出發戰師連，結果輸了八分。今日初四，一、三聯合戰高六五虎將，威震全校之五虎將，今日大敗特敗，輸了十分。

十月九日　天候：晴　星期六

午後共赴萊中，共商關於明天接收的事。四時許始散會。後同丁守國經市場三路、河北路、中山路等，去買鞋。始終沒買到。見到市場蕭條的很，各鋪店顧客擁擠，但無貨，且有的早早把門閉上，幾乎呈停頓狀態，給人們一個驚惶的刺激，恐怖的感覺。現在有錢買不到東西，真是「憑著錢，餓死人」。這就是新經濟政策的成績。

十月十日　天候：晴　星期日

又是一年雙十節，在這烽火滿天的今日，經濟將崩潰下，它所帶的不是興奮，而是苦惱。青市各團體今日上午有一隆重慶祝大會舉行。我校卻和平常一樣，只不過門上掛上了兩面國旗。但我也並沒閒著。十時前往聯誼會負責與前負責人交接，直至二時許始散會。

十月十一日　天候：晴　星期一

早自習下了，訓育處突然招集各級級長，下令「今日全體赴湛山旅行，任何人不要請假……。」這真是出乎同學們意料之外。大家所共認的原因「昨日雙十節適逢星期日，今特補假一日，趁此機作秋季旅行」。八時許吃飯。飯後一齊換了新校徽。十時半同張聚發等同赴市政府見市長，請求我們吃的問題。未遇。至下午三時半始在迎賓館，在傳達眾爺千方百計的阻撓下，終於見上了。後赴民食調濟配售委員會，終未獲結果。會長等喪頭喪氣的，精神頓挫。

十月十二日　天候：晴　星期二

炊事委員會早上來告，「明日即將斷炊」。這個問題早就在我心裡翻攪。上午赴市府見市長未遇，下午始在迎賓館見上。當即吩其祕書鄧，到社會局三科去交涉，允許我們購所察出之雜糧每人十五斤，但是因手續上之關係及錢的問題，或許明日始能完成。

煙台的難民學生及各團體，皆紛紛來青，據說煙台將放棄。同時傳說東北亦將放棄。一般人們的心理皆惶惶。市面完全呈停頓狀態。

十月十三日　天候：晴　星期三

八時半便赴市府去，因領款的手續，使我們大跑而特跑。早飯也未吃。及至將款數批准，至臨賑會去，已將下班，下午直等到四點多，及到糧店天已晚了。糧是不能買了，那麼明天只有停伙。煙台逃來的學生難民，都集在學校後面的山上。露宿著。有的漁山路紅卍字會要飯吃。他們都已二三天沒吃飯了，但是臨賑會說：「等你們造好冊子後，再想辦法……。」真氣死人，等餓死以後再想法，那又多痛快呢？

十月十四日　天候：晴　星期四

「停伙」今天宣布了。七時半便前往金鄉路寶麩行去領苞米。雖然苞米品質很糟，但是等著吃，又有什麼呢？將午始領完。

山西危急，遼西血戰，煙台撤退，聽說東北亦將撤守……。美國將撤僑……。無形中給了人們一個悲觀恐怖的心理。煙台的難民陸續來青，街上比比皆是。物價在這恐怖的氣氛中，提高了警覺，一袋麵就四十多元。一斤地瓜三角五，並且拿著錢而無處買。

十月十五日　天候：晴　星期五

剛要來了苞米，煤又用完了。上午早飯後便前往市府去，未得結果而歸。

上午曾與劉繼厚、呂實強等，擬於下午前往煙台各中學的同去訪問一下。晚飯後，聽呂實強說訪問得很好，他們很願意與我們合作……。

借的同學們的麵粉人家要，煤已盡，糧亦吃不幾天……。真是活愁死人。尤其呂實強同學的母親、姊妹等皆來了……。如果我是呂實強的話，定要愁死。

十月十六日　天候：晴　星期六

熱察吃緊，錦州已呈混戰。蘇北亦日趨緊張。

上午同赴府去請求煤，雖等到一時許，市長終於接見了，很痛快的批了九噸煤。但食糧的問題卻須等待下星期一再作決定。

煙台的難民，仍露宿在日本大廟的山上，據說煙台來的學生，將南遷至上海。他們每日吃兩頓粥。一星期沒上課，每天兩次市政府，總沒跑出一個結果來。

十月十七日　天候：晴　星期日

昨日晚大風刮得飛沙走石，驚心動魄，接著就是一陣雷雨。我在家中正在吃菱角。大家都在嘆息著那露天中的難民。今早赴大光報送了一封信，到保定路去找壽亭哥，未遇，回校聽說難民昨晚齊湧入我們校內，天亮後始回去。早飯後與韓光瑚出去買書，未買著。耽誤了一禮拜的功課，該是我彌補的時候了，但一個三角練習，使我自十一點，直使我坐在教室內至下午五點。這真是我在青島上學以來的新紀錄。

十月十八日　天候：晴　星期一

煙台的學生，據說在今日南下，但今天卻沒有動靜。青島市三十七年度秋季運動會，已於昨日上午揭幕，我校今日特准高中每班去十人參觀，其餘同學照常上課。上午又赴市府去，無結果而歸。晚上見校長訴說工作情形，校長指示只有採出強硬態度。

今天的煤便是借的，明天又將斷炊。

十月十九日　天候：晴　星期二

上午一早便跑到市政府去，交涉煤及糧，好在煤已批准。買糧的錢倒費了麻煩。正日沒上課，一天不知跑了多少路，使我兩腿酸痛。

煙台來的難民，現在已領到一部帳幕作為他們棲身之所，臨賑會每日發兩次粥。暫可免饑寒之虞，但這不是長久之計。

上次借同學的麵，昨日曾鬧得反天覆地。今日決定還給，把苞米買了五角一斤，買了千餘斤，餘下的還吃兩天。斷炊的事實，兩天之後又將來臨了。

十月二十日　天候：晴　星期三

今天算是一班沒耽誤，但並沒有有什麼痛快，上了四班皆迷迷欲睡。尤其下午，聽炊委會報告，昨天領的煤，今天下午把日照中學除出後再秤少了五百斤。昨天去領煤者，像兩個木頭人，他說他們沒有看秤，只總務股說這是多少煤，他們便拉回來。真是豈有此理，如果給他一百斤說說這是兩噸，那也一定糊糊塗塗的拉回來？

晚飯後去小便，隔牆在難民中，見她同沈玉從山上下來，急去待他，準備去看看他的住址，未遇。

十月二十一日　天候：晴　星期四

今天又痛快的上了一天班。但明天考幾何，這又使我忐忑起來。

盼望久了的玉文的信，今天接到了。他像小孩一樣的在信上告訴我，在這一年多離別的過程中，確實鍛鍊了自己，幼稚的心性已健強起來，身體亦長得很高，和他一塊去時的同學都說那時他是小孩，現在竟皆他們高了……。現在正忙於構築工事、出發……。五時赴萊陽中學見劉會長，適見由湖南路美國某醫院來信，內有一百元的一張支票。信上大意謂「親愛的先生，現在回答你十八號的來信，我很願意幫助你們，現在寄去一百元……。聽的回答」。上面還貼著山東省各縣市流青中學學生聯誼會的長圖章。並且上面的圖章與我們的不符，這真奇怪，大概一定是有人偽造圖章，到外面去敲詐。

十月二十二日　天候：晴　星期五

今天考幾何，共出了四題，糊塗中做上了。煙台的同學今上午八時上船赴京。我真懊悔沒跟著去。下午全班同學赴大禮堂看房子。

十月二十三日　天候：晴　星期六

炊委會的負責人告知將斷炊。上午赴市府去，市長今日病了，未見上。下午赴萊中去討論一切關於聯誼會的問題，直到五時許。晚飯因為麵子借來太晚，六時多才吃了晚飯，同時炊委會宣布停炊。張金鈺約我赴電化教育去，及至才六時半，又到劈材院去走了一趟，回來一看，票已賣完，只得回來。

十月二十九日　天候：晴　星期五

自星期一至今天，才算鬆了一口氣。每天跑市政府。本來在星期二市長便答應借給麵粉三百袋，但至星期三到中紡去，因手續未辦好，又耽誤了一天，昨天市長給借了三十袋麵粉。今天上午才將中紡公司借的麵粉拉來。

偽造我們的圖章者，在星期二，到史美德醫院查好後，便到周村路七十三號去用了假托的方法，化裝進去偵探一下，果然發現了那顆假圖章。但因其無男人在家，只得下午才去將人贓一併帶來送入警局。現仍在總局。

十月三十日　天候：晴　星期六

跑了三個星期，現在該是休息的時候了，是我安心上班的時候了。上午適考地理，出的題很容易。很想抓緊時間償補已耽誤的功課，但臨時卻糊糊塗塗的就過去了。午後正在考慮是否去上軍訓，忽然呂實強又來招呼，市長來電話叫去見工務局孫局長，五時才歸。原本是去接收工作，訂於明日上午十時至四時，動員五百人，去修築棧橋公園及海濱、中山、太平角等公園。因時間太倉促，後改定下星期日。

十月三十一日　天候：晴　星期日

早飯後赴萊中告知劉繼原昨天的事及今午後七時又有個什麼戡亂建國會，要我們去開會。並與金福彬暢談片刻。後由中山路遇金鈺走至劈材院處分手。隨即沿著久未到了的前海岸，看看日前來的美特種艦隊中的兩隻航空母艦。並看到只聽說而未見過的直昇飛機。午後與母親赴小港買了六十斤芋頭，每斤四角二分，共二十五元。

十一月一日　天候：晴　星期一

日來在校中集中一幫學生。據說是昌濰的學生。原來所謂昌濰學生聯誼會的理事們領導反對上面派校長。以致昌濰的同學總未復校。近來，上面又派杜校長來接辦，他們仍舊領導反對。而這些學生是擁護杜校長的，反對其理事的，暫在此地寄住。聞杜校長已帶了學生的衣食費，不日將發棉衣。

昨晚，戰亂建國某某會找未去，今晨得悉是要發動青年包圍青島。午後，他們又在市參議會招集各校長開會。商討組織事項，並解答有關問題。

十一月二日　天候：晴　星期二

自習後便匆匆與牟孝輝拿著報告赴市府去。因市長正在開會，便直在秘書室等著。忽然，昌濰學生來電「省中把我們打了，並捉去三人，請市長通知王校長快放了，不然我們要集體去……」。金主任便一方面報市長，派警察，一方面通知王校長。一點半始歸。見門外警察荷槍實彈的戒備著，只放進，不放出。

由同學的口中知道，架已打了，並很激烈，雙方互有負傷。剛在位上坐下，王根明來找，告及「王啟勛來電話叫我找你」，隨即同他由後牆跳走。原來是王啟勛替我辦的手續，預備南遷。雖已登記截止，但已允明天去編隊。

十一月三日　天候：晴　星期三

九時許前往編隊，及編完已十一時了。並宣布，未辦登記者，於明天、後天前往辦理。關於昨天與昌濰同學衝突的事，由校長的報告，旁邊的傳說，及昌濰中的一位同學的述陳，始得到點明了。原來，他們的來意是威脅我們，將昌濰在此的同學及杜校長趕走。同時，他們這種手段已曾用過對於日照中學用過，但這次卻碰了釘子。他們確實有很嚴重的政治背景，是少數人所操縱。其他的同學有的盲從，有的被迫，有的莫名其妙。真使我們流亡的青年傷心。尤其民言報（青聯）今日的新聞，真使省中同學怒髮衝冠。

十一月四日　天候：晴　星期四

早上赴校後，便匆匆返常州路，預備辦理登記手續。不料，王啟勛昨晚赴四方至今未歸，無法與孫紹遠、紀佃祥前往。直俟下午三、四時許始妥。同時，韓光瑚、丁守國等，亦前往登上了記。晚陪同第二臨中的代表赴萊中與會長見面，談話的結果頗佳。

十一月五日　天候：晴　星期五

多日便知周延勇叔來了，直至今天下午回家，才見著了。

十一月六日　天候：晴冷 星期六

昨夜刮了一夜風，把電線都刮斷了。四時醒，再沒睡著。颼颼的北風，雖是深秋，猶如嚴冬。昨晚見王啟勛說，還需赴紅卍字會去登記。但是臨賑會內的人，我都認識，恐怕他們認得我是冒充而發生問題，所以不敢前往。但不去的話，將來沒有船票。早上跑到師管去找牛存澄，代替不行後回家，始教父親前去替我登上了。

宣傳股的第三期《魯營》在今天出刊了。明天將全體出動去完成工務局所給的修路工作。每天不上班，心感到有所失。總想彌補一下。但皆時卻沉默著讓時間偷偷的過去。

十一月十日　天候：風 星期三

幾日來天氣驟寒，頗仲冬之感。大局的情勢亦像一陣西北風，席捲而來，使每人不禁起了一個寒慄。自濟南失守，遼西會戰失敗後，接著便是放棄東北，華北危急，華中醞釀大戰。太原在匪二次反攻不下，接著昨天華中徐蚌會戰揭幕，最後之決戰。連日大官富賈們皆捲席南下。幾國營機關亦紛紛南遷。人心惶惶。南下的濟南學生，因船隻多被調往葫蘆島，所以直至今天仍沒有動身的消息，不過冒名的越來越多。第三批恐怕連十分之一的真實濟南來的學生也沒有。我現在倒恐懼將來到了南方，發生了問題怎麼辦？

不過徐州今日大勝，這又好像給每人注射了一針強心劑。

十一月十一日　天候：晴 星期四

徐蚌會戰獲初勝，今日已轉沉寂。不過太原郊外爭奪戰又趨激烈，東北林彪率眾四萬入關。唐山守軍冒雪趕築工事。美援復興青島初步實施，一萬美元建修一號碼頭，一萬美元復興青島工業。又有息綏靖司令部遷市外，市內有美軍負責治安。共匪電台廣播青島押與美國⋯⋯。傳說紛紛，莫衷一是。不過惶惶的人心，好像由是趨安靜。一些南逃客亦多向後轉。但是，今日在市政府聽說後天要全部停電呢！

十一月十四日　天候：雲 星期日

連日為了南下及吃飯問題，跑過不休，上課的次數很少。

十二日國父誕辰，青年工作總隊成立八時在匯泉體育場開成立大會，後行列經過膠州、中山等路，高呼打倒貪官，打倒奸商，令人聽了莫不嗤之以鼻。我因赴南下同學之集會，未去。在上海岸沙灘上由大隊長報告幾天來的情形。

今日本想彌補課程上的損失，但跑來跑去，不覺一日去了。

徐州連戰皆捷，心亦安，物價下跌。南去之意，現正躊躇。

十一月十五日　天候：晴 星期一

幾天來天氣便有點轉變，颼颼的西北風刺人骨髓。八時，鵝毛般的大雪，隨風飄揚，使人大有嚴冬之感。不過，徐州會戰捷報頻傳，又多少給這冷卻的人心一點溫意，但總抵不住急襲的時代寒流。

為自己，為了同學，自己的責任，使我冒著風雪赴萊中與王國襄到臨賑會去領款後又到市府去辦理購糧手續。

南去的意志已定。尤其晚回家聽父親說，張校長敏之已接任國軍中心校長，於湖南，並要求父親前往。南去的希望好像定有把握。

十一月十六日　天候：晴　星期二

天氣隨著徐州會戰的捷音，今天亦轉變得溫和，沒有昨那樣冷了。苞米亦購妥，同時又借到一百袋麵粉，該是我休息，靜心上班的時候了。午後與濟南流青同學赴海濱公園討論和聽取大隊長的報告。後每人領取十五斤麵粉。據說南去還得二十號以後。

我校高五級出一位經濟學家——王魯，著有經濟改革方案，聞曾上書總統及市長，昨日市府祕書曾來訪問。在抗戰期間王君曾有九犁耕之發明。王君平度人，據一般人說他是為了追求其班內某女同學，所以誓死要大大出出風頭。但都說他是神經病呢！

十一月十七日　天候：晴　星期三

徐州會戰全勝，劉伯誠狼狽逃竄。今日天氣溫和，當上午回家來回的路上，使出汗了，頗有小陽春之感。南下決心一定。上午聞陳金城說可能於二十日動身。心內終日在惦記著南下，這更使我如何的期望這一天的來臨呢！希望在二十日一定能動身。有些人現在看青島穩定了，便捨去南下之意。不過這也好，因為這裡總有點依靠，何必在這平等的狀況下，而甘心去流亡呢？不過我以為如果收容濟南那裡的學校發生了我們學籍的問題，便可真跑到煙台聯中張校長那裡去。

七十八軍搜索營第二聯。

晚上接玉文來信，知他又移駐唐山，那裡匪有六七個縱隊在外圍，而國軍僅三個團的兵力。他的言詞中知他現頗有點像我當初未出校門時一樣，什麼奮鬥啦、革命啦。

十一月十八日　天候：晴　星期四

自從這一星期起改了時間上早操，先上自習，好像自習時間不夠用。早上欲早起，恐怕驚擾父親。但是到了六時又停電。

倒戈將軍吳華文據說又與匪打起來了。徐州國軍乘勝追擊，但彭德懷又率眾十萬活躍於陝東。太原孤軍在有人所謂老軍閥閻錫山的統率下固守，匪雖又發動第六次總攻，但總未得逞。

昨日下午得悉可於二十日動身南下，所以無心上課。午後赴海濱公園去聽大隊長報告，明天下午去紅卍字會領十斤麵粉、十五元錢及布若干尺。大概可能在二十日動身。

十一月十九日　天候：晴　星期五

聽說二十日能動身，晚上先整理下衣裳及書籍。心內覺得很高興。但母親卻說著眼中落下了幾滴淚。尤其乾姨姨「外甥，你此去不知幾時再能遇到一塊兒……。」一字一字像一條條的細針刺入了我的心。不由得使我想起了抗戰其間的流亡史。又聯想到如果三次大戰起來，戰爭的利害定能尤甚，而我們的故鄉首當其衝，而中國正是戰場……。頓使我高興之心情一變而為頹喪，繼繼目前環境。

今日上午也沒心上班。十時赴膠州路去打聽，沒消息。午後赴紅卍字會去領了兩碼布。但聽說得二十二、三號或許才能動身。

十一月二十日　天候：晴　星期六

我校高五級自稱「經濟家」的王魯，昨曾晉謁市長，談約十分鐘。當金主任志賢問他何事要見市長？

曾答「國家大事」。後由市長派人陪同前往綏區見劉司令官。

徐州會戰全勝，已入追剿階段。

美國決增援青島，特種混合艦隊不撤離青島，並將關島之陸戰隊調青，必要時將對共匪作戰。美僑於近期中亦將全面撤退。一切情形皆趨向戰爭。

十時許赴紅卍字會去領十五元錢，但下午二時才開始發放。中間出了波折，全是冒名的，而多被發現。後一個專科學生與他吵起來了，五時許還未發完。自得明天十時再往。

十一月二十一日　天候：晴　星期日

昨夜不成寐，八時躺下，十一時醒了，三時剛朦朧過去，四時又醒直至天亮。六時起床赴久未到了的前海岸一遊。雖然王啟勛替我領了錢，但是大家認為確有把握二十三號的船隻，又成泡影，真傷腦筋。

今日防空節，街上依然貼滿了紅呀綠呀零頭吶喊的標語，家家仍懸國旗。自衛隊早上皆赴匯泉去檢閱。青年工作總隊亦於上午在參議會不知開什麼會。

天高氣爽，樹葉紛紛離故枝，每天早上赴校路上有很多的老婦小孩手提小簍，拿著掃帚在掃落葉充燃料。。

十一月二十二日　天候：晴　星期一

幾日來刮著東南風，滿地像灑過細雨，早期薄霧籠罩，像春晨有點相似。前晚劈材院內大火，據說為島上勝利以來第一把大火，損失約在百萬以上。

昨晚七時許，猛然一聲響，房屋為之一震，門窗都一齊震開了。接著各屋內之人都出來了。不知什事。不過都以為恐怕又是火藥庫爆炸。早報上說，聲發自田島，恐係美軍火藥庫爆炸。南下的船隻已妥，不過只僅能容我們二百餘人。而第三批的同學亦願同走，所以頗費麻煩，至晚也沒見負責人回來答覆，可能二十四號動身，所以先整理一地的書籍。

十二月一日　天候：晴　星期三

二十三日忙了一天，忙於收拾行李。午後二時赴第三公園點名，發符號，隨即至小港一路中信局第三倉，每人領十五斤麵粉，在一陣紛亂中，都拿著麵粉湧出了大門，本來二十二人五袋，但卻有人拿著一袋自己溜去。直至七時許始歸。二十三日五時起床，母親與乾姨姨早已把菜飯預備好了，同時三叔、外祖父亦來了。與王啟勛、郝孟良、宋立三、王根明，大家吃了飯，雇了一輛洋車，將行李拉至大港一號碼頭，我們先到館陶路勵志社集合好，九時許在喧嘩、擁擠中，登了船。大家都擠於一個黑而又髒的倉中，窒息得喘不過氣來。午後一時開動，大家都擠在舺舨上，望著這所謂「東方花園」的青島漸漸遠了，漸漸消失於夕陽中，水天一線之處。大洋中，浪濤洶湧，雖然「景興」號輪船不算小，但此時也動盪起來，我素來沒坐過船，在平常坐汽車都暈，現在同樣是暈，不過不厲害，只覺得頭痛，只是躺在艙內不動，有時到舺舨上走。好容易挨到二十五號十一時晚，船已至淞滬江口停泊。二十六日天未亮便開動，大家擠於舺舨上，看著船沿著曲折的江流，徐徐前進，兩岸、草原、農家、垂楊、田畝……。比起北方又是一番風味。進入黃浦江，船隻林立，奇形怪狀，大的、小的……不勝枚舉，加上遠處的高樓大廈，真是應接不暇。十一時許，船靠到黃浦碼頭，下船後小頃，便雇三輛汽車拉著行李，同學排隊，經過些曲折的路，看了不少的光景，電車、汽車、三輪車……，踏著雨地，天空自昨天便雲著，直至現在，使人越發沉悶。二時許到達山東同鄉會（自忠路四四五號）。同鄉會是一所古式的建築，兩邊走廊，後面大廳，一切都很精緻，不過裡面住滿了山東難民，鬧得很髒。我們住於東面齊魯中小學內樓上。第二天一天也沒出去，只寫了封信。

糊糊塗塗中渡到今天，每天由社會局供二次粥。同學每天到街上去逛這名聞世界的上海。坐電車、汽車、看戲、電影……。我也無精打采的隨他們去走走，啊！到底是上海呀！大街上，真是車水馬龍，各式各樣的廣告，到晚上光芒耀目。大世界萬般俱備，尤其剛進門那些鏡子，當你看到裡面的影子，真要笑掉牙呢！在這上海來錢容易，但是花錢更容易。大小便都得花錢。此地的學生，男的都是將頭毛擦得亮光光的，並曲上幾個彎子，西服革履，好不威風呀！女的也是燙髮……。簡直像青島的妓女。不過在街上、牆角下，也常見到一些像在青島大街路旁的乞丐。復興公園在同鄉會西，裡面一切全是人工培植、建築的，比起青島的中山公園，真是天壤之別了。

物價到比青島貴，不過人心安定，並不因徐蚌會戰不利而動搖。同時一點也聞不到戰爭氣息。教育廳派人來收容我們，聲言每人每日四元，不久便分發到別處去，但只發了兩天，況四元連一頓飯也吃不飽呢？分發至今無消息。前日每人領了一條手巾，今天每人十元，這都是救濟的。

周如泉伯在此教書，來到的第二天便見到他。

今天吃飯吃到午，午後赴震旦大學博物院參觀。第一室全是一些古陶器、銅器等，有商代的直至近代。樓上是一些動物標本，有獅子、老象、熊、象骨、鯨骨……等、各種鳥等。出赴復興公園一遊。不覺一日又去。別的同學幾天來都忙於寫信給同學、朋友。我覺得似乎也應該寫信給呂實強、張金鈺、高先聲等。

十二月二日　天候：雲　星期四

昨晚吃過晚飯照例大門外又貼滿了男的女的同學，口中嚷著「滬光」、「黃金」……。「一帆風順」、「大團圓」。原來又要去看電影。這好像一個不可破的成例。最後大家排成一條長蛇陣向北出發了，路上交通都被我們阻斷，經過幾條路到達「滬光」劇院。因第一場還未完，所以都站在門外等著，我同丁守國、韓光瑚站在最後，再後即是女生。此時丁、韓等奇話怪態，特別神氣樣子。其目的在想惹起她們的對他的注意。他倆自從出來對我好像有點生疏，每次叫他們都不放聲。所以我也對他起了討厭心。時間到了，大家魚貫而入。「關不住的春光」內容充分說明了青年女子易受感情的支配而誤了自己。

歸來的路上，韓與一人從後急上越我而去。這也許是我神經過敏，因前面有她們，我叫他，他也不理。我又叫他三四聲，才慢步等下來。我真氣，便拉著牛存澄的手，越過馬路，我發現他也在前越過馬路。我倆又急轉入一小巷轉歸。

八時省府呂秘書——也就是來照料我們的負責人——謂在一星期內定能赴海寧去，並謂不准同學隨意外出……。上午寫了家信及同學的信，已二時了。寄了信同牛存澄、王啟勛赴南京路、永安、大新、新新等公司去，坐了電梯，回來又坐了電車，但卻耽誤了晚飯，幸而宋立三多挖了幾碗給我們留著，又把剩下的一個乾得咬不動的伙燒吃了，又吃了牛存澄的一個饅頭。勉強算飽了。飯後又集合五六十人赴「亞蒙」劇院去看電影，一部外國片子，全是述說三個外國人出獵在南美亞馬森河畔的情形，毒蛇猛獸，無所不有。尤其他們捉那條大蛇及在水中和那鱷魚搏鬥的情形，真是出入九死一生，令人膽寒。

十二月三日　天候：晴　星期五

每日兩次粥，早上起來有點餓，但覺得總還能抗到吃早飯，啟勛再三催我與他同去買黑麵餅，只得答應他。早飯後與牛、宋等六七人赴中正路去買了一個碗後赴大世界去聽戲，至三時才急急返回，但飯已吃過，幸而周逵雲才買了個臉盆，盛了一盆，大家才吃了個痛快。「看電影」，這成了同學們每日必做的事。這也確實是同學們不要臉的事。每天去，不花錢，不但是劇院人家討厭，連我們自己也感到有難看不下去。然而同學不管，不讓看便要打。今晚卻在「黃金」劇院碰了釘子。

十二月四日　天候：晴　星期六

每天早上起來後必與立三同赴街上到菜市去走走，看看那市上在盆中的活魚，大者足有十幾斤。再看看那南方人叫賣的聲。然後買點菜回來吃飯。今天早上糾察在大門把著不准出入，原來大隊部某同學少了手錶一只。在我們屋內有一位同學大發牢騷，也許就是大隊部內的事實。「整日與女同學逛馬路、看電影……又買玻璃皮包……三人包辦了大隊部……。」哦！怪不得昨晚在林森路遇著他們，夾著一個穿著紅大衣的向西走去。我看不只他們呢！每晚總有一些人領著男女同學去看電影。他們當外交員，顯顯他們的本事，對她們則躬身折背……。

近來因戰局的趨向，謠言紛紛，「徐州要放棄，政府要遷都……」莫衷一是，但歷來的事實告訴了我們，政府越否認，而相反的事實來得越快。況且昨日報載政府徵用五十隻輪，這不知是準備用於遷都。但青島卻大施開展，膠縣、高密、濰縣相繼克復。這也許是市內防是由美陸戰隊擔任的緣故吧？不然中國哪來的兵及勇氣用於向外出擊呢？

十二月五日　天候：雨 星期日

每日晚上把行李拿到人家的教室睡覺，早上必定早起收拾好，以免妨礙人家上課。每夜至天亮總感到冷，今夜倒很暖和。今天又是星期日，正好多躺一回，但校內的校役卻早來了，說「諸位請將東西整好，我們要用這教室開會……。」只得早起了，但是外面還下雨。早飯後，冒著微雨與牛存澄沿林森路向東走，無目的直到黃浦灘，見江內船隻兵艦林立，又轉向中正路，在一家門內有一隻老虎在籠內，原來這家是專造虎骨酒的。腳上的鞋底破了一個小孔，雨地裡的水一踏便透進了。自到上海從未見過一個補鞋的。晚上隨王啟勛、隋殿澤去吃了一碗菜及半斤餅。幾天來醞釀要算大隊部的賬，終於在今晚開始，各小隊長齊赴大隊部去要賬，但看大隊長病了住院去了，會計跑到南京去了。只有兩個大隊副，他們口稱他們一點也不知。終於幾經曲折才將他們口稱不有鑰匙的抽屜開了，一看賬，一個字也沒有，這更使人疑惑，直嚷到半夜多才睡覺。

十二月六日　天候：雲 星期一

天還未亮便醒了，因昨晚與頑皮的周逵雲睡。同時各小隊長亦來催，謂今天早上要大隊部公佈帳目……。一會兒同鄉會大廳內全體集合好了，當女大隊長穿著新水靴絲襪花袍經過時，大家一陣激烈的掌聲，這顯然的在諷刺她，與大隊部同通做弊，不然她哪來的錢買這個，那個，玻璃襪，水靴……。但她卻從容而過去，在同學們的嚷聲中各大隊長報告完了。都說「他們對大隊部的事一點也不知……。」但那位女大隊長，終被同學強迫她說出了，她曾失落公款一百三十元，由大隊長把在青賣棉花的錢墊上……。這越發使人憤恨。早飯後與韓、丁、周又到昨日經過的地方走了一遍。回來到大隊部去看，各負責人與呂秘書在嚷著，還沒有結果，只把手巾找出了十九打。早上曾遇趙九良。

徐州放棄，京滬吃緊，聽說國家的物資都正在南遷。這樣想怕前日子樹森來信所說那個青島省中將南遷的計畫更難實現。流浪！逃亡！真是流浪到哪年？逃亡到何方？

十二月九日　天候：雲 星期四

七日晨領了十元，去買了一個小提飯桶，用了二十五元，零錢已用完，終究逼我將那一百元拆開。八日晨九時在北站登車，兩百多人，三個車廂，再加上行李，那裡容得了呢？男女擠在一起，好容易挨過六個鐘頭，經過七八個車站，無數的田畝。終究到達了長安鎮，住於連元絲廠，與第一批同學會合了。每人每日發給半斤米，三角錢的菜金。草由自己去拾，飯由自己找地方去做，麻煩至極。此地風光與北方大不同，廣大平原一望無際，到處水田農三五成村，比比皆是，小河交錯，皆通舟楫，物價低，人心安定。比起那烽火滿天血腥遍野的北方，可說是「太平年」，不過老百姓受到一點徵丁、徵實的騷擾。風景畫美如圖，但誰敢相信不受此次浩劫的塗炭呢？早上起來餓得很，找到家做飯，但沒有草，現與牛存澄出去，不一會兒拾了一大堆回來。飯後集體出動去拾草。回來又開始做飯。每日半斤米，三角的菜錢，生活倒也能維持，不過很麻煩。晚寫信給父親，給高先聲、張金鈺等。至看不了才止。這裡沒有電燈，只僅車站上有，民家很少。所以一到晚上，便成了整個黑暗世界。

十二月十日　天候：雲 星期五

早上赴小河洗了臉，便赴房東去與牛、宋做飯，他們集體去拾草。小隊早上去買菜。大家互助合作，猶如一個小家庭，真快樂。飯後又去拾草，至二時許始歸，拾的足夠兩天燒的。今天寫了六封信。再不用忙著寫信，只等他們的回信了。

腳上的鞋破了，此地連補破鞋的都沒有。晚上與王、郝、石、韓等，到街上打聽此地的學校在何處，說話彼此不懂，寫字給他們看，他們不識字，好容易才打聽著。接著赴勵志農業職業學校去參觀一遍，又沿街北行，六時歸，點名。

十二月十一日　天候：雲 星期六

此地的天老是雲著不雨，沒有陽光，真是悶人。昨晚啟勛等要我同赴杭州一遊，我因一切未就緒，未應。天亮一看，他們已坐夜車去了。每日每人半斤米，吃起來雖然不飽，但也餓不著。每頓平均半斤菜，我覺生活很可維持。早飯後與韓邊走邊說，沿著田塍，不覺走出了很遠。回來時見一隻鴨在水中被草纏住在叫，我們用石子趕牠，後來了幾個同學，用石打著牠了，我們勸阻無用，他們用竹桿打死了牠，我們便急歸。唉！這都說是南方人的不是嗎？真正是土匪！

十二月十二日　天候：雲 星期日

王、郝、石他們去逛西湖至昨晚八時許始歸。昨天覺得疲倦，所以當他們回來時，我已睡著了。王把我推醒，朦朧中我接著吃了。昨晚曾與丁守國、牛存澄、隋殿澤商好，今日赴杭州，所以夜中，我也不知是什麼時間，便將他們推起同赴車站候車，原來是兩點的車。在車上擠得很，大都是京都公教人員回鄉的眷屬。因此隋曾與一個齊魯大學的同學吵起架來了。經勸說始風平浪息。下車後他曾與我們交換地址。他的名子叫王幼卿，住在雲棲。後我們沿鐵路南行由東門入城，裡面雖繁華，但仍很髒，因為地理不熟，特赴吳山遙望，俯瞰全杭景色，可惜薄霧籠罩，「不見真面目」。吳山上庵廟林立，這或者不只吳山，全杭州市，到處有廟。吳山南下，至西湖東岸，沿岸逛過錢王廟，經湖濱公園，本想划船去，但需四十元，只得步行。後去吃飯，每人三碗乾飯，不到十元。後經白堤，至蘇軾墓、秋瑾墓。平湖秋月，中山公園，博物館內，琳瑯盡致，比上海震旦博物館好得多，武器、飛機、木乃伊……等。後到岳王墓，見碑匾琳瑯，秦檜夫婦被人唾滿身是痰，不禁令人今昔之感。湖水平似鏡，楊柳卻有些憔悴了。因時間的關係，一切只馬上觀花走了一遍，又沿蘇堤急於看了三潭印月，又到那塌了的雷峰塔處走了一遍。四面青山，山上間有房子，薄霧輕籠，真不虛稱「下有蘇杭」。後在市內經過中山中路及一些不知名的路，到了車站才兩點。既歸才四時許。西湖的確是值得遊，真是幅出美的圖畫，有詩意，有名勝，有古蹟……。不過現在戰火燒紅了半個中國，京都緊急，使我覺得逛得無感興趣。

回來聽韓告訴：「房東老太太說先前在此住的同學，偷我們的草，並要打我們。」真令人可恨。他們每日出去偷人家的長木，強迫房東，今天竟欺侮到我們頭上來了。

十二月十三日　天候：雲　星期一

十一時換發了新符號261（五）。一時在勵農操場集合，聽劉校長澤民的報告，謂每人將發棉衣一套，並告知不准同學做賣買或不請假……不守校規，絕對嚴厲制裁。

晚飯後與存澄抬三桶水，因明天是我倆的值日，剛抬完了，房東小姑娘及西鄰的女房東很小心的向我說「樓上的同學今晚搬走，小姑娘的奶奶走親去了，明天才能回來。那些同學非常厲害，他們要拿東西走，我們擋他們，要挨他們的打，請你們在這裡住到九點，他們便不會回來的……。」我們聽了非常憤恨，我們決定住到九時才回去了。

由女方房東的談話中，我們知道先來的同學的一切行為，簡直是土匪，逼迫房東給他們倒茶，不，便要打的，吃人家的菜，毀人家的東西，夜裡出去偷東西回來做著吃。打鴨子吃……簡直無所不為，令人可恨。青年學生，都說是純潔、坦白、熱情……。我看他們簡直失去了人性。晚九時點名，後由校長報告他做事的基本態度——確實、負責，希望同學要坦白，愛護團體，服從紀律，敬師長，又對時事有所報告。並謂自明起要開始跑早操。

十二月十四日　天候：晴　星期二

天空雖有幾縷白雲，比起來還算晴天，惟西北風刮得很厲害。六時起床，六時十分在勵農操場集合，後向至海寧公路跑去，一條長蛇陣延彎曲的公路，晨曦微風中向前蠕動著，陣陣田野吹來的清風更使人奮興愉快！歸來校長又把昨晚的話重新講了一遍。看他的說話及聽到他以往在濟南一臨中時的一切作風，頗有點像王校長秋圃。昨日王、郝、石到南京去了，王緒忠病了，還剩了七個人吃飯，還是不夠吃的。今日早上校方曾宣佈每人要準備五十斤草。

十二月十五日　天候：晴　星期三

天空如洗，日暖無風，雖然早上還白霜遍地，感到凍手，但日出後猶如陽春。房東家裡只有一位年約半百的老太太及一個年方九歲的小姑娘，天真活潑，唯她說話我們還懂，這幾天老太太走親戚去了，只留一個小姑娘在家裡自己做飯吃。昨晚我教給她習字，雖她不願意，但在我的引誘下，她痛快的跟我讀。我也非常感興趣。早飯後洗完了衣服，牛、宋去釣魚去了，不知怎麼心內沉悶不樂。西屋有一個燙髮一個眼的姑娘，正日來唱歌，來賣弄風騷。紅日剛落，天邊還有一片紅霞，集合了，同學們都抱著滿懷希望，齊赴勵農操場，先前說是教育部的要員，此時又說是一位同鄉梁先生。原來欺騙我們，又……「我很關懷我的山東同學……，現在有兩條路……」說了半天，是來宣傳招兵呢！明天還要詳細講，當時在我的身邊的幾位同學便罵起來，這或者不只僅這幾個同學，大家懷著滿懷悲憤而歸。唉！當兵！真使人傷腦筋！我們幾人都決定一貫宗旨。這些話對我們連耳旁風也不如。

十二月十六日　天候：晴　星期四

晚飯後大家圍著房東家裡的方桌，點著剛換燈罩的火油燈，都本想看點書，但房東老太太同她的小姑娘亦坐在一邊，時時與我們談話，西鄰那個年約十五六歲的姑娘亦來了，她說話我們容易懂，還有西鄰的小朋友陸瑞芳亦來了，他在長安鎮中心國民學校五年級讀書，聽不懂還可寫字給他看，談得很有意思，說笑，直到七時半始歸。早上嚴霜皚皚滿地，跑操後點完了名，又按年級點了一遍。校長報告，幾天內教育部將來點名，同學不要出去。雷楚漢的信來了，同時宋桂發的信亦來了，在興奮中，又在那西鄰那位燙髮獨眼風流姑娘嘹亂的唱聲中給他們寫完了回信。

十二月十七日　天候：晴　星期五

他們到南京去的，昨晚十一時許才回來，據說南京的情形很恐慌。唐山撤守後，平津緊張，據說飛機場失守，清華大學都成了戰場。自從離青後，對於這一類的消息，對我像一陣陣的耳旁風了。早飯後，與光瑚、立三去拾草，雖然早上沒吃，但工作到下午還未覺餓。在田野中唱著，工作著，說說笑笑，心中所憂慮的事可以拋到九霄，儘量的說笑，愛說的儘量說，不敢說的這時也可大聲疾呼，也可說是流亡樂。

十二月十八日　天候：晴　星期六

前寄的家信至今未回，今晨又寫了一封回去，連同給省中高七同學的共兩封。

今晨未跑早操，按年級編了隊，我編入第二大隊第一分隊第一班。並聞教部要來點名，不定什麼時候要集合的。上午將我們五人（守國、存澄、立三、光瑚）的草交上了，還多了十斤。接著就是集合，聽教育來員「……關懷……慰問……」。接著陸軍訓練總部的來員照樣來了一套後，又台灣怎樣好，去參加新軍幹部訓練，吃的，穿的，享受的怎樣好……。並希望有許多同學去參加。至日將沒始散。

十二月十九日　天候：雨　星期日

昨晚摸索將人家的鐮刀送去，恐與人家失信。沒點名，卻告訴明晨各人帶著行李到勵農操場集合準備按年級排宿舍，幾日來便想將兩個包裹寄托在西鄰房東家裡，終未好意思開口，現已不得已去叫開門送去了。明晚就不能與這幾一道來的同學一床了，使我不禁又有離青前夕之感。一夜也沒睡穩，天不亮都收拾好了。大有要離開長安鎮的模樣，扛的，挑的……。我排的與一個又大又胖且生著疥同在一個一人床上，不得已便到西面一間樓上去了。人少清閒。王啟勛、郝立良、石心公昨晚脫離了我們的飯團。因吃不飽及值日問題。燈下收到宋開蕙的來信。

十二月二十日　天候：雲　星期一

那個獨眼傢伙昨晚冒雨來唱，真燥人！冒著雨踏著泥濘的路，摸索著回去。雨愈下愈大，直至天亮，點名亦沒有法點。新宿舍內很寬敞，昨晚亦睡得很舒服。唯樓梯走起來令人害怕。草已將盡，天又雨，怎麼辦？昨晚為灯油老丁又發脾氣，惹得大家不滿，也許這又是拆夥的預兆？下午天稍晴，大家全體出動去拾草，只留我自己在家中看門，來了兩個不相識的同學，聲言要在這裡住，向寶寶要樓上的鑰匙，不給他，他便罵起。這不用說又是前一批來的。他們最愛打架，北面住的，也不知打了幾次，今天又打起來了。飯後赴大街一遊。

十二月二十一日　天候：雨　星期二

早上聽王緒忠說昨天我們同學在車站與車上的護車又打起來了，五六十個打得他幾乎死了……。在杭州安徽學生與山東學生群鬥……。流亡學生不能不說不勇敢，但有那大的勇敢氣魄，怎麼逃到這裡來呢？

晚飯吃過了，正在門口站著聽那獨眼姑娘來告訴，西鄰木匠家裡的井被他放上了毒藥……。我去看見十幾個同學同一個大胖老闆及幾個女人男人在說話。又要揍他，後報告了訓育處。也不知怎樣的解決。不過一般老百姓說，那老闆太可惡，都該怕他。

十二月二十三日　天候：雨　星期四

幾日來草便感缺，天公好像故意找事，連天陰雨。上午接到父親來信，責備我自離校至今，從沒有回信給校方及任何老師。當託王根明去辦休學手續時，被校方責難。我心中亦感難過。我的心理確實太滯板了。立刻寫信給教務主任及校長，恐怕休學已成問題了，並託張金鈺、陳德信代為辦理。何心公給啟勛的信，說青島自從平、津危急後亦惶惶，曾在大學路美國兵營發現三米長的炸彈，係有奸人送入的，在東方市場處，有人在水道內爬入……。間諜時出。

十二月二十四日　天候：雨　星期五

早飯後與韓光瑚一方面是到海寧去修理皮鞋，一方面是到胡家兜去買地瓜。

海寧是面臨錢塘江破碎的一座古城。城垣斷塌，城內倒塌的房屋，破爛的景象，好像剛受過炮火的洗禮。狹窄的街道，寥寥的商店，好容易找著一個修鞋的，但是沒有皮子，只得作罷。後仍由南門出沿江看了看平明如鏡的江水。到了胡家兜、馬牧港等小村至日沒亦未買著，歸來已六時許。真倒楣，早上給房東打了個鏡子，買了個用了五元，白跑了一趟海寧一事未成。來回至少有七十里，使我兩腿酸痛，所行路程之長，打破離開了軍隊後的記錄。

十二月二十五日　天候：雨　星期六

早上天晴，草亦將盡，十二時出發去拾草，沿著到海寧去的公里，走了五、六里路，在一個坟營地裡，不一會便下雨了，雨地裡捆了草抬著匆匆歸，及歸全身已溼透了。上午接到先聲的來信，同時又接到金鈺的來信，內附他最近木刻一副，精彩至止。語中多淒厲，使我不勝感慨，真是「往事如煙不堪重回首」，又像他所說的「人生是多麼短促」。晚下雨聲中灯下寫信給他們及王根明。

金鈺那信上，反面有六角郵票未蓋戳，把他揭下連他信中給我的四角共一元了。

十二月二十六日　天候：雨　星期日

昨晚回去滿天星斗，都以今天一定晴天，但早上仍雲天，接著便是連綿細直至晚。昨晚一位同學坐車，被車輾去一隻腳。真悽慘！光瑚、守國、立三雨地裡坐車赴杭州，晚歸，據說人到了筧橋等車等到現在歸。所以給我捎的鞋亦未修理。

上午與啟勛拿著父親的信去訪錢老師天祐，未遇，他早已往常州去了。

十二月二十七日　天候：陰　星期一

天未明丁、韓便匆匆赴杭州去了。被火車輾去一隻腳的那位同學已經嗚呼哀哉了！唉！好悽慘啊！六個嘻嘻哈哈的吃了兩頓飯。晚上王緒忠把他節餘的一天米拿來吃了。鳳寶亦跟著吃，當她又向我要鋼筆時，我發現已少了一枝筆，不知是掉了，還是被誰竊去了。

上午曾聞有人說別的學校的副食費都是兩元，我們才三角，連塩錢都不夠，一天斤半米，真要餓死人呢……。學生自治會，是誰承認的呢？簡直是校方的走狗。

十二月二十八日　天候：雲　星期二

早上吃飯時，曾數度和鳳寶鬧玩說：「拿我的筆來！」她終於笑著拿了出來。使我非常奇怪，她什麼時候拿去的呢？這個小孩真靠不住，她曾說她是九歲，也曾說她是十四歲，她的一切行動頗有大人的意思。須小心她。上午太陽忽然現了一次笑面，大家一齊去拾草。啊！真有趣呀！看老隋及老伴在那裡劈樹枝呢！若攝成一部電影才滑稽呢！我這樣向立三說。最後我在一個小溝內曾揀得一個大芋母子及數個芋頭，抬著草興奮而歸。吃飯時立三曾取鬧我！原來值日生取巧呢！

十二月二十九日　天候：雲　星期三

昨日一天未下雨。今天早上又集合了，雖沒有去跑早操，但時間的消耗已勝早操。由訓育主任的報告中知道被車輾去了半隻右腿的那位同學沒有死，且在杭州一個教會醫院內治療，且精神亦很好。棉衣雖在昨天有同學說已來了，但今天未聞訓育主任提及。天又下起雨來了，令人厭惡。雨地裡去花了兩元五買了一塊麥芽糖及兩個久想吃的年糕吃了。

晚寫家信回去。

十二月三十日　天候：雨　星期四

昨晚宋立三與房東老太太商妥與我同在樓上南一間內學習，房東准了，我們便搬了上去。又清閒又靜，只有一個鐵匠晚上來睡覺，裡面靠南窗一張方桌，其餘便是房東的箱等雜物，在這裡很好，韓光瑚上來時，曾問我們怎麼在這裡，我們說：「已得房東的許可」。看樣子他大有垂涎三尺的樣子。

早飯後剛上樓與立三坐著及王緒忠看地圖，偶爾聽到北間丁、韓二人在說：「……再拿著……吃……」。我們止住了話靜聽，又沒聲的在說，不用說又是為吃飯的事，一會兒聽丁招呼開會，便下去，半大是他倆個要退伙。便將菜草分了。這樣我們共六個人在一起了。他倆真不坦白，要退就痛快，何苦造這麼一個形式呢？一個先退，一個後退，爽快一點就是「我們二人要退伙」。雨地裡與立三去剪頭。

十二月三十一日　天候：陰　星期五

被窩中聽有人說貼出佈告來了！莫不是校長回來了？或者要發棉衣開課了？還是明天陽曆年要多賞我們一點米和菜金？心中美滋滋的在猜想著，便荷衣小便完了跑去，只見一張紅紙貼在廓廊東壁，許多同學在圍著看，上面寫著佈告形式誠字ＸＸ號，末尾反剝削反壓迫，ＸＸ司令揍澤民，內容可想而知了，是反對校長，怎樣言行不符……。十幾條，門外還貼著幾張。我到房東家去做飯去了。聽說已由訓育主任揭去，準備交給校長呢！這不用說是同學幹的。但大家評論不一，有多數人說對。

新組織的伙食團的菜已盡，早飯後與立三到街上去，一問都是五角一斤，火油十四元一斤，一切東西的價格都漲了兩三倍，令人咋舌。昨天曾與立三商量要買火油的計畫，只得放棄了。

十二時半便做飯，兩點已吃過了。一時許曾赴丁、韓二人處，又談起他二人退伙的事，原來是因我正日說「吃飯速成畢業了」及牛存澄「都夠人家師」同時他又用力往碗內壓飯。同時提及，昨上午他二人曾到我們那間小屋內佔下，被立三牢騷得他們搬了出去。真丟人！不值一提。南鄰家被生活所迫，將自己親生的大女兒賣了白米十石。上午冒雨與立三逛街，走到西頭。

大中華民國三十八年（一九四九年）始

一月一日　天候：晴　星期六

天未亮便醒了，實由於昨夜的「冷」所致。小便完了回來坐著。有的同學已起來了去做飯，有的還在貪戀著熱的被窩，更有的還在酣睡。偶而校長進來了，在模糊中，他將那酣睡的同學推醒，口中並喊著「下大雨了……。」其他同學都聞聲而起，不敢逗留。早上與殿澤去買了十斤菜四元，五元的豆腐，及鹽、醬油各一元的。見同學都忙於買菜、割肉，預備在這三十八年的開始日享受一下。但我們卻連早飯的菜都沒有呢！久雨至今，雲散天晴，尤其適三十八年元旦，同學們都在說「大概今年要太平了吧……。」「今天的雲散天晴，這是我們流亡前途光明的象徵。」我也興奮的這樣說。二時做飯，除了將今晨所買的菜全做了，又添了三斤米，共做了半斗米（七斤的飯），大家轟轟烈烈菜飯吃了個飽。後與存澄、殿澤、立三，迎著夕陽到街上去逛，看見一個標語ＸＸ國民學校慶元旦今下午一時至五時舉行遊藝會，我們便急的進去，見屋內盡是人，都踏櫈子，我們到時已四時許，所以見到演蕭何追韓信，表演、唱的都是十幾歲的小同學，天真活潑，別有風味。後由勵農大操場繞歸，見同學三三兩兩，男的，女的，夕陽反照，晚影裡逍遙自在的散著步，有的走向田野，有的在看那十二醫的壁報。有的在橋上，有的在河邊看來歸的船隻。日沒了才回來點著剛買回來的油，用著剛買的火柴，試用著剛買來的毛筆。上午鐵匠老闆的襪子曬在外面被人偷，真氣火了他呢！

元月二日　天候：雲　星期日

校長回來了，今晨又集合，但沒有跑步，全體在連元絲廠內集合好，由校長報告校中的經濟狀況及同學們的所需，是怎樣來的，棉衣遲發的原因，並表示此次有同學所貼的辱罵他的標語，他滿不在乎「我做了便不怕罵，我沒做你們罵的不是我」希望同學認清是非，不要盲從，有事直接詢問。

早飯後與立三、殿澤、介傭，四人沿著公路南去拾草，費了九牛二虎之力才找到了草場，開始割了惡便來了不准割，好容易在這偷割一把，那裡偷割一把，才割了兩抬。把肩都得生痛，好容易又抬回來了。

元月三日　天候：晴　星期一

昨晚六時半與啟勛等五人共赴長安鎮西南面簡師去看話劇，黑暗中憑著一只手燈，踏著泥濘的路走入了一所古廟內，裡面點著汽灯，非常的亮，禮堂內站滿了觀眾，大都是我們的同學，台上佈設很簡單。演的全是一些兒童意識的獨幕劇，尤其全操著南方口語，一點也聽不懂，只不時的聽到本鎮觀眾由劇中的滑稽所刺激起不斷的笑聲。跳舞呆板，歌聲不嘹亮，裝飾更平淡，連青島初小學生表演得也不如。這或是由於我們見得多且精的緣故吧！只有一位報告劇情的老師，說著國語，清澈宏亮，大家都為他這一口漂亮的國語而鼓掌喝采。八時了，點名時間已到，便匆匆沿著大街，學狗叫，學青島晚在街上賣包、栗子的叫賣聲，踏著不穩固的石板所鋪的街，及歸，同室的同學睡得正酣。

早飯後六個人商量去換地瓜，十一時許才出發，只留下緒忠、介傭在家內。沿著南去公路，直達胡家兜，又跑至馬牧港，老百姓只向西五里路有，便沿著石條砌成的江沿走，那裡沒有大村莊，都三三兩兩散住在江堤內，陪襯著一些茂密的竹林，每到一村，被我們這一身的服飾驚得雞跑狗叫，大人投以奇異的眼光，小孩有的跑了，有的跟在我們的後面，像小時在故鄉，那成群的小孩跟著一個耍猴似的，直把我們送出村莊。路上拔人家的蘿蔔吃了一飽，那老百姓只驚奇的在遠處看著，不敢說什麼。在這種情形下，當然老百姓有地瓜他也說沒有。沿江向西又走了十幾里，到了一村看見那新摘的地瓜根在一堆草旁及新泥旁，由是我們相信那草和泥蓋著的一定是地瓜了，便去扒那一堆，村內的大人、小孩，都避著身子探著頭在望，一會兒跑了，一會兒又來了，好像十幾歲時，蔡部於冬天某夜去捉諂臣爺，我們那時的景象。最後偶遇一個挑馬桶的，一問才知是埋著甘蔗。真倒楣！怎麼人家都能換著，我們就換不著呢？大家都懊喪著走上了滬杭公路，準備回去，忽然看見一隻船，在路旁小河內，鄉人正在向上擔地瓜，大家急忙跑過去。他們怎樣說也不賣，後沿著他們的來找去，一個大約四十餘歲的老人還喊著家中沒有了，我們也不聽。終究到達目的地了，成堆的地瓜，好容易才說好了，換了半斗米的買了三十五元，共一百捌拾餘斤，分著兩抬，興奮的，背負著那將沒的太陽的光芒踏上了歸路。昨天抬草壓肩痛得厲害，今又抬上百十斤，還須走將二十里路，有點抗不了，所以走一回，歇一回，兩肩像刀子割的似的。六時半始回來，他倆已做好飯，但吃得不很飽，又煮了十四斤地瓜吃了。

颼颼的北風，像刀子似的襲擊著每個人，校中不知為什麼，棉衣還不發下來，早上那路上的水潭都結冰了。

一月四日　天候：晴冷　星期二

起床鈴打過了，一夜凍得沒睡穩，熱被窩總不願起來，早操鈴亦打了，同學們才不得不起來。冒著寒威，迎著尖利的北風向外跑，但到門上，校役說：「不准出去，要點名，發棉衣」，同學們都興高采烈回來了。導師每人發了二寸方的紙，告訴每人須將各人所有的東西寫上，以備將來誰丟失東西好查或作為發棉衣的參考。直至八時許才檢查過了。同學都凍得打顫，盼望今天快發棉衣，聽說校長於早上帶著幾個同學到硤石賽球去了。晚飯後正坐在灯下寫日記，鳳寶說：「今夜有三個女客要在這裡睡覺，請你們早回去，對你不起。」便與立三迎著凜冽的北風回宿舍去。剛脫了襪子把腳放到被中，忽聽到房子西隔河人聲嘈雜「打呀！……」一會兒沒了，一會又嚷起來了，我被好奇心所驅，便赤腳穿著鞋下樓去，走到大門外，看同學們亂嚷嚷的在喊「打！」有的在手打腳踢，石子，拳頭，像雨點似的，一個穿著大褂者倒了，又爬起來，又被打倒了……。一會兒又湧進去連元絲廠內了，一鉤新月的光芒下，亦看不出打者與被打者是誰。他們進入了連元絲廠內，便喊：「打貪污，打狗腿……」喧嘩聲中將自治會鎖著的門打開了，搗毀了裡面一切。接著事務主任又被趕在院內，又竹竿、拳、腳，打得他頭破血出。又一湧進去校長室去，打開了門，將一切搗毀，又將校長的衣服、被等，拿在院內有的用火燒了，有的撕成一片片的。好拿的便拿跑了，一陣劇烈的動亂後，漸趨平靜了，可是看熱鬧的同學還大有人在。接著一聲又一窩蜂似的齊奔車站去了，聽說校長坐車回來了，要去打他，我便回去就寢了。今晚吃的地瓜和乾飯太多，以致肚子痛，再加上寒風的侵襲，使我一夜也未睡穩。

此次暴動的起因，大概有幾點：一、棉衣已到達，不發，天又寒冷。二、不開大伙，又不復課，並且約束太嚴。三、訓育處及事務處有地方太專橫。四、由昨天體罰了一個同學——何良，因為鋪沙，打了還不算，又下跪，又要開除。

一月五日　天候：晴　星期三

天未明，早已醒了。為了那溫暖的被窩，總不願起來。同時心中早料到今晨不能集合了，心內回想起昨晚的事情，好像做了一個夢。冒著寒威起去，做飯去，經過校長室時，見到裡面一片凌亂，一切打得落花流水，還有一些同學還在仔細想在那亂堆尋點東西。早飯後，正在屋外曬太陽，見西鄰房東點著兩枝燭於正北桌上關帝面前，又見一個年約五十餘歲的老太太領著一個十餘歲的小姑娘，叩完頭便一同走到裡面去了。我好奇的問著房東老太太，原來是西鄰剛用了四石五斗米買了一個小姑娘，到底是南方呀！買賣子女之風甚盛呢！這小姑娘父母雙亡，故而出賣。由同她的談話中，知道她那整日給她做活的姑娘亦是買的，當時歲數還少呢。因為再住二年便要叫她出嫁了，沒人再替他工作，所以又買這個小姑娘。

雖然校內鬧得不成樣子，但米仍舊發，不知怎樣發的。回去領米時，只見校門外同學都在曬太陽，有的在看一張紅紙佈告，大意謂，昨晚行動出於正義感……望同學乃為謠惑……。臨時自治會啟。後又集合在連元絲廠內，到者多是抱著看玩意的心理。當何良提議組織自治會時，只糊糊塗塗的又散了。我便走了。近日和平聲浪響遍全國，北平無戰事，青島美軍將於二十五日前撤完。青島又危機四伏了，政府又力闢和平途徑。

一月六日　天候：晴　星期四

昨晚灯下與啟勛等談著青島近來情形，報載駐青美軍將於二十五日前撤完，又外圍警備二旅投降，由我們的猜想中，青島定又手忙腳亂起來，治安更難維持。謂傳說共軍又集中外圍，有攻青島之模樣。我們意料，假若青島打起來，再兩三天內便可結束，所以心內不安起來。不知父親是否現已離青，更不知是否最近能離青。接著便談起共軍的一切殘忍的手段，直至八時才回去。早上起來在大門外又發現了紅紙的標語及一張白紙的佈告，內容是反對無理搗毀學校及搶學校的東西，並諷刺何良……。夠什麼解放軍的領袖……又夠什麼……。

九時聽說要發棉衣，全體同學在陰霾的天空下，凜冽的朔中都集合好了。何良上台報告此次運動的動機及校長一切的罪惡及其狗腿的行動等，同學們一齊響應，最後並說海寧縣政府及各地方機關都派人來協助我們的一切。昨天已派人赴京請願去了，並謂「有劉澤民就沒有我們，有我們絕不讓劉澤民存在」。好容易一時許才領完，好在同學們很守秩序。

下午接到父親來信，他的意思也是要我到藍田方面去。並說，他將在十號以前離青赴藍田去。所以與啟勛等商量，最重要的問題是「路費」問題。

一月七日　天候：晴　星期五

昨夜雖然很暖和，但仍沒睡穩，內心總盤算著要離開此地。早上出來，一看沒院又是一些標語，大意謂：劉澤民貪污，不給同學做被，做的棉衣還很壞。大門兩旁二張大紙寫著一尺方的大字「打倒貪污劉澤民」，「絕對更換新校長」。

天空晴朗，太陽和照，雖然地已凍了，還覺很和暖，晨曦和照中寫完了家信及李缺表兄信，早飯後又寫給勞中、省中、李師同學的信，送了信後一心想去領米，一看屋內沒有人，分隊長、班長等走了，有的到上海，有的到杭州去了。生活越感無聊。晚飯後曾與緒忠沿車站又轉向簡師內去參觀一下，由街內歸，做了一次無目的的散步。

一月八日　天候：晴　星期六

將拂曉，天刮起了大風。直至晚。

丁、韓二人已準備好出發藍田，再三的催我，依我的意見早已走了，不過父親叫我與王啟勛一塊，詢問他時，他還沒有去意，所以直至現在，使我不敢獨自與別人離去，恐怕父親的責備。終於在他倆人的催促下，糊塗中決定了八日今晚動身。便忙於準備一切。共借了二十多斤米，做成乾飯帶著，又將我所買組裡的半斗米賣了五十元，三人共湊二百七、八十元。宋立三等又連連不捨，大有使我離青時之感，真是「人生到處是離別」。他們為了送我走，晚飯也不吃地瓜了，每人做上一斤米，還買的菜，吃了個飽。天黑了，七時許，他們同我們一快兒到了車站，正好來了一次快車，我們便爬上去。車上盡是買賣人，大半是準備回家過年，都帶著大批的禮品。到了杭州車站，下車轉上浙贛路車，先上到一列裝煤的車，那列車是不開了，便又轉上一列軍用車，上面人很擁擠，軍人、難民、學生擠成一團。天又冷，好容易才挨到四時才開車，黎明前的黑暗中渡過了錢塘大鐵橋。這裡沿途是平原，房子的式樣有點像北方。

車行得很快，小站不站，近午，便漸漸轉入浙江西南的山地，鐵路沿著曲曲的山澗前進，兩岸的高山峻嶺，中間簇簇的村落，好像故鄉的情景。在車上吃著冷的乾飯。天黑已到金華，車站的賣飯的，五元一碗。只買了一點菜。第二天晚至向塘便折向南至樟樹，在贛江東岸車又不開了。無奈下車，三人挑著行李，向西三里車站，正有一列軍用車，又爬上第一節車廂，天將亮又停在贛江西岸一小站，因前面車站有壞機車擋路，半響才開，這一段路基不穩，車身好像要翻的樣子，開得很慢，晚至新喻，夜至宜春，又把我們坐的車廂放下了，又下車待到天亮，又來了一列軍用車，隨後又來了一列快車，我們便爬上去。所帶的飯在新喻吃完，肚中餓了，但此地須五元一碗，沒法，挨到瀘溪才每人買了兩碗稀飯喝了。晚至萍鄉，夜到株州，十元一餐，每人吃了一餐。在車站月台上睡覺，幾日來沒有睡覺，又很累，睡得很死，被小偷拿去老韓的大衣，老丁的一雙皮鞋。天亮上車直達湘江東岸，湘潭車站，下車渡江，又背著行李走了六、七里到汽車站，向站長交涉免費未成，便背著行李到糾察站去，糾察站又未交涉成，便在附近吃了十元一餐的飯。後決定步行，向西走了二里路，遇著糾察站，便向那兩個憲兵交涉，他們很痛快的答應了，並且止住一輛貨車，叫我們上去。晚到湘鄉，住在一個小學內，且有一個軍人同我們一塊睡，真使我們莫名其妙他的用意。

天亮到車站，向人民服務站交涉，他又向車站交涉，才准我們三人，分三批乘車到永豐。至晚我們才在永豐集合齊了。便決定步行，到藍田還有一百四十里，薄暮便挑起行李，爬山越領走了十五里，才找一家老百姓家住下。第二天早上買了三斤米，由老百姓做好了。飯後又背起了行李，沿著曲折高低石板鋪成的路，沿途都是客棧，路都通過住戶的簷下，蒼松翠柏，竹林樓舍，真是世外桃源。越走越累，腳也痛，到太平寺找到保長，派了三個挑夫送到黃土溝，又挑了兩個男的及一個女的挑夫，叫他送到獅子山，不了，在半路，他們放下担了便逃之夭夭，無奈自己好容易帶到獅子山，在一家客棧內吃飯。一頓飯吃了四回，也確實是我們吃得太多，沒法叫他煮的地瓜我們吃了，住了宿，共給他二十六元。第二天僱了一個挑夫，送到楊家灘，給他三十元，路費已光了，便將行李放了一部分在鄉公所對門的一家，背著一點向藍田出發了。晚，距藍田還有二十里，住在一家客棧內，一個老闆娘會說北方話，且很活氣。第二天沒錢付，老丁將棉褲押在這裡，準備到校向同學藉著錢，回來拿行李時來償還。十一時許達藍田，原來校本部在三甲距藍田還有八里，便鼓著勁一氣走到，同學見了都很驚奇，都打聽著青島及煙台的情形。都說「你們辛苦啦？」找到張校長，說明來歷後，便送我們到三分校，又送到一草廬住下，又到廚房吃了飯。這裡的飯因是同學自己管理，管吃，每桌八人，附白菜兩碗，惟食米不如浙江。自己上課。晚上到伙房要了一頓乾飯，準備明天去拿行李好吃，又好容易才借到三十元。天不亮便走。

到藍田天才黎明，路上拔蘿蔔吃，偷糖吃，到了那家客棧，將帶的飯吃了一餐，便匆匆往楊家灘。帶著行李，雖兩腳痛得不能走，但總須走，一時許又回到那家客棧，吃了上午所剩下的飯，老闆娘還做的菜，飯後給她三十元。她非常不高興，好容易才說好了。

晚八時許回來，腳痛得我哼哼了一夜。

一月二十日　天候：晴　星期四

早飯後正在躺著，忽然門外有王啟勛的聲音，一看，果然王啟勛與宋立三抬著行李來了，真是喜出望外，原來我父親同他們一塊來了，便匆匆往張校長處見了父親，同來者還有于建浦叔。

一月二十一日　天候：晴　星期五

早飯後去找著父親，詢及路上經過，及家中情形。父親所走的路和我是同一途徑，只不過相隔兩天。原在我動身的第二天，父親便派三叔去找我了。家中母親還住在勞中宿舍，只留了半年的食糧及一千元。父親領我到他的暫住宿舍內，將父母及小妹妹的照片給我看了，並給我一兩塊糖吃了。給了一百元，還了丁守國借人家的三十元，又修了二隻鞋，用了二十五元。

一月二十二日　天候：晴　星期六

歇了兩天，腳還是痛。連日來和談的成功的謠言頻傳。但不知是否政府接受了毛澤東的八項要求。天津失守，蚌埠放棄，南京緊急疏散。據說白崇禧與鄂、湘、廣西、四川團結一起，準備以武力與共黨和談。

早飯後與丁守國抬著前天晚所燙的衣服，翻過西面的山崗，到一條小河，在一座大橋下洗好了，晒在河沿上，我坐在河岸，晒著如春天似的太陽，老丁乘機赴三分校第二部去了，叫我等著他，但至紅日西沉，他還不回來，我便收拾好，自己挑著回來吃午飯了。他因走錯了路，至飯後始歸。立三、啟勛及老韓，日沒，拿著我的麵袋去偷了一袋蘿蔔回來。

一月二十三日　天候：晴　星期日

起得太晚，臉也未洗。飯後與啟勛、立三及昨晚從橋頭河來的那個先前在抗建二級畢業的那個同學，一塊赴藍田去。今日是星期日，校中去的同學很多。天氣很暖，河中還有赤身在捉魚的呢！先寄了信，一封信給王校長，一封李師宋桂發及開蕙的。後沿著繁華的大街走，藍田的確是一個都市，什麼都有，尤其磨麵及麵條較他地為多。一切都很貴，一瓶A字墨水就四十五元呢！在街旁看見報紙，越發難堪，總統離京，準備遷都……傅作義仍守北平，構和可以，決不投降。完了，完了！在一座橋的一家修鞋鋪裡將父親的鞋放在那裡修理，預備明日上午去取。買了肉、鹽，各五元錢的回來，將偷的菜做了一半。飯後四人又同赴後面山上坐到黑，發現太陽右方有兩小黑點。

一月二十四日　天候：晴　星期一

早飯後，幫父親搬到先住的對門小樓上，見兩個小孩打架打得很厲害。赴藍田去取鞋，被老闆揩去五元。歸來聽西屋同學謠傳，宋子文辭職，蔣總統退休……。莫衷一是。將飯盒及鞋送給父親，他非常喜歡，給了我一個由母親做的伙子及四塊糖。

三分校初中部定於今日搬到杜慶堂去，先生都去了，只有同學還不願意去。晚飯時張校長曾往勸導，還未有結果。

一月二十五日　天候：晴　星期二

昨晚燈下，唱歌至九點鐘，躺下息燈後又說，狼、虎、狐狸、猩猩……等的一些鬼怪的事情，十點多才睡。早上起得早，薄霧中登了後山，與啟勛共唱歸來，日升中空始歸。飯後與父親赴藍田，買了二斤豬肉，用了九十元，又買了十二個雞子，用了四十七元。父親對我還像十幾歲時候跟他趕集一樣，硬要買個麵條吃或其他東西，在我拒絕了後，才買了兩個橘子吃了。天氣非常熱，父親說：「像我們北方三月一樣……。」初中部今天搬走了，只剩下高中部的同學，二分校的同學還未來。晚飯後，張訓遠來了。在村中一個灣內，魚很大，同學都去看，但卻把主人嚇壞了呢！

一月二十六日　天候：陰雨　星期三

在長安鎮領棉衣，從未穿過，在這溫暖冬天的南方，棉衣有沒有不要緊，再不穿，再待何時？便在昨晚將新棉衣換上。昨晚雖然訓育處告訴今晨要早起跑操，我們投機取巧決定不去。早操後便上班，我被派在高二級二班二，多半是女生，國文是父親擔任。在這第一班，照例是一點鐘的閒談，大意謂同學應專心致志於學習，要自己解決自己的一切痛苦……。繼而學國文的意義及步驟：一、知識之傳遞，二、事物之應用，三、藝術趣味，四、道理引進。今天天氣變陰，小雨連綿，二分校的同學於四點鐘，便陸續來到，至六時許已來了五、六十名。

一月二十七日　天候：陰 星期四

天空依然陰著，在這舊曆年關將臨，越發使人不勝淒慘之感。早飯後，全校本部重新編班。同時見到二分校來的勞中有十幾個同學，我編在高二級二班。同時各班選出了級長。後，梁教官告訴，他因同學背鄉離井，在這舊曆年定要難過，他特贈全體同學二十斤豬肉，二十斤粉條，以表安慰之意……。同學們聽了亦非常欣歡。還不到三點鐘，肚子便餓了，後與啟勛赴父親處，吃了一個伙子。

夜裡被窩中，五個人研討著，要鬧東鄰那個頑固封建的房東。

一月二十八日　天候：雲 星期五

天未明，雞剛叫過一遍，便醒了，直至天亮。各家都放著鞭炮，小孩子便在敲著鑼鼓，咚咚、噹噹的。早飯後沒有班了，二時曾赴南山走了一趟，回來在正在整理的圖書館中看到二十四日的中央日報。內容和談已有希望，北平國軍撤出準備整編，共軍由葉劍英帶著入城，一旦正常，物價狂跌。中央正在研討與共區通郵，看樣子和平絕無問題。但又見到共軍紛紛南移，國軍正在沿江構築工事。晚飯後與啟勛等赴父親處吃著建浦叔買的瓜子，談這、說那，直至十時半始歸。

一月二十九日　天候：晴 星期六

被窩聽到數陣爆竹聲。起來後，到外面去看看此地過舊曆年的情形，同時聽一聽那如機槍似的鞭炮的聲響。小孩子們也早已起來了，敲著那不成調子的古樂器。先同啟勛等到傅老師走了一趟，繼與韓光瑚到東山走了一趟。此地的舊曆年，沒有什麼特別表示，如平常一樣，只不過燒幾支香及幾張紙，吃一點好飯。

早飯的菜加多，共三碗。飯後集體坐在開飯處開茶話會。也許是由於同學都不熟悉之故吧？一點不熱烈。每人一把花生及瓜子、一塊糖，熱燒燒的陽光下散會了。熱得頭上都淌汗，今天是舊曆元旦，是一個新的開始，這也許是個好的相證。環境比較安穩了，生活比較安定了，該是致力於學習的機會了。雖然國家大局在急遽的變化，不當因此而誤及學習。正如校長今天在同樂會所說的，青年不應以現在國家的急變而悲觀、消極……。下午將書籍整理好。異鄉的年關，對流浪者是一個無情的打擊，我親眼看到一個小女同學，在門外負著牆在哭泣呢！後屋在老百姓家，有三個女同學及三個男同學都喝酒，喝得大醉，躺著不動，在黃昏中才由同學將他及她們架走。夜裡，心緒繚亂，不知幹什麼好，但又幹不下去，被窩中與啟勛等，說著兩性的問題及故事，嘻笑中不覺已十點了。

一月三十日　天候：晴　星期日

由校長的意思，舊曆年不停課，由各位先生的意見始停課，當然今日一定要上課了，但是偏又遇到了星期日。無形中又是一天的假期。早飯吃完了，已將十二點了，同學們皆三三、兩兩，有的到三分校及一分校去探望同學，有的成群結隊，往藍田去，看看南方過年的情形。光瑚上山去睡覺，我自己到父親處取了個小本子，將國文寫了下來，又把筆記抄好。父親便來帶我，去吃了一個南方人以為是上等食物的黏米粉做的餅，及一碗肉，一個雞子。

晚飯後，與啟勛、光瑚赴東山，由薄暮直至夜，一時高興，我們便商好，一定要在山上放石子打那一群從樹滋堂西屋出來的那些打著鑼鼓提著燈的小孩子，等了一會，在驚嚇了幾個同學後，便下山來。又正遇著他們到了東鄰房東家正屋裡在耍。「獅燈會」，一個領頭者手中的一個大遍方灯上寫著。其餘有的是魚形、八角形等，各式各色的灯，還有一個拿著一個小箱，裡面一張一尺長五寸闊的紅紙上，暗淡的灯光下，我也沒看清上面寫的什麼，只看清用幾個銀元壓著。這一定是要償錢的。每到一家，一陣鞭炮後開始了節目，玩獅子、打拳、摸王八等。看他們真是快樂、天真、活潑，尤其東鄰那個啞子，裝那摸王八的老頭，非常滑稽。由各方看此地的年節的情形，比我們北方差得天地之距。

一月三十一日　天候：雲　星期一

昨晚睡得很晚，早上吹起床號亦未聽著。起來後又耍滑不出上早操。早操後，聞同學回來說，點名來，校長及訓育主任均臨講話，謂每日將點名不到者將嚴厲制裁。又校長謂：沒有英語先生者，限每兩日作英文一次，題目由級長同同學商議而定，我聽了不覺心內恐懼。尤其當級長用粉筆在黑板上寫了一個英文題目「New Year」，更使我慌了，好容易直到下午四時許才草草了一篇。連我自己也不知寫了些什麼，其中的「錯」百出，連一個也寫不出了。

二月一日　天候：雲　星期二

來到這裡便聽到一分校及二分校校長的一切卑行為，怎樣的貪污，怎樣的強制張校長遷讓大帽堂的校舍，同學皆不平。早飯後，那位好打仗外號「鐵甲車」隊長，便領著各班的代表，瞞著校方私自赴大帽堂去交涉去了。第三班時聽說一分校校長趙蘭亭帶著幾個同學來了，據說是他的腿子。一會兒師範部的同學皆向西跑，我知一定是打架的，便亦去了，兩個一分校的同被圍著在挨打，有的同學在宣佈他的罪狀，趙校長在訓育處坐著，雖然有訓育主任及張校長在鎮壓著，但同學仍是不管，「打！」，「大麻子，你是教育界的敗類」，「你為什麼逼著張校長簽字遷校舍？」那個不要臉的麻子還很自得向著窗外的同學說：

「我怎麼是教育界的敗類？誰逼著校長簽字？」一會兒張校長陪著他到校長家裡去了。同時訓育處又緊急集合安撫了同學。那幾個把一分校事務員的手槍搶下來之後，便向西去了，預備下趙校長的槍。四時許，張校長才陪同趙校長由小便門走了，又送出一里多路才回來，以防發生意外。我以為是沒有事了，便到宿舍去，忽然外面一陣鬧聲，我連忙出去，幾個同學很慌張的一面跑著，一面說，有同學受傷了。一時同學皆齊奔而來，北面路上發現了兩個同學在趙校長後面跟著，後面又一個同學背著那個腿已受了傷的同學，趙頭上血如注，衣服都染了，同學都喊著「打死他！」，他急趨入校長家中，同學皆蜂擁而至，幸而校長及幾個老師的太太、房東將門堵住，在校長的勸導下，始紛紛去吃飯了。飯後，張校長又勸導了同學一回，同學此時熱血已恢復平靜，都很冷靜的接受了校長的訓示。都很關心著事情的再發展下去。

二月二日　天候：雲　星期三

英語題目又出來了，「Our School」。

早飯時，趙校長來用轎子抬走了，據說還來七、八十同學來迎他呢！是為了校中的食糧已盡，請他回去。據同學說，藍田的老百姓都說打趙打得對。這可見趙在此地的名譽怎樣了。管他對不對，山東人在湖南的名譽一落千丈。龍灯會在今天來了三起，鑼鼓喧天，搖擺著一條紙頭布身的龍。其節目與獅灯會一樣。晚飯後，與立三、啟勛等四人越西山赴文昌閣，拿了一支香，黑暗中歸。父親叫我，原來張金鈺來了信，謂我的休學手續已辦好，校長將去辭職，各主任亦將去。他想到這校來。

二月三日　天候：晴　星期四

同學傳言著，趙校長將張校長告了，同學也積極的準備與他決戰。

晚飯後，與父親及建浦叔同赴東面小山一遊，由談話中，提前天我級有人提議要換傅先生教國文。當時只是幾個女生向級長提議，其理由是周老師擔任課多。什麼課多、課少，還不是因傅先生年輕？與他們又很密切？不過傅先生親自向父親說：「你講書學生不懂……。」這又真令人可笑。黃昏始下山，灯下寫信給張金鈺。

上午到山上去曬被當，與光瑚做戰遊戲。

二月四日　天候：雨　星期五

被窩中聽到外面下雨，知道不能集合了，便又躺下了。雨地裡，搭著一把破傘，去吃飯，路又滑，真是麻煩到極點。問後這樣的天氣多著呢？人家都早已開始演算草了，我在今天亦開始，在教室坐了一天，才演了十八題。好像有愉快，但「My Home」的英文題目又似千斤重擔壓上了我的肩上。

符號今天發下來了！「〇二一三一」

二月五日　天候：雨　星期六

天空仍不斷的下著細雨，但是娶嫁者卻不因雨而停止。一大群人抬著箱櫃，二抬鞋……。還吹手，一看可知定是大地主的女兒。

二月六日　天候：雨　星期日

昨晚看《抗戰中國的故事》是西月刊社十週年紀念之徵文選。由書名便可看出內中的意義，全是抗戰的故事，內中尤以《為了祖國》及《姍姍》、《恩平和我》為悽慘動人。《雛鷹的成長》為最英勇，詞意婉轉動人。《姍姍》可謂「賢妻」，《恩平和我》的那個「我」，可謂良母。「為了祖國」的黃愷元真是三個愛國的時代女性。連同室的啟勛等，皆稱讚不已。下午寫信給外祖父。

二月七日　天候：雨　星期一

昨日晚飯後，一些女同學都集在東邊門口，面上顯著淒涼的樣子，口裡又在唱著淒涼的調子。據有的同學說，還有的上午曾在宿舍內又哭又唱。據說是因為有幾個女同學，於今天要回家去。

又是一天雨，越發冷了，凍得腳痛不堪。但那每日二次到我們飯場的小乞兒，仍然赤著那紅腫的腳，瑟縮著按時來臨。晚上曾與丁、韓因鬧玩而大喊一頓。老韓真有點，明明我看見那牛馬王坐在他的後面，但他死也不承認，還和我起咒呢？

英語題「My tutor」又出來了呢！怎麼作？一晚沒寫出一個字來。

二月八日　天候：雨　星期二

風雨聲的夢中，戰鬥的伙伴又相逢了，他們依然是那樣堅壯、活潑，滿面笑容，心中清楚的記得于永齊、趙文芳等，已在內戰的炮火中哀哉！但問他時，他卻笑而不答……。唉！他們在哪裡呢？往日的快樂戰鬥生活，只換來了夢魂中的悲壯回憶！

上午在事務處借了一百元，冒雨與光瑚、尉周同赴藍田去買紙。回來時，忽然集合。當時都以為有什麼要事，據同學說「美蘇將開戰，日軍三十萬開往青島」，頓時內心一怔，為之慄顫。但訓育主任報告的是紀律問題，只說此係謠傳。金鈺的信，今天始發了。

二月九日　天候：雨 星期三

連日陰雨，寒威襲人，那高山頂上的樹，像故鄉清明時節的杏花，樹下落滿了花瓣，又像白蘆花，原來是雪呢！這也是南方與北方不同的一點。

飯漸漸不夠吃了，再不用說人家二分校「吃飯打衝鋒」了。上午訂完本後，至父親處吃了一頓伙子及花子。一切都安定了，我的工作計畫應該開始了！但心中卻始終缺乏像前年那樣強幹的精神。不過非決定恢復那樣精神不可。

晚飯時，聽一位同學在說青島的情形，也沒說出個頭尾，一定是凶多吉少！

晚上灯談鄉下男女戀愛及婚禮的情形，津津有味。

二月十日　天候：雪 星期四

昨晚說一回、唱一回，四鄰沉沉入夢時，正是我們興高得意之時，睡得很晚。今晨連起床號都沒聽見。醒來時，戶外白雪暟暟鋪地。雨呀、雪呀仍不住的下。那幾天沒上課的大代數老師，今天卻不辭雪雨而來上課了。早飯雖有訓育主任在場，秩序更亂。

下午國文班上，父親說剛從浙江來了一位先生，據說青島、京滬一帶，非常紊亂。浙贛線上的飯特別貴，一元銀元四碗，且不要金圓券。

將書用一頁板閣起來，省得每日翻來翻去，把它都翻碎了。晚飯很多，秩序又恢復了嚴整。

二月十一日　天候：雲　星期五

昨晚丁、韓二人提議到樹滋園去搬床，但床大門小，又拆不開。今晨才去拆回來整好，但只可睡四人。立三與興邦又去叫木匠做上一個小床接上。這樣我們這小小的宿舍倒像個樣，可是事務主任說：「天好了，你們要搬的……。」管他怎的，先整好再說。直至下午始收好了。

晚上寫好國文〔唐詩〕，又將未包皮的書一一包上了皮，又寫上了書名。又一時之高興，寫了英文詩「now」及生活即戰鬥等之語聯貼於桌旁。他們皆喜笑不已。

據報紙，看平和無希望，共軍正準備渡江。

二月十二日　天候：雲　星期六

不知不覺已是舊曆元月十五日，在故鄉時，今天晚上特別熱鬧，小孩子們都忙於點花灯，在大門外奔跑著，爭著比賽花灯，屋內也無處不是灯，明亮的滿月普照的大地上，越顯得光明，村內鑼鼓喧天……。真是另種滋味。

此地只不過在天亮，家家放了一陣鞭炮，中午又一隊龍灯會，吹著、打著、嗚嗚呀呀的走向藍田去了。沒有什麼表示。

午後據訓育說，京、滬、杭的各流亡學校均一遣散，高中的參軍赴台……。又最近楊家灘曾遭匪劫。據說這些土匪在南ＸＸ山約有萬餘人，武器精銳。令人咋舌，不過離開了浙江，現在可說不幸之幸。

二月十三日　天候：晴 星期日

久雨乍清，長空如洗，陽光和照，使人愉快而興奮。早上準備燒水燙衣服，當同韓去找木頭時，看見在訓育處外面，七、八個同學在哭喪著臉坐著，北面一張床上，覆蓋著一個人。啊！原來前天送往寶慶醫院去的那個害胃病的杜善慶同學，已於途中嗚呼了！頓時心中有一種說不出的淒涼，我雖然不認識他，但想到流浪異鄉而亡命，是多麼的怨？又想到，人生的空虛……。早飯後，大家同去看著把他埋葬了，正在埋時，忽然有同學從藍田來說，流亡學生將編成軍隊……。頓時在每一個淒苦的心靈上，又如籠罩了一個悲憤的陰影。大家懷著空虛不安的情緒，拖著沉重的步子，一路上詛咒著，心內計畫著，有的要回去，有的要反抗……。全校內，各個在恐惶著。

晚飯後，與丁去割粽子，七時許始歸。至父親處去，其他同學早已蒞臨，大都是由於今天那個消息驚動的而來。原來此消息沒有證實。不過報紙上已登載了這個消息。校當局亦未接到任何命令。總之，在任何條件下，是不去當兵的。

今日十六日，晚上這裡的獅灯會，又活躍了。

二月十四日　天候：雲 星期一

天又陰起來了。又冷了，昏沉沉的，真悶人！早操只有一半人到。經過這幾天的陰雨，全體的生活，由此可看出是散漫了！

早飯時，忙於奔飯場，摔了一跤，打碎了一個碗，手也割破了，胳臂也擦去皮，褲子也沾了一些泥，真倒楣！尤其把那些女生笑壞了。聽說校內有藥，便去訓育處開了條，但結果大失所望，好容易才要到一塊四寸長、三寸寬的紗布。

又從藍田拿信來了！同學都擁擠在訓育處，等著可以接到青島的來信，以慰心中的牽掛。沒有我一封。他們也都是由長安鎮轉來的。其他的是半月前青島寄的。長安同學說朱玉憲、朱樹增等，現已達長安，即將前來。

二月十五日　天候：晴　星期二

今天雖然是古曆十九日，而那些耍龍灯者仍時出活躍。天氣暖洋洋的，打粽子曬好了，將啟勛給我的一個枕頭弄好了，將前日洗的衣服整好了。前面校中租的一塊地預做操場用，已經動工整理了。

老韓自昨日，因未接到家中的信，便大發脾氣，罵著青島的友人。

二月十六日　天候：晴　星期三

老韓的家信已來了，匯了四百元，他今天變怒為喜了。

晚飯後，與啟勛登後山。看見那些同學，有的在滿山點火，點好了便逃之夭夭，有的在作戰鬥，追亡逐北，攀山登嶺，累得滿頭汗還是不停。偶而見見我班三個女同學（曲宜叔、曲敬香、任修言，我們稱她三姐妹），亦匆匆登上了北山，我們看她們幹什麼，原來她們來的用意亦是放火，只見她們點了三塊地方，便跑向山後去了。「流亡苦」，我看這也是苦中之樂。

二月十七日　天候：晴　星期四

據同學說本地有很多同學來要求加入我們的學校，校方只准許了二十名。久未提筆寫文，這一禮拜又要交作文，感到非常生澀。好容易才湊成一篇，零碎，自己也感不滿。

晚飯後，依舊是與啟勛登山，四圍的山上，火光熊熊，煙瀰漫了每一個山崗、山溝。

啊！還添書籍簿！校方還像煞有其事呢！

晚上去領油，第一次他們沒記。便趁火打劫，又去領了一回。灯下接宋桂發的來信，知道他現在是難過至極，青市危在旦夕，並謂省中某學生聯絡要求市長南下，接獲共黨的信「……他們走不了，要你們的頭……」由此可知青島是如何的紛亂。唉！恐怕這是最後的一封信了，天各一方，不定怎樣。

二月十八日　天候：晴　星期五

完了！美麗可愛的青島，由今天的報紙可斷定是一定被共黨控制了。不知家中怎樣，更不知那些親愛的同學現在又怎樣了，世事風雲莫測，當去年的今日，誰會想到青島能有今天呢？

早上在新操場上跑步，非常燥人，泥水裡，真不容易走。

校長報告關於與趙校長的事，同學不要再在報上宣揚。同時報告一分校自治會所問的一些沒有意思的問題。下午，湖南大中學所捐的衣服，每人抓上，我領了一套制服，雖然已舊，不如別人領的，但心內已覺滿足，還正愁衣服穿不了呢！

二月十九日　天候：晴　星期六

天又雲起來了，雖然在早上下起雨來了，但午後卻雲消雨霽。週會上校長在這第一次週會上報告，週會的來由，及演變，次報告校內經濟狀況，及收支情形。指導同學生活應改進的幾點。次由訓育主任指示同學一切生活上之缺點。事務主任，以幽默的口吻，滑稽的姿勢，報告校內費用的收支等，以解同學對校方之懸惑。

二月二十日　天候：雲 星期日

實指望今日好天，可以洗衣，曬被，誰知早上便下了一陣雨。陰霾的天，一切不得實現。飯後，拿著破皮鞋與建浦叔同赴藍田，結果什麼也沒做，又回來。

二月二十一日　天候：雲 星期一

上午安化縣長曾來校一遊，並向同學訓話。謂「同學應當注重實際，不要空喊口號……。」他姓晏，是校長的同學。穿著一身藍色舊的制服，帶著兩個衣服不整齊的護兵，背著匣子槍。

晚聞，二分校校長帶著二十餘同學，已往一分校，可能明天來校本部。

二月二十二日　天候：雲 星期二

上午二分校校長鄒鑑，帶了大隊人馬威風凜冽。將那些救濟衣服領去了。據說英文、算學老師都來了。那麼功課將要開始打衝鋒了。

二月二十三日　天候：雨 星期三

陰沉的小屋內，戶外細細，等閒又是一天。上午寫信給陳德信。

晚飯時，大家站好隊好久了，我班新來的一個Miss，窈窕、風流，穿了一個桃紅色的線外，她的曲線暴露無遺，同學見了，怪聲百出。她卻仍是姍姍的走來，面上紅是火。回去時，不知怎的脫下了。

二月二十四日　天候：雨 星期四

據報紙載，毛澤東將會晤各和平代表。和平談判，似有點希望。北平的國軍已被共軍編整完俊。閻錫山、白崇禧，連日接觸繁忙。英、美都紛紛向共方要求通商，美郵輪一艘已抵大沽。

灯下接到金鈺的來信。知青島情況漸緩和，他已將南來。他大發脾氣，說我不給他信。說來真太慚愧了，第一次因沒知他的地址，八日寄的信，大概他沒收到。太對不住他了。唉！你又為什麼來這樣淒厲的句子來刺激我呢？唉！……

二月二十五日　天候：雨 星期五

連日陰雨，頗使人鬱悶無聊。

雖然報紙整日說「和平將成功……。」但有同學接到青島的來信，卻說：山東年近五十者，皆徵往前線。日前恐惶的青島，竟又成了共區人民避難之所了。

校長的一群小孩，整日鬧洋洋的，都差不多一般大，尤其張鑫（女）才六歲，更活潑天真，說起話來幼稚令人發笑。大胖子好像電影明星殷秀琴，一切行動滑稽可笑，才五歲呢！張磊八歲，據校長說，她自二歲就離開了父母跟著奶奶，直至去年才收回來，她不認識他說的父母。晚上在這裡玩了一會。

二月二十六日　天候：雨 星期六

昨晚睡得晚，今晨天大雨，直至吹上自習號才起來。

真不相信師範班的同學會那樣野蠻。其級長與一個同學，竟因說話而行兵動武，彼此抓著頭髮。好容易才由同學拉起，又要見校長。在本校還見過。下午週會上校長發表：為了增加同學們的副食費，將由同學自己去挑煤。並將於下星期舉行考試。門前租的那塊地已不準備做操場了，將要種菜。男女同學間，要和藹，不要歧視。強調不准男生到女生宿舍去，更不准男女同學深夜不歸。

二月二十七日　天候：晴　星期日

久雨乍晴，愉快異常。昨晚與新來給三年級教物理的一位陳老師，談論著他的經過，他在南京工程署任機師，任ＸＸ汽車廠的廠長……。又談起中國工業發展的情形，令人興嘆！可憐的中國啊！可恨的中國人啊！只知自私自利，管他什麼國家民族、人民福利。工程、機械是我最感興趣者，不但是我，住在這一屋的同學都是這樣的主張。

上午洗了衣服，洗了身。下午飯後與立三、興邦又重上屋後久未上了的小山，拔了些澤蒜及苦菜回來吃。父親的美國筆又到我手了。

二月二十八日　天候：雲　星期一

連日的陰雨雖然有點冷，但廬左，女生廁所外的一株桃樹，卻冒著陰雨而開。田間已有農夫叱牛耕地。春已姍姍來了！

下午三年級去挑煤，我班赴三分校去抬籃球桿及雙槓。

近日盛傳劉伯誠投降在武漢附近。據中央播廣是五十萬，據中共播廣是十五萬。

由同學的來信知道，王校長秋圃及其他幾位老師皆於古曆元旦離青赴滬。並聞杜仁山將來視察，有接收一分校的可能。

三月一日　天候：晴　星期二

旗桿已豎起了三、四天了。昨晚一陣雨，今晨仍未上早操。但不覺中，國旗已飄揚在天了！早飯後，全班出發同校長赴煤礦去挑煤。為了防熱，預先在家裡換好了單衣。路上走著還是流汗。尤其爬那如梯子似的山路，共有五、六里路的樣子。煤礦的周圍全是一些如煤的石頭。煤礦的規模很簡單。只有一間小草屋，那是工人的廚房。煤礦是一個大洞，用木頭支成一條洞。非常險。工人都赤身露體，染得一個小鬼，用小筐一担一担，經過一千多步才能上來。

回來時走錯了路，好容易才轉轉著回來了，衣服已被汗濕透。及歸，已有三人來到了。

三月二日　天候：雲　星期三

昨晚與光瑚等想去看我們班的作文，未應。今日上午乘著第四節前往。只見都是琳瑯滿目。可是好者寥寥。女生兩個作的都比男生好。同時見到梁漱溟先生所做的一篇社論。詞意深切，理論確切。皆中庸之道。又吃了一碗豆腐。

守國接到了實強的來信，知省中已是垮台，同學皆紛紛南下。不知金鈺是否已南來了。

灯油是每兩天一兩，我們宿舍內兩個灯，更是不夠點的了。今晚便因油與立三口角。還沒吹下自習號，便躺下睡覺。

三月三日　天候：晴　星期四

校長於昨日降旗時曾發表，月考將於下星期六舉行，大混合。雖然他說不怎樣的重要。但卻是一個編級試驗。只考主課。四分之三的功課不及格，將要留級。

幾天前便想曬被，總因天氣未能行。今天耽誤了二點鐘的時間於曬被。最後繩子斷了。幸而房東大鬍子先生，告訴我，要我曬到他家樓上去。他又親自告訴我地方。這真是使我奇怪。怎麼從前守國在他院內走了一趟，他便把門關上。而今卻如此殷勤，必有特別用意。降旗時，校長曾解釋集訓的事情。絕沒有事。我們是服從教育部，其餘任何的機關不能支配我們。

三月四日　天候：雨　星期五

早飯時聽同學說，我們同學去押運的米，被流氓搶了。後來訓育主任說，大部的米已押回來了。只有一船未來，在昨夜曾有流氓數十拿著鐵棍去搶，曾被一個同學奪了一根鐵棍，與他們對抗，損失的米很少……。又派師範全班出發，前往押運。歷史班老師講漢楚之爭，項羽之勇敢及臨死時之精神，令人感嘆。又感到自古以來，天下的殺伐，皆是自私自利。講什麼禮義。如同現在一樣。

心緒不靖，混混糊糊，不知怎麼才好。晚自習不知怎樣才好。糊塗中過去。

三月五日　天候：雨　星期六

自從到這裡來，已打破了兩個碗，摔了一跤。今天早上，又把那個心愛著在海買的鐵碗掉在地上，雖沒有碎，卻已掉了一塊磁。紀念週回來時，又摔了一跤，雖沒有損失，卻沾了一身泥。青島又來了六位同學，只認識兩位，只一個能叫出名子來（宋雨勤），他是在二月十三號離青赴上海，並說還有六百多位同學已抵上海。接著便收到金鈺的信，他已抵上海，住於同鄉會。其他一點不知。他只是淚呀！哭呀的！這或許是由於我們的交情太深吧？我實在對他有著一種說不出的愛及熱情。這是有生以來之好友。

三月六日　天候：雲 星期日

鞭炮響連天，門前一塊被我們預作操場的地上，幾個鄉人在佈置場面。鋪上一些草，上面滿佈了紙，還有三個桿，上有三個小紅旗。一個簡單的木台上放著一張方桌靠著北面土崖。還有紙紮的樓閣……。一會兒都火化在和尚唸經聲及一些穿白衣的哭聲中。今天晚上又是這樣。這就是南方的喪禮。今天精神異常頹靡，悶悶不樂，上午睡了兩個鐘頭。後信步徘徊於東面小溪及小山上。據父親說，和談無希望，且有南北分治的可能。

三月七日　天候：雨 星期一

昨晚直至十二時以後才睡著。那家遇喪事的炮鞭，間續了一夜，又直至今午。

早上到教室裡，見黑板上寫著「跳舞吧！」許多同學口裡也說著。使我莫名其妙。後來才知三姊妹昨晚在東面小山後大跳其舞。她三人的一切行動皆表現著一種迷人的魔力。她們本身恐怕也正是急需於發洩其青春之火。所以她們也說苦悶呢！

晚飯時，訓育主任大發雷霆，是因為有同學將廚房內的菜碗拿去不送來。以致晚飯無法開了。陸軍訓練總隊招訓的佈告今天貼出了。但下午便被同學撕去了。

三月八日　天候：雲 星期二

近來的心理及情緒又像去春一樣動蕩，固然是時局的刺激感到前途渺茫，人生無味，也卻是由於春神的誘導，春風的吹襲，心意蕩漾，猶如脫韁的野馬，不可制止。

三月九日　天候：晴 星期三

雲消雨霽，烈日如火。第三班後穿著在青買的A字球鞋，拿著望遠鏡信步至蕭家沖。認識了三個小朋友，他們都在養正小學第二部上學。天真活潑。一位老闆叫梁綸發，與他談著本地的情形，談得津津有味。由他的談話知道，此地人多是從軍在外。並且在一家的牆上還畫著散兵行、散兵群呢！歸來身上汗如洗。啟勛頃接長安鎮石心公的信還是雙掛號呢！原因是房東那個大的婢女要出嫁，而她卻終日哀哭，要求同學援助她。他們的意思是要啟勛把她介紹給青島中紡公司。不過那個希望太小，無奈才告訴父親介紹給校長。那麼這等待他們在那裡工作的結怎樣了。那個姑娘和藹柔溫，工作精細，又能吃苦耐勞。我們全憑正義，要援助她，這正關係著她的一生的前途。

三月十日　天候：雲 星期四

昨晚明月當空，滿天繁星，夜色蒼蒼，頗有春色惱人眠不得之感。家中來信，告訴父親，經濟困窘。父親忙著與同學辦理遞換銀元。同學如要用錢可寄信與青之家中，直接交與母親，共同來信後，父親在這裡還給同學。春色真惱得我眠不成，十一時才入睡。四時又醒。一心想今天是一個晴天，但是又雲起來了。早飯後將父親的衣服洗了。早上王老師來告訴關於那個浙江姑娘，校長不允。真使我們失望，又煩悶人了。

三月十一日　天候：雲 星期五

明天上午舉行月考！個個皆視若難關。都開始了空前未有的用功，山上水邊……，處處三三兩兩，都捧著書本在死拼。我卻一點看不進去。晚上獨赴後山一遊。

晚自習一點書也沒看，丁、韓二人高調闊論要組織第三者，要組什麼會，準備革命……。真是英雄！但到底是雲消氣散，有意思？

三月十二日　天候：雲　星期六

前同學們的喧嚷，學校當局的表明，使同學們皆沉溺於風聲鶴唳、草木皆兵的氣氛中，雖然都是弓上絃、刀出鞘的準備著，但心中總是不穩——考試來臨之前夕。但是今天已是決勝負的時候了，都懷著一顆忐忑的心走入了試場。結果並不像想像中那樣森嚴，如同在無人之境，攻無不克，戰無不勝，我相信此次都能操必勝之卷。三場過了，如釋重負，輕鬆愉快。獨自信步向西南，至三甲以東小山上走了一趟。歸上週會。校長報一、考試情形，二、國防部將派青年救國團來組訓及學校對此的態度，三、下星期舉行書圖覽展。

三月十三日　天候：雨　星期日

天空雲著，濛濛似雨似霧的下著。早上起來，徐步走到西面一個小丘上，上面十餘棵大樹，枝葉綠密，清而且出。沉沉的天氣，雖是月考已過，仍悶悶不樂。心緒繚亂，不知如何是好。只出來，進去，又到蕭家沖走了一趟。飯後仍是一樣。下禮拜要舉行畫展覽。要想畫一點東西應付公事，好容易畫了一個小姑娘，上面寫了個「春在何處？」晚上電、雷、雨傾盆，這是到這裡以來，第一次大雨。

三月十四日　天候：雲 星期一

隆隆的雷聲直至天亮始止。北風呼呼，使人頗有春寒之感。雖然上午太陽曾一度露出笑容，但剎那又收回去了。第二班又改為代數，英語又改為第一班。第一班時，級內選舉壁報負責人。嘻嘻哈哈中選出來了。真好險啊！只差一票，我便選上了。這四人——投我票者——大概都是女生。牛馬王、曲、任等。他們這是何居心？怎麼會詳細才到校不到兩月的我呢？

晚飯時，訓育主任曾對日常生活的紀律多有所報告。並謂校長因膳委管理成績優良，明天要犒賞一頓菜。同學都在盼望著明天這頓菜。

三月十五日　天候：雨 星期二

上午早飯後，高一與我班同往挑煤。雖然經過校長的一番斥責始去了，但仍有一些脫逃者，更有一些投機取巧，兩人挑一担。雨地裡飛也似的奔著，仍是不免淋濕了全身。在一家門口直待雨止始行。及歸，已是第六堂了。校長犒賞一碗粉條。尤其是全組只四個人，幾乎吃不了。而韓、宋又借了兩碗，以啟勛當監察的關係——又去領了兩碗菜，又大吃一頓。三叔早上曾告訴，校長命令你們一定要搬到先前小廚房。但下午去看，前後都是廁所，無法居，便集體去訓育處請，校長面允不搬了。原因是我們每天噪噪。回來時，大家特地將門前整理一番。

三月十六日　天候：雨星期三

新來的英文先生，周老師已於昨日正式上課。上課便坐在櫈上，戴上眼鏡，口若懸河，滔滔不絕「主讀一個門子！」但聲音太低。糊糊塗塗的講了一課半。這種講法，等於沒有講一樣。同學皆感失望。基督徒們今天晚上又聚起會來了，這是訓育主任倡導的。陳先生去教歌。直喧嘩到上自習了始散。

班內的演講員已選出了，是兩個女生。

教室內在頂上開了個天窗，下雨便漏，屋內下小雨。頗使人頭痛。

三月十七日　天候：晴　星期四

久雨乍晴，景物煥然一新。頓使人神情愉快。晚飯後，獨步後面小路上，看見西鄰的房東及他的兒子在那大灣岸上，捉了十幾隻泥鰍。興高采烈的拿回去了。

這種魚似蛇，很滑鑽在泥沙中，沒有希吃的。後上後山，又挖了一把澤蒜及苦菜，回來時又是，低頭，獨自漫步於前屋，又赴廁所。後又由廁所轉向西，在西面獨自站了一會。不知他是怎麼了。心內撲撲。獨自在西小土丘上倚樹而立。半時而歸。

三月十八日　天候：晴　星期五

久未上的早操，今又開始了，所以女生有三、四個未到。校長先前所說，「早操不到，停餐一頓」，今天開始了。她們竟集體絕食一餐。曲、任則默默不語，面色憂鬱，慢步於後山，又在小路上獨自徘徊。

東面朱門的房東家的一隻狗，不知是誰打得牠左腿一個孔，血流如注，牠只不斷的用舌舔著。那老太太，口內不停的呼喊著，一定是在罵，我卻聽不懂她到底罵了些什麼。

三月十九日　天候：晴 星期六

一個星期的時間又糊塗中過去了。下了第三班，心內異常輕快。

演講會上很熱鬧，我班的演講員一個裝病不到，一個則大坐其勝。所真特別，從沒見到拉旗的繩子上，用鉤掛著旗子，因此更沒見到那鉤竟塞入滑輪中，降不下旗來。所以晚上沒降旗，只得放在上面過夜。他們都去挖花草準備佈置小園。獨自在家將國文背誦，同時又將習題二十演起，順利異常，如釋重負。後沿小路北去。遇照魚的我晚特盛，田塍上比比皆是，舉著光把。

三月二十日　天候：雲 星期日

深夜，人靜，雷雨驟來。直至天亮始停。早赴西面田塍上散步，見田間水滿四溢，宇宙一切如洗，煥然一新，靜悄悄的，小鳥齊鳴，令人愉快、興奮，使我往返三、四次。——這是我第一次領略到江南春晨的可貴。

早飯後與丁守國又拿著久想修理的破皮鞋赴藍田去，修鞋舖仍沒皮子，且要一元錢。還不如去買了一雙水鞋，才用了八角呢！四、五家商店，都大放盤紀念其開幕週年。結灯掛彩，軍亦沿街放發傳單。久聞的老虎亦已見到，長約八尺（連尾），躺在一家藥店門內的一個鐵籠內，牠不睜眼躺著。不知在想什麼。回來時因折花而二個同學嘲皮一頓。

三月二十一日　天候：雲 星期一

數學題共有七十八題，已演完。輕鬆了許多。英語這種講法頗使頭痛。報載和平暗淡，何應欽的新閣仍未組成。共軍已準備渡江。世界大勢亦暗淡。世界的危機，中國的危機，日趨顯明。

上午寫給開蕙信。晚在父親處見到母親來信，內謂「如將編兵，要叫我回去……。」她是如何的掛念著我呢？又想到小妹妹，不知長得怎樣了！前幾天父親告訴我，她已經會說話了。李缺表兄來信已見到。

三月二十二日　天候：雲　星期二

颼颼的西北風，陰沉沉的天氣，寒意逼人，頗使人有三冬之感。凍腳又凍手。

師範班及三級三班的壁報均於今天下午刊出。琳瑯滿目，內容很充實。我從來對別人的壁報都是只看漫畫，而今卻仔細的欣賞著。而我班還沒有稿呢！雖然級長曾發表每人於明天交上作文簿，恐怕大有垮台的可能。

晚飯後，獨自徘徊於北面小路上，正在路旁挖澤蒜時，見一些男女同學，還有抬行李的，向北走了。原來是有六、七個同學回家。

三月二十三日　天候：雲　星期三

近幾日藍田貨物大減價，據說是因時局的關係。離這裡三、四十里路，有土匪群起。共軍林彪部至信陽，湖北的人有逃來此者。此地的富人貴家亦皆惶惶。

國防部派的青年救國團大隊長及中隊長，昨日已來到，今日午後與同學們訓話，他保證決不能把流亡學生編成隊伍。

宋開蕙的信至今未發，上午赴三甲去，因沒有郵票亦未能發。

皆兵」之感。

三月二十四日　天候：雲 星期四

三級一、二班的壁報今晨出刊了。我班的壁報今天始動工，但很順利，至晚已完成三分之二。晚飯後聽到父親說，土匪離這裡很近，藍田準備歡迎……。頓使我們幾個人談論了許久，大有「風聲鶴唳，草木

三月二十五日　天候：雲 星期五

夜裡的雨直至天亮，朦朧中聽到起床號，心內以為大概不會集合了！還貪戀著熱被窩，因為這幾天確實冷了，晚上一切衣服都蓋在身。偶然一陣響亮的集合號聲，急速的披衣，一方面扣鈕扣，一方面跑上操場上去了。校長今晨重規定運動項目及次序，且親自指揮。我們班的壁報，今日午後貼上了！

三月二十六日　天候：雲 星期六

近日「走」的聲浪風起雲湧，尤以三姐妹為烈，個個亦因之動搖，有大批的同學成群結隊的赴藍田賣行李。據說校方已經去電教育部請求遷往貴陽。因那裡氣候較好，並有一處房子，且戰爭從未蔓延到。如能成為事實，真是求之不得。

啊！想不到我們班的壁報，倉促之間，不到二日，又出得很晚，竟能領得第二名的獎品，真是出乎全班同學意料之外。

宋開蕙的信今天始發出去。

三月二十七日　天候：霧　星期日

早上仍是集合升旗，後便舉行第一次清潔檢察。

昨晚曾一度雲霄雨霽，滿天繁星，都以為今天一定是晴天。但今天卻是大霧濛濛，寒氣逼人。早飯後與興邦經蕭家沖，又與那些小朋友會面，赴三甲將一條褲子剪成了褲頭，花了四個銅元。回來時又遇蕭家沖的小朋友玩了一回。

晚飯後，張訓遠由一分校來了。告訴二分校自鄒鑑走後的情形。同學也都紛紛歸回。老丁、老韓，今晚大施其法術，黑夜裡，偷了一大些竹筍。

三月二十八日　天候：晴　星期一

天微晴，涼風拂拂，使人頗有秋天之感。

今天精神不佳，週身疲乏欲睏。上午獨步向西北繞過小山至普明山而歸。守國、光瑚、訓遠等則同赴藍田看一分校演《升官圖》去了。至晚始歸。

校長於夕會上發表教務主任由陳厚德老師擔任。陳老師是品學兼優，忠厚文雅。並將給我們擔任物理。

他們看劇的回來，領著飯，在西鄰老闆娘家裡花了八個銅元，將竹筍做著吃了。我也跟著吃了一頓。這是我有生以來第三次吃竹筍，記得第一次是在小時候，家裡請客時。第二次是前些日子在父親處吃的，但從未若今晚吃的好吃。

三月二十九日　天候：雲 星期二

連老師們也是像我一樣，連今天是青年節都忘了。幸而新來的副校長及潘隊長向訓育主任說時，同學們才恍然大悟。往年的青年節是在青島，在今天，匯泉又有大集合，青年檢閱……。老爺太太都在台上高聲朗誦著青年，滿街都貼滿了花花的頌贊青年的標語，報紙上出專刊。在青島大概還和往年一樣吧？！但這裡訓育主任卻下令要紀念青年節要好好讀書……。來度此日。

幾天以來，吃了飯肚子便痛。上午赴父親處，他告訴我晚飯他給我燉肉吃。精神亦很頹靡。當我翻到勞中三、二各同學寫的紀念冊，上面畫是鼓勵，充滿了蓬勃的朝氣。而今我好像成了一個老人了，要想恢復那時的精神，終不可能。對一切事情，覺得淡泊之極。沒有趣味。正日迷迷糊糊的。下了班總是獨自在西面小路，仰視浮雲，俯視田內的水，出神，不愛說話。連我自己也不知所以然。功課都放在腦後。

昨晚將睡時，出去小便，看見在白天我所見的，自北面蹣跚來的那隻灰色的狗，在呻吟，我知牠一定要死的。今早發現牠已在廁所西面，老闆的門東死了。老闆得貨了，將牠燙了，刮了，一部拿去賣了，一個頭及五臟，老闆預備做來吃呢！

任修言走了！三姐妹成了二姐妹了！

三月三十日　天候：雨 星期三

天不亮，又下雨了。今天的便宜可叫我討著，至快上自習才起來呢！

晚飯與光瑚同在父親處，每人吃了一碗肉。飯後與興邦踏著泥濘的山路，繞至西山，曾用手車水十餘分鐘，後由普明山，採了一枝梧桐花歸來，插在留春塢中。

三月三十一日　天候：雲 星期四

早上接到金鈺的來信，再三閱讀，異常興奮。得知他現在已在衡陽南鄉車江。上午便寫起了回信給他。我希望他能來。昨日，我班壁報編輯給我一本他們所得的獎品。是妙高峯中學高鵬程捐的。

午後晚飯仍帶一碗飯到父親處去吃，這次可是我先到了。父親親手給我做菜，送給我，拿水，又像對一個三、四歲的小孩一樣，問我吃飽沒有，飯是硬吧？……。每一星期內，我叫你吃兩次，每次五分錢的肉，肚子痛，全是缺少脂肪。吃完了還以柔和的聲音告訴我「明天下午還來呀」。我長了這二十歲，父親沒罵我一句，更連一指頭也沒打我，但我始終非常怕他。他也是非常愛我。尤其這幾天來他的對我，更使於我心有戚戚焉。晚是又是一頓竹筍在息灯號後，這次卻吃夠了。不像先前若不是吃完了還想吃，這次卻自動放下了筷子。

四月一日　天候：雲 星期五

昨晚王敏培在這裡吃竹筍，息灯號吹了後，才摸索著回去。今晨聽他昨晚掉到前面稻田裡去了。滾了一身泥，衣服去洗透了。口袋內還有幾個銅元也都鑽入泥裡去了。真是得不償失。下午訓育主任報告，本地保長通知校方保產公約。謂近有不法之徒偷竹筍……。聽了不覺戚戚焉。

晚飯後，接到張澤善的來信，真是喜出望外，拆開，抽出一份又一份，再一份、又一份。先聲、子鑫、梅合的信都來了。興奮之下，灯下寫回信，寫了兩頁，灯油已盡，只得就寢。

四月二日　天候：雨　星期六

一早上的工夫，才把昨晚未寫完的信，完成了。劉方毅等於昨日回杭，共四人。下午冒著雨，仍拿著一碗飯赴父親處吃肉，他每天親手給我做一切，添醬油、倒手、又守著我吃飯，吃完了照例慰問我一番。他告訴我每星期六招待我一次呢！叫我不要忘了。

四月三日　天候：微晴　星期日

今天當地人，都忙於掃墓。原來清明將臨了。各處有墳營地的地方，都插滿了，一個小竹棍掛著一條長紙，成連錢狀。鞭炮響連天。昨晚還曾談及故鄉當清明來臨時的春光。微風拂，真是吹面不寒，細雨紛紛，真是沾衣欲洗。綠草如茵，鳥語花香，新翻泥土的氣息裡不時傳來此牛聲。一切都呈著新生的意味，使人興奮愉快。

幾天來便與啟勛計畫在今天到一分校及十五中校去參觀。飯後便匆匆往。一分校的校舍是前國立師範附中舊址，規模亦不小整齊，但裡面被一分校同學鬥得亂七八糟。髒得很。據一個同學告訴其校內情形，全由少數高年級把持，校長去京已不回。每天不上課，每半月大吃一次……。又見得其校長由京的回信，大意謂其不願離開同學，又謂高三的同學，他亦把他們介紹給師範學院……。真是大孩騙小孩。回來赴十五中學。十五中學，在一個長滿高大參天的松樹山崗上，即前國立師範學院舊址，規模之大，在我所見過的中學是第一。風景清幽，房屋都是近式的，每兩人一個自修室，設備完全。看見幾份壁報，又見到一張大佈告，是其高八級出的，內容是在反對管油委會的貪污。又認識了一個同學——張銳。

回來時，藍田南，興邦、啟勛與我，每人吃了兩個煎的小果子。適李雪梅等三人由藍田而來，他們笑著過去。既我們吃完了走了三、四十步，她們也回去買吃了。她們更笑得出色呢！

聽說化學先生亦於今天來了！

張金鈺及張澤善的信，今天始發出去了。

四月四日　天候：雨　星期一

傾盆似的雨，直下至午。

午後聽說和談消息暗淡，共方要求國民黨撤出南京、上海為和談的先決條件。

新來的潘教官今天開始上軍訓了！

四月五日　天候：雲　星期二

近來校方不知誰刻了一個國防部青年救國團煙台學生縱隊之圖章及軍人家書之章，有人說蓋此章可以半費寄信，同學皆都紛的蓋此章，都以為可是得著便宜了，但昨天都退回了。早飯後，把二日曾寫的給妙高峯中學郭茂芝及高鵬程的信，今天始寄了。

早飯有六、七個同學，因早操不到，被罰不吃飯。而四個女生卻因女生指導員偷的飯給他們吃了，所以惹起同學們的噪鬧亂喊。楊恩恆病了十幾天了，今天曾赴藍田治療，幾乎危險，據說溫度零度，脈搏不動。醫生都不敢動手了。後來打了一針始漸好起來。

四月六日　天候：雲　星期三

天空雖是雲著，但頓時高起，清爽起來，頗有晴天之希望。早晚後二一二及一級赴煤礦挑煤，因近來陰雨連綿，礦內多水，好容易才交涉一家的濕煤。與光瑚共挑一挑。在那裡因搶著先回來，也沒過秤。回來秤了五十九斤。

四月七日　天候：雨 星期四

拂曉雨淋淋，不上早操，貪戀被，酣睡一場，但上物理課仍欲睡呢！

晚上聽一位老師說，北大學生紛紛由張家口經甘肅一帶逃來。傳作義的一個軍長在平自殺。同學又謠傳武漢緊急。又使人惶惶。

四月八日　天候：晴 星期五

久雨忽晴，烈日動人，早上著棉衣猶覺冷，上午則若三伏。田蛙齊鳴。上午趁機將久未曬的被褥曬了。晚據父親說濟南學生都被編為兵，調往蚌埠準備渡江。和平的希望很微弱。滿天繁星，高高明月，蛙鼓齊鳴。好一個月明江南之夜。

四月九日　天候：雲 星期六

晴天的第二天早上，必定大霧，這好像是個定理在這湖南。

校方早已宣佈要同學在課暇赴訓育處種牛痘。始終沒有時間，上午乘暇種了且將頭也剪了。今天是星其六，故又可吃一碗肉。

晚飯因為同學都忙於整久已醞釀的圖畫展覽的字畫。故開飯很晚。降旗後，宣佈明天大檢察的方式及檢察隊之組織與標準的內務。不禁使我想起當初受那一年的軍事訓練。在星期六及星期日早上是大忙特忙，整理內務，擦槍。被須疊得寬二十公分，窄十公分，還須有稜有角……。

今天教官所規定和軍事訓練一樣。

四月十日　天候：雲　星期日

早上我們這個小屋內在平常是很靜的，但今天為了應付大檢察，便在吹了起床號後便起床，將一切東西都搬到小磨房內，牆上先是掛滿了包裹及各種東西，此時亦都拿光，只留了五床被及褥子，完全按著規定做好。還有一張小桌上面放著五個牙缸，下面一個洗面盆。在先是亂七八糟，窒息人，現在卻整齊異常，清爽悅目。又將面外的小花園整理得清秀，將立三昨天去挑煤摘來的野花插在每株蘭花上，猶如蘭花開了奇異的花。

在集合檢察了個人的疾疥、衣服、指甲……，後便開始檢察了。我們的宿舍也博得好評，可惜不到半點鐘，又恢復了原狀呢！

書畫展覽在飯廳內，都貼於壁，雖是疏疏落落，精彩琳琅，可是足以反映流亡學校的艱苦。沉寂已久的遷貴消息，又復聲揚起來。據傳說可能在十日內開始。好像必能成事實似的。

晚上啟勛接到紀佃祥的信，內中提及母親責我不回信。心內頗覺遺憾。李懷祥今晚在此，灯下高話闊論直至吹下自習號才回去。

灯下寫給母親信。

四月十一日　天候：雲　星期一

早上拿著母親來的便條赴父親處。適啟勛已至。見到畢慧芳給啟勛的一封信，內中淒慘驚人，末後寫著「絕筆」二字，令人驚奇。或許此時她已不在話下了。啟勛只得把剛才丟在信箱給他的信取回了。給母親的信，連紀佃祥的信一塊寄了。

三個分校的代表都來了，共議南遷問題。

四月十二日　天候：雨　星期二

昨晚還沒吹熄灯號便躺下了。傾盆的雨直至天亮。據說昨天的會議中，只二分校不同意南遷。可是校方已決定南移。據說副校長將於明天赴貴陽聯絡校舍問題。下午將要上班時，與郝禎福赴西面那個賣油小渣果的小孩處，每人吃了三個，花了六個銅元。晚飯時接到妙高峯中學高鵬程的回信。興奮異常。其內容自歉，又多鼓勵。

四月十三日　天候：晴　星期三

昨夜起來小便，夜深人靜，長空明月，大地如水。今天又是一個晴天。上午將換下來好久的衣服洗了，所領那塊肥皂也光了。

四月十四日　天候：雲　星期四

啟勛、老丁，近來春情蓬勃，如顛似狂。不但是他倆呢！

夕陽上慢步，繞山轉嶺，至三甲，又認好幾位小朋友。薄暮歸。

四月十五日　天候：雨　星期五

盛傳說將於十三號開始遷移，但未經校方及各位老師之證實。晚上開校務會議，大概能有個結果。

這一期的炊委會有方，且很盡責，節約了四佰多斤米，校長特別發銀元四元，加一頓菜，以資鼓勵。

四月十六日　天候：雨　星期六

週會上發表了遷校的問題。遷移的原因是因生活的逼迫，而不是因事局。共分四個大隊，大隊長由各校長任之。下設中、小隊等。每人須帶被子、衣服。其他行李裝運。每一大隊為一單位，分期出發。決定的日期在本月二十六日。並在下星期舉行。同學聽了，大有喜憂交迫。師範部本地的女同學聽說此消息，於今日在大鬍子房東南樓上舉行茶會。

晚飯與啟勛共同領了一大碗飯，赴父親處吃了一頓竹筍。

四月十七日　天候：雨　星期日

急雨斗室中，一天的工夫始將物理筆記糊糊塗塗的抄起來。晚三叔來閒談至下自習號。啟勛前日寫的信給曲敬香，近因馬仁傑不在不得詳情。今天始知詳情。李雪梅為傳達者，但結果失敗。怪不得她近來見了啟勛竟板起了面孔呢！且女同學均都知道。啟勛懷著鬱鬱的情緒，灯下寫回信去解釋。

四月十八日　天候：晴　星期一

雨止，天熱，使人懶洋洋的。上午登西山。

據說二分校不遷了。故其同學紛紛來了。各科均將提前考試。下午接金鈺的來信，知他那不但生活苦，且被壓迫在兇慘的勢力下。但他還沒決定到這裡來呢。

四月十九日　天候：雲　星期二

久想修理的皮鞋，近因將出發貴陽，不得不花上這兩角元洋了。

四月二十日　天候：晴　星期三

天氣很熱，換下了棉衣。早上考英語，翻譯一頁課文。遷移的日期又變更到二十七日。

四月二十一日　天候：晴　星期四

歷史亦於今天下午考過了，頗感頭痛。

四月二十二日　天候：雨　星期五

期考由今日始。第一班為物理，題目都不難，但第三題卻因疏忽了一個數字的小數點，以到答數懸殊。真是「差之毫米，謬之千里」。校方派了兩班同學赴藍田送老師們的行李。晚飯後，校長講話大發雷霆，因為三分校造謠生事。真令人可恨！

上午父親給了三元大頭，一吊銅元。

四月二十三日　天候：雨 星期六

大考今日完畢，同學都以為可以放膽大樂，但接著來便是恐懼「共軍渡江，長沙及各鐵路線均混亂，學校遷移又成了問題」。土匪亦紛起，昨晚藍田戒嚴。頓時又給每個同學心靈上一個打擊，又呈惶惶。

考完後曾赴三甲一行。晚上整理行李。

四月二十四日　天候：晴 星期日

因時局的日趨緊張，原先那些不願遷的分校，都紛紛響應遷移，且非要同校本部一塊走。同時準備二十六日出發，今天公家的及老師、一部分女同學全送藍田裝船。近午便同啟勛赴三甲買了三斤半竹筍、半斤肉、一斤半麵條。在一家老闆做了吃，以實踐我們日前的計畫。離我好容易才吃了四碗麵條、一碗竹筍，啟勛只吃了一點。便借了一個小盆，押了一件衣服，拿回來。卻又被父親叫去替女同學赴藍田送行李。至夜始歸。既歸，他們買的竹筍及昨晚所偷的人家的一個母雞亦切好了。我心內卻不餓。恐明天愴惶，便赴三甲去取衣。既歸，他們已將申得吃不進了。急燒水喝，又洗了身上，又整理了兩隻襪子。始在他們都睡了之後，也吃了兩碗竹筍及一碗飯。

四月二十五日　天候：雲 星期一

早飯吃得很晚，飯後抬著父親的行李，赴藍田上船，汗流浹背而至，但沒有船，在同學們的急促下，便各中隊自行捉船，同時又有軍警鳴槍相助。在一陣大雨之後，經過一陣亂噪，才各隊找妥了船。四時歸。在路見一位老師拿的昨天的報，才證實了父親早上所說的消息。晚飯每組兩碗、豬肉、白菜。黃昏又赴藍田一行。

四月二十六日　天候：晴　星期二

天公好像與我們這群不幸者為難，近幾日總是天晴，烈日如火，熱火欲暈。昨晚只躺在草原上睡，黎明夢中突醒，心內很難過。剛安定了，又要去漂泊。

同時局日趨惡化。此去不知能怎樣，定是凶多吉少。早上六時吃飯，菜在平時都不夠吃，而今晨卻多得吃不了，油也特多，各組都互相拉人幫著吃菜。飯後一部同學招著炊具捎至藍田。在訓育主任的引導下，校長的督鎮下，出發了，更堅苦，更慘酷的，沒有目的的流浪生活又開始了！唉！別了三甲！至藍田，船集還沒開，因為沒有錢給人家。烈日如火燃燒著每一個人的心，汗流浹背，但是只有忍受，只有背著流浪的行李，向著無目的的方向前進。到了長沙，利和（先前來時所宿的客棧）。

客棧才停下，老闆娘依然那樣和氣，先送一杯茶給我，接著便談及我最感難答接的——到何處去？——我本想說我們要回家，未及說出，旁邊一位同學卻早已說：「到貴陽去！」她又告訴我們不要離開團體，這裡人很野，更特別囑咐著，真使我莫名感戴，最後又背起了行李，在「老闆娘再見！……」老闆娘微笑的面色下、和靄的口吻下向前走了。二時許到達楊家灘。由各商店分別管飯。我同啟勛、振琇等四人住在裕大商店，老闆姓陳。起初看來很生杳。兩碗豆腐，一頓乾糧。同去洗了腳。回來欲睏，躺在竹楊上朦朧欲睡，聽到同學說：「上海國軍亦擬撤退……。」驚得頓睡，接著和其他同學論到，我們的前途，真令人恐懼，但只有嘆氣而已。

晚上陳可一老闆拿酒給我們喝。一會兒其上學的兩個小女孩回來，都很活潑，我們問過她們的名字，又叫她唱歌，她們有點羞，那個大的十六、七歲，在旁邊催促著她們，唱了二塊歌，又跳了三回舞，真是天真，不自禁的在一陣掌聲後「自離青後，此第一次見像青島的小女學生跳的舞」我向著啟勛這樣說。及振琇買回糖來要分給她們，她們不受且都要跑。我在裡邊擋著啟勛關著門，又在那個大的指示下始她們始受了。又叫她們一個個親自寫了她們的名字，以備紀念。頓時滿天愁雲具消，忘了內心一切憂思。鄰近的同學也聞風而至，來看這個年輕漂亮的姑娘。

老闆及其伙計正忙於收拾地方給我們睡覺。兩隻胳膊曬得正在反痛。哦！明天六時集合呢！

四月二十七日　天候：晴　星期三

昨晚直至十時才睡。那幾個小姑娘太天真了。那位大姑娘也非常活潑，她雖然不好意思唱歌，但我們唱著她若會的唱的歌，她亦在一邊隨著唱呢！老闆、老闆娘、店員及其一家人都非常活氣對我們，更沒有什麼封建思想。

雖說在六時集合，但至六時都沒有一點動靜。白白的促著老闆早起。飯後，老闆、老闆娘、大姑娘抱著她的未滿週歲的小弟都站在門口，面帶笑容，口裡說著，又點頭，誠使我有連連不捨之意，不禁使我握了握那個小嬰兒的手，在「再見！」的聲中又開始了一天的旅程。

如火的烈日下，滿身流著汗，經過一個山澗，兩邊高山矗立，綠叢中夾雜著一些桐子花，山下是松林、竹林，我們踏著路上繽紛的落花，有的同學不時的發出壯嚴、活潑的歌聲，又有山澗中清溪淙淙的聲，一切的苦惱都消息了，心中快樂洋洋，此時可謂流浪樂了！

二時多到達第二站——婁底，位在中心國民學校內。飯是由預先派同學做好的，三碗菜。後面是一所初級女子職業學校，當我們吃飯時，東牆外站了一大堆的女生在看。飯後與啟勛繞著村子轉了一週。在藍田的船，於我們到達不多時，亦由此過去。

據說昨夜曾有土匪在此附近。當去診療了腳上的泡回來，聽說土匪昨夜光臨藍田，並到我們的船上講。

四月二十八日　天候：雨　星期四

與啟勛共寢在一塊黑板上，夜裡彷彿聽到雷雨聲。早上訓育主任又找我吹號，本來當初是我接的號，後一位同學他要去了。昨日啟勛又要回來，我說我不吹，他交上去了。吹與不吹，與我無有什麼便宜得，既然有同學想著吹，他們吹好了。這樣又接過號來，在疏疏的大雨點下集合，出發了。走了不很遠便下大了，沿著鐵路走，盡是黏黃土，特別滑，摔了兩跤。過河時一陣混亂，只一個擺渡，一回只過二十餘人。後面的來的，站在岸的同學急了，便紛紛爬上了停在岸邊的船，自己撐著，我亦上去了，好容易才過來了，那隻船又流出了很遠的一塊。後來聽說順水而去了。午後二時許至漱水。當坐在村外休息時，偶見打前站的郝禎福，才知父親所坐的船，昨晚曾停泊在這裡。並證實在藍田沒遇土匪。而是剿匪的穿著便衣。這裡也是各家派著住宿，我與陳鳳翱住在中正街二十四號劉仁生家裡，是一個年約三十多歲，有老闆娘，有四個小孩，以磨穀為業。大的女兒十一、二歲，二的男孩十歲，都上過四年學。灯下請他們親手簽字。

四月二十九日　天候：雨　星期五

今天的路程要比前天長一倍啊！早上未集合，便各自前進，一路沿著火車路基，泥濘得不能行，摔跤者頗不乏人。雨地裡匆匆的穿過重的深出的山澗，青山綠水，曲曲折折，頗有桃源之感。

十二時到達潭市，將帶的飯在一家店內炒著吃了。又背起重沉的行李，冒著水前進，下午四時半至湘鄉——大家以為幸福的宿營的，但是正相反，不但不招待，且連個住的屋子都不借，幸而搭前站的同學南跑北奔哀求老百姓家，安排住宿，飯是由自己的自己做。由是大家都對搭前的劉先生不滿，更恨二、三分校少數不肖假冒全校的名義各處募捐。無論如何，算有地方住了，有飯吃了。

四月三十日　天候：晴　星期六

昨晚很冷，夜裡也未睡好。但總須在今天趕到我們的目的地——湘潭。六時許便出發，有些同學倒爬上了汽車，真是幸運！天雖晴卻不很熱，很舒適。但腳上又起泡了。走了四十里，才吃了午飯。雖是走著公路，但走了七十里時，實在疲倦了。路上截了幾回車亦未截住。路上軍車、軍人來往不絕，比起藍田地方，又是一番滋味了。好容易來到了，住在百代劇院。由湘潭縣教育科招待，一餐大米、豆腐乳後，便每人躺在條櫈子上，在明亮的汽灯下，反來覆去至天明。腳上的泡大而且痛。早上一顛一跛到京蘇旅舍去找校醫，上了藥。飯後又拄著棍到街上遊了一天，買了一隻膠鞋，用了三角五分。湘潭街市宏麗，一切都像一個新興都市。今天是勞動者，又是星期日，Miss來往很多，且很form呢！晚上在街上遇著父親，「十時戒嚴，早回去，明晨渡江……」他囑咐著。

只吃飯，不給水喝，這真幹什麼？幸而南鄰一位老闆娘及老闆，約四、五十歲，以挑煤為生，非常愛戴我們，正日在燒水給我們喝。大買賣家，明明他們在喝水，我們要去，他們也說沒有，真是「唯富不仁」。

五月二日　天候：晴　星期一

睡在板櫈上，板得不舒服。吃的飯太硬，牙根顛得痛。昨晚汽灯下，有些同學，唱、談、說笑，惹起一些同學不滿而大喊一頓。晨起飯後，便整隊赴鐵橋處渡江。過江微憩，在一陣忙亂之後，將船上的一切行李卸下，搬赴車站。強烈的陽光，曬得各各汗流如注。各各急焦的心，直待到下午六時，火車來了，在興奮的情緒中，一陣忙亂將行李搬上了車。車在夕陽的和照中開了。大家都以為可以通快的到達我們的目的地了。夜中抵株洲，直待至半夜多始開。車上非常擠，坐都不下。但在車開的時間內，都沉沉入睡了。也不知走了幾站，天亮了。昨天上午吃了一頓飯，所以今天特別覺得餓，赤日又當空，每到一站，只少得停半個鐘頭。真急人！

校長發給每個人一角錢做為飯費。幸而前日在湘潭買鞋，換了一塊銀元，剩了七角的銅元。雞子每個五個銅元，吃了六、七個雞子，及三、四個伙子〔五個銅元〕。日沒抵衡陽，車站內很大，很複雜，尤其近來，撤回的軍屬，各式大炮堆積如山。工廠，散兵游勇亦不少。正要想打聽車江在某處，以備去找金鈺，忽然一位省中高八級同學告知金鈺昨日獨出失踪，恐怕被捉兵的捉去了，頓使我怔住。天呀！我希望這不是事實，他一定能回來的。同時得知省中共有五十多個在車江，今來了十四個。回車廂時，又遇著楊振精。晚飯各小隊自己做。

躺在車上的行李上，覆去反來，摔跤摔得皮股至今猶痛。啟勛等在路東一堆箱子上睡。

五月四日　天候：晴　星期三

早上起來，各中隊忙於做飯。在路西一個草地上集合。校長報告，不能渡江走的原因，湘桂路無煤，工人罷工……。軍運都停……。各點了各校的人數。做飯便在此草場上，挖個窩，放上鍋。大家都坐在草地上吃，真是別有風味。早上只把行李搬上車，下午又搬上月台。先生的行李送在和旅館。在月台上朦朧的電灯光下，一列列車來了又去了，而稍顯清靜的車站，卻又擁擠了，又紊亂了。

五月五日　天候：雨 星期四

早起見站內又亂而擁擠，車上坐了很多學生，據說是濟南一聯中及二聯，預備遷往衡山及廣州。亂忙中抬著行李在雨地裡，到粵漢鐵路福利委員會之倉庫去。行李、衣服都濕了，也有的將行李沒了。

在已洗了的行李上睡了一回，老丁將飯做好了，大家都餓了。每人十四兩米一會光了。西面便是江，很多同學在江岸捉到一些龜，據說一群群的。我也去捉，未捉著。據說今天是陰曆四月八日。這些烏龜是被放生放的。

五月七日　天候：晴 星期六

自昨天起便是各中隊自己做飯吃。不熟又糊了，很難吃。有菜也不行。

屋內東西南北，縱的橫的，掛滿了被等……，進來便覺熱得頭痛。

一分校的學生真是青年的敗類，現在是什麼時候了，還在搗亂呢！氣得父親則在同學面前大發牢騷。無聊中只有隨便拿幾本小說看看，以消耗這無聊的時間，看著書忘了一切憂愁。當看到「性心理」時，使我對性的知識增加了不少的知識，更使我性慾高漲了。

五月十日　天候：晴 星期二

前天晚上乘涼歸來，父親因吃食不舒適而病了，他反覆著、呻吟著，心內無限恐懼而悵望無措。因父親從來沒有病過，直至今天始痊癒了。心內如釋重負。

濟南一聯中亦相繼而來。早上集合赴扶輪中學去聽粵漢鐵路黨部訓話時，每日遇到任仲直、管光宇等。由他們口中知道，他們逃走時是狼狽不堪。當上午在江邊洗澡時，丁樹森亦來了，患難相離，又相逢了。興奮之至。

迷迷糊糊，一日又一日的消失了。二分校前天亦來了。人多了，搗亂的亦多了，環境更困難了。

捉兵者橫行，被捉者時有所聞。趙洪慈被捉去，今日始自江那邊浮水至此岸而逃出。

五月十一日　天候：雲　星期三

上午雖灑過一陣雨，但仍是暑氣侵人。五十四位代表於今晨出發，赴十八所中學訪問（其實即是募捐），情形大致很好。自至此地，同學紛紛渡江看電影。我今天因替公家去抬木材始過去，且只在江邊一帶走了一趟。午後隋殿澤來了，共同赴江邊洗了澡後又留他在這裡吃了飯。受訓育主任的命令與立三、振琇跟著咸益中學的代表去看他們所捐的七石二斗米領米的米店。回來時羅俊代表領著我們去喝茶吃油條。彼此談所有些聽不懂，所無什興致。既歸已黃昏。大風，飛沙走石，黑雲滿天，接著大雨傾盆。夜裡卻涼爽了。

五月十二日　天候：晴　星期四

昨天在江邊，立三給我剃了頭，昨晨又打了防疫針，今天鼻子則不時的打噴涕。天又熱，不勝消受之感。早上與光瑚等同赴扶輪中學去看長安鎮逃來的同學。他們的生活更苦，沒有校長，只散漫的住在車站上及扶中的屋簷下，情形更為狼狽。午後給老師們抬行李，由福和公寓抬到道南中學。

晚上六、七個同學又齊集在北面一個池邊的幾間小茅屋旁乘涼。此時池內的游魚不時的跳著，一輪明月，慢慢的由一朵烏雲後，姍姍走來，四圍的一切都顯得靜而明了。一道金光閃耀在平靜的水面，每個人的心內忘掉了一切的憂慮，唱、說笑、跳……吹號的，鬧成一團。像在另一個自由的國土裡。

滿天的烽火，遍地的血腥，破碎的家園……都不想了，只是縱情的歌，縱情的唱，縱情的歡呼，縱情的笑，管他什麼明天要死！月升中天，才拖著懶惰的步子緩緩回來，正是在集合到道南中學的院子裡聽取訓育主任的報告。

五月十三日　天候：雨　星期五

晨起後，便應命同二十幾個同學過江搬米，既歸已十時許。雨急緩的不住的下著，風颼颼的，涼意襲人，頗有初秋之感，欲出不得，只是躺在屋裡，昏昏沉沉的睡了一天。

上海緊急，武漢放守，傅作義在平自殺……。一連串不幸的消息頻頻傳來。大家只是搖頭嘆息，只等待不幸的命運所賜予的任何判決。我們行動的日期是遙遙無期。

五月十四日　天候：晴　星期六

昨晚在同學的唱、喊、笑聲中，再加上寒氣逼人，一夜沒睡穩。早上訓育主任慣例的拿著他那黑色的帶彎的棍，在一陣笑聲裡，用棍勾著睡懶覺者脖子，直至那些睡懶覺者都起來。當我剛出門時，發現一些同學圍在一起，走近時，原來是都在盤問金鈺逃出來的情形，這真是使我喜出望外，夢中的事真成了事實。

但相反的又在我心中增加痛苦。校內現在不能收任何一個學生。我是不能有更特別的力量，使他能到這邊來。只得先叫他在此暫住，由熟同學每人捎一碗給他吃。

五月十五日　天候：雨 星期日

今天下午又輪到做飯了。聽說隋敬之老師在西站車上，待發廣西，所以午飯後，冒雨渡江，坐著義渡，我們自己搖著，（這是有生來第一次）。沿街行走，看看盡是軍人。西站在郊外一個谷內，約有三里多路。乘客、軍人，非常擁擠。大炮、火藥堆積如山。只因不知他在哪一車內，故未找著，六個人又掃興而回。人家救濟我們的湯粉，每人分得一碗，他們都趁雨出去做著吃。他們帶回來的，我吃著不很好。

五月十六日　天候：雲 星期一

有一位山東老鄉生目者，拉的現子很好，名馳全國，且有人請他赴美。在此特別義演，救濟我們山東的同學。我們派了二十餘位同學前往充招待員。早上在河南修械所內幫他卸十一年式（日式）的輕機槍。三年多沒動的戰鬥伙伴，今始握手。

五月十七日　天候：雨 星期二

過了一天又一天，這算什麼生活？

上海爭奪戰在劇烈進行，武漢已成真空。情況一天緊似一天，此地雜軍湧至，到處都住著，可是能作戰者寥寥。我們的生活亦日趨暗淡。據說後天將斷炊了。

午後與金鈺漫步，由粵漢碼頭沿鐵路回來，見一群像乞丐似的兵在耀武揚威，手中握著手榴彈在向一家老百姓養的一池魚在進攻，個個在五個手榴彈響過後，摩拳擦掌，雄糾糾，氣昂昂，神氣十足，有兩個竟奮勇當先，脫去衣服跳下了水，好不威風啊！那老百姓只嚇得蹲在一面，瞪著憤怒的眼，懷著一顆火熱的心，敢怒而不敢言的望著他儲心集慮所養的一池魚，作了這一群破爛不堪的兵老爺的勝利品了。他們提著一籃戰利品——魚，臉上露著猙獰的笑影，表示他的勝利了。啊！到底我們的隊伍能幹呀！不然，共軍哪能如破竹的直趨江南呢？

五月十八日　天候：晴 星期三

學校因將斷炊，不得不將人家捐的布出賣。由同學自動去賣，每塊十五尺，一元。多賣了是同學的賺錢。早飯後，與守國、光瑚、振精，四人拿了一塊，賺了二角。回來時，聽說副校長回來了，同時聽說校長去廣州幾天來的結果是今天來的電報——赴台灣。同學都在恐怖著赴台這條路。但不去又有什麼辦法呢？

前幾天隋殿澤說別了二年去當青年軍的孫舜建同學亦在此。幾年來便想去看他，苦不知其住址。午後他竟然來了。他仍是二年前一樣，神氣十足呢！由他的談話中知道他們在北平作戰慘烈的情形。青年軍完全撤出。那麼周玉文一定亦是隨軍撤出了。可是不知其下落。彼此戀戀不捨，直至黃昏時，才送他上船過江。

五月十九日　天候：雨 星期四

王殿玉的演奏，同學都紛往觀，嘖嘖稱讚。午後與三、四個同學渡江往觀。在那裡又遇著孫舜建及同他一塊的馮、鄭二同志，他們二人很滑稽，一言一語都使人笑。在未開始演奏前，他們詳述著北平作戰的一些滑稽事情，真令人笑得痛肚子。我們一塊在窗外聽。古樂家的王殿玉實在沒有點特奇，一個大肚子瞎子拉著一個「現」子。他所拉的也沒有什麼奇特。散會已是八時多，細雨紛紛了。舜建送至江沿回去了，他叫我在他那裡宿。因恐同學們夜裡不回去要以為是捉兵的捉去了。只得回來，同時明早還要做飯呢！

十幾個人，摸索著，沿江走來走去，好容易才找到一個船，還是一個救國團強迫開的，不然恐怕不知什麼時候回來呢！

五月二十一日　天候：晴　星期六

金鈺整日悶著躺在屋內，昨天病了，今日上午去看他，已經痊癒。

昨日午後三分校徐校長由廣州帶來了張校長的信，及教育部秦主席安置我們的辦法，同學聽了皆都不安，但在這樣的局面下，又有什麼法子呢？「學生十八歲以上赴台集中受軍訓，十八歲以下安插各省學校內」，這是教育部的一個籠統的辦法。秦主席的意思是要山東學生齊赴台，以軍隊的名義，半受訓，半上課，小同學及女生送入各職業學校。據說最近可能赴廣州，候船赴台。夕陽西下的時候，與啟勛等四人，在江邊洗過澡之後，全身清爽，晚霞影裡，微風拂拂，沿江徐步，看看沿江兩岸的房屋，江中往來的舟子，得意忘形，兩岸簇簇綠樹，夾雜著一、二間小茅屋，農夫們、農婦們正在為他們剛抽蔓的絲瓜打架子，小孩子往來於江邊，至其住所的路上忙於担水。頗使我有《冰心春水集上》的「江南晚風天之感」。

五月二十二日　天候：雨　星期日

昨天聽說劉吉生（在憲兵二十三團）將開發，今晨特約辛若濟等三人齊渡江去看他。臨別時，他給我一個大頭洋。但大雨紛紛中，好容易才找到船渡江。既歸，已經吃過早飯了。

五月二十九日　天候：晴　星期日

二十四日晨，集體搬著行李赴車站，雨地裡，直至晚十時許才在忙亂中，好容易才搬上車，許多女同學，都急得哭起來了。找著一個漏的車廂坐下，經一夜一日於二十六日夜四時抵東南第一大都市——廣州。一路上青山大水，清幽的山谷，鬱鬱的森林，深險的溝壑，歷歷的隧道，尤其車上坐不穩。太睏了！便在月台上依著行李睡到天亮。始由張校長領至漢民路第一中心國民學校住下。此地的住民大概因我們初來的緣故，待我們很好，更有一個老闆特為我們整日燒茶。

二十八日晨早操後，校長報告到台去的意義及校方當前的困難。

雖然上海已失，武漢共軍南下，但總不能影響同學們的遊逛心理，皆不辭三、四里的跋涉，紛紛往黃花崗拜謁七十二烈士墓。我於上午赴中央公園看了象後，下午與郝禎福等同赴黃花崗。觀革命先烈墓，不禁悽酸之感。如果他們真有靈的話，定要捉著現在這些奸國者、民族的敗類，生吃活撥皮的。既歸已八時多了。

五月三十一日　天候：晴　星期二

中山堂建築宏麗，內裡住滿了流亡的同學，後面山上有伍廷芳博士的銅像，及一門大炮、一架破日本飛機。立於山頂，俯視可覽全廣州市。可惜在紅日已沒，彩霞區明的時候，溪湖看不清了。昨天鄒鑑帶著學生又來搗蛋了，引起同學的共憤，又要重演趙蘭庭那幕武劇。幸而張校長及徐校長百般的阻止，始未至於不幸。

情況愈來愈緊了，上海撤退後，共軍兩路指向長沙，青島據說已撤退。

天太熱了，真使我們有點吃不消。

六月一日　天候：晴　星期三

昨晨八時教育部來點了名，今晨全山東的流亡同學齊集華僑中學的院子裡聽秦主席的訓話，及一位從被解放的北平逃出的一位北大教授張先生報告被解放後的北平情形，使人不勝感慨，連那最有名望、最左傾的一些人士亦遭辱罵。教育文化漸趨毀滅，思想、行動、言論統制之厲害，使我們想不到。後有教育部長及來接我們的XX副師長，又說了什麼才各校帶回。據說三、五日即可登輪赴澎湖（馬公）島。

民國四十二年　六月七日　星期日　雨　（補記）　新竹南寮

在廣州每天除了到街上走一走，或到中山堂、觀音山、黃花崗等地走走，有時到別處看看同學。晚上三、五成群到街上看一看那些風流畫片，或去公園納涼，看大象。一日晚與金鈺漫步街上，鋼筆被竊。日記自那時終止。茲略補記一下。

一、金鈺病始終不好，每天給那燒水，他吃不下去飯，便買芋頭煮給他吃。幾次領他到各醫院去看，可是因免費，總是敷衍一下。我很担心他的病。在要上船頭一天，特向父親討了一塊銀元，去兌港幣，準備買點水果或餅乾給金鈺在船上吃。我真担心他是否能平安的一同到達澎湖。

二、某女同學在衡陽曾結識一男友，一日該男子自衡陽抵穗，打聽該女生，謂欲出三塊銀元買該生，被同學痛打一頓。

三、上船日早上，我頗忙，一方面要照顧金鈺，一方面又要去買吃的東西。先將行李裝上車，去買東西，買了香蕉、荔枝、檸檬，歸見金鈺未乘車，心內很急，恐他不能走到碼頭，太陽很熱。和他徐步過了海珠橋中午始達碼頭。晚上其他各聯共五千多學生，一齊擠在一條登陸艇上。第二天下午開船。一天一夜抵澎湖。

四、金鈺出乎意料，他不但支持到了澎湖，病也好了。

五、住在漁翁島一處國校中，無事，又開始上課。餘暇到海邊去捉蚌、蝦等回來煮著吃，又是一種風味。有時同丁、韓、張同去買幾條魚，找一民家煮一煮大吃頓。

六、不久改編軍隊，大家投機取巧仍編到一起。一切使大家失望，環境太壞。尤其傳聞馬公島曾發生流血案，大家自知已是網中鱉了。偷偷在一起計畫出路，與丁、韓、張祕密去洪老頭家製通行證。

七、一日校本部覃鑑源自馬公來領校長眷屬，並來代我向隊長請假，頭晚將行李送洪老頭家，第二天上午同校長太太還有男女孩子五、六個乘船赴馬公。在子弟學校附近藏幾天。韓、丁、張於我走後，第二天已走到陸戰隊去。

八、七月底一天下午上船，避過了韓鳳儀小子的檢查，乘船抵高雄，雨中乘車半夜到台中，與永勳、高光同住。

九、後赴台北插電訊班，未取；又投考台中市中，未取。後考入竹師。

十、張校長被捕。父親也牽連進去。因政府奸竊當道，謀害無辜，刺激得我幾乎自殺。

十一、竹師畢業，報考大學失敗，後派來南寮，不久父親也釋放回來。

看看世界的情勢，看看當前執政者及一切情形，真是悲哀！「反攻」在何時呢？

附註：周復漢的流亡行程

日期	行程細節
1928.09.27.	農曆八月十四日，生於山東省海陽縣。
1941~1945	中國對日抗戰，於山東省萊陽一帶從軍抗日。
~1948.11.22.	山東省青島市，退伍後，考入山東省中就讀高中。
1948.11.23.	山東青島小港一路中信局領糧，準備隨由劉澤民校長所率領的濟南聯中南遷上海。
1948.11.24.	上午從青島登船，下午開船。
1948.11.25.	11PM，抵達淞滬江口。
1948.11.26.	11AM，船駛入黃浦江。 02PM，入住山東同鄉會〔上海市自忠路445號〕。
1948.12.08.	09AM，由上海北站乘火車，抵長安鎮，入住連元絲廠。
1949.01.08.	08PM，自杭州車站乘火車上浙贛鐵路，目的地是湖南藍田。 天黑，抵浙江金華。
1949.01.09.	火車繼續行，由向塘經樟樹至贛江東岸，換火車，至贛江西岸。 晚至新榆，夜至宜春。
1949.01.10.	換快車，經瀘溪。 晚至萍鄉，夜至株洲，睡火車站。
1949.01.11.	天亮換火車，至湘潭站下車。 步行至汽車站，搭貨車便車，晚至湘鄉。
1949.01.12.	天亮學生分三批乘汽車，晚至永豐集合。

1949.01.13.	步行往藍田走，夜宿獅子山。
1949.01.14.	經過楊家灘，繼續往藍田走，夜宿距離藍田二十里的客棧。
1949.01.15.	11AM，抵達湖南藍田。
1949.04.26.	揮別湖南三甲、藍田，乘船至長沙，夜宿利和客棧。
1949.04.27.	06AM，自長沙步行出發。 02PM，抵婁底，住中心國民學校。
1949.04.29.	早上步行出發。 12PM，抵達潭市。 04PM，抵湘鄉，住老百姓家。
1949.04.30.	06AM，步行出發。 晚抵湘潭，住百代劇院。
1949.05.02.	06AM，由湘潭火車站乘火車。 夜抵株洲，繼續開，宿火車上。
1949.05.03.	日沒時抵衡陽。 住車站，睡行李箱上，等著換火車。 後因湘桂鐵路無煤，老師們去住旅館，學生則住衡陽火車站，等車。
1949.05.24.	自衡陽火車站乘火車。
1949.05.26.	經一天一夜抵廣東廣州。 入住漢民路第一中心國民學校。
1949.06.04~06.	自廣州上了一艘登陸艇。 第二天下午開船，一天一夜抵澎湖，住漁翁島。
1949.08.02.	農曆七月初八日，與父親自澎湖乘船入台灣，抵高雄港，雨中乘車，半夜抵台中，住繼光里光華巷二十八號。

1950～1953	新竹師範畢業，任教於新竹南寮國小，補記日記。
1953～1955	台灣省立行政專校社會科
1955～1956	高雄鳳山軍校及台北憲兵學校
1956～1984	任教於桃園市立桃園高級中學(前省立桃園高級中學)。
1959.06	中興法商學院，社會系畢業。
1984.06.16.	農曆五月十七日卯時，肝炎病逝桃園省立醫院。享年五十七歲。

臨終自吟與自輓

無限愴懷宇宙寒，回思往事總堪嘆，命途艱險漫荊棘，嘗徧人間苦與酸。
磊落胸懷志未成，安貧守道作書生，寧隨草木一同腐，不肯虧心遺罵名。
參透世情志氣堅，終生微賤自安然，讀書到老有何悟？月印萬川一理圓。
骨肉親朋夢裡緣，悲懽離合化雲烟，娑婆世界剎那過，一切皆空無絆牽。
潦倒浮生轉瞬過，歡情不及苦情多，從來軀殼皆須死，一點靈光總不磨。
成住毀空總一般，無終無始永循環，大千世界皆泡影，早把死生看等閒。
百感沸騰心不亂，翛然此去無憂煩，塵寰逆旅今當別，再到太虛走一番。
離却此間別有天，逍遙來往不留連，人心總是多情物，猶弔遺蹤意黯然。

周紹賢　絕筆

今已解除憂煩，神識清明，猶難忘鄉國舊踪前生幻夢；
此後另續因果，精靈不昧，再來看龍蛇混戰東海揚塵。

周紹賢　自輓

臨終自吟

無限愴懷宇宙寒、回思往事總堪嘆、命途艱險還荊棘、
嘗徧人間苦與酸。
磊落胸懷志未成、安貧守道作書生、寧隨草木一同腐、
不肯虧心遺罵名。
參透世情志氣堅、終生微賤自安然、讀書到老有何悟、
月印萬川一理圓。
骨肉親朋夢裡緣、悲懽離合化雲烟、娑婆世界剎那過、
一切皆空無絆牽。
潦倒浮生轉瞬過、微情不及苦情多、從來軀殼皆須死、
一點靈光總不磨。
成住毀空總一般、無終無始永循環、大千世界皆泡影、
早把死生看等閒。
百感沸騰心不亂、脩然此去無憂煩、塵寰逆旅今當別、
再到太虛走一番。
離卻此間別有天、逍遙來往不留連、人心總是多情物、
猶而遺蹤意黯然。

周紹賢 絕筆

自輓

今已解除憂煩、神識清明、猶留戀鄉國舊跡前生幻夢；
此後另續因果、精靈不昧、再來看龍蛇混戰東海揚塵。

周紹賢 自輓

記 請往同學投稿登刊於雜誌、報章了

國家圖書館出版品預行編目

滄桑回顧錄 / 周紹賢，周復漢著. -- 臺中市：
周振泰：秀威資訊科技股份有限公司製作銷售，
2021. 07
面； 公分
978-957-43-8914-8(精裝)

1.周紹賢 2.回憶錄

783.3886　　　　1110008227

滄桑回顧錄

作　　者／周紹賢、周復漢
策　　畫／曲儉緒
編　　輯／周振元
校　　潤／周振元、周振妗、周振佺、周振泰
出　　版／周振泰
製作銷售／秀威資訊科技股份有限公司
114 台北市內湖區瑞光路76巷69號2樓
電話：+886-2-2796-3638
傳真：+886-2-2796-1377
網路訂購／秀威書店：https://store.showwe.tw
博客來網路書店：https://www.books.com.tw
三民網路書店：https://www.m.sanmin.com.tw
讀冊生活：https://www.taaze.tw

出版日期／2021年7月
定　　價／500元